中国社会科学院马克思主义理论
学科建设与理论研究系列丛书

# 马克思 恩格斯 列宁 斯大林

# 论资本主义危机

本卷主编 姜辉

中国社会科学出版社

**图书在版编目(CIP)数据**

马克思 恩格斯 列宁 斯大林论资本主义危机 / 姜辉主编 . —北京：
中国社会科学出版社，2015.3

(中国社会科学院马克思主义理论学科建设与理论研究工程系列丛书)

ISBN 978 – 7 – 5161 – 6164 – 7

Ⅰ.①马… Ⅱ.①姜… Ⅲ.①马列著作 – 资本主义经济 – 经济危
机 – 研究 Ⅳ.①A566

中国版本图书馆 CIP 数据核字(2015)第 107060 号

| | | |
|---|---|---|
| 出 版 人 | 赵剑英 |
| 责任编辑 | 赵　丽 |
| 责任校对 | 韩天炜 |
| 责任印制 | 王　超 |

| | | |
|---|---|---|
| 出　　版 | 中国社会科学出版社 |
| 社　　址 | 北京鼓楼西大街甲 158 号 |
| 邮　　编 | 100720 |
| 网　　址 | http://www.csspw.cn |
| 发 行 部 | 010 – 84083685 |
| 门 市 部 | 010 – 84029450 |
| 经　　销 | 新华书店及其他书店 |

| | | |
|---|---|---|
| 印　　刷 | 北京七彩京通数码快印有限公司 |
| 装　　订 | 北京七彩京通数码快印有限公司 |
| 版　　次 | 2015 年 3 月第 1 版 |
| 印　　次 | 2015 年 3 月第 1 次印刷 |

| | | |
|---|---|---|
| 开　　本 | 710 × 1000　1/16 |
| 印　　张 | 23.25 |
| 插　　页 | 2 |
| 字　　数 | 396 千字 |
| 定　　价 | 85.00 元 |

# 前　言

以毛泽东、邓小平、江泽民为核心的党的三代领导集体和以胡锦涛同志为总书记的党中央始终高度重视党的理论工作，重视全党对马克思主义理论的学习和研究工作。十八大以来，以习近平同志为总书记的党中央更是把意识形态工作作为党的一项极端重要的工作来抓。

2004 年 1 月，《中共中央关于进一步繁荣发展哲学社会科学的意见》下发，并决定实施马克思主义理论研究和建设工程。为贯彻落实党中央关于把中国社会科学院努力建设成为马克思主义坚强阵地、党和国家的思想库智囊团（智库）、哲学社会科学的最高殿堂的要求，中国社会科学院党组采取了一系列重要措施。2009 年年初决定把加强马克思主义理论学科建设与理论研究作为一项重要工作来抓，并成立中国社会科学院马克思主义理论学科建设与理论研究工程领导小组。小组成立后，一方面注重抓好马克思主义理论学科组织机构的建设，设立马克思主义理论类别的研究室和中心等；同时又注重马克思主义基础理论研究，安排了马克思主义经典作家在 36 个相关领域的"专题摘编"及基础理论专题研究。

中国社会科学院推出的"马克思主义经典作家专题摘编"丛书的出版，对马克思主义理论学科建设本身，对深化我国相关科研工作，对相关部门的工作人员和广大干部群众的学习将提供便利并会产生一定的促进作用。

中国社会科学院

"马克思主义经典作家专题摘编"编委会

2015 年 1 月

# 摘编说明

《马克思　恩格斯　列宁　斯大林论资本主义危机》较为系统地汇集了马克思、恩格斯、列宁和斯大林对资本主义危机的有关论述。书中所列条目均摘编自这些经典作家著作的中文最新版本。

本书遵循新版优先的摘编原则。具体做法是，马克思、恩格斯论述部分依次是《马克思恩格斯文集》、《马克思恩格斯全集》第二版、《马克思恩格斯全集》第一版；列宁论述部分依次是《列宁专题文集》、《列宁选集》、《列宁全集》第二版；斯大林论述部分依次是《斯大林文集（1934—1952 年）》、《斯大林选集》（上、下卷）和《斯大林全集》。

本书摘编按马克思、恩格斯、列宁和斯大林集中论述的问题设置标题，主题句一般取自原文，个别稍作调整，以求简练。

本书摘编条目中部分条目进行了省略，以便控制篇幅，突出主要思想。

本书摘编时保留了原著中的注释、编者注、着重号、强调加粗等标识，以求最大限度保持与已出版的中文原著的一致性。

本书摘编条目所包含的注释分为两大类，一类是马克思、恩格斯、列宁和斯大林本人做的注解，此类注解列在相应条目之后；另一类是全集、选集、文集的编者为便于读者理解后加的注解，此类注解以脚注方式列在条目所在页的底部。

# 目　　录

# 一　资本主义经济危机的根源与实质

## （一）经济危机的必然性

### 1. 危机是资本主义发展到大工业时期的特有现象

简单的货币流通，甚至作为支付手段的货币流通——这两者早在资本主义生产**以前**很久就出现了，却没有引起危机——在没有危机的情况下是可能存在的，并且是这样现实存在的。因此，单单用这些形式不能说明，为什么这些形式会把它们的危机的方面表现出来，为什么这些形式潜在地包含着的矛盾会实际地作为矛盾表现出来。

> 马克思：《政治经济学批判（1861—1863 年手稿）》（1861 年 8 月—1863
> 年 7 月），摘自《马克思恩格斯文集》第 8 卷，人民出版社 2009 年 12 月
> 第 1 版，第 250 页。

如果说因此在古代人那里没有发生**生产过剩**，那么，那时有富人的**消费过度**，这种消费过度，到罗马和希腊的末期就成为疯狂的浪费。古代人中间的少数商业民族，部分地就是靠所有这些实质上贫穷的民族养活的。

> 马克思：《政治经济学批判（1861—1863 年手稿）》（1861 年 8 月—1863
> 年 7 月），摘自《马克思恩格斯文集》第 8 卷，人民出版社 2009 年 12 月
> 第 1 版，第 268 页。

其他经济学家，如尤尔、柯贝特等，则认为生产过剩——只要考察的是以国内为限——是**大工业的正常状态**。因此，这种生产过剩只有在某种条件下，即当国外市场也缩小时，才会引起危机。

> 马克思：《政治经济学批判（1861—1863 年手稿）》（1861 年 8 月—1863
> 年 7 月），摘自《马克思恩格斯全集》第 34 卷，人民出版社 2008 年 7 月
> 第 2 版，第 565—566 页。

如果资本主义生产方式不是社会生产的一个特殊发展的独特形式，而是资本主义最初萌芽产生以前就出现的一种生产方式，那么，资本主义生产方式所固有的对立、矛盾，因而它们在危机中的爆发，也就不存在了。

> 马克思：《政治经济学批判（1861—1863 年手稿）》（1861 年 8 月—1863
> 年 7 月），摘自《马克思恩格斯全集》第 34 卷，人民出版社 2008 年 7 月
> 第 2 版，第 568 页。

在人们为自己而生产的状态下，确实没有危机，但是也没有资本主义生产。

　　马克思：《政治经济学批判（1861—1863 年手稿）》（1861 年 8 月—1863 年 7 月），摘自《马克思恩格斯全集》第 34 卷，人民出版社 2008 年 7 月第 2 版，第 570 页。

资产阶级的生产，由于它本身的内在规律，一方面不得不这样发展生产力，就好象它不是在一个有限的社会基础上的生产，另一方面它又毕竟只能在这种局限性的范围内发展生产力，——这种情况是危机的最深刻、最隐秘的原因，是资产阶级生产中种种尖锐矛盾的最深刻、最隐秘的原因，资产阶级的生产就是在这些矛盾中运动，这些矛盾，即使粗略地看，也表明资产阶级生产只是历史的过渡形式。

　　马克思：《政治经济学批判（1861—1863 年手稿）》（1861 年 8 月—1863 年 7 月），摘自《马克思恩格斯全集》第 26 卷第 3 册，人民出版社 1974 年 12 月第 1 版，第 86—87 页。

当机器工业如此根深蒂固，以致对整个国民生产产生了决定性影响时；当对外贸易由于机器工业而开始超过国内贸易时；当世界市场逐渐兼并了新大陆，亚洲和澳洲的广阔地区时；最后，当走上竞赛场的工业国家为数众多时；——只是从这个时候起，才开始出现不断重复的周期，它们的各个相继的阶段都为时数年，而且它们总是以一场普遍危机的爆发而告终，这场危机既是一个周期的终点，也是另一个新周期的起点。

　　马克思：《资本论（第 1 卷法文版片段）》（1872 年 9 月—1875 年 11 月），摘自《马克思恩格斯全集》第 49 卷，人民出版社 1982 年 12 月第 1 版，第 240—241 页。

大工业本身刚刚脱离幼年时期；大工业只是从 1825 年的危机才开始它的现代生活的周期循环，就证明了这一点。

　　马克思：《资本论（第 2 版跋）》（1873 年 1 月 24 日），摘自《马克思恩格斯文集》第 5 卷，人民出版社 2009 年 12 月第 1 版，第 16—17 页。

从 1869 年以来，莱茵—威斯特伐利亚工业区在这方面所发生的一切，对德国说来简直是闻所未闻的，就像是本世纪初英国工业区的繁荣景象。在萨克森和上西里西亚，在柏林、汉诺威和沿海城市，也将会出现同样的景象。我们终于有了世界贸易，有了真正的大工业和真正的现代资产阶级；

但同时我们这里也有了真正的危机，而且也形成了真正的、强大的无产阶级。

> 恩格斯：《德国农民战争（1870 年第二版序言的补充）》（1874 年 7 月 1
> 日），摘自《马克思恩格斯文集》第 2 卷，人民出版社 2009 年 12 月第 1
> 版，第 216 页。

人们一再迫切希望实现的这种供求之间的正确比例早就不存在了。它已经过时了；它只有在生产资料有限、交换是在极狭隘的范围内进行的时候，才可能存在。随着大工业的产生，这种正确比例必然（musste）消失；根据不可避免的自然规律，生产一定要经过繁荣、衰退、危机、停滞、新的繁荣等等周而复始的更替。

> 列宁：《评经济浪漫主义》（1897 年春），摘自《列宁全集》第 2 卷，人
> 民出版社 1984 年 10 月第 2 版，第 184 页。

各个危机的形式、次序和情景是改变了，但是危机仍然是资本主义制度的不可避免的组成部分。

> 列宁：《马克思主义和修正主义》（1908 年 4 月），摘自《列宁专题文集
> 论资本主义》，人民出版社 2009 年 12 月第 1 版，第 294 页。

他把危机同"帝国主义的""政治"联系起来，我们的这位政治经济学家**忘记了**，危机在帝国主义**以前**就存在！……

> 列宁：《论正在产生的"帝国主义经济主义"倾向》（1916 年 8—9 月），
> 摘自《列宁全集》第 28 卷，人民出版社 1990 年 10 月第 2 版，第 102 页。

表现为生产过剩或"商品滞销"（如果索·同志硬要不用"生产过剩"这几个字的话）的危机，**仅仅**是资本主义所固有的现象。

> 列宁：《论修改党纲》（1917 年 10 月 6—8 日），摘自《列宁全集》第 32
> 卷，人民出版社 1985 年 10 月第 2 版，第 355 页。

这些先生们忘记了，不能把危机看做资本主义经济体系中的偶然现象。这些先生们忘记了，经济危机是资本主义的必然结果。这些先生们忘记了，危机是随资本主义统治的产生而产生的。

> 斯大林：《联共（布）中央委员会向第十六次代表大会的政治报告》
> （1930 年 6 月 27 日），摘自《斯大林全集》第 12 卷，人民出版社 1955 年
> 12 月第 1 版，第 213 页。

**2. 危机是资本主义内在矛盾的定期爆发**

资产阶级生产的一切矛盾，在普遍的世界市场危机中集中地爆发，而

在特殊的（按内容和范围来说是**特殊的**）危机中只是分散地、孤立地、片面地爆发。

> 马克思：《政治经济学批判（1861—1863 年手稿）》（1861 年 8 月—1863 年 7 月），摘自《马克思恩格斯文集》第 8 卷，人民出版社 2009 年 12 月第 1 版，第 274 页。

危机有规律的反复出现实际上把萨伊等人的胡说变成了一种只在繁荣时期才使用，一到危机时期就被抛弃的空话。

[ⅩⅢ—709] 在世界市场危机中，资产阶级生产的矛盾和对立暴露得很明显。

> 马克思：《政治经济学批判（1861—1863 年手稿）》（1861 年 8 月—1863 年 7 月），摘自《马克思恩格斯全集》第 34 卷，人民出版社 2008 年 7 月第 2 版，第 567 页。

**西斯蒙第**深刻地感觉到，资本主义生产是自相矛盾的；一方面，它的形式——它的生产关系——促使生产力和财富不受拘束地发展；另一方面，这种关系又受到一定条件的限制，生产力愈发展，这种关系所固有的使用价值和交换价值、商品和货币、买和卖、生产和消费、资本和雇佣劳动等等之间的矛盾就愈扩大。他特别感觉到了这样一个基本矛盾：一方面是生产力的无限制的发展和财富的增加——同时财富由商品构成并且必须转化为货币；另一方面，作为前一方面的基础，生产者群众却局限在生活必需品的范围内。因此，在西斯蒙第看来，危机并不象李嘉图所认为的那样是偶然的，而是内在矛盾的广泛的定期的根本爆发。

> 马克思：《资本论（第 4 卷）》（1905—1910 年卡尔·考茨基编辑出版），摘自《马克思恩格斯全集》第 26 卷第 3 册，人民出版社 1974 年 12 月第 1 版，第 55 页。

使实际的资产者最深切地感到资本主义社会充满矛盾的运动的，是现代工业所经历的周期循环的各个变动，而这种变动的顶点就是普遍危机。这个危机又要临头了，虽然它还处于预备阶段；由于它的舞台的广阔和它的作用的强烈，它甚至会把辩证法灌进新的神圣普鲁士德意志帝国的暴发户们的头脑里去。

> 马克思：《资本论（第 1 卷第 2 版跋）》（1873 年 1 月 24 日），摘自《马克思恩格斯文集》第 5 卷，人民出版社 2009 年 12 月第 1 版，第 23 页。

也就是今天的社会生产，还被未能控制的力量的意外的作用所左右，而人所期望的目的只是作为例外才能实现，而且往往适得其反，那么情况就不能不是这样。我们在最先进的工业国家中已经降服了自然力，迫使它为人们服务；这样我们就无限地增加了生产，现在一个小孩所生产的东西，比以前的 100 个成年人所生产的还要多。而结果又怎样呢？过度劳动日益增加，群众日益贫困，每十年发生一次大崩溃。

恩格斯：《自然辩证法》（1873—1882 年），摘自《马克思恩格斯文集》第 9 卷，人民出版社 2009 年 12 月第 1 版，第 422 页。

需求和供给之间的和谐，竟变成二者的两极对立，每十年一次的工业周期的过程就显示了这种对立，德国在"崩溃"①期间也体验到了这种对立的小小的前奏；以自己的劳动为基础的私有制，必然进一步发展为劳动者丧失财产，同时一切财产越来越集中在不劳动的人手中。

恩格斯：《自然辩证法》（1873—1882 年），摘自《马克思恩格斯文集》第 9 卷，人民出版社 2009 年 12 月第 1 版，第 563 页。

它在文明时期便取得了越来越荣誉的地位和对生产的越来越大的统治权，直到最后它自己也生产出自己的产品——周期性的商业危机为止。

恩格斯：《家庭、私有制和国家的起源》（1884 年 3—5 月），摘自《马克思恩格斯文集》第 4 卷，人民出版社 2009 年 12 月第 1 版，第 185 页。

市场的扩张赶不上生产的扩张。冲突成为不可避免的了，而且，因为它在把资本主义生产方式本身炸毁以前不能使矛盾得到解决，所以它就成为周期性的了。资本主义生产造成了新的"恶性循环"。

恩格斯：《社会主义从空想到科学的发展》（1880 年 1—3 月），摘自《马克思恩格斯文集》第 3 卷，人民出版社 2009 年 12 月第 1 版，第 556 页。

资本主义生产作为一个暂时的经济阶段，充满着各种内在矛盾，这些矛盾随着资本主义生产的发展而发展，并日趋明显。这种在建立自己的市场的同时又破坏这个市场的趋势正是这类矛盾之一。

恩格斯：《恩格斯致尼古拉·弗兰策维奇·丹尼尔逊》（1892 年 9 月），摘

---

① 指 1873 年世界经济危机，这场危机席卷了奥地利、德国、北美、英国、法国、荷兰、比利时、意大利、俄国等国家，具有猛烈而深刻的特点。在德国，这场危机从 1873 年 5 月以"大崩溃"开始，一直延续到 70 年代末。

自《马克思恩格斯文集》第 10 卷，人民出版社 2009 年 12 月第 1 版，第
635 页。

### 3. 危机是资本积累的必然结果

上述发展进程越迫使资本家以日益扩大的规模利用既有的巨大的生产
资料，并为此而动用一切信贷机构，产业地震也就越来越频繁，在每次地
震中，商业界只是由于埋葬一部分财富、产品以至生产力才维持下
去，——也就是说，危机也就越来越频繁了。

> 马克思：《雇佣劳动与资本》（1847 年 12 月），摘自《马克思恩格斯文
> 集》第 1 卷，人民出版社 2009 年 12 月第 1 版，第 742 页。

生产资本愈增加，工人的就业手段或生活资料就相对地愈减少，换句
话说，和就业手段相比，工人人口增长得就愈快。而且，这种不均衡现象
总是和一般生产资本同等地增长的。

为了消除上述的不均衡现象，生产资本就必须以几何级数增长，而为
了以后再危机时期再消除这种不均衡现象，它还要增长得更多些。

> 马克思：《工资》（1847 年 12 月底），摘自《马克思恩格斯全集》第 6 卷，
> 人民出版社 1961 年 8 月第 1 版，第 654 页。

最后，生产资本越增加，它就越是迫不得已地为市场（这种市场的需
求它并不了解）而生产，生产就越是超过消费，供给就越是力图强制需求，
结果危机的发生也就越猛烈而且越频繁。另一方面，每一次危机又加速了
资本的集中，扩大了无产阶级的队伍。

> 马克思：《关于自由贸易的演说》（1848 年 1 月），摘自《马克思恩格斯文
> 集》第 1 卷，人民出版社 2009 年 12 月第 1 版，第 752 页。

整个积累过程首先归结为这样的**追加生产**，它一方面适应人口的自然
增长，另一方面形成在**危机**中显露出来的那些现象的内在基础。这种追加
生产的尺度，是**资本**本身，是生产条件的现有规模和资本家追求发财致富
和追求资本化的无限欲望，而决不是**消费**。

> 马克思：《政治经济学批判（1861—1863 年手稿)》（1861 年 8 月—1863
> 年 7 月），摘自《马克思恩格斯全集》第 34 卷，人民出版社 2008 年 7 月
> 第 2 版，第 559 页。

资本主义生产越发达，因而，由机器等组成的不变资本部分突然增加
和持续增加的手段越多，积累越快（特别是在繁荣时期），机器和其他固
定资本的相对生产过剩也就越严重，植物性原料和动物性原料的相对生

不足也就越频繁，上面所说的这些原料价格上涨的现象以及随后产生的反
作用也就越显著。

　　马克思：《资本论（第 3 卷）》（1894 年 11 月出版），摘自《马克思恩格
　　斯文集》第 7 卷，人民出版社 2009 年 12 月第 1 版，第 135 页。

　　现有资本的周期贬值，这个为资本主义生产方式所固有的、阻碍利润
率下降并通过新资本的形成来加速资本价值的积累的手段，会扰乱资本流
通过程和再生产过程借以进行的现有关系，从而引起生产过程的突然停滞
和危机。

　　马克思：《资本论（第 3 卷）》（1894 年 11 月出版），摘自《马克思恩格
　　斯文集》第 7 卷，人民出版社 2009 年 12 月第 1 版，第 278 页。

　　货币资本积累的这种扩大，一部分是这种现实积累扩大的结果，一部
分是各种和现实积累的扩大相伴随但和它完全不同的要素造成的结果，最
后，一部分甚至是现实积累停滞的结果。仅仅由于这些和现实积累相独立、
但和它相伴随的要素扩大了借贷资本的积累，就总会在周期的一定阶段出
现货币资本的过剩；并且这种过剩会随着信用的发达而发展。因此，驱使
生产过程突破资本主义界限的必然性，同时也一定会随着这种过剩而发展，
也就是产生贸易过剩，生产过剩，信用过剩。

　　马克思：《资本论（第 3 卷）》（1894 年 11 月出版），摘自《马克思恩格
　　斯文集》第 7 卷，人民出版社 2009 年 12 月第 1 版，第 574 页。

　　最重要的商品即货币恰好最需要垄断。每当流通手段不再为国家所垄
断的时候，这种手段就引起商业危机，因此，英国的经济学家，其中包括
威德博士，也认为在这里有实行垄断的必要。①

　　恩格斯：《国民经济学批判大纲》（1843 年 9 月—1844 年 1 月），摘自
　　《马克思恩格斯文集》第 1 卷，人民出版社 2009 年 12 月第 1 版，第
　　84 页。

　　这个分析证明，过剩人口毫无疑问是一个矛盾（还有过剩生产和过剩
消费），是资本主义积累的必然结果，同时也是资本主义这部机器的**必要组**

---

　　① 约·威德：《中等阶级和工人阶级的历史》1835 年伦敦第 3 版，第 152—160 页。

成部分。① 大工业愈发展，对工人需求的波动就愈大，而波动的情况如何，则要看整个国民生产部门或其每个部门是处于危机时期还是繁荣时期而定。

> 列宁：《评经济浪漫主义》（1897 年春），摘自《列宁全集》第 2 卷，人民出版社 1984 年 10 月第 2 版，第 148 页。

实质上，只有利润的占有才是单个的和单独的，而生产本身已成为社会的了。巨大的破产之所以会发生而且不可避免，是因为强大的**社会**生产力受一伙唯利是图的富豪所支配。

> 列宁：《危机的教训》（1901 年 8 月），摘自《列宁专题文集 论资本主义》，人民出版社 2009 年 12 月第 1 版，第 47 页。

资本积累加速机器对工人的排挤，在一极造成富有，在另一极造成贫困，因而产生所谓"劳动后备军"，即工人的"相对过剩"或"资本主义的人口过剩"。这种过剩具有多种多样的形式，并使资本有异常迅速地扩大生产的可能性。这种可能性加上信用制度及生产资料方面的资本积累，也为我们提供了理解生产过剩**危机**的锁钥，这种危机在资本主义国家里总是周期性地发生，起初平均每隔十年一次，后来则间隔的时间较长，而且比较不固定。

> 列宁：《卡尔·马克思》（1914 年 7—11 月），摘自《列宁专题文集 论马克思主义》，人民出版社 2009 年 12 月第 1 版，第 22 页。

### 4. 危机的根源是资本主义制度

几十年来的工业和商业的历史，只不过是现代生产力反抗现代生产关系、反抗作为资产阶级及其统治的存在条件的所有制关系的历史。只要指出在周期性的重复中越来越危及整个资产阶级社会生存的商业危机就够了。

---

① 大家都很清楚，对过剩人口的这种看法是恩格斯在 1845 年版的《英国工人阶级状况》中第一次提出的。作者在描述了英国工业通常的工业循环之后说道："由此可见，英国工业在任何时候，除短促的繁荣时期外，都一定要带有失业的工人后备军，以便在最活跃的几个月内有可能生产市场上所需要的大批商品。这种后备军的扩大或缩小，要看市场能使他们中间的小部分还是大部分得到工作而定。虽然在市场最活跃的时候，农业区……以及受普遍繁荣的影响较少的工业部门暂时也会供给工厂一定数量的工人，但是这些工人的数目到底是很少的。而且他们也同样属于后备军之列，唯一的区别只在于：正是迅速的繁荣才暴露了他们是属于这个后备军的。"（见《马克思恩格斯全集》第 1 版第 2 卷，第 369 页）

在最后几句话中，指出暂时转向工业的那部分农业人口属于后备军这一点是重要的。这是晚近的理论所谓的潜在形式的过剩人口。（见马克思的《资本论》，《马克思恩格斯全集》第 1 版第 23 卷，第 705 页）

在商业危机期间，总是不仅有很大一部分制成的产品被毁灭掉，而且有很大一部分已经造成的生产力被毁灭掉。在危机期间，发生一种在过去一切时代看来都好像是荒唐现象的社会瘟疫，即生产过剩的瘟疫。社会突然发现自己回到了一时的野蛮状态；仿佛是一次饥荒、一场普遍的毁灭性战争，使社会失去了全部生活资料；仿佛是工业和商业全被毁灭了。这是什么缘故呢？因为社会上文明过度，生活资料太多，工业和商业太发达。社会所拥有的生产力已经不能再促进资产阶级文明和资产阶级所有制关系的发展；相反，生产力已经强大到这种关系所不能适应的地步，它已经受到这种关系的阻碍。

> 马克思和恩格斯：《共产党宣言》（1847 年 12 月—1848 年 1 月），摘自《马克思恩格斯文集》第 2 卷，人民出版社 2009 年 12 月第 1 版，第 37 页。

毫不奇怪，英国自由贸易的正式理论家竭力想证明，似乎现在的危机不是英国现存制度的正常作用的产物，它同那些大约从十八世纪末叶起经过一定的时期就出现一次的危机毫无共同之处，而相反地是偶然的特殊情况造成的。

> 马克思：《英国工商业的危机》（1855 年 1 月），摘自《马克思恩格斯全集》第 10 卷，人民出版社 1962 年 4 月第 1 版，第 652 页。

二者必居其一：或者是社会能够控制这些社会条件，或者是这些社会条件是现在的生产制度所固有的。在前一种情况下，社会能够防止危机；在后一种情况下，只要这个制度还存在，危机就必然会由它产生出来，就好像一年四季的自然更迭一样。

> 马克思：《英国的贸易和金融》（1858 年 9 月），摘自《马克思恩格斯全集》第 12 卷，人民出版社 1962 年 8 月第 1 版，第 607 页。

在资本主义社会，社会的理智总是事后才起作用，因此可能并且必然会不断发生巨大的紊乱。

> 马克思：《资本论（第 2 卷）》（1885 年 5 月出版），摘自《马克思恩格斯文集》第 6 卷，人民出版社 2009 年 12 月第 1 版，第 349 页。

资本主义生产方式在生产力的发展中遇到一种同财富生产本身无关的限制；而这种特有的限制证明了资本主义生产方式的局限性和它的仅仅历史的、过渡的性质；证明了它不是财富生产的绝对的生产方式，反而在一定阶段上同财富的进一步发展发生冲突。

> 马克思：《资本论（第 3 卷）》（1894 年 11 月出版），摘自《马克思恩格斯文集》第 7 卷，人民出版社 2009 年 12 月第 1 版，第 270 页。

在目前这种不以直接满足需要为目的而以赚钱为目的的生活资料的生产和分配的混乱制度下，当每一个人自己冒着风险去工作并使自己发财的时候，停滞现象是随时都可能发生的。

> 恩格斯：《英国工人阶级状况》（1844 年 9 月—1845 年 3 月），摘自《马克思恩格斯全集》第 2 卷，人民出版社 1962 年 8 月第 1 版，第 366 页。

在生产和交换的进一步发展中也必然要产生现代资本主义的生产方式，生产资料和生活资料必然被一个人数很少的阶级所垄断，而另一个构成人口绝大多数的阶级必然沦为一无所有的无产者，必然出现狂热生产和商业危机的周期交替，出现整个现在的生产无政府状态。

> 恩格斯：《反杜林论》（1876 年 9 月—1878 年 6 月），摘自《马克思恩格斯文集》第 9 卷，人民出版社 2009 年 12 月第 1 版，第 170—171 页。

在危机中，社会化生产和资本主义占有之间的矛盾剧烈地爆发出来。商品流通暂时停顿下来；流通手段即货币成为流通的障碍；商品生产和商品流通的一切规律都颠倒过来了。经济的冲突达到了顶点：**生产方式起来反对交换方式，生产力起来反对已经被它超过的生产方式。**

> 恩格斯：《反杜林论》（1876 年 9 月—1878 年 6 月），摘自《马克思恩格斯文集》第 9 卷，人民出版社 2009 年 12 月第 1 版，第 293 页。

我们指出了危机从资本主义生产方式产生的不可避免性以及它作为这一生产方式本身的危机、作为社会变革的强制手段的意义，因此，我们就不必多费口舌来批驳杜林先生对这个问题的浅薄之见了。

> 恩格斯：《反杜林论》（1876 年 9 月—1878 年 6 月），摘自《马克思恩格斯文集》第 9 卷，人民出版社 2009 年 12 月第 1 版，第 304 页。

这一种因各生产部门分配的不合比例而引起的困难，不仅在实现额外价值时，而且在实现可变资本和不变资本时，不仅在实现消费品产品时，而且在实现生产资料产品时，都经常发生。这些"困难"决不单单对额外价值，而且对资本主义产品的各个部分都不仅是可能的，并且是必然的。这一种因各个生产部门分配的不合比例而引起的困难，不仅在实现额外价值时，而且在实现可变资本和不变资本时，不仅在实现消费产品时，而且在实现生产资料产品时，都经常发生。没有这种"困难"和危机，资本主义生产，即各个单独的生产者为他们所不知道的世界市场进行的生产，是根本不可能存在的。

> 列宁：《俄国资本主义的发展》（1896 年底—1899 年 1 月），摘自《列宁
> 专题文集　论资本主义》，人民出版社 2009 年 12 月第 1 版，第 16 页。

这正是一种同资本主义的本性本身和这个社会经济制度的其他矛盾相适应的矛盾。正是这种生产扩大而消费没有相应扩大的现象，才符合于资本主义的历史使命及其特有的社会结构，因为资本主义的历史使命是发展社会生产力，而资本主义特有的社会结构却不让人民群众利用这些技术成就。

> 列宁：《俄国资本主义的发展》（1896 年底—1899 年 1 月），摘自《列宁
> 专题文集　论资本主义》，人民出版社 2009 年 12 月第 1 版，第 25 页。

危机是由现代经济制度中另一个更深刻的基本矛盾，即生产的社会性和占有的私人性之间的矛盾引起的。

> 列宁：《评经济浪漫主义》（1897 年春），摘自《列宁全集》第 2 卷，人
> 民出版社 1984 年 10 月第 2 版，第 137 页。

如果我们用生产的社会性和占有的个人性之间的矛盾来解释危机，我们就会承认资本主义道路的现实性和进步性，并指责寻找"另外的道路"是荒唐的浪漫主义。从而我们也就承认，这个矛盾愈向前发展，摆脱这个矛盾就**愈容易**，而出路正在于这种制度的发展。

> 列宁：《评经济浪漫主义》（1897 年春），摘自《列宁全集》第 2 卷，人
> 民出版社 1984 年 10 月第 2 版，第 141 页。

**甚至**在社会总资本的再生产和流通是理想般地协调和按比例的情况下，生产的增长和消费的有限范围之间的矛盾也是不可避免的。**何况**实际上实现过程并不是在理想般的协调和比例中进行的，而只能是在"困难"、"波动"、"危机"等等中进行。

> 列宁：《再论实现论问题》（1899 年 3 月上半旬），摘自《列宁全集》第 4
> 卷，人民出版社 1984 年 10 月第 2 版，第 73 页。

最好是完全打消在纲领中**说明**危机的想法，只要**断定**危机的不可避免性就可以了，至于说明和进一步的发挥可以放到解释中去做。否则，比如说，即使指出了危机，也指出了"停滞时期"，而总的说来，资本主义工业的整个周期还是无法全包括进去。

> 列宁：《对普列汉诺夫的第二个纲领草案的意见》（1902 年 2 月底—3
> 月），《列宁全集》第 6 卷，人民出版社 1986 年 10 月第 2 版，第 213 页。

各个危机的形式、次序和情景是改变了，但是危机仍然是资本主义制度的不可避免的组成部分。卡特尔和托拉斯把生产联合起来了，但是大家都看到，它们同时又使生产的无政府状态变本加厉，使无产阶级的生活更加没有保障，资本的压迫更加严重，从而使阶级矛盾尖锐到空前的程度。

列宁：《马克思主义和修正主义》（1908 年 4 月 3 日），摘自《列宁专题文集　论资本主义》，人民出版社 2009 年 12 月第 1 版，第 294 页。

任何危机都揭示现象或过程的本质，扬弃表面的、细微的、外部的东西，暴露所发生的事情的更深刻的基础。例如，就拿经济现象方面最平常、最不复杂的危机——各种罢工来说。这种危机最能暴露各阶级间的实际关系、当代社会的真正性质、最广大的居民群众屈从于**饥饿**的影响，少数有产者为维持自己的统治而诉诸有组织的暴力。再拿工商业的危机来说，这种危机最明显不过地驳斥了"利益协调"的辩护士和传道者的各式各样的言论，最突出不过地彻底暴露了当代的、资本主义制度的机制，即彻底暴露了"生产的无政府状态"，生产者的分散状态以及一人反对大家和大家反对一人的战争。

列宁：《"遗憾"和"羞耻"》（1911 年 5 月 7 日），摘自《列宁全集》第 20 卷，人民出版社 1989 年 10 月第 2 版，第 248 页。

如果没有资本主义发展不平衡的规律……如果资本主义不向落后国家，不向拥有廉价原料和劳动力的国家输出资本也能发展，如果"宗主国"的过剩的资本不是用于输出而是用来大力发展农业和改善农民的物质生活，最后，如果这些过剩的资本是用于提高全体工人阶级群众的生活水平，——如果这样，那就无所谓对工人阶级加紧剥削，在资本主义条件下农民日益贫困化，对殖民地和附属国加紧压迫，以及资本家之间发生冲突和战争了。

如果这样，资本主义也就不成其为资本主义了。

斯大林：《俄共（布）第十四次代表会议的工作总结》（1925 年 5 月 9 日），摘自《斯大林选集》上卷，人民出版社 1979 年 12 月第 1 版，第 326 页。

生产过剩的经济危机的根源和原因在于资本主义经济制度本身。危机的根源在于生产的社会性和生产成果的资本主义占有形式之间的矛盾。

斯大林：《联共（布）第十六次代表会议的政治报告》（1930 年 6 月 27

日），摘自《斯大林全集》第 12 卷，人民出版社 1955 年 12 月第 1 版，第 214 页。

资本主义基本经济规律的意义之一也就在于：这个规律既然决定资本主义生产方式发展方面一切最重要的现象，既然决定资本主义生产的高涨和危机，它的胜利和失败，它的长处和短处，——它的矛盾发展的全部过程，——于是就使我们能够了解和说明这一切现象。

斯大林：《苏联社会主义经济问题》（1952 年 2 月 1 日—9 月 28 日），摘自《斯大林文集》，人民出版社 1985 年 12 月第 1 版，第 628 页。

## （二）经济危机的可能性与现实性

### 1. 资本主义再生产的固有矛盾

诚然在实践上，生产时间并没有真正被流通时间所中断（除非在危机和商业萧条的时候）。但是其所以如此，只是因为每个资本分为两部分，一部分处在生产阶段，另一个部分处在流通阶段。

马克思：《政治经济学批判（1857—1858 年手稿)》（1857 年 7 月—1858 年 6 月），摘自《马克思恩格斯全集》第 31 卷，人民出版社 1998 年 12 月第 2 版，第 53 页。

因此就不能吸收和以前相同的劳动量。第一是**物质上不可能**，因为原料不足；第二是因为**产品价值**中必须有比原来更大的一部分用于原料，因而只能有较小一部分转化为**可变资本**。再生产不能按原有规模**重新进行**。一部分**固定资本**要闲置起来，一部分工人会被抛到街头。**利润率**会下降，因为不变资本的价值同可变资本相比增加了，使用的可变资本减少了。以利润率和劳动剥削率**不变**为前提而预先规定的固定缴款——利息、地租——仍旧不变，有一部分**不能支付**。于是发生**危机**。劳动危机和资本危机。可见，这就是由于要靠产品价值来补偿的一部分不变资本的价值提高而引起的**再生产过程的破坏**。

马克思：《政治经济学批判（1861—1863 年手稿)》（1861 年 8 月—1863 年 7 月），摘自《马克思恩格斯文集》第 8 卷，人民出版社 2009 年 12 月第 1 版，第 254 页。

这在每一次都会造成如下的结果：或者使原来的资本只取得较少的利润，或者必须预付追加的货币资本，以便取得原来的利润。即使商人代替了产业资本家，这一切仍然不变。这时，不是产业资本家把更多的时间花在流通过程中，而是商人把更多的时间花在流通过程中；不是产业资本家为流通预付追加的资本，而是商人预付追加的资本。

> 马克思：《政治经济学批判（1861—1863年手稿)》（1861年8月—1863年7月)，摘自《马克思恩格斯文集》第7卷，人民出版社2009年12月第1版，第324页。

如果缺少再生产的**现实前提**（例如在谷物涨价的时候，或者由于实物形式的不变资本还没有积累到足够的数量)，相反的原因也可能引起同样的停滞。再生产会发生停滞，因此流通的流也会发生停滞。买和卖互相对立起来，不使用的资本就以闲置货币的形式出现。这种现象（这大都出现在危机之前）也可能发生在这样的时候：追加资本的生产进行得非常快，由于追加资本再转化为生产资本，就大大增加了对生产资本的一切要素的需求，以致实际生产赶不上，因而加入资本形成过程的一切商品涨价。

> 马克思：《政治经济学批判（1861—1863年手稿)》（1861年8月—1863年7月)，摘自《马克思恩格斯全集》第34卷，人民出版社2008年7月第2版，第561页。

只要再生产过程停滞，劳动过程缩减或者有些地方完全停顿，**实际资本**就会被消灭。不使用的机器不是资本。不被剥削的劳动等于失去了的生产。闲置不用的原料不是资本。建好不用的建筑物（以及新制造的机器）或半途停建的建筑物，堆在仓库中正在变质的商品，这一切都是资本的破坏。

> 马克思：《政治经济学批判（1861—1863年手稿)》（1861年8月—1863年7月)，摘自《马克思恩格斯全集》第34卷，人民出版社2008年7月第2版，第562页。

危机恰恰就是再生产过程破坏和中断的时刻。而这种破坏是不能用在不发生危机的时候它并不存在这个事实来解释的。毫无疑问，谁也不会"继续不断地生产毫无需求的商品"，但是谁也没有提出过这种荒谬的假说。

> 马克思：《政治经济学批判（1861—1863年手稿)》（1861年8月—1863年7月)，摘自《马克思恩格斯全集》第34卷，人民出版社2008年7月第1版，第571页。

它是一种没有预先决定和预先被决定的需要界限所束缚的生产。（它的对立性质包含着**生产的界限**，而它总是力图越出这个界限。因而就发生危机、生产过剩等等。）这是与过去的生产方式不同的一面，如果愿意的话，可以称之为肯定的一面，另一面是否定的一面，或者说，对立的性质：**生**

产与生产者相对立，生产对生产者漠不关心。

> 马克思：《资本论（1863—1865 年手稿）》（1863 年 8 月—1865 年底），摘自《马克思恩格斯文集》第 8 卷，人民出版社 2009 年 12 月第 1 版，第 519 页。

在资本主义生产中，一方面有许多资财被浪费掉，另一方面，在企业逐渐扩大时，又有许多这种不适宜的侧面扩张（部分地说对劳动力有害），因为一切都不是按照社会的计划进行的，而是取决于单个资本家从事活动时的千差万别的情况、资财等等。由此就产生了生产力的巨大浪费。

> 马克思：《资本论（第 1 卷）》（1867 年 9 月出版），摘自《马克思恩格斯文集》第 6 卷，人民出版社 2009 年 12 月第 1 版，第 193 页。

社会生产一经进入交替发生膨胀和收缩的运动，也会不断地重复这种运动。而结果又会成为原因，于是不断地再生产出自身条件的整个过程的阶段变换就采取周期性的形式。

> 马克思：《资本论（第 1 卷）》（1867 年 9 月出版），摘自《马克思恩格斯文集》第 5 卷，人民出版社 2009 年 12 月第 1 版，第 730 页。

但是如果 W′ 继续流通，比如在购买纱的商人手中继续流通，那对于把纱生产出来并卖给商人的单个资本的循环的继续进行，起初也不会有什么影响。整个过程继续进行，与此同时，由此决定的资本家和工人的个人消费也继续进行。这一点在考察危机时很重要。

> 马克思：《资本论（第 2 卷）》（1885 年 5 月出版），摘自《马克思恩格斯文集》第 6 卷，人民出版社 2009 年 12 月第 1 版，第 88 页。

例如由于危机而发生的社会生产过程的中断、紊乱，对于具有可分立性质的劳动产品和那些在生产上需要有一个较长的互相连接的劳动期间的劳动产品，会产生极不相同的影响。在一个场合，今天的一定量棉纱、煤炭等等的生产，没有继之而来的明天的棉纱、煤炭等等新的生产。但船舶、建筑物、铁路等等的情况却有所不同。不仅劳动会中断，而且互相连接的生产行为也会中断。

> 马克思：《资本论（第 2 卷）》（1885 年 5 月出版），摘自《马克思恩格斯文集》第 6 卷，人民出版社 2009 年 12 月第 1 版，第 257 页。

危机一旦在英国爆发，就可以看到没有卖出去的棉纺织品堆积在印度（就是商品资本没有转化为货币资本，从这方面说，也就是生产过剩）；另一方面，在英国，不仅堆积着没有卖出去的印度产品的存货，而且大部分已经卖出、已经消费的存货还丝毫没有得到贷款。因此，在货币市场上作为危机表现出来的，实际上不过是表现生产过程和再生产过程本身的失常。

> 马克思：《资本论（第2卷）》（1885年5月出版），摘自《马克思恩格斯文集》第6卷，人民出版社2009年12月第1版，第352页。

公式的全部基础，即以不同生产体系之间保持完全的比例性为前提的规模不变的再生产，也就遭到彻底破坏。这样，我们克服一个困难就只是创造出另一个更麻烦得多的困难。

> 马克思：《资本论（第2卷）》（1885年5月出版），摘自《马克思恩格斯文集》第6卷，人民出版社2009年12月第1版，第508页。

这一切必要的前提是无为条件的，但是，它们是通过一个极其复杂的过程作为中介的。这个过程，包括三个彼此独立进行但又互相交错在一起的流通过程。过程本身的复杂性，呈现出同样多的造成过程失常的原因。

> 马克思：《资本论（第2卷）》（1885年5月出版），摘自《马克思恩格斯文集》第6卷，人民出版社2009年12月第1版，第558页。

因此，在 A（I）方面虽然形成追加的潜在货币资本；但是另一方面，B（II）却有同等价值量的一部分不变资本，被凝结在商品资本的形式上，不能够转化为不变生产资本的实物形式。换句话说，B（II）的一部分商品卖不出去，而且首先是他的这样一部分商品卖不出去，由于这部分商品卖不出去，他就不能把他的不变资本全部再转化为生产形式；因此，就这部分商品来说，发生了生产过剩，这种过剩阻碍着这部分商品的再生产，甚至是规模不变的再生产。

> 马克思：《资本论（第2卷）》（1885年5月出版），摘自《马克思恩格斯文集》第6卷，人民出版社2009年12月第1版，第565页。

假如第 I 部类的剩余产品的一半，即 $\frac{1000}{2}$m 或 500Im，再作为不变资本并入第 I 部类，留在第 I 部类的这部分剩余产品，就不能补偿 IIc 的任何部分。它不转化为消费资料（在转化为消费资料的场合，在第 I 部类和第 II 部类之间的这部分流通中发生的，是商品的实际的互相的交换，也就是双方的商品换位，这不同于以第 I 部类的工人作为中介的 1000IIc 由 1000Iv 进行的补偿），而要在第 I 部类本身内作为追加的生产资料来用。它不能同时在第 I 部类和第 II 部类完成这个职能。资本家不能既把他的剩余产品的价值花费在消费资料上，同时又对这个剩余产品本身进行生产消费，即把它并入他的生产资本。因此，能转化为 2000IIc 的，已不是 2000I（v＋m），而只是 1500，即（1000v＋500m）I。这样，500IIc 就不能从它的商品形式再转化为第 II 部类的生产（不变）资本。于是第 II 部类就会发生生产过剩，过剩的程度恰好与第 I 部类生产已经扩大的程度相适应。第 II 部类的生产过剩也许会这样反应到第 I 部类上，以致第 I 部类的工人用在第 II 部类消费资料上的 1000，也仅仅是部分地流回，因而这 1000 也不是以可变的货币资本的形式回到第 I 部类的资本家手中。第 I 部类的资本家将会发觉，仅仅因为他们有扩大再生产的企图，就连规模不变的再生产也会受到阻碍。

马克思：《资本论（第 2 卷）》（1885 年 5 月出版），摘自《马克思恩格斯文集》第 6 卷，人民出版社 2009 年 12 月第 1 版，第 567 页。

一定的、预定的价格关系是再生产过程的条件，所以，由于价格的普遍下降，再生产过程就陷入停滞和混乱。这种混乱和停滞，会使货币的那种随着资本的发展而同时出现的并以这些预定的价格关系为基础的支付手段职能发挥不了作用，会在许许多多点上破坏按一定期限支付债务的锁链，而在随着资本而同时发展起来的信用制度由此崩溃时，会更加严重起来，由此引起强烈的严重危机，突然的强制贬值，以及再生产过程的实际的停滞和混乱，从而引起再生产的实际的缩小。

马克思：《资本论（第 3 卷）》（1894 年 11 月出版），摘自《马克思恩格斯文集》第 7 卷，人民出版社 2009 年 12 月第 1 版，第 283 页。

新的生产方式越是在一切有决定意义的生产部门和一切在经济上起决定作用的国家里占统治地位，并从而把个体生产排挤到无足轻重的残余地位，**社会化生产和资本主义占有的不相容性，也必然越加鲜明地表现出来。**

恩格斯：《社会主义从空想到科学的发展》（1880 年），摘自《马克思恩格斯文集》第 3 卷，人民出版社 2009 年 12 月第 1 版，第 551 页。

这一种因各生产部门分配的不合比例而引起的困难，不仅在实现额外价值时，而且在实现可变资本和不变资本时，不仅在实现消费品产品时，而且在实现生产资料产品时，都经常发生。没有这种"困难"和危机，资本主义生产，即各个单独的生产者为他们所不知道的世界市场进行的生产，是根本不可能存在的。

列宁：《俄国资本主义的发展》（1895 年底—1899 年 1 月），摘自《列宁专题文集　论资本主义》，人民出版社 2009 年 12 月第 1 版，第 16 页。

　　说什么积累和生产应该适合消费，不然就会发生危机。他的计算恰恰表明，积累和生产超过消费，而且非这样不可，因为积累主要靠生产资料，而生产资料是不用于"消费"的。西斯蒙第认为，积累是生产超过收入这种说法是李嘉图学说中的一个错误和矛盾；实际上这种说法完全符合实际，表明了资本主义固有的矛盾。

　　　　列宁：《评经济浪漫主义》（1897 年春），摘自《列宁全集》第 2 卷，人民出版社 1984 年 10 月第 2 版，第 129 页。

　　危机必然产生，因为在资本主义生产中不可能有生产和消费的平衡（即产品不可能实现）。恩格斯说：危机可能产生，因为厂主不知道需求；危机必然产生，这完全不是因为产品根本不可能实现。这样说是不正确的，因为产品是能够实现的。危机所以必然产生，是因为生产的集体性和占有的个人性之间发生了矛盾。

　　　　列宁：《评经济浪漫主义》（1897 年春），摘自《列宁全集》第 2 卷，人民出版社 1984 年 10 月第 2 版，第 139—140 页。

　　如果需要，单单指出下面两个原因是不够的：（1）社会不平等的加剧 + （2）竞争日益加剧

　　没有指出危机的基本原因 = 社会生产中的无计划性和私人占有。

　　　　列宁：《对普列汉诺夫的第一个纲领草案的意见》（1902 年 1 月上旬），摘自《列宁全集》第 6 卷，人民出版社 1986 年 10 月第 2 版，第 186—187 页。

　　资本主义的基本矛盾所必然引起的工业危机，使这个过程更为加剧。一方面是群众的穷苦和贫困，另一方面是由于生产出来的商品找不到销路而造成社会财富的浪费。

　　这样，社会的和日益社会化的劳动的生产力大大发展的同时，这种发展的全部主要好处却为极少数居民所垄断。社会财富增加的同时，是社会不平等的加剧，私有者阶级（资产阶级）同无产阶级之间的鸿沟加深和扩大。

　　　　列宁：《俄国社会民主工党纲领草案》（1902 年 1—2 月），摘自《列宁全集》第 6 卷，人民出版社 1986 年 10 月第 2 版，第 192—193 页。

　　农业的发展落后于工业，这是**一切**资本主义国家所固有的现象，是国民经济各部门间的比例遭到破坏、发生危机和物价高涨的最深刻的原因之一。

　　资本使农业摆脱了封建制度，摆脱了中世纪和宗法制的停滞落后状态，使农业加入了商业周转，从而进入世界范围的经济发展。

列宁：《关于农业中资本主义发展规律的新材料》（1915 年），摘自《列宁全集》第 27 卷，人民出版社 1990 年 1 月第 2 版，第 230 页。

在相当尖锐的工业危机（接着危机而来的是相当长的工业停滞时期）中表现出来的生产过剩，是资产阶级社会中生产力发展的必然后果。危机和工业停滞时期又使小生产者更加陷于破产，使雇佣劳动更加依附资本。并且更加迅速地引起工人阶级状况的相对恶化，而且有时是绝对恶化。

列宁：《俄共（布）纲领草案》（节选）（1919 年 2 月），摘自《列宁专题文集　论无产阶级政党》，人民出版社 2009 年 12 月第 1 版，第 187 页。

布尔什维克说过，在千百万工农群众的生活水平被限制在一定范围的条件下，资本主义国家技术的发展，生产力和资本主义合理化的发展，必不可免地会引起剧烈的经济危机。资产阶级的报刊曾经嘲笑布尔什维克的"奇特预言"。右倾分子曾经表示不同意布尔什维克的预言，用"有组织的资本主义"的自由主义空谈来代替马克思主义的分析。实际上结果怎么样呢？结果正像布尔什维克所说过的那样。

斯大林：《联共（布）中央委员会向第十六次代表大会的政治报告》（1930 年 6 月 27 日），摘自《斯大林全集》第 12 卷，人民出版社 1955 年 12 月第 1 版，第 208—209 页。

## 2. 危机的可能性

由于交换的这种二重化——为消费而交换和为交换而交换，产生了一种新的不协调。商人在交换中只受商品的买和卖之间的差额支配；而消费者则必须最终补偿他所购买的商品的交换价值。流通即商人阶层内部的交换，与流通的结局即商人阶层和消费者之间的交换，尽管归根到底必然是互相制约的，但它们是由完全不同的规律和动机决定的，彼此可能发生最大的矛盾。在这种分离中已经包含了商业危机的可能性。

马克思：《政治经济学批判（1857—1858 年手稿）》（1857 年 7 月—1858 年 6 月），摘自《马克思恩格斯文集》第 8 卷，人民出版社 2009 年 12 月第 1 版，第 47 页。

一切商品都是暂时的货币；货币是永久的商品。[①] 分工越发达，直接

---

①　从马克思对《伦敦笔记》进行加工而成的笔记《完成的货币体系》（1851 年）第 19 页可以看出，"一切商品都是暂时的货币；货币是永久的商品"这句话是从威·配第《政治算术》中概括出来的。

产品就越不再是交换手段。必须有一种一般交换手段，也就是说，必须有一种不依赖于每一个人的特定生产的交换手段。在货币上，物的价值同物的实体分离开。货币本来是一切价值的代表；在实践中情况却颠倒过来，一切实在的产品和劳动竟成为货币的代表。在直接的物物交换中，不是每一种物品都能和任何一种物品相交换，一定的活动只能和一定的产品相交换。货币所以能够克服物物交换中包含的困难，只是由于它使这种困难一般化、普遍化了，被强制分离的而本质上同属一体的各要素，绝对必须通过暴力的爆发，来证明自己是一种本质上同属一体的东西的**分离**。统一是**通过暴力恢复的**。

> 马克思：《政治经济学批判（1857—1858 年手稿）》（1857 年 7 月—1858 年 6 月），摘自《马克思恩格斯文集》第 8 卷，人民出版社 2009 年 12 月第 1 版，第 47 页。

货币所以是这种抵押品，只是由于它具有社会的（象征性的）属性。货币所以能拥有社会的属性，只是因为各个人让他们自己的社会关系作为对象同他们自己相异化。

> 马克思：《政治经济学批判（1857—1858 年手稿）》（1857 年 7 月—1858 年 6 月），摘自《马克思恩格斯文集》第 8 卷，人民出版社 2009 年 12 月第 1 版，第 55 页。

从资本的角度来看**生产过剩**是不是可能的和必然的，这个问题的整个争论焦点在于：资本在生产中的价值增殖过程是否直接决定资本在流通中的价值实现；资本［IV—20］在**生产过程**中实现的价值增殖是否就是资本的**现实**的价值增殖。

> 马克思：《政治经济学批判（1857—1858 年手稿）》（1857 年 7 月—1858 年 6 月），摘自《马克思恩格斯文集》第 8 卷，人民出版社 2009 年 12 月第 1 版，第 91—92 页。

在货币作为中介的规定中，在交换分成两种行为的分裂中，已经蕴藏着危机的萌芽，至少是危机的可能性，而这种可能性只是当取得典型发展的、与自身概念相符合的流通的各种基本条件已经存在的时候，才有可能成为现实。

> 马克思：《政治经济学批判（1857—1858 年手稿）》（1857 年 7 月—1858 年 6 月），摘自《马克思恩格斯全集》第 30 卷，人民出版社 1995 年 12 月第 1 版，第 149 页。

只是还要指出，W—G 和 G—W 的分离，是表现出危机可能性的最抽象和最表面的形式。从阐明流通数量由价格决定这一规律中可以看出，在这里设想了一些决不是一切社会状态下都存在的前提；因此，例如，把货币从亚洲流入罗马而对那里物价所起的作用简单地同现代的商业关系等量齐观，那是荒谬的。

　　　　马克思：《马克思致恩格斯》（1858 年 4 月 2 日），摘自《马克思恩格斯文集》第 10 卷，人民出版社 2009 年 12 月第 1 版，第 160 页。

买和卖在交换过程中的分裂，打破了社会物质变换的地方的原始的、传统虔诚的、重感情而幼稚的局限，它同时又是社会物质变换中相互联系的各要素的分裂和它们彼此对立的固定化的一般形式，一句话，是商业危机的一般可能性，其所以如此，只是因为商品和货币的对立是资产阶级劳动所包含的一切对立的抽象的一般的形式。

　　　　马克思：《政治经济学批判（第 1 分册）》（1858 年 8 月—1859 年 1 月），摘自《马克思恩格斯全集》第 31 卷，人民出版社 1998 年 12 月第 2 版，第 491 页。

在单纯的商品形态变化中①已经显露出来的危机**可能性**，通过（直接的）生产过程和流通过程的彼此分离再次并且以更发展了的形式表现出来。一旦两个过程不能顺利地互相转化［XIII—713］而彼此独立，就发生危机。

　　　　马克思：《政治经济学批判（1861—1863 年手稿）》（1861 年 8 月—1863 年 7 月），摘自《马克思恩格斯文集》第 8 卷，人民出版社 2009 年 12 月第 1 版，第 245 页。

在商品的形态变化中，危机的可能性表现为：

首先，实际上作为使用价值存在而在观念上以价格形式作为交换价值存在的商品，必须转化为货币：W—G。如果这个困难已经解决，已经出卖，那么，购买，G—W，就再没有什么困难了，因为货币可以同一切东西直接交换。必要的前提就是，商品具有使用价值，商品所包含的劳动是有用的，否则它就根本不是商品。其次，假定商品的个别价值 = 它的社会价值，就是说，物化在商品中的劳动时间 = 生产该商品的社会**必要**劳动时间。因此，危机的可能性，就其在形态变化的简单形式中的表现来说，仅仅来

---

　　① 见马克思《政治经济学批判》第 1 分册第 2 章第 2 节中的（a）《商品的形态变化》（《马克思恩格斯全集》中文第 2 版第 31 卷，第 482—493 页）。

自以下情况，即商品形态变化在其运动中经历的形式差别——阶段——第一，必须是相互补充的形式和阶段，第二，尽管有这种内在的必然的相互联系，却是过程的互不相干地存在着的、在时间和空间上彼此分开的、彼此可以分离并且已经分离的、互相独立的部分和形式。因此，危机的可能性只在于卖和买的分离。只是在商品的形式上商品必须经受这里所遇到的困难。一旦它具有货币形式，就渡过了这种困难。但是，往前走，又是卖和买的分离。如果商品不会以货币形式退出流通，或者说，不会推迟自身到商品的再转化，如果——在直接的物物交换中就是这样——买和卖相重合，那么，上述假定下的危机的**可能性**就会消失。因为已经假定商品对别的商品占有者来说是使用价值了。在直接的物物交换的形式中，商品只有当它不是使用价值，或者在对方没有别的使用价值可以同它交换的时候，才不能进行交换。因此，只有在两个条件下才不可能进行交换：或者是一方生产了**无用**之物，或者是对方没有**有用**之物可以作为等价物同前者的使用价值交换。不过，在这两种情况下根本不会发生交换。**然而只要发生交换**，它的因素就不是彼此分离的。买者就是卖者，卖者就是买者。所以，既然交换就是流通，从交换形式产生的**危机**因素就消失了，如果我们说形态变化的简单形式包含着危机的可能性，那只不过是说，在这种形式本身包含着本质上相互补充的因素彼此割裂和分离的可能性。

马克思：《政治经济学批判（1861—1863年手稿)》（1861年8月—1863年7月)，摘自《马克思恩格斯文集》第8卷，人民出版社2009年12月第1版，第245—246页。

危机的一般的、抽象的可能性，无非就是危机的**最抽象的形式**，它没有内容，没有危机的内容丰富的动因。卖和买可能彼此脱离。因此它们是潜在的**危机**。它们的一致对商品来说始终是生命攸关的因素。但是它们也可能顺利地相互转化。所以，**危机的最抽象的形式**（因而危机的形式上的可能性）始终是**商品的形态变化**本身，在商品形态变化中，包含在商品的统一中的交换价值和使用价值的矛盾以至货币和商品的矛盾，仅仅作为展开的运动而存在。但是，使危机的这种可能性变成危机的起因，并不包含在这个形式本身之中；这个形式本身所包含的只是：危机的**形式**已经存在。

这对于考察资产阶级经济是重要的。世界市场危机必须看做是资产阶级经济一切矛盾的现实的综合和暴力方式的平衡。因此，在这些危机中综合起来的各个因素，必然在资产阶级经济的每一个领域中出现并得以展开。我们越是深入地研究这种经济，一方面，这个矛盾的各个新的规定就必然被阐明，另一方面，这个矛盾的比较抽象的形式会再现在并包含在比较具体的形式中这一点，也必然得到证明。

> 马克思：《政治经济学批判（1861—1863 年手稿）》（1861 年 8 月—1863 年 7 月），摘自《马克思恩格斯文集》第 8 卷，人民出版社 2009 年 12 月第 1 版，第 247 页。

因此，只要资本**也**是商品并且只是商品，那么包含在这个形式中的危机的一般可能性，即买和卖的分离，也就包含在资本的运动中。此外，从各种商品的形态变化的相互联系可以得出，一种商品转化为货币是因为另一种商品从货币形式再转化为商品。因此，买和卖的分离在这里进一步表现为：一笔资本从商品形式转化为货币形式，相应地另一笔资本就必须从货币形式再转化为商品形式，一笔资本发生第一形态变化，相应地另一笔资本就必须发生第二形态变化，一笔资本离开生产过程，相应地另一笔资本就必须回到生产过程。不同资本的再生产过程或流通过程的这种相互联结和彼此交叉，一方面，由于分工而成为必然的，另一方面，又是偶然的，因此，危机的内容规定已经扩大了。

> 马克思：《政治经济学批判（1861—1863 年手稿）》（1861 年 8 月—1863 年 7 月），摘自《马克思恩格斯文集》第 8 卷，人民出版社 2009 年 12 月第 1 版，第 248 页。

如果货币作为支付手段发挥作用的结果是使彼此的债权互相抵消，也就是说作为支付手段的货币中潜在地包含着的矛盾没有成为现实；因此，如果危机的这两种抽象形式本身并没有实际地表现出来，那就不会有危机。只要买和卖不彼此脱离，不发生矛盾，或者只要作为支付手段的货币中所包含的矛盾不表现出来，因而，只要危机不是同时在简单的形式即买和卖的矛盾中，在作为支付手段的货币的矛盾中表现出来，那就不可能发生危机。

> 马克思：《政治经济学批判（1861—1863 年手稿）》（1861 年 8 月—1863 年 7 月），摘自《马克思恩格斯文集》第 8 卷，人民出版社 2009 年 12 月第 1 版，第 250 页。

危机的一般**可能性**在**资本**的**形态变化**过程本身中就存在，并且是双重的：如果货币执行**流通手段**的职能，就是**买**和**卖**的分离，如果货币执行**支付手段**的职能，货币在两个不同的时刻分别起**价值尺度**和**价值实现**的作用。

这两个时刻互相分离。如果价值**在**这两个时刻**之间**有了变动，如果商品在它卖出的时刻的**价值**低于它以前在货币执行价值尺度的职能，因而也执行相互债务尺度的职能的时刻的**价值**，那么，用**出卖商品的进款**就不能清偿债务，因而，再往上推，以这笔债务为转移的一系列交易，都不能结算。即使商品的价值没有变动，只要商品在**一定时期内**不能卖出去，**货币**就不能执行**支付手段**的职能，因为货币必须**在一定的、事先规定的期限内**执行支付手段的职能。但是，因为同一笔货币在这里是对一系列的相互交易和相互债务执行这种职能，所以**无力支付的情况**就不止在一点上而是在许多点上出现，由此就发生危机。

> 马克思：《政治经济学批判（1861—1863 年手稿)》（1861 年 8 月—1863 年 7 月），摘自《马克思恩格斯文集》第 8 卷，人民出版社 2009 年 12 月第 1 版，第 252 页。

这就是危机的两种**形式上的可能性**，在没有第二种可能性的情况下，第一种可能性也可能出现，就是说，在没有信用的情况下，在没有货币执行支付手段的职能的情况下，也可能发生危机。但是，在**没有第一种可能性的情况下**，即在没有买和卖彼此分离的情况下，却不可能出现第二种可能性。

> 马克思：《政治经济学批判（1861—1863 年手稿)》（1861 年 8 月—1863 年 7 月），摘自《马克思恩格斯文集》第 8 卷，人民出版社 2009 年 12 月第 1 版，第 252 页。

危机的**一般可能性**就是资本的形式上的**形态变化**本身，就是买和卖在时间上和空间上的彼此分离。但是这决不是危机的**原因**。因为这无非是**危机的最一般的形式**，即危机本身的**最一般的表现**。但是，不能说**危机的抽象形式**就是**危机的原因**。如果有人要问危机的原因，那么他想知道的就是，为什么**危机的抽象形式**，危机的可能性的形式会从可能性变为**现实性**。

> 马克思：《政治经济学批判（1861—1863 年手稿)》（1861 年 8 月—1863 年 7 月），摘自《马克思恩格斯文集》第 8 卷，人民出版社 2009 年 12 月第 1 版，第 253 页。

虽然**利润率**下降，**产品**却会**涨价**。如果这种产品作为生产资料加入其他生产领域，那么这种产品的涨价在这里会使**再生产**发生同样的混乱。如果这种产品作为生活资料加入一般消费，那么，它或者也加入**工人的消费**，或者**不**加入工人的消费。如果是前者，它的后果同后面要讲的**可变资本**发生混乱时产生的后果一样。但是，在这种产品加入**一般消费**的情况下，由于这种产品涨价（如果这种产品的消费不减少），对其他产品的**需求**就会减少，因而**其他产品就不能再转化**为相当于其价值的货币额，这样，其他产品的再生产的**另一方面**——不是**货币再转化**为生产资本，而是商品**再转化为货币**——就会遭到破坏。

> 马克思：《政治经济学批判（1861—1863 年手稿）》（1861 年 8 月—1863 年 7 月），摘自《马克思恩格斯文集》第 8 卷，人民出版社 2009 年 12 月第 1 版，第 254 页。

（**危机**可能发生在下述场合：第一，［货币］**再转化为生产资本**；［第二，］生产资本的要素特别是**原料**发生**价值变动**，如棉花收成减少。它的**价值**由此增加。我们这里涉及的还不是价格，而是**价值**。）

> 马克思：《政治经济学批判（1861—1863 年手稿）》（1861 年 8 月—1863 年 7 月），摘自《马克思恩格斯文集》第 8 卷，人民出版社 2009 年 12 月第 1 版，第 256 页。

货币再转化为商品，完全同商品转化为货币一样，也可能遇到困难，也可能造成危机的可能性。如果考察的是简单流通而不是资本流通，那就不会发生这些困难。（还有许多因素即危机的条件、危机的可能性，只有在分析更加具体的关系，特别是分析资本的竞争和信用时，才能加以考察[①]。）

> 马克思：《政治经济学批判（1861—1863 年手稿）》（1861 年 8 月—1863 年 7 月），摘自《马克思恩格斯文集》第 8 卷，人民出版社 2009 年 12 月第 1 版，第 273 页。

我们在考察货币时[②]已经看到，无论就货币一般是一种与商品的实物

---

[①]　马克思在 1857—1859 年写作经济学手稿期间，逐步形成了他的《政治经济学批判》的六册结构计划：第一册——"资本"；第二册——"土地所有制"；第三册——"雇佣劳动"；第四册——"国家"；第五册——"对外贸易"；第六册——"世界市场"。第一册"资本"是最基本的一册，它又分为四篇，分别考察"资本一般"、"竞争"、"信用"、"股份资本"。对竞争的专门研究属于第一册"资本"第二篇的内容，即《竞争或许多资本的相互作用》，它应在第一篇"资本一般"之后论述（见马克思 1858 年 4 月 2 日给恩格斯的信）。

后来，当马克思写《资本论》第三卷手稿时，他把与竞争有关的某些一般性论述放在了平均利润和生产价格的那一篇，即第二篇《利润转化为平均利润》（见《马克思恩格斯文集》第 7 卷，第 159—234 页）。

[②]　指《政治经济学批判。第一分册》第 2 章《货币或简单流通》有关论述见《马克思恩格斯全集》中文版第 2 版第 31 卷，第 492—493、535—536 和 540—541 页。

形式不同的形式来说，还是就它作为支付手段的形式来说，货币本身都包含着危机的可能性，而这一点，在考察资本的一般性质时，用不着对成为实际生产过程的一切前提的进一步的现实关系加以说明，就更加清楚地表现出来了。

> 马克思：《政治经济学批判（1861—1863 年手稿）》（1861 年 8 月—1863 年 7 月），摘自《马克思恩格斯全集》第 34 卷，人民出版社 2008 年 7 月第 1 版，第 559—560 页。

如果比如说买和卖，或者商品形态变化的运动，代表着两个过程的统一，或者确切些说代表着一个经历两个对立阶段的过程，因而，如果说这个运动本质上是两个阶段的统一，那么，这个过程同样本质上也是这两个阶段的分离和彼此之间的独立化。但因为它们毕竟属于一个整体，所以，属于一个整体的因素的独立化只能强制地作为具有破坏性的过程**表现出来**。正是在**危机**中，它们的统一、不同因素的统一才显示出来。相互从属和相互补充的因素所具有的彼此的独立性被强制地消灭了。因此，危机表现出各个彼此独立化的因素的统一。没有表面上彼此无关的各个因素的这种内在统一，也就没有危机。

> 马克思：《政治经济学批判（1861—1863 年手稿）》（1861 年 8 月—1863 年 7 月），摘自《马克思恩格斯全集》第 34 卷，人民出版社 2008 年 7 月第 2 版，第 568 页。

有些经济学家（例如约·斯·穆勒）想用这种简单的、商品形态变化中所包含的危机**可能性**——如买和卖的分离——来说明危机，他们的情况并不更妙些，说明危机可能性的这些规定，还远不能说明危机的现实性，还远不能说明**为什么**过程的各个阶段总会发生这样的冲突，以致只有通过危机，通过强制的过程，它们内在的统一才能发生作用。

> 马克思：《政治经济学批判（1861—1863 年手稿）》（1861 年 8 月—1863 年 7 月），摘自《马克思恩格斯全集》第 34 卷，人民出版社 2008 年 7 月第 2 版，第 569 页。

这里说的恰恰只是危机的因素。就是说，除了**货币**以外的所有商品。说**这种**商品有表现为货币的必然性，这不过是说**所有**商品都有这种必然性。完成这个形态变化，个别商品有什么困难，所有商品同样有什么困难。商品形态变化的一般性质（它既包括买和卖的分离，又包括两者的统一），不仅不排除市场商品普遍充斥的**可能性**，相反，它本身就是这种普遍充斥的可能性。

马克思:《政治经济学批判（1861—1863 年手稿）》（1861 年 8 月—1863
年 7 月），摘自《马克思恩格斯全集》第 34 卷，人民出版社 2008 年 7 月
第 2 版，第 572 页。

[XIII—711] 在发生危机的时候，一个人只要把商品卖出去，他就会
感到很满意了，他不会马上考虑买进。当然，已经实现了的价值要再作为
资本发生作用，它就必须经历再生产过程，也就是必须再同劳动和商品进
行交换。但是，危机恰恰就是再生产过程破坏和中断的时刻。而这种破坏
是不能用在不发生危机的时候它并不存在这个事实来解释的。

马克思:《政治经济学批判（1861—1863 年手稿）》（1861 年 8 月—1863
年 7 月），摘自《马克思恩格斯全集》第 34 卷，人民出版社 2008 年 7 月
第 2 版，第 571 页。

流通所以能够打破产品交换的时间、空间和个人的限制，正是因为它
把这里存在的换出自己的劳动产品和换进别人的劳动产品这二者之间的直
接的同一性，分裂成卖和买这二者之间的对立。说互相对立的独立过程形
成内部的统一，那也就是说，它们的内部统一是运动于外部的对立中。当
内部不独立（因为互相补充）的过程的外部独立化达到一定程度时，统一
就要强制地通过危机显示出来。

马克思:《资本论（第 1 卷）》（1867 年 9 月出版），摘自《马克思恩格斯
文集》第 5 卷，人民出版社 2009 年 12 月第 1 版，第 135 页。

商品生产是资本主义生产的一般形式这个事实，已经包含着在资本主
义生产中货币不仅起流通手段的作用，而且也起货币资本的作用，同时又
会产生这种生产方式所特有的、使交换从而也使再生产（或者是简单再生
产，或者是扩大再生产）得以正常进行的某些条件，而这些条件转变为同
样多的造成过程失常的条件，转变为同样多的危机的可能性；因为在这种
生产的自发形式中，平衡本身就是一种偶然现象。

马克思:《资本论（第 2 卷）》（1885 年 5 月出版），摘自《马克思恩格斯
文集》第 6 卷，人民出版社 2009 年 12 月第 1 版，第 557 页。

由于生产变得这样容易，这种大工业必然产生的自由竞争很快就达到
十分剧烈的程度。大批资本家投身于工业，生产很快就超过了消费。结果，
生产出来的商品卖不出去，所谓商业危机就到来了。

恩格斯:《共产主义原理》（1847 年 10 月底—11 月），摘自《马克思恩格

斯文集》第 1 卷，人民出版社 2009 年 12 月第 1 版，第 682 页。

商品内在的使用价值和价值的对立，私人劳动同时必须表现为直接社会劳动的对立，特殊的具体的劳动同时只是当做抽象的一般的劳动的对立，物的人格化和人格的物化的对立，——这种内在的矛盾在商品形态变化的对立中取得发展了的运动形式。因此，这些形式包含着危机的可能性，但仅仅是可能性。

恩格斯：《资本论（第 1 卷）提纲》（1868 年），摘自《马克思恩格斯文集》第 5 卷，人民出版社 2009 年 12 月第 1 版，第 135 页。

一个商品的价值只能用另一个商品来表现并且只有在和另一个商品交换时才能实现，在这里包含着这样一种可能：或者是交换根本不能成立，或者是商品的真正价值不能实现。最后，如果在市场上出现了特殊的商品——劳动力，那末，劳动力的价值也和其他任何商品的价值一样，是按照生产它的社会必要劳动时间决定的。因此，在产品的价值形式中，已经包含着整个资本主义生产形式、资本家和雇佣工人的对立、产业后备军和危机的萌芽。

恩格斯：《反杜林论》（1876 年 9 月—1878 年 6 月），摘自《马克思恩格斯文集》第 9 卷，人民出版社 2009 年 12 月第 1 版，第 327—328 页。

"每次生产过剩都有危机"。这是**可能的**，有这样的趋势，但决不是必定发生的。

恩格斯：《恩格斯致卡·希尔施》（1895 年 3 月 19 日），摘自《马克思恩格斯全集》第 39 卷，人民出版社 1974 年 11 月第 1 版，第 421 页。

### 3. 危机的可能性转化为现实性的条件

资产者彼此间日益加剧的竞争以及由此引起的商业危机，使工人的工资越来越不稳定；机器的日益迅速的和继续不断的改良，使工人的整个生活地位越来越没有保障；单个工人和单个资产者之间的冲突越来越具有两个阶级的冲突的性质。

马克思和恩格斯：《共产党宣言》（1847 年 12 月—1848 年 1 月），摘自《马克思恩格斯文集》第 2 卷，人民出版社 2009 年 12 月第 1 版，第 40 页。

交换不会改变价值增殖的内在条件，但是会把这些条件暴露在外部，赋予它们彼此独立的形式，从而使得它们的内在统一性只作为内在必然性而存在，因此这种必然性会在危机中通过暴力在外部表现出来。

马克思：《政治经济学批判（1857—1858 年手稿)》（1857 年 7 月—1858
年 6 月），摘自《马克思恩格斯全集》第 30 卷，人民出版社 1995 年 6 月
第 2 版，第 437 页。

英国工业的状况已经极度紧张，在国外市场缩小的影响下，必然要发
生普遍危机，而随之将引起大不列颠全部社会生活和政治生活的震荡。

马克思：《一八四四年的英格兰银行法和英国的金融危机》（1857 年 11
月），摘自《马克思恩格斯全集》第 12 卷，人民出版社 1962 年 8 月第 1
版，第 344 页。

至于由作为支付手段的货币形式产生的危机的可能性，那么，在资本
的场合，这种可能性转化为现实性的更现实得多的基础已经显露出来了。

马克思：《政治经济学批判（1861—1863 年手稿)》（1861 年 8 月—1863
年 7 月），摘自《马克思恩格斯文集》第 8 卷，人民出版社 2009 年 12 月
第 1 版，第 248—249 页。

他们由于都没有实现自己商品的价值，就全都不能使补偿不变资本的
那部分价值得到补偿。这样就要发生普遍的危机。这不过是在货币作为支
付手段的场合所展现的**危机的可能性**，但是，在这里，在资本主义生产中，
我们已经看到了使可能性可能发展成为现实性的相互债权和债务之间、买
和卖之间的联系。

马克思：《政治经济学批判（1861—1863 年手稿)》（1861 年 8 月—1863
年 7 月），摘自《马克思恩格斯文集》第 8 卷，人民出版社 2009 年 12 月
第 1 版，第 249 页。

不发生矛盾，或者只要作为支付手段的货币中所包含的矛盾不表现出
来，因而，只要危机不是同时在简单的形式即买和卖的矛盾中，在作为支
付手段的货币的矛盾中表现出来，那就不可能发生危机。但是，这终究是
危机的单纯形式，危机的一般可能性，因而也是现实危机的**形式**，现实危
机的抽象形式。危机的存在以这些形式表现出来，这是危机的最简单的形
式，并且是危机的最简单的内容，因为这种形式本身就是危机的最简单的
内容。但是，这还不是**有了根据**的内容。

马克思：《政治经济学批判（1861—1863 年手稿)》（1861 年 8 月—1863
年 7 月），摘自《马克思恩格斯文集》第 8 卷，人民出版社 2009 年 12 月
第 1 版，第 250 页。

现在的问题是要追踪考察潜在的危机的进一步发展（现实危机只能从

资本主义生产的现实运动、竞争和信用中来说明），要就危机来自资本作为资本所特有的，而不是包含在资本作为商品和货币的单纯存在中的那些资本形式规定，来进行这种考察。

> 马克思：《政治经济学批判（1861—1863 年手稿)》（1861 年 8 月—1863 年 7 月），摘自《马克思恩格斯文集》第 8 卷，人民出版社 2009 年 12 月第 1 版，第 250—251 页。

资本的总流通过程或总再生产过程是资本的生产阶段和资本的流通阶段的统一，是把上述两个过程作为自身的不同阶段来经历的过程。这里已包含危机的进一步发展了的可能性或危机的抽象形式。

> 马克思：《政治经济学批判（1861—1863 年手稿)》（1861 年 8 月—1863 年 7 月），摘自《马克思恩格斯文集》第 8 卷，人民出版社 2009 年 12 月第 1 版，第 251 页。

只要商品在**一定时期**内不能卖出去，**货币**就不能执行**支付手段**的职能，因为货币必须在**一定的、事先规定的期限**内执行支付手段的职能。但是，因为同一笔货币在这里是对一系列的相互交易和相互债务执行这种职能，所以**无力支付的情况**就不止在一点上而是在许多点上出现，由此就发生**危机**。

> 马克思：《政治经济学批判（1861—1863 年手稿)》（1861 年 8 月—1863 年 7 月），摘自《马克思恩格斯文集》第 8 卷，人民出版社 2009 年 12 月第 1 版，第 252 页。

如果说**危机**的发生是由于买和卖的彼此分离，那么，一旦货币发展成为**支付手段**，危机就会发展为**货币危机**，在这种情况下，只要出现了危机**的第一种形式**，危机的这**第二种形式**就是不言而喻的事情。

> 马克思：《政治经济学批判（1861—1863 年手稿)》（1861 年 8 月—1863 年 7 月），摘自《马克思恩格斯文集》第 8 卷，人民出版社 2009 年 12 月第 1 版，第 253 页。

危机的**一般条件**，只要不取决于和价值波动不同的**价格波动**（不论这种波动同信用有无关系），就必须用资本主义生产的一般条件来说明。

> 马克思：《政治经济学批判（1861—1863 年手稿)》（1861 年 8 月—1863 年 7 月），摘自《马克思恩格斯文集》第 8 卷，人民出版社 2009 年 12 月第 1 版，第 253 页。

**由于再生产的第一阶段遭到破坏**，也就是由于商品向货币的转化发生障碍，或者说由于**出卖发生障碍而产生的危机**。在发生第一种［由于原料涨价而引起的］危机的情况下，危机是由于生产资本的要素的**回流**发生障碍而产生的。

马克思：《政治经济学批判（1861—1863 年手稿)》（1861 年 8 月—1863 年 7 月)，摘自《马克思恩格斯文集》第 8 卷，人民出版社 2009 年 12 月第 1 版，第 256 页。

因为资本流通过程不是一天就完了，而是要经历一个相当长的时期资本才能返回自身，因为这个时期同市场价格［XIII—706］平均化为费用价格的时期是一致的；因为在这个时期内**市场**上发生重大的变革和变化；因为劳动生产率发生重大的变动，因而商品的**实际价值**也发生重大的变动，所以，很明显，从起点——作为前提的资本——到它经过一个这样的时期返回自身，必然会发生一些大灾难，危机的各种要素必然会积累和发展起来，这些决不是用产品同产品交换这样一句毫无价值的空话就排除得了的。

马克思：《政治经济学批判（1861—1863 年手稿)》（1861 年 8 月—1863 年 7 月)，摘自《马克思恩格斯全集》第 34 卷，人民出版社 2008 年 7 月第 2 版，第 562 页。

这种可能性要发展为现实，必须有整整一系列的关系，从简单商品流通的观点来看，这些关系还根本不存在。①

马克思：《资本论（第 1 卷)》（1867 年 9 月出版)，摘自《马克思恩格斯文集》第 5 卷，人民出版社 2009 年 12 月第 1 版，第 135—136 页。

今天，他们在世界市场上到处叫嚷：只有货币才是商品！他们的灵魂

---

① 参看我在《政治经济学批判》第 74—76 页（见《马克思恩格斯全集》中文第 2 版第 31 卷，第 490—493 页）对詹姆斯·穆勒的评论。在这里，经济学辩护者的方法有两个特征。第一，简单地抽去商品流通和直接的商品交换之间的区别，把二者等同起来。第二，企图把资本主义生产当事人之间的关系，归结为商品流通所产生的简单关系，从而否认资本主义生产过程的矛盾。但商品生产和商品流通是极不相同的生产方式都具有的现象，尽管它们在范围和作用方面各不相同。因此，只知道这些生产方式共有的、抽象的商品流通的范畴，还是根本不能了解这些生产方式的本质区别，也不能对这些生产方式作出判断。任何一门科学都不像政治经济学那样，流行着拿浅显的普通道理来大肆吹嘘的风气。例如，让·巴·萨伊由于知道商品是产品，都断然否定危机。（见让·巴·萨伊《论政治经济学》1817 年巴黎第 3 版第 2 卷，第 33—52 页，在那里他说到了危机。紧接第 2 卷第 3 册的《政治经济学基本原理概要》第 459 页上他写道："商品，为卖而买的产品。")

渴求货币这唯一的财富，就像鹿渴求清水一样。① 在危机时期，商品和它的价值形态（货币）之间的对立发展成绝对矛盾。不管是用金支付，还是用银行券这样的信用货币支付，货币荒都是一样的。②

> 马克思：《资本论（第1卷）》（1867年9月出版），摘自《马克思恩格斯文集》第5卷，人民出版社2009年12月第1版，第162页。

资本的生产过剩，从来仅仅是指能够作为资本执行职能即能够用来按一定剥削程度剥削劳动的生产资料——劳动资料和生活资料——的生产过剩；而这个剥削程度下降到一定点以下，就会引起资本主义生产过程的混乱和停滞、危机、资本的破坏。资本的这种生产过剩伴随有相当可观的相对人口过剩，这并不矛盾。

> 马克思：《资本论（第1卷）》（1867年9月出版），摘自《马克思恩格斯文集》第7卷，人民出版社2009年12月第1版，第284—285页。

剩余价值的生产，从而资本家的个人消费，可以增长起来，整个再生产过程可以处在非常繁荣的状态中，但商品的一大部分只是表面上进入消费，实际上是堆积在转卖者的手中没有卖掉，事实上仍然留在市场上。这时，商品的潮流一浪一浪涌来，最后终于发现，以前涌入的潮流只是表面上被消费吞没。商品资本在市场上互相争夺位置。后涌入的商品，为了卖掉只好降低价格出售。以前涌入的商品还没有变成现金，支付期限却已经到来。商品持有者不得不宣告无力支付，或者为了支付不得不给价就卖。这种出售同需求的实际状况绝对无关。同它有关的，**只是支付的需求**，只是把商品转化为货币的绝对必要。于是危机爆发了。

---

① "由信用主义这样突然转变到货币主义，就使得实际恐慌又加上了理论恐惧，而流通的当事人在他们自己的关系的深不可测的秘密面前瑟瑟发抖了。"［马克思：《政治经济学批判》（1859年柏林版，第126页（见《马克思恩格斯全集》中文第2版，第31卷第541页）］"穷人没有工作，因为富人没有钱雇佣他们，虽然他们和过去一样，拥有同样的土地和劳动力，可以用来生产食物和衣服。正是这些，而不是货币，构成一个国家的真正财富。"（约翰·贝勒斯：《关于创办一所劳动学院的建议》1696年伦敦版，第3—4页）

② 下面这段话可以说明"商业之友"是如何利用这种时机的："一次（1839年），一位贪婪的老银行家（西蒂区的）在他的私人房间里，坐在写字桌前，揭开桌盖，取出成捆的钞票给他的一位朋友看，并扬扬得意地说，这是60万镑，收回这些钞票，是为了使银根吃紧，在当天3点钟以后，再把他们全部投放出去。"（［亨·罗伊］《兑换理论。1844年银行法》1864年伦敦版第81页）1864年4月24日，半官方报纸《观察家报》报道："现在流传着一种很奇怪的谣言，说已经有一种使银根吃紧的手段……不论采用这类诡计看来是多么值得怀疑，但是这种谣言广为流传，确实值得一提。"

马克思:《资本论（第 2 卷）》（1885 年 5 月出版），摘自《马克思恩格斯文集》第 6 卷，人民出版社 2009 年 12 月第 1 版，第 89 页。

不管储备的形成是自愿的还是非自愿的，也就是说，不管商品生产者是有意保持储备，还是因为流通过程本身的状况阻碍商品的出售，使他的商品形成储备，问题的实质好像不会有什么改变。不过，弄清自愿储备和非自愿储备的区别，对于解决这个问题是有益的。非自愿储备是由流通停滞造成的，或者同它是一回事，而这种停滞是商品生产者无法知道的，是违背他的意志的。

马克思:《资本论（第 2 卷）》（1885 年 5 月出版），摘自《马克思恩格斯文集》第 6 卷，人民出版社 2009 年 12 月第 1 版，第 164 页。

在资本主义生产方式内发展着的、与人口相比惊人巨大的生产力，以及虽然不是与此按同一比例的、比人口增加快得多的资本价值（不仅是它的物质实体）的增加，同这个惊人巨大的生产力为之服务的、与财富的增长相比变得越来越狭小的基础相矛盾，同这个不断膨胀的资本的价值增殖的条件相矛盾。危机就是这样发生的。

马克思:《资本论（第 3 卷）》（1894 年 11 月出版），摘自《马克思恩格斯文集》第 7 卷，人民出版社 2009 年 12 月第 1 版，第 296 页。

因此，它可以在已购买的物品最终卖掉以前反复进行购买。在这里，无论是我们这个商人直接把商品卖给最后的消费者，还是在这二者之间另有 12 个商人，都与问题无关。当再生产过程有巨大的弹性，能够不断突破每一次遇到的限制时，商人在生产本身中不会发现任何限制，或者只会发现有很大弹性的限制。因此，除了由于商品性质造成的 W—G 和 G—W 的分离以外，这里将会创造出一种虚假的需求。尽管商人资本的运动独立化了，它始终只是产业资本在流通领域内的运动。但是，由于商人资本的独立化，它的运动在一定界限内就不受再生产过程的限制，因此，甚至还会驱使再生产过程越出它的各种限制。内部的依赖性和外部的独立性会使商人资本达到这样一点：内部联系要通过暴力即通过一次危机来恢复。

马克思:《资本论（第 3 卷）》（1894 年 11 月出版），摘自《马克思恩格斯文集》第 7 卷，人民出版社 2009 年 12 月第 1 版，第 339 页。

在再生产过程的全部联系都是以信用为基础的生产制度中，只要信用突然停止，只有现金支付才有效，危机显然就会发生，对支付手段的激烈追求必然会出现。所以乍看起来，好像整个危机只表现为信用危机和货币危机。而且，事实上问题只是在于汇票能否兑换为货币。但是这种汇票多数是代表现实买卖的，而这种现实买卖的扩大远远超过社会需要的限度这一事实，归根到底是整个危机的基础。

> 马克思：《资本论（第3卷）》（1894年11月出版），摘自《马克思恩格斯文集》第7卷，人民出版社2009年12月第1版，第555页。

过度的投机活动最终造成了普遍的崩溃①。成百家公司破产。维持下来的那些公司的股票卖不出去。这是彻底的全线崩溃。但是，为了能够进行投机，就必须制造生产资料和交通工具、建造工厂和铁路等等，以它们的股票作为投机的对象。到了崩溃的时候才发现，作为进行这些活动的借口的社会需要，已经大大超过了限度。

> 恩格斯：《俾斯麦先生的社会主义》（1880年2月），摘自《马克思恩格斯全集》第25卷，人民出版社2001年4月第2版，第417页。

因而未能解决社会资本同收入的关系以及产品实现的问题（李嘉图也没有给自己提出这些问题），但是他本能地说明了资产阶级生产方式的本质，指出了积累是生产超过收入这一完全不容争辩的事实。这一点从最新的分析来看也是如此。生产本身确实为自己造成市场：要生产就必须有生产资料，而生产资料构成社会生产的一个特殊部门，这个部门占有一定数量的工人，提供特殊的产品，这些产品一部分在本部门内部实现，一部分通过与另一个部门即生产消费品的部门相交换来实现。积累确实是生产超过收入（消费品）的表现。为了扩大生产（绝对意义上的"积累"），必须首先生产生产资料②，而要做到这一点，就必须扩大制造生产资料的社会生产部门，就必须把工人**吸收到那一部门中去**，这些工人也就**对消费品提出需求**。可见，"消费"是**跟着**"积累"或者**跟着**"生产"而发展的，——不管这看起来多么奇怪，但在资本主义社会中也不能不是这样。因此，在资本主义生产的这两个部门的发展中，均衡不仅不是必要的，而

---

① 指第一次世界经济危机。这次危机于1873年席卷了奥地利、德国、北美、英国、法国、荷兰、比利时、意大利、俄国和其他国家，这次危机的特点是猛烈而深刻。

② 我们需提醒读者注意西斯蒙第是怎样看这一点的。他把个别家庭的生产资料明确地划分出来，并且企图把这种划分也用于社会。老实说，这种"看法"是斯密的，而不是西斯蒙第的，他不过是重述斯密的看法而已。

且相反，不均衡倒是不可避免的。

> 列宁：《评经济浪漫主义》（1897 年春），摘自《列宁全集》第 2 卷，人
> 民出版社 1984 年 10 月第 2 版，第 125—126 页。

在资本主义国家那里是私人资本占统治地位，那里各个资本主义托拉斯如果生产得太多了，就会发生危机，但是在危机过去之后，经济又会转入常态。如果输入过多而造成贸易逆差，票据行市就会波动，就会发生通货膨胀，人口缩减，出口增加。这一切都是危机发生时的通常现象。

> 斯大林：《联共（布）第十四次代表大会》（1925 年 12 月 18—31 日），摘
> 自《斯大林全集》第 7 卷，人民出版社 1964 年 6 月第 1 版，第 248 页。

## （三）生产过剩是资本主义危机的基本形式

### 1. 作为危机的基本现象的生产过剩

这种危机之所以越来越频繁和剧烈，就是因为随着产品总量的增加，亦即随着对扩大市场的需要的增长，世界市场变得日益狭窄了，剩下可供榨取的新市场日益减少了，因为先前发生的每一次危机都把一些迄今未被占领的市场或只是在很小的程度上被商业榨取过的市场卷入了世界贸易。

> 马克思：《雇佣劳动和资本》（1847 年 12 月下半月），摘自《马克思恩格
> 斯文集》第 1 卷，人民出版社 2009 年 12 月第 1 版，第 742 页。

即使本国的金根本不输出，外国谷物根本不输入，跌价和危机还是会发生的。危机只是归结于供求规律，大家知道，这一规律在生活必需品领域内（从全国范围来看）所起的作用，比在其他一切领域内所起的作用，要强烈和有力得不可比拟。

> 马克思：《政抬经济学批判（1857—1858 年手稿）》（1857 年 7 月—1858
> 年 6 月），摘自《马克思恩格斯全集》第 30 卷，人民出版社 1995 年 6 月
> 第 2 版，第 78 页。

相反，应当说，在这个意义上，在资本主义生产的基础上经常是**生产不足**。生产的界限是资本家的利润，决不是生产者的需要。但是，产品的生产过剩和**商品**的生产过剩是完全不同的两回事。李嘉图认为，**商品**形式对于产品是无关紧要的，其次，**商品流通**只是在形式上不同于物物交换，交换价值在这里只是物质变换的转瞬即逝的形式，因而货币只是形式上的流通手段；这一切实际上都是来源于他的这样一个前提：资产阶级生产方

式是绝对的生产方式，也就是没有更确切的特殊规定的生产方式，因此，这种生产方式的规定的东西只是形式上的东西。因此，李嘉图也就不能承认资产阶级生产方式包含着生产力自由发展的界限，即在危机中，特别是在**生产过剩——危机的基本现象——**中暴露出来的界限。

> 马克思：《政治经济学批判（1861—1863年手稿）》（1861年8月—1863年7月），摘自《马克思恩格斯文集》第8卷，人民出版社2009年12月第1版，第267页。

（这里，我们完全撇开了由于商品的再生产比原来商品的生产便宜而产生的危机因素。而市场上的现有商品的贬值就是由此而来的。）

资产阶级生产的一切矛盾，在普遍的世界市场危机中集中地爆发，而在特殊的（按内容和范围来说是**特殊的**）危机中只是分散地、孤立地、片面地爆发。

> 马克思：《政治经济学批判（1861—1863年手稿）》（1861年8月—1863年7月），摘自《马克思恩格斯文集》第8卷，人民出版社2009年12月第1版，第274页。

市场必须不断扩大，以致市场的联系和调节这种联系的条件，越来越取得一种不以生产者为转移的自然规律的形式，越来越无法控制。这个内部矛盾力图通过扩大生产的外部范围求得解决。但是生产力越发展，它就越和消费关系的狭隘基础发生冲突。

> 马克思：《资本论（第3卷）》（1894年11月出版），摘自《马克思恩格斯文集》第7卷，人民出版社2009年12月第1版，第273页。

诚然，这种竞争斗争会引起工资的暂时提高和由此产生的利润率进一步暂时下降。这种情况也表现为商品的生产过剩和市场商品充斥。因为资本的目的不是满足需要，而是生产利润，因为资本达到这个目的所用的方法，是按照生产的规模来决定生产量，而不是相反，所以，在立足于资本主义基础的有限的消费范围和不断地力图突破自己固有的这种限制的生产之间，必然会不断发生不一致。

> 马克思：《资本论（第3卷）》（1894年11月出版），摘自《马克思恩格斯文集》第7卷，人民出版社2009年12月第1版，第285页。

农业（像资本主义经营的其他一切生产部门一样）会不断发生一种相对的生产过剩。这种生产过剩本来和积累是一回事，并且在其他生产方式下，是直接由人口的增加引起，在殖民地，则是由不断的移民引起。需要

不断增加，人们预见到这种情形，就不断向新的土地投入新的资本；虽然
这要考虑到不同土地产品的种种情况。

> 马克思：《资本论（第3卷）》（1894年11月出版），摘自《马克思恩格
> 斯文集》第7卷，人民出版社2009年12月第1版，第758页。

由于生产变得这样容易，这种大工业必然产生的自由竞争很快就达到
十分剧烈的程度。大批资本家投身于工业，生产很快就超过了消费。结果，
生产出来的商品卖不出去，所谓商业危机就到来了。

> 恩格斯：《共产主义原理》（1847年10月底—11月），摘自《马克思恩格
> 斯文集》第1卷，人民出版社2009年12月第1版，第682页。

现代大工业只有在经常扩大，经常夺取新市场的条件下才能存在。
大量生产的无限可能性、机器的不断发展和完善以及由此而引起的资本
和劳动力的不断挤压，迫使现代大工业非这样不可。在这里，任何停滞
都只是破产的开始。但是，工业的扩大取决于市场的扩展。由于工业在
当前的发展水平上，增加生产力比扩展市场要迅速得不知多多少倍，于
是便出现周期性的危机；在危机期间，由于生产资料和产品的过剩，商
业机体中的流通便突然停滞；在多余的产品没有找到新的销路以前，工
业和商业几乎完全陷于停顿。英国是这种危机的中心，这种危机所产生
的瘫痪性的影响必然会波及世界市场的最遥远和最偏僻的角落，到处都
有很大一部分工业和商业资产阶级遭到破产。此外，这种危机再清楚不
过地向英国社会的各部分人表明了他们对厂主的依存关系，要克服这种
危机只有一个办法，就是拓宽市场，或者夺取新市场，或者充分利用旧
市场。

> 恩格斯：《英国的十小时工作日法》（1850年3月），摘自《马克思恩格斯
> 全集》第10卷，人民出版社1998年3月第2版，第304页。

这些危机的性质表现得这样明显，以致傅立叶把第一次危机称为
crisepléthorique［多血症危机］，即由过剩引起的危机时，就中肯地说明了
所有这几次危机的实质。①

> 恩格斯：《社会主义从空想到科学的发展》（1880年1月—3月上半月），
> 摘自《马克思恩格斯文集》第9卷，人民出版社2009年12月第1版，第
> 293页。

---

① 参看《傅立叶全集》1845年巴黎版第6卷，第393—394页。

市场的扩张赶不上生产的扩张。冲突成为不可避免的了，而且，因为它在把资本主义生产方式本身炸毁以前不能使矛盾得到解决，所以它就成为周期性的了。资本主义生产造成了新的"恶性循环"。

> 恩格斯：《社会主义从空想到科学的发展》（1880 年 1 月—3 月上半月），摘自《马克思恩格斯文集》第 3 卷，人民出版社 2009 年 12 月第 1 版，第 556 页。

一方面是机器的改进，这种改进由于竞争而变成每个厂主必须执行的强制性命令，而且也意味着工人不断遭到解雇：**产生了产业后备军**。另一方面是生产的无限扩张，这也成了每个厂主必须遵守的竞争的强制规律。这两方面造成了生产力的空前发展、供过于求、生产过剩、市场盈溢、十年一次的危机、恶性循环：**这里是生产资料和产品过剩，那里是**没有工作和没有生活资料的**工人过剩**。

> 恩格斯：《社会主义从空想到科学的发展》（1880 年 1 月—3 月上半月），摘自《马克思恩格斯文集》第 3 卷，人民出版社 2009 年 12 月第 1 版，第 565—566 页。

在英国，根据新选举法进行的选举也即将到来①，现在执政的内阁早已满期。② 而在德国，任何一天都可能发生王位的更迭，这种更迭在象普鲁士德意志这样一个深受传统束缚的国家中，往往是运动新阶段的开始。总之，到处都在活跃起来，而且是在普遍的、不可救药的生产过剩的经济基础上活跃起来，这种生产过剩正在逐渐加剧，导致急剧的崩溃。

> 恩格斯：《恩格斯致奥·倍倍尔》（1885 年 4 月 4 日），摘自《马克思恩格斯全集》第 36 卷，人民出版社 1974 年 10 月第 1 版，第 292 页。

被这种秩序、被资本主义生产方式的狭隘范围所束缚的大工业，一方面使全体广大人民群众愈来愈无产阶级化，另一方面生产出越来越多的没有销路的产品。生产过剩和大众的贫困，两者互为因果，这就是大工业所陷入的荒谬的矛盾，这个矛盾必然要求通过改变生产方式来使生产力摆脱桎梏。

> 恩格斯：《路德维希·费尔巴哈和德国古典哲学的终结》（1888 年 2 月），

---

① 1884 年英国在农村地区群众运动压力下，实行了第三次议会改革。经过这次改革，小农场主和部门农业工人也得到了选举权；1885 年 11—12 月，根据新选举法进行第一次选举。

② 恩格斯指的是从 1880 年起执政的格莱斯顿自由党内阁。

摘自《马克思恩格斯文集》第 4 卷，人民出版社 2009 年 12 月第 1 版，第
305—306 页。

生产过剩造成广大人民群众的贫困；这种生产过剩不是引起周期性的
市场商品充斥和与恐慌相伴随的抽逃资金，就是引起贸易的长期停滞；社
会分裂为人数很少的大资本家阶级和人数众多的实际是世袭的雇佣奴
隶——无产者阶级，这些无产者的人数不断增长，同时不断受到节约劳动
的新机器的排挤；一句话，社会走进了死胡同，除了彻底重新塑造构成这
个社会的基础的经济结构以外，没有别的出路。

恩格斯：《保护关税制度和自由贸易》（1888 年 4—5 月初），摘自《马克
思恩格斯文集》第 4 卷，人民出版社 2009 年 12 月第 1 版，第 349 页。

当时的问题是有人要否认工业危机来源于暂时的生产过剩，所以问题
还有让人们趋向于进行曲解这一方面。现在，至少对我们来说这一点已经
永远消失，而且事实的确是这样：货币市场也会有自己的危机，工业中的
直接的紊乱对这种危机只起次要的作用，甚至根本不起作用。

恩格斯：《恩格斯致康德拉·施米特》（1890 年 10 月 27 日），摘自《马克
思恩格斯文集》第 10 卷，人民出版社 2009 年 12 月第 1 版，第 595 页。

大工业所造成的必然后果之一就是：它在建立本国国内市场的过程中，
同时又在破坏这一市场。它在建立国内市场时，破坏着农民家庭工业的基
础。但是，没有家庭工业，农民就无法生存。他们作为农民在遭受破产；
他们的购买力降到最低点，而他们作为无产者在还没有适应新的生存条件
以前，对新出现的工业企业来说，将是极为匮乏的市场。

恩格斯：《致尼古拉·弗兰策维奇·丹尼尔逊》（1892 年 9 月 22 日），摘
自《马克思恩格斯文集》第 10 卷，人民出版社 2009 年 12 月第 1 版，第
635 页。

资本主义生产作为一个暂时的经济阶段，充满着各种内在矛盾，这些
矛盾随着资本主义生产的发展而发展，并日趋明显。这种在建立自己的市
场的同时又破坏这个市场的趋势正是这类矛盾之一。

恩格斯：《致尼古拉·弗兰策维奇·丹尼尔逊》（1892 年 9 月 22 日），摘
自《马克思恩格斯文集》第 10 卷，人民出版社 2009 年 12 月第 1 版，第
635 页。

一切真正的危机的最根本的原因，总不外乎群众的贫困和他们的有限
的消费，资本主义生产却不顾这种情况而力图发展生产力，好像只有社会

的绝对的消费能力才是生产力发展的界限。①

> 列宁：《俄国资本主义的发展》（1895 年底—1899 年 1 月），摘自《列宁
> 专题文集　论资本主义》，人民出版社 2009 年 12 月第 1 版，第 26 页。

这一发展正是通过资本主义固有的充满矛盾的特殊道路来实现的；生产发展了（1 亿卢布耗费在不是靠个人消费实现的产品的国内市场上），而消费没有相应发展（人民的营养日益恶化），也就是说，正是为生产而生产。

> 列宁：《评经济浪漫主义》（1897 年春），摘自《列宁全集》第 2 卷，人
> 民出版社 1984 年 10 月第 2 版，第 130 页。

危机是什么？是生产过剩，是生产的商品不能实现，找不到需求。商品找不到需求，这就是说，厂主生产商品而不知道需求。试问，难道指出这个可能产生危机的条件就是解释危机吗？

> 列宁：《评经济浪漫主义》（1897 年春），摘自《列宁全集》第 2 卷，人
> 民出版社 1984 年 10 月第 2 版，第 139 页。

资本主义的本性一方面要求无限地扩大生产消费，无限地扩大积累和生产，而另一方面则使人民群众无产阶级化，把个人消费的扩大限制在极其狭窄的范围内。很明显，我们在这里看到的是资本主义生产中的矛盾，而在前面所引的那一段话中，马克思所证实的也正是这个矛盾。同杜冈—巴拉诺夫斯基先生的看法相反，第 2 卷对实现的分析根本没有排斥这个矛盾，相反，这个分析指出了生产消费和个人消费的联系。

> 列宁：《市场理论问题述评》（1898 年底），摘自《列宁专题文集　论资
> 本主义》，人民出版社 2009 年 12 月第 1 版，第 292 页。

马克思指出，有一部分被实现的产品，从来不采取而且也不能采取收入的形式。这就是补偿不变资本的那一部分社会产品，这种不变资本是用

---

① 有名的［有赫罗斯特拉特名声的（原书尾注。赫罗斯特拉特是公元前 4 世纪希腊人。据传说，他为了扬名于世，在公元前 356 年纵火焚毁了被称为世界七大奇观之一的以弗所城阿尔蒂米斯神殿。后来，赫罗斯特拉特的名字成了不择手段追求名声的人的通称）］爱·伯恩斯坦在其《社会主义的前提》（1899 年斯图加特版，第 67 页）中引证的正是这一段。自然，我们这位从马克思主义转到旧资产阶级经济学的机会主义者赶紧声明说，这是马克思的危机论中的矛盾，马克思这种观点"同洛贝尔图斯的危机论没有多大区别"。而事实上，"矛盾"仅存在于下边两个方面之间。一方面是伯恩斯坦的自负，另一方面是他的荒谬的折中主义和对马克思理论的不求甚解。伯恩斯坦是何等地不懂得实现论，这从他十分可笑的议论中可以看出，似乎剩余产品的大量增长必然有产者人数的增加（或者是工人生活福利的提高），因为请看，资本家本身及其"仆役"（原文如此！第 51—52 页）是不能把全部剩余产品都"消费"掉的！（第 2 版注释）

来制造生产资料的（用马克思的术语来说，就是第 I 部类的不变资本）。例如，农业上需要的种子从来不采取收入的形式；采煤用的煤也从来不采取收入的形式，以及其他等等。如果不从总产品中把只能作为资本、永远不能采取收入形式的那一部分划分出来，就不可能了解社会总资本的再生产和流通的过程。① 在发展着的资本主义社会里，这部分社会产品必然比其他各部分社会产品增长得快些。只有用这条规律才能够说明资本主义的一个最深刻的矛盾：国民财富增长得异常迅速，而人民消费却增长（如果增长的话）得极其缓慢。

列宁：《再论实现论问题》（1899 年 3 月），摘自《列宁全集》第 4 卷，人民出版社 1984 年 10 月第 2 版，第 65 页。

假如资本主义能把工人的工资提高几倍，假如它能大大改善农民的物质生活状况，假如它因此而能大大提高千百万劳动者的购买力并扩大国内市场的容量，那么，它就能解决这个危机。但如果是这样的话，资本主义就不成其为资本主义了。

斯大林：《联共（布）中央委员会和中央监察委员会联席全会》（1927 年 7 月 29 日—8 月 9 日），摘自《斯大林全集》第 10 卷，人民出版社 1954 年 12 月第 1 版，第 46 页。

目前的经济危机是生产过剩的危机。这就是说，商品的生产量超过市场所能吸收的数量。……因为在资本主义条件下人民群众的购买力停留在极低的水平上，所以资本家为保持高昂的价格就把"多余"商品如纺织品、粮食等等堆积在仓库里甚或销毁，同时缩减生产，解雇工人，于是人民群众就因为商品生产过多而不得不过贫困的生活。

斯大林：《联共（布）中央委员会向第十六次代表大会的政治报告》（1930 年 6 月 27 日），摘自《斯大林全集》第 12 卷，人民出版社 1955 年 12 月第 1 版，第 209 页。

在我们苏联这里，群众的消费（购买力）的增长总是超过生产的增长，推动生产向前发展，而相反地在他们资本家那里，群众的消费（购买力）的增长从来赶不上生产的增长，并且总是落在生产后面，往往使生产陷入危机。

---

① 参看《资本论》第 3 卷第 2 部分，第 375—376 页（俄译本第 696 页）（参看《马克思恩格斯全集》第 25 卷，第 950—951 页——编者注），论总产品和总收入的区别。

斯大林：《联共（布）中央委员会向第十六次代表大会的政治报告》（1930 年 6 月 27 日），摘自《斯大林全集》第 12 卷，人民出版社 1955 年 12 月第 1 版，第 282 页。

## 2. 生产过剩的原因和实质

生产力的发展既然引起劳动规模的扩大，那末在竞争愈来愈普遍的情况下，暂时的生产过剩愈来愈成为不可避免的了，世界市场愈来愈广阔了。因而，危机愈来愈尖锐了。

马克思：《工资》（1847 年 12 月底），摘自《马克思恩格斯全集》第 6 卷，人民出版社 1961 年 8 月第 1 版，第 651 页。

这是什么缘故呢？因为社会上文明过度，生活资料太多，工业和商业太发达。社会所拥有的生产力已经不能再促进资产阶级文明和资产阶级所有制关系的发展；相反，生产力已经强大到这种关系所不能适应的地步，它已经受到这种关系的阻碍；而它一着手克服这种障碍，就使整个资产阶级社会陷入混乱，就使资产阶级所有制的存在受到威胁。资产阶级的关系已经太狭窄了，再容纳不了它本身所造成的财富了。

马克思和恩格斯：《共产党宣言》（1847 年 12 月—1848 年 1 月），摘自《马克思恩格斯文集》第 2 卷，人民出版社 2009 年 12 月第 1 版，第 37 页。

我们时常提请读者注意英国的工业自 1850 年以来空前发展的情况。在最惊人的繁荣当中，就已不难看出日益迫近的工业危机的明显征兆。尽管有加利福尼亚和澳大利亚的发现，尽管人口大量地、史无前例地外流，但是，如果不发生什么意外事情的话，到一定的时候，市场的扩大仍然会赶不上英国工业的增长，而这种不相适应的情况也将像过去一样，必不可免地要引起新的危机。

马克思：《中国革命和欧洲革命》（1853 年 5 月 31 日），摘自《马克思恩格斯文集》第 2 卷，人民出版社 2009 年 12 月第 1 版，第 610 页。

资本不可遏止地追求的普遍性，在资本本身的性质上遇到了限制，这些限制在资本发展到一定阶段时，会使人们认识到资本本身就是这种趋势的最大限制，因而驱使人们利用资本本身来消灭资本。

马克思：《政治经济学批判（1857—1858 年手稿）》（1857 年 7 月—1858 年 6 月），摘自《马克思恩格斯文集》第 8 卷，人民出版社 2009 年 12 月第 1 版，第 91 页。

这里只要指出资本包含着一种**特殊的**对生产的限制——这种限制同资本要超越生产的任何界限的一般趋势相矛盾——就足以揭示出**生产过剩**的基础，揭示出发达的资本的基本矛盾；就足以完全揭示出，资本并不像经济学家们认为的那样，是生产力发展的**绝对**形式，资本既不是生产力发展的绝对形式，也不是与生产力发展绝对一致的财富形式。

> 马克思：《政治经济学批判（1857—1858 年手稿）》（1857 年 7 月—1858 年 6 月），摘自《马克思恩格斯文集》第 8 卷，人民出版社 2009 年 12 月第 1 版，第 96 页。

由此造成生产过剩，也就是使人突然**想起**以资本为基础的生产的所有这些必然要素；结果是，由于忘记这些必然要素而造成普遍的价值丧失。与此同时，向资本提出了这样的任务：在生产力的更高发展程度上等等一再重新开始它［突破本身限制］的尝试，而它**作为资本**却遭到一次比一次更大的崩溃。因此很明显，资本的发展程度越高，它就越是成为生产的界限，从而也越是成为消费的界限，至于使资本成为生产和交往的棘手的界限的其他矛盾就不用谈了。

> 马克思：《政治经济学批判（1857—1858 年手稿）》（1857 年 7 月—1858 年 6 月），摘自《马克思恩格斯文集》第 8 卷，人民出版社 2009 年 12 月第 1 版，第 97 页。

由此（我们以后将回过来谈这一点）就产生出——通过现代工业经常生产过剩和经常生产不足的形式——这样一种状态：流动资本向固定资本的转化有时过多有时过少，这种不平衡状态经常波动和痉挛。

> 马克思：《政治经济学批判（1857—1858 年手稿）》（1857 年 7 月—1858 年 6 月），摘自《马克思恩格斯文集》第 8 卷，人民出版社 2009 年 12 月第 1 版，第 199 页。

现在的问题是要追踪考察潜在的危机的进一步发展（现实危机只能从资本主义生产的现实运动、竞争和信用中来说明），要就危机来自资本作为资本所**特有**的，而不是包含在资本作为商品和货币的单纯存在中的那些资本形式规定，来进行这种考察。

> 马克思：《政治经济学批判（1861—1863 年手稿）》（1861 年 8 月—1863 年 7 月），摘自《马克思恩格斯文集》第 8 卷，人民出版社 2009 年 12 月第 1 版，第 250—251 页。

无论如何从消极意义上说它是消费的界限，就是说，消费的东西不可能多于生产的东西。但问题是，从积极意义上说它是不是消费的界限，是不是——在资本主义生产的基础上——生产多少，就能够或者必须消费多少。如果对李嘉图的论点作正确的分析，那么，这个论点所说的恰恰同李嘉图想说的相反，——就是说，进行生产是不考虑消费的现有界限的，生产只受资本本身的限制。而这一点确实是这种生产方式的特点。

> 马克思：《政治经济学批判（1861—1863 年手稿)》（1861 年 8 月—1863 年 7 月），摘自《马克思恩格斯文集》第 8 卷，人民出版社 2009 年 12 月第 1 版，第 259—260 页。

局部危机可能由于**生产比例失调**而发生（但是，生产的合乎比例始终只是在竞争基础上生产比例失调的结果），这种生产比例失调的一个一般形式可能是固定资本的生产过剩，或者另一方面，也可能是流动资本的生产过剩。……

可是我们这里谈的，不是以生产的比例失调为基础的危机，就是说，不是以社会劳动在各生产领域之间的分配比例失调为基础的危机。

> 马克思：《政治经济学批判（1861—1863 年手稿)》（1861 年 8 月—1863 年 7 月），摘自《马克思恩格斯文集》第 8 卷，人民出版社 2009 年 12 月第 1 版，第 260 页。

资本主义生产竭力追求的只是攫取尽可能多的剩余劳动，就是靠一定的资本物化尽可能多的直接劳动时间，其方法或是延长劳动时间，或是缩短必要劳动时间，发展劳动生产力，采用协作、分工、机器等，总之，进行大规模生产即大量生产。因此，在资本主义生产的本质中就包含着不顾市场的限制而生产。

> 马克思：《政治经济学批判（1861—1863 年手稿)》（1861 年 8 月—1863 年 7 月），摘自《马克思恩格斯文集》第 8 卷，人民出版社 2009 年 12 月第 1 版，第 261 页。

这些为数不多但居主导地位的物品的生产过剩怎样引起整个市场上的多少带普遍性的（**相对的**）生产过剩。一方面，出现在市场上的是数量过多的再生产的各种条件和卖不出去的各种商品；另一方面，资本家遭到破产，工人群众忍饥挨饿，一贫如洗。

> ……

市场比生产扩大得慢；换句话说，在资本进行再生产时所经历的周期中——在这个周期中，资本不是进行简单再生产，而是进行扩大再生产，不是画一个圆圈，而是画一个螺旋形——，会出现市场对于生产显得过于狭窄的时刻。这会发生在周期的末尾。但这也仅仅是说：市场商品充斥了。生产过剩现在变得明显了。

> 马克思：《政治经济学批判（1861—1863 年手稿)》（1861 年 8 月—1863 年 7 月），摘自《马克思恩格斯文集》第 8 卷，人民出版社 2009 年 12 月第 1 版，第 263—264 页。

而构成现代生产过剩的基础的，正是生产力的无限制的发展和由此产生的大规模的生产，这种大规模的生产的基础是：一方面，广大的生产者的消费只限于必需品的范围，另一方面，资本家的利润成为生产的界限。

> 马克思：《政治经济学批判（1861—1863 年手稿)》（1861 年 8 月—1863 年 7 月），摘自《马克思恩格斯文集》第 8 卷，人民出版社 2009 年 12 月第 1 版，第 268 页。

还有许多因素即危机的条件、危机的可能性，只有在分析更加具体的关系，特别是分析资本的竞争和信用时，才能加以考察。

> 马克思：《政治经济学批判（1861—1863 年手稿)》（1861 年 8 月—1863 年 7 月），摘自《马克思恩格斯文集》第 8 卷，人民出版社 2009 年 12 月第 1 版，第 273 页。

至于**生产过剩**，它只是以资本的一般生产规律为条件：以生产力为尺度（也就是按照用一定量资本剥削最大量劳动的可能性）进行生产，而不考虑市场的现有界限或有支付能力的需要的现有界限。

> 马克思：《政治经济学批判（1861—1863 年手稿)》（1861 年 8 月—1863 年 7 月），摘自《马克思恩格斯文集》第 8 卷，人民出版社 2009 年 12 月第 1 版，第 274 页。

如果中间阶段延长，以致新商品从生产领域出来时，市场还是被旧商品占据着，那末就会产生停滞，阻塞；出现市场商品充斥，商品贬值；出现**生产过剩**。所以，流通的中间阶段在什么地方成为一种独立的存在，而不只是向前运动的源流中一个短暂的停留，以及商品在流通阶段的存在在什么地方表现为**积累**，这绝不是生产者的一种自由行动，绝不是生产的目的或者生产的内在的生命因素，正如血液涌向头部引起中风并不是血液循环的内在因素一样。

> 马克思：《政治经济学批判（1861—1863 年手稿)》（1861 年 8 月—1863 年 7 月），摘自《马克思恩格斯全集》第 26 卷第 3 册，人民出版社 1974

年 12 月第 1 版，第 311 页。

李嘉图没有看到，资本主义生产决不是以随便什么样的规模进行都行的，资本主义生产越是发展，它就越是不得不采取与直接的需求无关而取决于世界市场的不断扩大的那样一种规模。

> 马克思：《政治经济学批判（1861—1863 年手稿）》（1861 年 8 月—1863 年 7 月），摘自《马克思恩格斯全集》第 34 卷，人民出版社 2008 年 7 月第 2 版，第 532 页。

生产过剩的起因恰好在于：人民群众所消费的东西，永远也不可能大于必需品的平均量，因此人民群众的消费不是随着劳动生产率的提高而相应地增长。不过，整个这一节都属于**资本竞争**的问题。关于这一点，李嘉图所说的一切是毫无价值的。

> 马克思：《政治经济学批判（1861—1863 年手稿）》（1861 年 8 月—1863 年 7 月），摘自《马克思恩格斯全集》第 34 卷，人民出版社 2008 年 7 月第 2 版，第 532 页。

资本主义生产全力扩张的时期，通常就是生产过剩的时期；因为生产能力从来没有能使用到这个程度，以致它不仅能够生产更多的价值，而且还能把它实现。

> 马克思：《资本论（第 2 卷）》脚注（1885 年 5 月出版），摘自《马克思恩格斯全集》第 45 卷，人民出版社 2003 年 4 月第 2 版，第 350 页。

生产资料的生产总额在一个场合必须增加，在另一个场合必须减少。这种情况，只有用不断的相对的生产过剩来补救；一方面要生产出超过直接需要的一定量固定资本；另一方面，特别是原料等等的储备也要超过每年的直接需要（这一点特别适用于生活资料）。这种生产过剩等于社会对它本身的再生产所必需的各种物质资料的控制。但是，在资本主义社会内部，这种生产过剩却是一个无政府状态的要素。

这个关于固定资本的例子，在再生产规模不变的情况下，是很能说明问题的。固定资本生产和流动资本生产的不平衡，是经济学家在说明危机时惯用的根据之一。

> 马克思：《资本论（第 2 卷）》（1885 年 5 月出版），摘自《马克思恩格斯文集》第 6 卷，人民出版社 2009 年 12 月第 1 版，第 526 页。

如果需求和生产量之间的差额更大，市场价格也就会偏离市场价值更远，或者更高于市场价值，或者更低于市场价值。但是所生产的商品量和按市场价值出售的商品量之间的差额，可以由双重原因产生。或者是这个量本身发生了变化，变得过小或过大了，因而再生产必须按照与调节现有市场价值的规模不同的另一种规模来进行。在这种情况下，供给发生了变化，尽管需求仍旧不变，这样一来，就会产生相对的生产过剩或生产不足的现象。

> 马克思：《资本论（第 3 卷）》（1894 年 11 月出版），摘自《马克思恩格斯文集》第 7 卷，人民出版社 2009 年 12 月第 1 版，第 206—207 页。

如果有人说生产过剩只是相对的，这是完全正确的；但是整个资本主义生产方式也只是相对的生产方式，它的限制不是绝对的，然而对这种生产方式来说，在这种生产方式的基础上，则是绝对的。……总之，所有否认显而易见的生产过剩现象的意见（它们并不能阻止这种现象的发生）可以归结为：**资本主义**生产的限制，不是**一般生产**的限制，因而也不是这种独特的、资本主义的生产方式的限制。但是，这种资本主义生产方式的矛盾正好在于它的这种趋势：使生产**力**绝对发展，而这种发展和资本在其中运动、并且只能在其中运动的独特的生产条件不断发生冲突。

> 马克思：《资本论（第 3 卷）》（1894 年 11 月出版），摘自《马克思恩格斯文集》第 7 卷，人民出版社 2009 年 12 月第 1 版，第 286 页。

在现实积累不断扩大时，货币资本积累的这种扩大，一部分是这种现实积累扩大的结果，一部分是各种和现实积累的扩大相伴随但和它完全不同的要素造成的结果，最后，一部分甚至是现实积累停滞的结果。仅仅由于这些和现实积累相独立、但和它相伴随的要素扩大了借贷资本的积累，就总会在周期的一定阶段出现货币资本的过剩；并且这种过剩会随着信用的发达而发展。因此，驱使生产过程突破资本主义界限的必然性，同时也一定会随着这种过剩而发展，也就是产生贸易过剩，生产过剩，信用过剩。

> 马克思：《资本论（第 3 卷）》（1894 年 11 月出版），摘自《马克思恩格斯文集》第 7 卷，人民出版社 2009 年 12 月第 1 版，第 574 页。

这个规律是纯自然的规律，而不是精神的规律。这是一个产生革命的规律。经济学家用他那绝妙的供求理论向你们证明"生产永远不会过多"，[①] 而实践却用商业危机来回答，这种危机就像彗星一样定期再现，在

---

① 亚·斯密：《国民财富的性质和原因的研究》1828 年爱丁堡版第 1 卷，第 97 页。

我们这里现在是平均每五年到七年发生一次。80 年来，这些商业危机像过去的大瘟疫一样定期来临，而且它们造成的不幸和不道德比大瘟疫所造成的更大（参看威德《中等阶级和工人阶级的历史》1835 年伦敦版，第 211 页）。当然，这些商业革命证实了这个规律，完完全全地证实了这个规律，但不是用经济学家想使我们相信的那种方式证实的。我们应该怎样理解这个只有通过周期性的革命才能为自己开辟道路的规律呢？这是一个以当事人的无意识活动为基础的自然规律。如果生产者自己知道消费者需要多少，如果他们把生产组织起来，并且在他们中间进行分配，那么就不会有竞争的波动和竞争引起危机的倾向了。你们有意识地作为人，而不是作为没有类意识的分散原子进行生产吧，你们就会摆脱所有这些人为的无根据的对立。但是，只要你们继续以目前这种无意识的、不假思索的、全凭偶然性摆布的方式来进行生产，那么商业危机就会继续存在；而且每一次接踵而来的商业危机必定比前一次更普遍，因而也更严重，必定会使更多的小资本家变穷，使专靠劳动为生的阶级人数以增大的比例增加，从而使待雇劳动者的人数显著地增加——这是我们的经济学家必须解决的一个主要问题——，最后，必定引起一场社会革命，而这一革命，经济学家凭他的书本知识是做梦也想不到的。

> 恩格斯：《国民经济学批判大纲》（1843 年 9 月底或 10 月初—1844 年 1 月中旬），摘自《马克思恩格斯文集》第 1 卷，人民出版社 2009 年 12 月第 1 版，第 74—75 页。

由于竞争的集中作用，在一个工业部门中失去了工作的工人就投入另一些最容易学会工作的部门中去，而在一个市场上卖不出去的商品就转运到其他市场去；结果，个别的小危机一天天地汇合起来，逐渐形成一连串的定期重演的危机。这种危机通常是每隔五年在一个短短的繁荣和普遍兴旺的时期之后发生。

> 恩格斯：《英国工人阶级状况》（1845 年 5 月），摘自《马克思恩格斯全集》第 2 卷，人民出版社 1965 年 10 月第 1 版，第 367 页。

在这里，任何停滞都只是破产的开始。但是，工业的扩大取决于市场的扩展。由于工业在当前的发展水平上，增加生产力比扩展市场要迅速得不知多多少倍，于是便出现周期性的危机。

> 恩格斯：《英国的十小时工作日法》（1850 年 3 月），摘自《马克思恩格斯

全集》第 10 卷，人民出版社 1998 年 3 月第 2 版，第 304 页。

由于生产增长，消费也增长起来，但远不如生产增长得那么多，譬如说，增长百分之二十五。过了一定时期，必然会形成商品的积存，这种积存**即使在繁荣时期**也要比实际的，也就是说平均的需要量多出百分之二十五。即使作为商业的测量仪的金融市场没有对危机做出预报，仅仅上述的情况已经足以使危机爆发了。

> 恩格斯：《恩格斯致马克思》（1857 年 12 月 11 日），摘自《马克思恩格斯全集》第 29 卷，人民出版社 1972 年 6 月第 1 版，第 222 页。

资本主义生产方式在它生而具有的矛盾的这两种表现形式中运动着，它毫无出路地处在早已为傅立叶所发现的"恶性循环"中。诚然，傅立叶在他那个时代还不能看到：这种循环在逐渐缩小；更确切地说，运动沿螺线行进，并且必然像行星的运动一样，由于同中心相碰撞而告终。

> 恩格斯：《社会主义从空想到科学的发展》（1880 年 1 月—3 月上半月），摘自《马克思恩格斯文集》第 3 卷，人民出版社 2009 年 12 月第 1 版，第 554 页。

资本主义生产方式的全部机制在它自己创造的生产力的压力下失灵了。它已经不能把这大批生产资料全部变成资本；生产资料闲置起来，因此，产业后备军也不得不闲置起来。生产资料、生活资料、可供支配的工人——生产和一般财富的一切因素，都过剩了。但是，"过剩成了贫困和匮乏的源泉"（傅立叶），因为正是这种过剩阻碍生产资料和生活资料变为资本。因为在资本主义社会里，生产资料要不先变为资本，变为剥削人的劳动力的工具，就不能发挥作用。生产资料和生活资料的资本属性的必然性，像幽灵一样横在这些资料和工人之间。

> 恩格斯：《社会主义从空想发到科学的发展》（1880 年 1 月—3 月上半月），摘自《马克思恩格斯文集》第 3 卷，人民出版社 2009 年 12 月第 1 版，第 557 页。

因为资本主义的生产形式不允许生产力发挥作用，不允许产品进行流通，除非生产力和产品先转变为资本，而阻碍这种转变的正是生产力和产品的过剩。这种矛盾发展到荒谬的程度：**生产方式起来反对交换形式**。

> 恩格斯：《社会主义从空想到科学的发展》（1880 年 1 月—3 月上半月），摘自《马克思恩格斯文集》第 3 卷，人民出版社 2009 年 12 月第 1 版，第 566 页。

因为要是有三个国家（比方说英国、美国和德国）在大致相同的条件下为了获得**世界市场**而竞争，那就会出现慢性的生产过剩，这是因为这三个国家中的每一个国家都有能力向市场供应全部商品需要量。

> 恩格斯：《致弗·凯利—威士涅威茨基夫人》（1885 年 2 月 3 日），摘自《马克思恩格斯全集》第 36 卷，人民出版社 1974 年 10 月第 1 版，第 424 页。

大工业由于它所使用的工具的性质，不得不经常以愈来愈大的规模进行生产，它不能等待需求。生产走在需求前面，供给强制需求。

在现代社会中，在以个人交换为基础的工业中，生产的无政府状态是灾难丛生的根源，同时又是进步的原因。

> 列宁：《评经济浪漫主义》（1897 年春），摘自《列宁全集》第 2 卷，人民出版社 1984 年 10 月第 2 版，第 184 页。

因为在资本主义社会中**消费是跟着生产走的**。尽管联系是间接的，它毕竟还是存在的；消费归根到底必须跟着生产走，因此，既然生产力要求生产无限增长，而消费又由于人民群众的无产阶级状况而缩减，那么这里就一定会产生矛盾。

> 列宁：《答普·涅日达诺夫先生》（1899 年 5 月），摘自《列宁全集》第 4 卷，人民出版社 1984 年 10 月第 2 版，第 142 页。

再拿工商业的危机来说，这种危机最明显不过地驳斥了"利益协调"的辩护士和传道者的各式各样的言论，最突出不过地彻底暴露了当代的、资本主义制度的机制，即彻底暴露了"生产的无政府状态"，生产者的分散状态以及一人反对大家和大家反对一人的战争。

> 列宁：《"遗憾"与"耻辱"》（1911 年 5 月 7 日），摘自《列宁全集》第 20 卷，人民出版社 1989 年 10 月第 2 版，第 248 页。

生产本身日益社会化，使几十万以至几百万工人联结成一个有条不紊的经济机体，而共同劳动的产品却被一小撮资本家所占有。生产的无政府状态愈来愈严重，危机日益加深，争夺市场的斗争愈来愈疯狂，人民群众的生活愈来愈没有保障。

> 列宁：《马克思主义的三个来源和三个组成部分》（1913 年 3 月），摘自《列宁专题文集 论马克思主义》，人民出版社 2009 年 12 月第 1 版，第 70 页。

资本组织和调整工厂内的劳动，以便进一步压榨工人，增加自己的利润。但是在整个社会生产中，混乱现象依然存在并且日益增长，以致引起危机，这时积累起来的财富找不到买主，而千百万人却找不到工作，忍饥挨饿，死于非命。

> 列宁：《泰罗制是用机器奴役人的制度》（1914 年 3 月 13 日），摘自《列宁全集》第 24 卷，人民出版社 1990 年 10 月第 2 版，第 399 页。

资本主义的这个基本矛盾的表现，是资本主义生产能力的巨大增长和千百万劳动群众的有支付能力的需求相对缩小之间的矛盾，因为资本主义生产能力的增长是为了取得最大限度的资本主义利润，而劳动群众的生活水平却总是被资本家竭力保持在最低限度范围内。为了在竞争中获得胜利并榨取更多的利润，资本家不得不发展技术，实行合理化，加紧剥削工人，并且把自己企业的生产能力提高到最大限度。为了不落后于他人，所有资本家都无论如何不得不走上这条拼命发展生产能力的道路。但是，国内市场和国外市场，千百万劳动群众（归根到底他们是基本购买者）的购买力却停留在很低的水平上。由此就产生了生产过剩的危机。

> 斯大林：《联共（布）中央委员会向第十六次代表大会的政治报告》（1930 年 6 月 27 日），摘自《斯大林全集》第 12 卷，人民出版社 1955 年 12 月第 1 版，第 214 页。

# 二 资本主义经济危机的特征

## （一）资本主义危机的周期性

### 1. 资本主义工业生产周期各阶段的更替

在政治经济学中，原则上决不能仅仅根据一年的统计材料就得出一般规律。常常需要引证六七年来的平均数字，也就是说，需要引证在现代工业经过各个阶段（繁荣、生产过剩、停滞、危机）而完成它必然的周期这一段时期内的一些平均数字。

> 马克思：《关于自由贸易的演说》（1848 年 1 月 9 日），摘自《马克思恩格斯文集》第 1 卷，人民出版社 2009 年 12 月第 1 版，第 751 页。

这就是说，工业经过繁荣、生产过剩、停滞、危机诸阶段而形成一种反复循环的周期，在这一定的周期内，如果把工人阶级高于必需的全部所得和低于必需的全部所得合计起来，那么他们所得的总额恰好是这个最低额；换言之，工人阶级只有经历一切苦难和贫困，在工业战场上抛下许多尸体，才能作为一个阶级保存下来。

> 马克思：《关于自由贸易的演说》（1848 年 1 月 9 日），摘自《马克思恩格斯文集》第 1 卷，人民出版社 2009 年 12 月第 1 版，第 756 页。

在大陆上，不论危机时期还是繁荣时期都比英国来得晚。最初的过程总是发生在英国；英国是资产阶级世界的缔造者。资产阶级社会经常反复经历的周期的各个阶段，在大陆上是以第二次和第三次的形式出现的。

> 马克思：《1848 年—1850 年的法兰西阶级斗争》（1850 年 1 月—11 月 1 日），摘自《马克思恩格斯文集》第 2 卷，人民出版社 2009 年 12 月第 1 版，第 175 页。

大家都很了解，现代工商业经历着 5—7 年的周期性的循环，在此循环中，有规律地相继经过各种不同的阶段——沉寂，然后是好转，信心渐增，活跃，繁荣，狂热发展，贸易过度扩张，崩溃，压缩，停滞，衰竭，最后，又是沉寂。

> 马克思：《贫困和贸易自由。——日益迫近的商业危机》（1852 年 10 月 15 日），摘自《马克思恩格斯全集》第 11 卷，人民出版社 1995 年 6 月第 2 版，第 447 页。

　　它要经过消沉、逐渐活跃、繁荣、生产过剩、危机和停滞等阶段。商品的市场价格和市场利润率，都随着这些阶段而变化，有时低于自己的平均水平，有时高于自己的平均水平。你们考察一下这整个周期，就会发现，市场价格的一个偏离是由另一个偏离来抵消的，在整个周期内，平均说来，商品的市场价格是由商品的价值调节的。再说，在市场价格下跌的阶段，以及在危机和停滞的阶段，工人即使不致完全失业，他的工资也一定会降低。为了不受骗，他甚至在市场价格这样下降时，也应当同资本家争论工资究竟该降到什么程度。在产生额外利润的繁荣阶段，他如果不争取提高工资，按整个工业周期平均计算，他就会甚至得不到他的**平均工资**或他的劳动的**价值**。他的工资，在这个周期的不顺利阶段，必然要受影响，如果在这个周期的繁荣阶段，还要求他不去争取补偿，那就太愚蠢了。一般说来，一切商品的**价值**，只是由不断波动的市场价格的相互抵消才能实现，而这种相互抵消又是供给和需求不断变动的结果。在现代制度的基础上，劳动不过是一种商品，和其他商品一样。所以，劳动也必须经历同样的变动，才能够获得与它的价值相符的平均价格。如果一方面把劳动看做一种商品，另一方面又让它免受调节商品价格的那些规律的约束，那就很荒谬了。奴隶能得到经常的和定量的生活资料，雇佣工人却不能。

　　　　马克思：《工资、价格和利润》（1865 年 5 月 20 日—6 月 24 日），摘自
　　　　《马克思恩格斯文集》第 3 卷，人民出版社 2009 年 12 月第 1 版，第 71—
　　　　72 页。

　　现代工业特有的生活过程，由中常活跃、生产高度繁忙、危机和停滞这几个时期构成的、穿插着较小波动的十年一次的周期形式，就是建立在产业后备军或过剩人口的不断形成、或多或少地被吸收、然后再形成这样的基础之上的。而工业周期的阶段变换又使过剩人口得到新的补充，并且成为过剩人口再生产的最有力的因素之一。

　　　　马克思：《资本论（第 1 卷）》（1867 年 9 月出版），摘自《马克思恩格斯
　　　　文集》第 5 卷，人民出版社 2009 年 12 月第 1 版，第 729 页。

　　不论这次危机可能怎样发展——仔细观察这次危机，对资本主义生产的研究者和职业理论家来说当然是极其重要的——，它总会像以前的各次危机一样地过去，并且会开始一个具有繁荣等等各个不同阶段的新的"工

业周期"。

马克思:《致尼古拉·弗兰策维奇·丹尼尔逊》（1879 年 4 月 10 日），摘
自《马克思恩格斯文集》第 10 卷，人民出版社 2009 年 12 月第 1 版，第
433 页。

在周期性的危机中，营业要依次通过松弛、中等活跃、急剧上升和危
机这几个时期。虽然资本投入的那段期间是极不相同和极不一致的，但危
机总是大规模新投资的起点。因此，就整个社会考察，危机又或多或少地
是下一个周转周期的新的物质基础。

马克思:《资本论（第 2 卷）》（1885 年 5 月出版），摘自《马克思恩格斯
文集》第 6 卷，人民出版社 2009 年 12 月第 1 版，第 207 页。

如果生产波动得比较厉害——这是这种状态的必然结果——，那么就
会出现繁荣和危机、生产过剩和停滞的反复交替。经济学家从来就解释不
了这种怪诞状况；为了解释这种状况，他发明了人口论，① 这种理论和当
时这种贫富矛盾同样荒谬，甚至比它更荒谬。经济学家不**敢**正视真理，不
敢承认这种矛盾无非是竞争的结果，因为否则他的整个体系就会垮台。

恩格斯:《国民经济学批判大纲》（1843 年底—1844 年 1 月），摘自《马
克思恩格斯文集》第 1 卷，人民出版社 2009 年 12 月第 1 版，第 77 页。

这就是说，如果我们注意到，商业在一定的、永远周而复始地循环着
的时间内、经历着包括有繁荣、生产过剩、停滞、危机等阶段的周期，我
们把工人超过最低工资的收入和低于最低工资的收入拿来平均一下，那我
们就会发现，总起来看，他所得到的不多也不少，正好是最低工资。

恩格斯:《讨论自由贸易问题的布鲁塞尔会议》（1847 年 9 月底），摘自
《马克思恩格斯全集》第 4 卷，人民出版社 1958 年 8 月第 1 版，第
295 页。

停滞状态持续几年，生产力和产品被大量浪费和破坏，直到最后，大
批积压的商品以或多或少压低了的价格卖出，生产和交换又逐渐恢复运转。
步伐逐渐加快，慢步转成快步，工业快步转成跑步，跑步又转成工业、商

---

① 马尔萨斯人口论是英国资产阶级经济学家托·马尔萨斯提出的理论。他在 1798 年出版的
《人口原理。人口对社会未来进步的影响》一书中认为，人口按几何级数（1、2、4、8、16……）
增加，生活资料按算数级数（1、2、3、4、5……）增加，人口的增加超过生活资料的增加是一条
永恒的自然规律。他把资本主义制度下劳动人民遭受失业，贫困的原因归于这个规律，认为只有
通过战争、瘟疫饥饿等办法使人口减少，人口与生活资料的数量才能相适应。

业、信用和投机事业的真正障碍赛马中的狂奔，最后，经过几次拼命的跳跃重新陷入崩溃的深渊。如此反复不已。

> 恩格斯：《反杜林论》（1876年9月—1878年6月），摘自《马克思恩格斯文集》第9卷，人民出版社2009年12月第1版，第292—293页。

人们一再迫切希望实现的这种供求之间的正确比例早就不存在了。它已经过时了；它只有在生产资料有限、交换是在极狭隘的范围内进行的时候，才可能存在。随着大工业的产生，这种正确比例必然（musste）消失；根据不可避免的自然规律，生产一定要经过繁荣、衰退、危机、停滞、新的繁荣等等周而复始的更替。

> 列宁：《评经济浪漫主义》（1897年春），摘自《列宁全集》第2卷，人民出版社1984年10月第2版，第184页。

### 2. 周期的物质基础

过剩资本越是向工业生产集中，而不是通过投机买卖的多种渠道而分散，则危机对于工人群众和中间阶级**骨干力量**的影响也就越加广泛、持久和直接。如果发生激变，充斥市场的全部商品突然变成沉重的累赘，那么对于这一大批扩建和新建的工厂来说，这种情况必将更加严峻；因为这些工厂已经装备到能够开工生产的程度，而且立即开工生产对这些工厂来说乃是生命攸关的问题。如果资本放弃了它的通常的商业流通渠道，从而产生混乱，这种混乱甚至会进入英格兰银行的营业厅，那么当巨大的金额变成那些或者在危机开始时才投入生产，或者部分地需要先追加流动资本才能开始工作的工厂、机器等等固定资本时，**"能自救的人，自救吧"**这样的呼声也就必然喊得更高。

> 马克思：《贫困和贸易自由。——日益迫近的商业危机》（1852年10月15日），摘自《马克思恩格斯全集》第11卷，人民出版社1995年6月第2版，第451页。

……非常感谢你对机器设备的说明，13年这个数字，就其必要性说来，与理论是相符的，因为它为大体上与大危机重现的周期相一致的工业再生产的周期确定了一个**计量单位**，而危机的过程从它们重现的时间来看，当然也是由截然不同的另一些因素所决定的。在大工业直接的物质先决条件中找到一个决定再生产周期的因素，对我来说是很重要的。在机器设备的再生产不同于流动资本的再生产这个问题上，使人不禁想起摩莱肖特派们，他们像经济学家那样，也是很不重视骨骼更新周期的长短，而满足于人体的整个更新周期的平均数。

马克思：《致恩格斯》（1858 年 3 月 5 日），摘自《马克思恩格斯文集》第 10 卷，人民出版社 2009 年 12 月第 1 版，第 154—155 页。

竞争斗争，特别是在发生决定性变革的时候，又迫使旧的劳动资料在它们的自然寿命完结之前，用新的劳动资料来替换。迫使企业设备提前按照更大的社会规模实行更新的，主要是大灾难即危机。

马克思：《资本论（第 2 卷）》（1885 年 5 月出版），摘自《马克思恩格斯文集》第 6 卷，人民出版社 2009 年 12 月第 1 版，第 190—191 页。

因此，随着资本主义生产方式的发展，生产资料的变换也加快了，它们因无形损耗而远在有形寿命终结之前就要不断补偿的必要性也增加了。可以认为，大工业中最有决定意义的部门的这个生命周期现在平均为 10 年。但是这里的问题不在于确切的数字。有一点是很清楚的：这种由一些互相联结的周转组成的长达若干年的周期（资本被它的固定组成部分束缚在这种周期之内），为周期性的危机造成了物质基础。在周期性的危机中，营业要依次通过松弛、中等活跃、急剧上升和危机这几个时期。虽然资本投入的那段期间是极不相同和极不一致的，但危机总是大规模新投资的起点。因此，就整个社会考察，危机又或多或少地是下一个周转周期的新的物质基础。

马克思：《资本论（第 2 卷）》（1885 年 5 月出版），摘自《马克思恩格斯文集》第 6 卷，人民出版社 2009 年 12 月第 1 版，第 206 页。

### 3. 危机周期的后果

自然，这丝毫改变不了这一事实，即如果没有 1861—1862 年的美国战争，必然要发生一场极大的混乱，而这一次混乱是由于真正的和明显的生产过剩造成的。

马克思：《致恩格斯》（1868 年 12 月 14 日），摘自《马克思恩格斯全集》第 32 卷，人民出版社 1974 年 10 月第 1 版，第 215 页。

德国工厂主由于法国几十亿流入造成的不计后果的贸易过度而大吃苦头，英国则由于工业从 1866 年危机以后一直处于慢性萧条状态，用国内卖不出去的商品充斥它能进入的一切市场，以不惜亏本的低价在国外抛售这些商品。

马克思：《保护关税制度和自由贸易》（1888 年 4 月—5 月初），摘自《马克思恩格斯文集》第 4 卷，人民出版社 2009 年 12 月第 1 版，第 344 页。

的确，在 1866 年的危机之后，1873 年前后有过一次短暂而微弱的工商业高涨，但这次高涨并没有延续下去。的确，完全的危机并没有在它应当到来的时候即 1877 年或 1878 年发生，但是从 1876 年起，一切重要的工业部门都处于经常沉寂的状态。既没有完全的破产，也没有人们所盼望的、在破产以前和破产以后惯常被人指望的工商业繁荣时期。死气沉沉的萧条景象，各行各业的所有市场都出现经常的过饱和现象，——这就是我们将近 10 年来所遇到的情况。

> 恩格斯：《英国工人阶级状况》（1844 年 9 月—1845 年 3 月），摘自《马克思恩格斯文集》第 1 卷，人民出版社 2009 年 12 月第 1 版，第 376 页。

工厂只好关门，厂主破产，工人挨饿。到处出现了极度贫困的现象。过了一段时间，过剩的产品卖光了，工厂重新开工，工资提高，生意也渐渐地比以往兴旺起来。但这是不会长久的，因为很快又会生产出过多的商品，新的危机又会到来，这种新危机的过程和前次危机完全相同。因此，从本世纪初以来，工业经常在繁荣时期和危机时期之间波动。这样的危机几乎定期地每五年到七年发生一次，每一次都给工人带来极度的贫困，激起普遍的革命热情，给整个现存制度造成极大的危险。

> 恩格斯：《共产主义原理》（1847 年 10 月底—11 月），摘自《马克思恩格斯文集》第 1 卷，人民出版社 2009 年 12 月第 1 版，第 682 页。

危机最坏的形式是：生产中的过度投机活动发展缓慢，因此它的后果要若干年才表现出来，正象它的后果在商品和有价证券的交易中需要若干月才能表现出来一样。

> 恩格斯：《恩格斯致马克思》（1852 年 9 月 24 日），摘自《马克思恩格斯全集》第 28 卷，人民出版社 1973 年 3 月第 1 版，第 147 页。

如果突然来一个工业繁荣（这是常有的现象），使这种劳动变得能用来生产利润，那么劳动就能得到钱买东西，而且总能找到生活资料。这就是整个经济所陷入的无尽头的恶性循环。

> 恩格斯：《致弗里德里希·阿尔伯特·朗格》（1865 年 3 月 29 日），摘自《马克思恩格斯文集》第 10 卷，人民出版社 2009 年 12 月第 1 版，第 226 页。

从 1870 年以来，德国，尤其是美国，已经成为英国在现代工业中的竞争者，而大多数其他欧洲国家都已经把它们自己的制造业发展到不再依赖英国的水平。后果就是：生产过剩的过程所涉及的范围已经比该过程主要局限于英国的时期大得多，而且这种后果直到目前还是慢性的，而不是急性的。这样一来，先前每10年把大气层清洗一次的大雷雨就推迟了，因此这种持续的慢性的萧条必定酝酿着一次空前剧烈和广泛的破产。

> 恩格斯：《致尼古拉·弗兰策维奇·丹尼尔逊》(1885 年 11 月 13 日)，摘自《马克思恩格斯文集》第 10 卷，人民出版社 2009 年 12 月第 1 版，第 540 页。

有两点是肯定无疑的：第一，我们已经进入这样一个时期［从急性变为慢性］，这个时期对于旧社会来说，要比每十年就重复一次危机的时期危险得多；第二，当繁荣到来时，它对英国影响的程度将比过去它在世界市场上独吞油水的时候要小得多。

> 恩格斯：《致奥古斯特·倍倍尔》(1886 年 1 月 20—23 日)，摘自《马克思恩格斯全集》第 36 卷，人民出版社 1974 年 10 月第 1 版，第 418 页。

目前那种看来是无穷尽的经常萧条，如在英国一样，也会在美国表现出来。美国必将打破英国的工业垄断地位（不管它还留下点什么），但是美国不可能独占这种垄断地位。

> 恩格斯：《致弗·凯利—威士涅威茨基夫人》(1886 年 2 月 3 日)，摘自《马克思恩格斯全集》第 36 卷，人民出版社 1974 年 10 月第 1 版，第 424 页。

这里的工业危机不但没有减弱，反而在加深，人们开始越来越明白，英国的工业垄断地位即将结束。由于美、法、德作为竞争者出现在世界市场上，由于实施的高额关税阻止外国商品流入其他正在发展的工业国的市场，这种垄断地位什么时候结束已经不难推算出来了。既然一个工业大国，又占有垄断地位，尚且每十年发生一次危机，那末有四个这样的大国，情况又会如何呢？大概是每 10/4 年一次危机，也就是说，实际上是无穷无尽的危机。

> 恩格斯：《致尼·弗·丹尼尔逊》(1886 年 2 月 8 日)，摘自《马克思恩格斯全集》第 36 卷，人民出版社 1974 年 10 月第 1 版，第 430 页。

同时，失业现象在这里越来越严重。英国在世界市场上的垄断地位的崩溃，使 1878 年开始的危机持续不断，而且与其说是在减弱，不如说是在加剧。贫困，特别是本市东头的贫困，骇人听闻。

> 恩格斯：《致奥古斯特·倍倍尔》(1886 年 2 月 15 日)，摘自《马克思恩格斯全集》第 36 卷，人民出版社 1974 年 10 月第 1 版，第 436 页。

只要六个月，这个前景就会结束，然后我们也许又要经历一次**急性的危机**。除了英国在世界市场上垄断地位的崩溃而外，新的交通联络工具，如电报、铁路、苏伊士运河和取代了帆船的轮船等，也促使十年一次的工业周期遭到破坏。

> 恩格斯：《致奥古斯特·倍倍尔》（1886年3月18日），摘自《马克思恩格斯文集》第10卷，人民出版社2009年12月第1版，第550页。

1825年至1867年每十年反复一次的停滞、繁荣、生产过剩和危机的周期，看来确实已经结束，但这只是使我们陷入无止境的经常萧条的绝望泥潭。人们憧憬的繁荣时期将不再来临；每当我们似乎看到繁荣时期行将到来的种种预兆，这些预兆又消失了。

> 恩格斯：《资本论（第1卷英文版序言）》（1886年11月5日），摘自《马克思恩格斯文集》第5卷，人民出版社2009年12月第1版，第34—35页。

当然，失业工人的问题来年可能还要严重。保护关税制所造成的后果同自由贸易完全一样：一些国家市场上商品滞销；而且几乎普遍如此，只是这里不如你们那里那么严重罢了。就是在1867年以来发生过两三次不大的潜在危机的英国，现在看来终于又在酝酿着一场严重的危机。

> 恩格斯：《致奥古斯特·倍倍尔》（1892年3月8日），摘自《马克思恩格斯全集》第38卷，人民出版社1972年8月第1版，第294页。

工业的大规模的、迅速的发展远远地超过了国外市场的扩大和需求的增加。每隔十年，生产的进程就被普遍的商业危机强制性地打断一次，随后，经过一个长久的持续的停滞时期后，就是短短的繁荣年份，这种繁荣年份总是又以发疯似的生产过剩和最后再度崩溃而结束。

> 恩格斯：《英国工人阶级状况（1892年德文第二版序言）》（1892年7月21日），摘自《马克思恩格斯文集》第1卷，人民出版社2009年12月第1版，第371—372页。

我曾在别的地方指出，自上一次大规模的普遍危机爆发以来在这方面已经发生了转变。周期过程的急性形式和向来十年一次的周期，看来让位给比较短暂的稍微的营业好转和比较持久的不振这样一种在不同的工业国在不同的时间发生的比较慢性的延缓的交替。但这里也许只是周期持续时间的延长。

> 恩格斯：在《资本论（第3卷）》中加的脚注（1894年11月出版），摘自

《马克思恩格斯全集》第 25 卷，人民出版社 1974 年 11 月第 1 版，第 554 页。

自 1867 年最近一次的普遍危机爆发以来，已经发生了巨大的变化。由于交通工具的惊人发展，——远洋轮船、铁路、电报、苏伊士运河，——第一次真正地形成了世界市场。除了以前垄断工业的英国，现在又出现了一系列的同它竞争的工业国家；欧洲的过剩资本，在世界各地开辟了无限广阔和多种多样的投资领域，所以资本比以前分散得更加广泛，并且地方性的过度投机也比较容易克服了。由于这一切，以前的危机策源地和造成危机的机会，多数已经消除或大大削弱。同时，国内市场上的竞争，由于卡特尔和托拉斯的出现而后退，国外市场上的竞争也由于保护关税的实行而受到限制。但是，这种保护关税本身，只不过是最后的、全面的、决定世界市场霸权的工业战争的准备。所以，每一个对旧危机的重演有抵销作用的要素，都包含着更猛烈得多的未来危机的萌芽。

恩格斯：在《资本论（第 3 卷）》中加的脚注（1894 年 11 月出版），摘自《马克思恩格斯全集》第 25 卷，人民出版社 1974 年 11 月第 1 版，第 554 页。

## （二）资本主义危机的破坏性

### 1. 危机造成的悲惨现象比瘟疫更严重

在商业危机期间，总是不仅有很大一部分制成的产品被毁灭掉，而且有很大一部分已经造成的生产力被毁灭掉。在危机期间，发生一种在过去一切时代看来都好像是荒唐现象的社会瘟疫，即生产过剩的瘟疫。社会突然发现自己回到了一时的野蛮状态；仿佛是一次饥荒、一场普遍的毁灭性战争，使社会失去了全部生活资料；仿佛是工业和商业全被毁灭了。

马克思和恩格斯：《共产党宣言》（1847 年 12 月—1848 年 1 月），摘自《马克思恩格斯文集》第 2 卷，人民出版社 2009 年 12 月第 1 版，第 37 页。

在这种"令人陶醉的"经济进步时代，在不列颠帝国的首都，饿死几乎已经成为一种常规。这个时代在世界历史上留下的标志，就是被称为工商业危机的社会瘟疫日益频繁地重复发生，规模日益扩大，后果日益带有致命性。

马克思：《国际工人协会成立宣言》（1864 年 10 月 21—27 日），摘自《马克思恩格斯文集》第 3 卷，人民出版社 2009 年 12 月第 1 版，第 10 页。

在第二个场合则相反，第 Ⅰ 部类必须压缩自己的生产，这对该部类的工人和资本家来说，意味着危机；或者第 Ⅰ 部类提供的产品过剩，这对他们来说，又是危机。这种过剩本身并不是什么祸害，而是利益；但在资本主义生产下，它却是祸害。

马克思：《资本论（第 2 卷）》（1885 年 5 月出版），摘自《马克思恩格斯文集》第 6 卷，人民出版社 2009 年 12 月第 1 版，第 525 页。

80 年来，这些商业危机像过去的大瘟疫一样定期来临，而且它们造成的不幸和不道德比大瘟疫所造成的更大（参看威德《中等阶级和工人阶级的历史》1835 年伦敦版，第 211 页）。

恩格斯：《国民经济学批判大纲》（1843 年底—1844 年 1 月），摘自《马克思恩格斯文集》第 1 卷，人民出版社 2009 年 12 月第 1 版，第 74 页。

几乎每一个工人在一生中都至少要过一段吃不饱饭的生活，这使得虽然质量差但数量毕竟还够的食物所已经引起的后果更加严重。正是在最需要营养的时候只能吃半饱的孩子们（这样的孩子在每一次危机期间，甚至在繁荣时期，不知有多少）必然十分虚弱，必然患严重的瘰病和佝偻病。从他们的外表就可以看出他们是患这种病的。大批的工人的孩子所遭受的缺乏照顾的命运，留下了不可磨灭的痕迹，使从事劳动的整整一代人都衰弱了。

恩格斯：《英国工人阶级状况》（1844 年 9 月—1845 年 3 月），摘自《马克思恩格斯文集》第 1 卷，人民出版社 2009 年 12 月第 1 版，第 415 页。

**2. 危机揭露了资本主义生产方式的全部荒谬现象**

资本主义方式的生产所生产出来的生存资料和发展资料远比资本主义社会所能消费的多得多，因为这种生产人为地使广大真正的生产者同这些生存资料和发展资料相隔绝；如果这个社会由于它自身的生存规律而不得不继续扩大对它来说已经过大的生产，并从而周期性地每隔 10 年不仅毁灭大批产品，而且毁灭生产力本身，那么"生存斗争"的空谈还有什么意义呢？

恩格斯：《致彼得·拉甫罗维奇·拉甫罗夫》（1875 年 11 月 12—17 日），摘自《马克思恩格斯文集》第 10 卷，人民出版社 2009 年 12 月第 1 版，第 412 页。

在每次危机中，社会在它自己的而又无法加以利用的生产力和产品的重压下奄奄一息，面对着生产者没有什么可以消费是因为缺乏消费者这种荒谬的矛盾而束手无策。生产资料的扩张力撑破了资本主义生产方式所加给它的桎梏。把生产资料从这种桎梏下解放出来，是生产力不断地加速发展的唯一先决条件，因而也是生产本身实际上无限增长的唯一先决条件。但是还不止于此。

> 恩格斯：《社会主义从空想到科学的发展》（1880年1月—3月上半月），摘自《马克思恩格斯文集》第3卷，人民出版社2009年12月第1版，第563页。

被这种秩序、被资本主义生产方式的狭隘范围所束缚的大工业，一方面使全体广大人民群众越来越无产阶级化，另一方面生产出越来越多的没有销路的产品。生产过剩和大众的贫困，两者互为因果，这就是大工业所陷入的荒谬的矛盾，这个矛盾必然要求通过改变生产方式来使生产力摆脱桎梏。

> 恩格斯：《路德维希·费尔巴哈和德国古典哲学的终结》（1886年初），摘自《马克思恩格斯文集》第4卷，人民出版社2009年12月第1版，第305—306页。

资本主义的生产，只能跳跃式地发展，即进两步退一步（有时两步都退回来）。我们已经指出，资本主义的生产，是为销售而生产，是为市场生产商品。而管理生产的是单个的资本家，他们各干各的，谁也不能准确知道市场上究竟需要多少产品和需要哪些产品。他们盲目地进行生产，所关心的只是要超过对手。这样，产品的数量就可能不符合市场上的需要，这是很自然的。

> 列宁：《危机的教训》（1901年8月），摘自《列宁专题文集　论资本主义》，人民出版社2009年12月第1版，第46页。

危机表明，如果土地、工厂、机器等等不是被一小撮靠人民贫困而获得亿万利润的私有者所窃据，那么，现代社会就能够生产出更丰富得多的产品来改善全体劳动人民的生活。

……

危机揭露了社会生产受私有制支配的全部荒谬性；它给人们的教训极其深刻，以致资产阶级报刊现在也要求加强监督了，例如对银行的监督。但任何监督也无碍于资本家在复苏时期开办一些日后必然要破产的企业。已经破了产的原哈尔科夫土地银行和商业银行的创办人阿尔切夫斯基，曾不择手段地弄到几百万卢布来开办和支持一些估计可能获得巨额利润的矿业企业。工业的停滞毁掉了这些银行和矿业企业（顿涅茨—尤里耶夫公司）。

> 列宁：《危机的教训》（1901 年 8 月），摘自《列宁专题文集 论资本主义》，人民出版社 2009 年 12 月第 1 版，第 48 页。

资本主义生产的发展是跳跃式、爆发式的。时而是工业的"极度"繁荣，时而是破产、危机和失业。在这种经济体制下情况只能是这样，因为各个分散的、互不相干的业主凭借私有财产来支配大企业里成千上万名工人的联合劳动，为一个未知的市场"工作"。

> 列宁：《一个"时髦的"工业部门》（1913 年 7 月 21 日），摘自《列宁专题文集 论资本主义》，人民出版社 2009 年 12 月第 1 版，第 290 页。

在资本主义世界里不仅有巧取豪夺的事，而且还可以看到荒谬现象和犯罪行为，因为在一些国家里粮食过剩，这些过剩的粮食由于各种币制改革，由于很多战败国的货币贬值而卖不出去。大批粮食在霉烂，而同时在德国这样一些国家里却有几千万居民因挨饿而濒临死亡。资本主义的这些荒谬现象、犯罪行为在一切资本主义国家和俄国周围的小国里愈来愈明显。

> 列宁：《全俄苏维埃第八次代表大会文献》（1920 年 12 月 22—29 日），摘自《列宁全集》第 40 卷，人民出版社 1986 年 10 月第 2 版，第 114 页。

在他们资本家那里，在危机期间以销毁"剩余"商品和焚毁"多余"农产品来保持高昂价格、保证高额利润被认为是完全正常的现象，而在我们苏联这里，人们会把犯这种罪行的罪人送到疯人院去。

> 斯大林：《联共（布）中央委员会向第十六次代表大会的政治报告》（1930 年 6 月 27 日），摘自《斯大林全集》第 12 卷，人民出版社 1955 年 12 月第 1 版，第 282 页。

跟随着动摇了信用系统的基础的这些现象［总危机期间银行、康采恩破产］而来的一定是而且实际上已经是信用和外债的停止支付、盟国之间的债务的停止支付、资本的停止输出、对外贸易的更加缩减、商品出口的更加减少、争夺国外市场的斗争的加剧、各国之间的商业战争以及倾销政策。

> 斯大林：《在党的第十七次代表大会上关于联共（布）中央工作的总结报告》（1934 年 1 月 26 日），摘自《斯大林全集》第 13 卷，人民出版社 1956 年 4 月第 1 版，第 254 页。

### 3. 危机威胁着资本主义制度

几十年来的工业和商业的历史，只不过是现代生产力反抗现代生产关系、反抗作为资产阶级及其统治的存在条件的所有制关系的历史。只要指出在周期性的重复中越来越危及整个资产阶级社会生存的商业危机就够了。在商业危机期间，总是不仅有很大一部分制成的产品被毁灭掉，而且有很大一部分已经造成的生产力被毁灭掉。在危机期间，发生一种在过去一切时代看来都好像是荒唐现象的社会瘟疫，即生产过剩的瘟疫。社会突然发现自己回到了一时的野蛮状态；仿佛是一次饥荒、一场普遍的毁灭性战争，使社会失去了全部生活资料；仿佛是工业和商业全被毁灭了，——这是什么缘故呢？因为社会上文明过度，生活资料太多，工业和商业太发达。社会所拥有的生产力已经不能再促进资产阶级文明和资产阶级所有制关系的发展；相反，生产力已经强大到这种关系所不能适应的地步，它已经受到这种关系的阻碍；而它一着手克服这种障碍，就使整个资产阶级社会陷入混乱，就使资产阶级所有制的存在受到威胁。

马克思和恩格斯：《共产党宣言》（1847 年 12 月—1848 年 1 月），摘自《马克思恩格斯文集》第 2 卷，人民出版社 2009 年 12 月第 1 版，第 37 页。

其实，目前对英国"秩序"威胁最大的并不是来自巴黎的危险，而是这种秩序造成的新的最直接的后果，是那棵英国的自由之树所结出的果实——**商业危机**。

马克思和恩格斯：《时评。1850 年 3—4 月》（1850 年 3 月中—4 月 18 日），摘自《马克思恩格斯全集》第 10 卷，人民出版社 1998 年 3 月第 2 版，第 355 页。

目前即将爆发的商业危机，就其影响来说，比以往任何一次都会严重得多。商业危机将同从英国废除谷物税①时起就已经开始，并且由于最近丰收而愈益严重的农业危机一起爆发。英国第一次**同时经受工业危机和农业危机**。英国的双重危机，由于大陆即将同时发生动荡而变得更迅猛、更

---

① 指 1846 年 6 月英国议会通过的废除谷物法的法案。谷物法是从 1815 年起在英国实行的对谷物征收高额进口税的法令。它维护土地占有者的利益，影响了国内贸易的发展。英国工业资产阶级从一开始就反对谷物法。1838 年反谷物法同盟成立，从而开始了有组织的斗争。最后帝国议会终于在 1846 年 6 月 26 日通过了《关于修改进口谷物法的法案》和《关于调整某些关税的法案》，从而废除了谷物法。谷物法废除后，反谷物法同盟宣布解散。而实际上该同盟一直存在到1849 年。

广泛和更危险，大陆的革命，则由于英国危机对世界市场的冲击而会具有比以往更鲜明的社会主义性质。

> 马克思和恩格斯：《时评。1850 年 3—4 月》（1850 年 3 月中—4 月 18 日），摘自《马克思恩格斯全集》第 10 卷，人民出版社 1998 年 3 月第 2 版，第 357 页。

在这种普遍束手无策的情况下，不仅要进行战争，而且要同比沙皇尼古拉危险得多的敌人作斗争。这个敌人就是**工商业危机**，它从去年 9 月以来日益加剧，日益普遍。

> 马克思：《不列颠宪法》（1855 年 3 月 2 日），摘自《马克思恩格斯全集》第 11 卷，人民出版社 1962 年 6 月第 1 版，第 109 页。

英国人在国外，无论是在欧洲大陆和美国，都大量参与了投机活动；而在本国，他们的剩余资金主要是投在工厂企业中，所以目前这次震荡比以前任何时候都更加带有工业危机的性质，因此它震撼了国家繁荣的根基。

> 马克思：《英国贸易的震荡》（1857 年 11 月 13 日），摘自《马克思恩格斯全集》第 12 卷，人民出版社 1962 年 8 月第 1 版，第 351 页。

现在马志尼先生也不认为注意社会实践，注意不同阶级的利益，注意出口和进口，注意生活必需品的价格、房租以及诸如此类的庸俗东西有损自己的尊严了，这也许是由于他亲眼看到了使第二帝国遭到强大的、甚至是致命的打击的，不是各民主委员会的宣言，而是那由纽约开始之后波及到全世界的经济震荡。

> 马克思：《马志尼和拿破仑》（1858 年 3 月 30 日），摘自《马克思恩格斯全集》第 12 卷，人民出版社 1962 年 8 月第 1 版，第 451 页。

从本世纪初以来，工业经常在繁荣时期和危机时期之间波动。这样的危机几乎定期地每五年到七年发生一次，[①] 每一次都给工人带来极度的贫困，激起普遍的革命热情，给整个现存制度造成极大的危险。

> 恩格斯：《共产主义原理》（1847 年 10—11 月），摘自《马克思恩格斯文集》第 1 卷，人民出版社 2009 年 12 月第 1 版，第 682 页。

创造了现代资产阶级社会的那些力量——蒸汽机、现代化的机器、大

---

① 恩格斯曾指出："我把工业大危机的周期算成了五年。这个关于周期长短的结论，显然是从 1825 年到 1842 年间的事变进程中得出来的。但是 1842 年到 1868 年的工业历史证明，实际周期是十年，中间危机只具有次要的性质，而且在 1842 年以后日趋消失。"

规模的殖民、铁路和轮船、世界贸易，现在已经由于接连不断的商业危机而使这个社会走向解体并且最后走向灭亡。

> 恩格斯：《致弗里德里希·阿尔伯特·朗格》（1865 年 3 月 29 日），摘自《马克思恩格斯文集》第 10 卷，人民出版社 2009 年 12 月第 1 版，第 225 页。

原因在于我们应该希望现代生产制度尽可能自由地、迅速地发展和扩大，因为与它同步，作为它的必然后果并且必定要把这整个制度加以摧毁的经济现象也将发展起来，这些现象就是：生产过剩造成广大人民群众的贫困；这种生产过剩不是引起周期性的市场商品充斥和与恐慌相伴随的抽逃资金，就是引起贸易的长期停滞；社会分裂为人数很少的大资本家阶级和人数众多的实际是世袭的雇佣奴隶——无产者阶级，这些无产者的人数不断增长，同时不断受到节约劳动的新机器的排挤；一句话，社会走进了死胡同，除了彻底重新塑造构成这个社会的基础的经济结构以外，没有别的出路。

> 恩格斯：《保护关税制度和自由贸易》（1888 年 4—5 月初），摘自《马克思恩格斯文集》第 4 卷，人民出版社 2009 年 12 月第 1 版，第 349 页。

资本主义正在瓦解；战争结束后（结束这次战争的先是布列斯特—里托夫斯克和约，后来是凡尔赛和约，——我不知道这两个和约哪个更坏），随着时间的推移，即使在战胜国，憎恨和厌恶战争的情绪也愈来愈强烈。战争过去得愈久，不仅劳动者看得愈来愈清楚，连战胜国资产阶级中的许多人也看得愈来愈清楚：资本主义正在瓦解；经济危机在全世界造成了不堪忍受的状况；尽管取得了那样的胜利，出路却没有。

> 列宁：《全俄苏维埃第九次代表大会文献》（1921 年 12 月 23—28 日），摘自《列宁全集》第 42 卷，人民出版社 1986 年 10 月第 2 版，第 323 页。

必须承认，如果一种经济制度竟不知道怎样来处置自己生产出来的"多余"产品，而在群众普遍遭到贫困、失业、饥饿和破产的时候却不得不把它们焚毁掉，那么这种经济制度本身就给自己宣判了死刑。

> 斯大林：《联共（布）中央委员会向第十六次代表大会的政治报告》（1930 年 6 月 27 日），摘自《斯大林全集》第 12 卷，人民出版社 1955 年 12 月第 1 版，第 282 页。

危机、失业、浪费和广大群众的贫困，——这就是资本主义的不治之症。我们的制度不患这种病症，因为政权掌握在我们手里，掌握在工人阶级手里，因为我们实行计划经济，有计划地积累资财，并且按照国民经济各部门合理地加以分配。

> 斯大林：《论经济工作人员的任务》（1931 年 2 月 4 日），摘自《斯大林全集》第 13 卷，人民出版社 1956 年 4 月第 1 版，第 32 页。

## （三）资本主义危机的全面性

### 1. 因为危机在日益扩大，只能以整个资本主义总危机而告终

考茨基说，乐观主义的经济学家认为欧洲农业的这些变化能够使它免于危机，那是估计错了，因为危机在日益扩大，只能以整个资本主义总危机而告终。

> 列宁：《书评。卡尔·考茨基〈土地问题。现代农业倾向概述和土地政策等〉》（1899 年 4 月），摘自《列宁全集》第 4 卷，人民出版社 1984 年 10 月第 2 版，第 82 页。

### 2. 帝国主义时代不可避免地会成为危机四起的时代

这场战争已经清楚地表明：在危机时刻（帝国主义时代不可避免地会成为危机四起的时代），受到资产阶级支持、在某种程度上还受他们直接指挥（这点特别重要！）的大批机会主义者，会跑到资产阶级方面去，背叛社会主义，危害工人事业，葬送工人事业。在每一次危机中，资产阶级总是会帮助机会主义者，总是会镇压无产阶级中的革命分子，而且无所不用其极，不惜采取完全违法的、非常残酷的**军事**手段。

> 列宁：《以后怎么办?》（1915 年 1 月 9 日），摘自《列宁全集》第 26 卷，人民出版社 1988 年 10 月第 2 版，第 116 页。

### 3. 这个时代，这个发生大崩溃、动辄诉诸武力、充满危机的时代已经开始了

马克思主义者从来没有忘记，暴力将必然伴随着整个资本主义的彻底崩溃和社会主义社会的诞生。而且这种暴力将构成世界历史的一个时期，一个充满着各式各样战争的整个时代，其中包括帝国主义战争，内战，二者相互交织的战争，民族战争，即受帝国主义者以及在大规模国家资本主义、军事托拉斯和辛迪加时期必然结成这种或那种联盟的帝国主义列强压迫的民族的解放战争。这个时代，这个发生大崩溃、动辄诉诸武力、充满危机的时代已经开始了。我们清楚地看到这个时代，而这还仅仅是开始。

> 列宁：《俄共（布）第七次代表大会文献》（1918 年 3 月 9 日），摘自《列宁专题文集　论社会主义》，人民出版社 2009 年 12 月第 1 版，第 67—68 页。

### 4. 极少数最富裕的国家之间已经四分五裂，这就产生了世界危机

我们看到，就上层来说，极少数最富裕的国家之间已经四分五裂。125000万人决不会让"先进的"、文明的资本主义任意奴役下去，要知道，他们占世界人口的70%！英、美、日（日本过去虽然能够掠夺东方各国，亚洲各国，但是，现在没有别国的帮助，它无论在财政上或军事上都没有独立行动的能力）这极少数最富有的国家，这两三个国家已经无法调整好它们的经济关系，它们把破坏国际联盟成员国和伙伴的政策作为自己政策的目标。这就产生了世界危机。这个危机的经济根源就是共产国际之所以取得辉煌成就的主要原因。

> 列宁：《共产国际第二次代表大会》（1920年8、9两月），摘自《列宁专题文集 论资本主义》，人民出版社2009年12月第1版，第269页。

### 5. 资本主义国家在全世界的地位是不稳固的

总的说来，资本主义国家在全世界的地位是不稳固的。这主要是因为各国的经济危机日益加深，共产主义的工人运动日益高涨。欧洲革命发展的情况同我国革命不一样。我已经说过，西欧国家的工农没有能够在战争结束时，趁着武装力量还在他们手中的时候迅速地发动痛苦最少的革命。但是帝国主义战争大大地动摇了这些国家的地位，以致那里的危机不仅至今尚未结束，而且今春所有最富有的先进国家的经济危机一无例外地将愈来愈严重。

> 列宁：《在全俄服装工业工人第四次代表大会上的讲话》（1921年2月6日），摘自《列宁全集》第40卷，人民出版社1986年10月第2版，第321页。

### 6. 这些国家已经卷入不能不引起整个世界资本主义危机的发展进程

同时东方许多国家，如印度、中国等等，正是由于最近这次帝国主义战争的影响而完全被抛出了自己的常轨。这些国家的发展已完全按照整个欧洲的资本主义的方向进行。在这些国家里开始出现整个欧洲的那种动荡。现在全世界都已清楚，这些国家已经卷入不能不引起整个世界资本主义危机的发展进程。

> 列宁：《宁肯少些，但要好些》（1923年3月2日），摘自《列宁专题文集 论社会主义》，人民出版社2009年12月第1版，第377页。

### 7. 资本主义集团之间的矛盾增多了，削弱和瓦解资本主义的力量增长了

资本已经爬出了战后危机的泥潭。一些资本主义国家通货的稳定，世

界贸易的增长和个别国家生产的扩大，资本，特别是英美资本向欧洲和亚洲国家的输出和投入，——这一切都表明资本的"建设工作"的成就。

……

但是除了这些事实以外，还存在着许多对资本主义有消极意义的事实。

毫无疑问，在资本主义加强的同时，资本主义集团之间的矛盾增多了，削弱和瓦解资本主义的力量增长了。……资本的成就是不巩固的，资本主义"恢复健康"的过程里隐藏着它内部腐朽和瓦解的前提。

斯大林：《论国际形势和共产党的任务》（1925 年 3 月 22 日），摘自《斯大林全集》第 7 卷，人民出版社 1964 年 6 月第 1 版，第 46—47 页。

**8. 不管这方面发生什么变化，新的危机总是避免不了的**

资本主义的稳定意味着在资本主义内部不可调和的矛盾日益增长的条件下资本主义危机的某种暂时的缓和，而不可调和的矛盾的发展必然会引起下一次新的资本主义危机。不管这方面发生什么变化，新的危机总是避免不了的。

斯大林：《和宣传鼓动部会议的参加者的谈话》（1925 年 10 月 14 日），摘自《斯大林全集》第 7 卷，人民出版社 1964 年 6 月第 1 版，第 195 页。

**9. 资本主义正在摆脱或者说已经摆脱它在战后所陷入的那种生产、贸易以及财政方面的混乱状态**

资本主义正在摆脱或者说已经摆脱它在战后所陷入的那种生产、贸易以及财政方面的混乱状态。党把这种情况叫做资本主义的局部稳定或暂时稳定。这是什么意思呢？这就是说，各资本主义国家在战后危机时期（我指的是 1919 年至 1920 年）曾一度一落千丈的生产和贸易已经开始向前发展，而资产阶级政权已经在一定程度上巩固起来。

斯大林：《联共（布）第十四次代表大会文献》（1925 年 12 月 18 日），摘自《斯大林全集》第 7 卷，人民出版社 1964 年 6 月第 1 版，第 219 页。

**10. 现在我们在欧洲看到的不是战后危机年代曾经看到的革命来潮时期，而是革命退潮时期**

现在我们在欧洲看到的不是战后危机年代曾经看到的革命来潮时期，而是革命退潮时期。这就是说，夺取政权的问题，无产阶级在最近夺取政权的问题，现今在欧洲还没有列入日程。革命浪潮高涨时期，即运动突飞猛进、向上升涨而党提出的口号却跟不上运动的发展的时期，像我国一九〇五年或一九一七年所发生的情形一样——这样的高涨时期还在前面。这样的时期现在还没有到来，现在所处的是暂时退潮时期，是无产阶级积蓄力量的时期。

> 斯大林：《联共（布）第十四次代表大会文献》（1925 年 12 月 18 日），摘自《斯大林全集》第 7 卷，人民出版社 1964 年 6 月第 1 版，第 220 页。

### 11. 欧洲各国所达到的资本主义暂时稳定是在腐烂的基础上成长起来的腐朽的稳定

欧洲各国所达到的资本主义暂时稳定是在腐烂的基础上成长起来的腐朽的稳定。

很可能——我并不认为这是不可能的——欧洲各国的生产和贸易也会达到战前水准。但这还不是说，资本主义因此就一定会达到它战前所达到的那种稳定程度。那种稳定程度它永远达不到了。为什么呢？第一、因为欧洲史以在财政上服从美国为代价换得它的暂时稳定的，这就使人民的捐税负担大大加重，使工人的境遇必然恶化，使欧洲各国革命化；第二、因为还有其他许多使目前的稳定成为不持久不巩固的稳定的原因，这些原因，我在下面就要谈到。

> 斯大林：《联共（布）第十四次代表大会文献》（1925 年 12 月 18 日），摘自《斯大林全集》第 7 卷，人民出版社 1964 年 6 月第 1 版，第 222—223 页。

### 12. 这一切矛盾的增长都表明世界资本主义危机的增长

争夺销售市场、争夺输出资本的市场、争夺通向这些市场的海陆通道、争取重新分割世界的疯狂斗争正在进行。美英之间、日美之间、英法之间、意法之间的矛盾正在增长。

这一切矛盾的增长都表明世界资本主义危机的增长，尽管稳定是事实，这次危机却较第一次帝国主义战争以前的危机无比地加深了。苏联——无产阶级专政国家的存在和繁荣，只是使这个危机加深和尖锐罢了。

> 斯大林：《时事问题简评》（1927 年 7 月 28 日），摘自《斯大林全集》第 9 卷，人民出版社 1954 年 4 月第 1 版，第 291—292 页。

### 13. 正是这些事实促使那些比上次帝国主义战争前的危机远为深刻的世界资本主义的危机日趋尖锐化

季诺维也夫以为既然是稳定，那就是说，革命事业垮台了。他不了解资本主义的危机和资本主义灭亡的酝酿正从稳定中成熟起来。最近资本主义改进了它的技术并使之合理化，制造出大量无法销售的商品，这难道不是事实吗？各资本主义国家政府愈来愈法西斯化，它们进攻工人阶级并暂时巩固着自己的阵地，这难道不是事实吗？……正是这些事实促使那些比上次帝国主义战争前的危机远为深刻的世界资本主义的危机日趋尖锐化。

> 斯大林：《联共（布）中央委员会和中央监察委员会联席全会文献》
> （1927 年 8 月 1 日），摘自《斯大林全集》第 10 卷，人民出版社 1954 年
> 12 月第 1 版，第 45 页。

### 14. 欧洲资本主义的中心"不安宁"，它的外围更加"不安宁"

革命的火焰今天在奥地利爆发，明天在英国，后天在法国或德国某个地方，以后在中国、印度尼西亚、印度等地爆发。

欧洲和殖民地是什么呢？这是资本主义的中心和外围。欧洲资本主义的中心"不安宁"，它的外围更加"不安宁"。新的革命事变的条件正在成熟。我以为因萨柯和万泽第被杀害而引起的一些事变，是资本主义危机日益发展的最鲜明的标志，是工人阶级不满情绪和愤怒心情日益增长的最鲜明的例证。

> 斯大林：《和外国工人代表团的谈话》（1927 年 11 月 5 日），摘自《斯大
> 林全集》第 10 卷，人民出版社 1954 年 12 月第 1 版，第 185 页。

### 15. 资本主义已经永远不能恢复世界大战和十月革命以前曾经有过的那种"稳固"和"均势"了

我以为资本主义最深刻的危机的因素正在欧洲增长着，以后还要不断增长。资本主义可以局部稳定下来，可以使自己的生产合理化，可以暂时压制工人阶级，——所以这一切，资本主义现时还能做得到，但是它已经永远不能恢复世界大战和十月革命以前曾经有过的那种"稳固"和"均势"了。

> 斯大林：《和外国工人代表团的谈话》（1927 年 11 月 5 日），摘自《斯大
> 林全集》第 10 卷，人民出版社 1954 年 12 月第 1 版，第 185 页。

### 16. 资本主义的死期日进一日

资本主义可以得到局部稳定，可以使自己的生产合理化，可以把国家管理权交给法西斯主义，可以暂时压制工人阶级，但是它永远不能恢复它从前所炫耀的那种"安宁"和"信心"，那种"均势"和"稳固"了，因为世界资本主义危机已经发展到这样的程度，以致革命烈火必然时而在帝

国主义中心、时而在帝国主义外围燃烧起来，使资本主义的补缀方法一概无效，使资本主义的死期日进一日。

> 斯大林：《十月革命的国际性质》（1927 年 11 月 6—7 日），摘自《斯大林全集》第 10 卷，人民出版社 1954 年 12 月第 1 版，第 208—209 页。

### 17. 这种危机孕育着新战争和威胁着任何稳定的存在

正是从这种稳定中，从生产增长，贸易扩大，技术进步，生产能力提高，而世界市场、世界市场范围和各个帝国主义集团的势力范围仍旧相当固定的情况中，——正是从这种情况中产生着最深刻最尖锐的世界资本主义危机，这种危机孕育着新战争和威胁着任何稳定的存在。

从局部稳定中生产出资本主义危机的剧烈化，日益增长的危机又破坏着稳定，——这就是现今历史时期资本主义发展的辩证法。

> 斯大林；《联共（布）第十五次代表大会文献》（1927 年 12 月 2—19 日），摘自《斯大林全集》第 10 卷，人民出版社 1954 年 12 月第 1 版，第 234 页。

### 18. 从稳定中产生着资本主义危机的增长

销售市场觊觎者的数量在增多，生产能力在增长，商品供给量在增加，而市场的规模和势力范围仍然相当固定。

这就是现代资本主义日益增长的种种不可调和的矛盾的基础。

从稳定中产生着资本主义危机的增长。

> 斯大林；《联共（布）第十五次代表大会文献》（1927 年 12 月 2—19 日），摘自《斯大林全集》第 10 卷，人民出版社 1954 年 12 月第 1 版，第 235 页。

### 19. 资本主义唯一的"出路"就是通过武力、军事冲突、新的帝国主义战争来重新瓜分殖民地和划分势力范围

生产能力不断增长与市场相对固定之间的这种矛盾是市场问题成为目前资本主义主要问题这一事实的根源。一般销售市场问题的尖锐化，特别是国外市场问题的尖锐化，尤其是资本输出市场问题的尖锐化——这就是资本主义的现状。

正因为如此，工厂开工不足就成为通常的现象。加强关税壁垒只不过是火上加油。资本主义已经感到现在的市场范围和势力范围太狭窄了。用和平手段解决市场问题的企图，没有而且不能有什么结果。……用和平的方法解决市场问题，对资本主义已经行不通了。资本主义唯一的"出路"

就是通过武力、军事冲突、新的帝国主义战争来重新瓜分殖民地和划分势力范围。

> 斯大林：《联共（布）第十五次代表大会文献》（1927 年 12 月 2—19 日），摘自《斯大林全集》第 10 卷，人民出版社 1954 年 12 月第 1 版，第 235 页。

**20. 稳定不仅没有阻止这个总的和根本的危机的发展，反而成为这个危机进一步发展的基础和根源**

世界资本主义最深刻的危机和日益加剧的不稳定状态的一切征象已经出现了。

如果可以认为 1920 年至 1921 年在各资本主义国家发生的引起内部紊乱和外部关系破裂的暂时的战后经济危机已经过去，并接着来了一个局部稳定时期，那么，由于十月革命胜利和苏联脱离世界资本主义体系而形成的资本主义的总的和根本的危机不仅没有过去，反而日益加深，使世界资本主义生存的基础本身发生动摇。

稳定不仅没有阻止这个总的和根本的危机的发展，反而成为这个危机进一步发展的基础和根源。夺取市场斗争的加剧，重新瓜分世界和划分势力范围的必要，资产阶级和平主义和国际联盟的破产，由于可能发生新战争而狂热地建立新联盟和部署力量，军备的疯狂扩张，对工人阶级和殖民地国家的残暴压制，殖民地和欧洲革命运动的发展，共产国际在全世界威信的增高，苏联实力的加强和它在欧洲工人运动及殖民地劳动群众中威信的增高，——这一切就是不能不使世界资本主义的基础本身发生动摇的事实。

资本主义的稳定日益动摇和不稳固了。

> 斯大林：《联共（布）第十五次代表大会文献》（1927 年 12 月 2—19 日），摘自《斯大林全集》第 10 卷，人民出版社 1954 年 12 月第 1 版，第 243 页。

**21. 这同资本主义的技术和合理化正在发展这个人所共知的事实毫不矛盾。而且稳定的内在的腐朽性和软弱性正是在这种发展的基础上增长起来的**

目前资本主义的稳定是暂时的、不巩固的、动摇的和腐朽的稳定，这种稳定在资本主义危机进一步发展的进程中将愈来愈动摇。

这同资本主义的技术和合理化正在发展这个人所共知的事实毫不矛盾。而且稳定的内在的腐朽性和软弱性正是在这种发展的基础上增长起来的。

斯大林：《论德国共产党内的右倾危险》（1928 年 12 月 19 日），摘自《斯大林全集》第 11 卷，人民出版社 1955 年 7 月第 1 版，第 254 页。

### 22. 资本主义的稳定每月每日都在毁坏着，动摇着

如果以为资本主义的稳定没有变化，那就可笑了。如果断言稳定日益巩固，日益坚牢，那就更可笑了。事实上，资本主义的稳定每月每日都在毁坏着，动摇着。争夺国外市场和原料的斗争的尖锐化，军备的扩充，……资本主义国家工人阶级的左倾，欧洲各国罢工和阶级搏斗时期的到来，殖民地（包括印度在内）革命运动的发展，世界各国共产主义运动的发展，——所有这些事实都毫无疑问地说明：在资本主义国家里，新的革命高潮的因素正在增长。

斯大林：《论联共（布）党内的右倾》（1929 年 4 月），摘自《斯大林全集》第 12 卷，人民出版社 1955 年 12 月第 1 版，第 16 页。

### 23. 由于世界资本主义危机的尖锐化，这种稳定正被事变的进程动摇着，而且以后还会被动摇

资本主义的稳定是不巩固的，而且不可能是巩固的；由于世界资本主义危机的尖锐化，这种稳定正被事变的进程动摇着，而且以后还会被动摇。

斯大林：《论联共（布）党内的右倾》（1929 年 4 月），摘自《斯大林全集》第 12 卷，人民出版社 1955 年 12 月第 1 版，第 20 页。

### 24. 对各资本主义国家来说，这个转变则意味着转向经济衰弱

在这期间世界各民族和各国的生活却发生了极大的变化。如果要用一两个字来概括这个时期的特征，那末可以称它为转变时期。不仅对我们苏联，而且对全世界各资本主义国家都是一个转变时期。但是，在这两个转变之间有根本的区别。对苏联来说，这个转变意味着转向新的更大的经济高涨；而对各资本主义国家来说，这个转变则意味着转向经济衰落。在我们苏联这里，社会主义建设无论在工业或农业方面都是日益高涨。在他们资本家那里，经济危机无论在工业或农业方面都是日益增长。

斯大林：《联共（布）中央委员会向第十六次代表大会的政治报告》（1930 年 6 月 27 日），摘自《斯大林全集》第 12 卷，人民出版社 1955 年 12 月第 1 版，第 207 页。

### 25. 资本主义总危机早在帝国主义战争时期就爆发了

目前的经济危机是在资本主义总危机的基础上发展起来的，而资本主义总危机早在帝国主义战争时期就爆发了，它破坏着资本主义的基石，促

进了经济危机的到来。

……

这意味着：帝国主义大战及其后果加深了资本主义的腐朽，破坏了资本主义的平衡；我们现在处于战争和革命的时代；……

……

这意味着：在战争期间和战争以后各殖民地和附属国都出现并成长了本国的年轻的资本主义，它们在市场上有成效地和老资本主义国家进行竞争，因而使争夺销售市场的斗争尖锐化和复杂化。

这意味着：战争给大多数资本主义国家留下了沉重的遗产，就是企业的经常开工不足和已经由失业后备军变为失业常备军的千百万失业大军，……

这就是使世界经济危机加深并尖锐化的各种情况。

> 斯大林：《联共（布）中央委员会向第十六次代表大会的政治报告》（1930年6月27日），摘自《斯大林全集》第12卷，人民出版社1955年12月第1版，第216—217页。

### 26. 由于危机的日益发展，争夺销售市场、争夺原料、争夺资本输出的战斗一定会逐月逐日地激烈起来

由于危机的日益发展，争夺销售市场、争夺原料、争夺资本输出的战斗一定会逐月逐日地激烈起来。

斗争的手段是：关税政策，廉价商品，低息贷款，重新部署力量和建立新的军事政治联盟，扩充军备和准备新的帝国主义战争，最后，发动战争。

> 斯大林：《联共（布）中央委员会向第十六次代表大会的政治报告》（1930年6月27日），摘自《斯大林全集》第12卷，人民出版社1955年12月第1版，第218页。

### 27. 这次工业危机是在资本主义总危机的条件下爆发的

现在的工业危机为什么会空前持久呢？

……

这是最主要的，因为这次工业危机是在资本主义总危机的条件下爆发的。这时候，不论在各主要国家里，或者在殖民地和附属国里，资本主义已经没有而且不可能有它在战前和十月革命前有过的那种力量和巩固性；这时候，资本主义国家的工业承受了帝国主义战争遗留下来的企业经常开

工不足的现象和千百万人的失业大军，再也无力摆脱它们。

> 斯大林：《在党的第十七次代表大会上关于联共（布）中央工作的总结报告》（1934 年 1 月 26 日），摘自《斯大林全集》第 13 卷，人民出版社 1956 年 4 月第 1 版，第 253—254 页。

**28. 这些伴随着工业危机而在生产范围之外爆发的破坏现象，不能不反过来影响工业危机的进程，使它加深和复杂起来**

同样很明显，这些伴随着工业危机而在生产范围之外爆发的破坏现象，不能不反过来影响工业危机的进程，使它加深和复杂起来。

> 斯大林：《在党的第十七次代表大会上关于联共（布）中央工作的总结报告》（1934 年 1 月 26 日），摘自《斯大林全集》第 13 卷，人民出版社 1956 年 4 月第 1 版，第 255 页。

**29. 这次经济危机所处的情况即资本主义总危机还在延续**

这是不是说现在的情况是从危机过渡到普通的萧条，从而会引起工业的新的高涨和繁荣呢？……所以不会有，是因为不容资本主义国家的工业有稍微重大的发展的一切不利条件还继续发生作用。这些不利条件就是：这次经济危机所处的情况即资本主义总危机还在延续，企业经常开工不足，大批失业现象经常存在，工业危机和农业危机交织在一起，固定资本还没有那种通常可以预示高涨到来的稍微重大的更新趋势，以及其它等等。

> 斯大林：《在党的第十七次代表大会上关于联共（布）中央工作的总结报告》（1934 年 1 月 26 日），摘自《斯大林全集》第 13 卷，人民出版社 1956 年 4 月第 1 版，第 258 页。

**30. 新的经济危机一定会使，而且确实正在使帝国主义的斗争进一步尖锐化**

这种不顺利的经济情况不能不造成列强之间关系的尖锐化。上次危机已经搞乱了全局，使争夺销售市场和原料产地的斗争尖锐化了。……新的经济危机一定会使，而且确实正在使帝国主义的斗争进一步尖锐化。现在的问题已经不是市场竞争，不是商业战争，不是倾销政策了。这些斗争手段早已被认为不够用了。现在的问题是要用军事行动来重新瓜分世界，划分势力范围和殖民地。

> 斯大林：《在党的第十八次代表大会上关于联共（布）中央工作的总结报告》（1939 年 3 月 10 日），摘自《列宁主义问题》，人民出版社 1974 年版第 662 页。

### 31. 资本主义的世界经济体系包藏着总危机和军事冲突的因素

资本主义的世界经济体系包藏着总危机和军事冲突的因素，现代世界资本主义的发展并不是平稳地和平衡地前进，而是要通过危机和战滥。问题在于，资本主义国家发展的不平衡性通常经过一段时间，便要引起世界资本主义体系内部均势的猛烈破坏，而那些自认为没有足够的原料和销售市场的资本主义国家，通常都企图使用武力来改变现状和重新划分"势力范围"，以利于自己。因而，资本主义世界分裂为两个敌对阵营并且在它们之间发生战争。

……

所以，由于资本主义世界的经济体系的第一次危机，发生了第一次世界大战，由于第二次危机，发生了第二次世界大战。

> 斯大林：《在莫斯科市斯大林选区选举前的选民大会上的演说》（1946 年
> 2 月 9 日），摘自《斯大林文选》下卷，人民出版社 1962 年 8 月第 1 版，
> 第 442 页。

### 32. 第二次世界大战及其经济影响在经济方面的最重要的结果是世界市场的瓦解

第二次世界大战及其经济影响在经济方面的最重要的结果，应当认为是统一的无所不包的世界市场的瓦解。这种情况决定了世界资本主义体系总危机的进一步加深。

第二次世界大战本身就是由这种危机产生的。在战争时期打得不可开交的两个资本主义同盟，其中每一个都指望粉碎敌方，而获得世界霸权，它们都想从这里寻找摆脱危机的出路。

> 斯大林：《苏联社会主义经济问理》（1952 年 2 月 1 日—9 月 28 日），摘
> 自《斯大林文集》，人民出版社 1985 年 12 月第 1 版，第 620 页。

### 33. 世界市场的瓦解所造成的世界资本主义体系总危机的加深就表现在这里

各主要资本主义国家（美、英、法）夺取世界资源的范围，将不会扩大而会缩小；世界销售市场的条件对于这些国家将会恶化，而这些国家的企业开工不足的现象将会增大。世界市场的瓦解所造成的世界资本主义体系总危机的加深就表现在这里。

这是资本家自己也感觉到的，因为失去象苏联和中国这样的市场是很

难不感觉到的。他们竭力想用"马歇尔计划"、侵朝战争、军备竞赛、工业军事化来解脱这些困难情况。但是这很象快要淹死的人抓住一根草一样。

斯大林：《苏联社会主义经济问题》（1952 年 2 月 1 日—9 月 28 日），摘<br>自《斯大林文集》，人民出版社 1985 年 12 月第 1 版，第 621 页。

### 34. 世界资本主义体系的总危机，是在第一次世界大战时期，特别是在苏联脱离资本主义体系之后开始的

世界资本主义体系的总危机，是在第一次世界大战时期，特别是在苏联脱离资本主义体系之后开始的。这是总危机的第一阶段。在第二次世界大战时期，特别是在欧洲和亚洲的各人民民主国家脱离资本主义体系之后，展开了总危机的第二阶段。第一次世界大战时期的第一次危机和第二次世界大战时期的第二次危机，应该看作不是两次单独的、彼此隔离的危机，而是世界资本主义体系总危机发展的两个阶段。

世界资本主义体系的总危机是否仅仅是政治危机或仅仅是经济危机呢？二者都不是。它是世界资本主义体系的总危机，是既包括经济、也包括政治的全面危机。同时也就很清楚，这种危机的基础，一方面是世界资本主义经济体系的瓦解日益加剧，另一方面是脱离资本主义的国家——苏联、中国和其他人民民主国家的经济实力日益增长。

斯大林：《苏联社会主义经济问题》（1952 年 2 月 1 日—9 月 28 日），摘<br>自《斯大林文集》，人民出版社 1985 年 12 月第 1 版，第 641—642 页。

## （四）资本主义危机与垄断

### 1. 垄断不能消灭危机

无论向股份公司和托拉斯①的转变，还是向国家财产的转变，都没有消除生产力的资本属性。在股份公司和托拉斯的场合，这一点是十分明显的。而现代国家也只是资产阶级社会为了维护资本主义生产方式的一般外部条件使之不受工人和个别资本家的侵犯而建立的组织。现代国家，不管它的形式如何，本质上都是资本主义的机器，资本家的国家，理想的总资本家。它越是把更多的生产力据为己有，就越是成为真正的总资本家，越是剥削更多的公民。工人仍然是雇佣劳动者，无产者。资本关系并没有被

---

① 在 1883 年德文第一版中没有"托拉斯"一词。

消灭，反而被推到了顶点。但是在顶点上是要发生变革的。生产力归国家所有不是冲突的解决，但是这里包含着解决冲突的形式上的手段，解决冲突的线索。

> 恩格斯：《社会主义从空想到科学的发展》（1880年1月—3月上半月），摘自《马克思恩格斯文集》第3卷，人民出版社2009年12月第1版，第559—560页。

大工业不会让自己的规律受工厂主们的怯懦性随便摆布，经济的发展将不断产生新的冲突，并使这些冲突达到顶点，它也不会容忍自己长期受一心向往封建制度的半封建容克地主的支配。

> 恩格斯：《恩格斯致奥·倍倍尔》（1886年10月23日），摘自《马克思恩格斯全集》第36卷，人民出版社1974年10月第1版，第544页。

大地产随着时间的推移不断产生小生产，而小生产又同样不可避免地要产生大地产。正如无限制的竞争产生垄断，而垄断又产生竞争一样。这一循环必然同危机、同尖锐的长期的苦难以及整个整个阶层的居民的周期性破产联系在一起，也同生产资料和成品的大量浪费联系在一起。

> 恩格斯：《致鲁·迈耶尔》（1893年7月19日），摘自《马克思恩格斯全集》第39卷，人民出版社1974年11月第1版，第101页。

考茨基在危机论这一章中指出，马克思根本没有提出过工业危机十年一循环的"理论"，而只是指出了这一事实。恩格斯自己就说过，近来这个周期已经有了变化。有人说，企业主的卡特尔限制和调节生产，就能够抵挡住危机。但是请看美国这个卡特尔国家，它的生产不但没有受到限制，反而大大发展了。

> 列宁：《书评。卡尔·考茨基〈伯恩施坦与社会民主党的纲领。反批评〉》（1899年底），摘自《列宁全集》第4卷，人民出版社1984年10月第2版，第184页。

危机的时代并没有过去：在繁荣之后，接着就来了危机。各个危机的形式、次序和情景是改变了，但是危机仍然是资本主义制度的不可避免的组成部分。卡特尔和托拉斯把生产联合起来了，但是大家都看到，它们同时又使生产的无政府状态变本加厉，使无产阶级的生活更加没有保障，资本的压迫更加严重，从而使阶级矛盾尖锐到空前的程度。最新的巨型托拉斯恰恰特别清楚、特别广泛地表明资本主义正在走向崩溃，不管这是指一次次政治危机和经济危机，还是指整个资本主义制度的完全崩溃。

列宁：《马克思主义和修正主义》（1908 年 4 月 3 日），摘自《列宁专题文集　论资本主义》，人民出版社 2009 年 12 月第 1 版，第 293—294 页。

帝国主义没有**而且也不可能**彻底**改造**资本主义。帝国主义使资本主义的矛盾复杂化和尖锐化，使垄断和自由竞争"搅在一起"，但它**消除不了**交换、市场、竞争、危机等等。

帝国主义是衰朽的但还没有完全衰朽的资本主义，是垂死的但还没有死亡的资本主义。不是纯粹的垄断，而是垄断和交换、市场、竞争、危机并存，——这就是帝国主义的最本质的特征。

列宁：《修改党纲的材料》（1917 年 4—5 月），摘自《列宁专题文集　论资本主义》，人民出版社 2009 年 12 月第 1 版，第 283—284 页。

它们并没有作消除危机的**尝试**，也不可能作这种"尝试"。……虽然托拉斯生产商品不是无政府状态的，而是按计算进行的，但是，由于在托拉斯时期还保留着上述资本主义特性，危机仍然无法消除。即使在最繁荣、投机最盛的时期，托拉斯为了"不过分冒险"而限制生产，那至多也只能保存一些最大的企业，危机照样会到来。

列宁：《论修改党纲》（1917 年 10 月 6—8 日），摘自《列宁全集》第 32 卷，人民出版社 1985 年 10 月第 2 版，第 354 页。

### 2. 垄断使危机日益加深

资本打击小生产，同时使劳动生产率不断提高，并且造成大资本家同盟的垄断地位。生产本身日益社会化，使几十万以至几百万工人联结成一个有条不紊的经济机体，而共同劳动的产品却被一小撮资本家所占有。生产的无政府状态愈来愈严重，危机日益加深，争夺市场的斗争愈来愈疯狂，人民群众的生活愈来愈没有保障。

列宁：《马克思主义的三个来源和三个组成部分》（1913 年 3 月），摘自《列宁专题文集　论马克思主义》，人民出版社 2009 年 12 月第 1 版，第 70 页。

用卡特尔消除危机是拼命为资本主义涂脂抹粉的资产阶级经济学家的无稽之谈。相反，在**几个**工业部门中形成的垄断，**使整个**资本主义生产所特有的混乱现象更加厉害，更加严重。

列宁：《帝国主义是资本主义的最高阶段》（1916 年 1—6 月），摘自《列宁专题文集　论资本主义》，人民出版社 2009 年 12 月第 1 版，第 118 页。

冒险性的增大，归根到底是同资本的大量增加有关，资本可以说是漫溢出来而流向国外，如此等等。同时，技术的加速发展，又使国民经济各部门不相适应的因素、混乱和危机的因素日益增加。

> 列宁：《帝国主义是资本主义的最高阶段》（1916 年 1—6 月），摘自《列宁专题文集　论资本主义》，人民出版社 2009 年 12 月第 1 版，第 119 页。

危机（各种各样的危机，最常见的是经济危机，但不是只有经济危机）又大大加强了集中和垄断的趋势。我们知道，1900 年的危机是现代垄断组织史上的转折点。

> 列宁：《帝国主义是资本主义的最高阶段》（1916 年 1—6 月），摘自《列宁专题文集　论资本主义》，人民出版社 2009 年 12 月第 1 版，第 119 页。

正是资本主义使技术合理化并产生出市场所无法消纳的大量商品这个事实促使帝国主义阵营中争夺销售市场和资本输出市场的斗争尖锐化，促使新战争和重新瓜分世界的条件产生出来。

在世界市场有一定限制和"势力范围"已经固定的情况下，资本主义生产能力的极大增长使争夺市场的斗争加剧，使资本主义的危机加深，这难道还不容易了解吗？

> 斯大林：《联共（布）中央委员会和中央监察委员会联席全会文献》（1927 年 7 月 29 日—8 月 9 日），摘自《斯大林全集》第 10 卷，人民出版社 1954 年 12 月第 1 版，第 46 页。

现在的资本主义和从前的资本主义不同，它是垄断资本主义，这就注定了，尽管生产过剩，各种资本主义联合也必然要竭力设法保持商品的垄断高价。显然，这种情况使商品基本消费者人民群众因危机而特别痛苦，使他们遭到破产，因而不能不使危机拖延下去，不能不阻碍危机的消除。

> 斯大林：《联共（布）中央委员会向第十六次代表大会的政治报告》（1930 年 6 月 27 日），摘自《斯大林全集》第 12 卷，人民出版社 1955 年 12 月第 1 版，第 216 页。

因为工业中占统治地位的垄断的卡特尔竭力保持高昂的商品价格，结果使危机特别严重，使积存商品的销售受到阻碍。

> 斯大林：《在党的十七次代表大会上关于联共（布）中央工作的总结报告》（1934 年 1 月 26 日），摘自《斯大林全集》第 13 卷，人民出版社 1956 年 4 月第 1 版，第 253 页。

# 三 资本主义经济危机的表现

## （一）生产危机

### 1. 过剩资本越是向工业生产集中，则危机对于工人群众和中间阶级骨干力量的影响也就越加广泛、持久和直接

过剩资本越是向工业生产集中，而不是通过投机买卖的多种渠道而分散，则危机对于工人群众和中间阶级骨干力量的影响也就越加广泛、持久和直接。如果发生激变，充斥市场的全部商品突然变成沉重的累赘，那么对于这一大批扩建和新建的工厂来说，这种情况必将更加严峻；因为这些工厂已经装备到能够开工生产的程度，而且立即开工生产对这些工厂来说乃是生命攸关的问题。

> 马克思：《贫困和自由贸易。——日益迫近的商业危机》（1852 年 10 月），摘自《马克思恩格斯全集》第 11 卷，人民出版社 1995 年 6 月第 2 版，第 451 页。

### 2. 丹第和阿布罗思有些工厂由于不久前破了产和其他原因，已经停工

约翰·金凯德爵士从东部地区得到的最新报告说，丹第和阿布罗思有些工厂由于不久前破了产和其他原因，已经停工，其他几个被认为是充分开工的工厂，也有许多机器没有开动；报告说，这种情况在很大程度上应归咎于生产过程，从波罗的海沿岸各国运来的亚麻比往常少，以及由此引起的原料价格的昂贵。

> 马克思：《不列颠工厂工业的状况》（1859 年 2 月 25 日），摘自《马克思恩格斯全集》第 13 卷，人民出版社 1962 年 11 月第 1 版，第 227 页。

### 3. 在危机时期，生产中断，"开工不足"

在危机时期，生产中断，"开工不足"，每周只开工几天。这当然不影响延长工作日的欲望。营业越不振，就越要从已有的营业中取得更大的利润。开工的时间越少，就越要使剩余劳动时间延长。

> 马克思：《资本论（第 1 卷）》（1867 年 9 月出版），摘自《马克思恩格斯文集》第 5 卷，人民出版社 2009 年 12 月第 1 版，第 279 页。

**4. 小的厂主和商人无力克服资本收不回来的困难，破产了，较大的在危机最严重的时候也停止了营业**

小的厂主和商人无力克服资本收不回来的困难，破产了，较大的在危机最严重的时候也停止了营业，把自己的机器停下来，或者只是"短时间地"开工，就是说，大约只做半天工作。

> 恩格斯：《英国工人阶级状况》（1844 年 9 月—1845 年 3 月），摘自《马克思恩格斯全集》第 2 卷，人民出版社 1957 年 12 月第 1 版，第 367 页。

**5. 在多余的产品没有找到新的销路以前，工业和商业几乎完全陷于停顿**

现代大工业只有在经常扩大，经常夺取新市场的条件下才能存在。大量生产的无限可能性、机器的不断发展和完善以及由此而引起的资本和劳动力的不断挤压，迫使现代大工业非这样不可。在这里，任何停滞都只是破产的开始。但是，工业的扩大取决于市场的扩展。由于工业在当前的发展水平上，增加生产力比扩展市场要迅速得不知多多少倍，于是便出现周期性的危机；在危机期间，由于生产资料和产品的过剩，商业机体中的流通便突然停滞；在多余的产品没有找到新的销路以前，工业和商业几乎完全陷于停顿。英国是这种危机的中心，这种危机所产生的瘫痪性的影响必然会波及世界市场的最遥远和最偏僻的角落，到处都有很大一部分工业和商业资产阶级遭到破产。

> 恩格斯：《英国的 10 小时工作制法案》（1850 年 3 月），摘自《马克思恩格斯全集》第 10 卷，人民出版社 1998 年 3 月第 2 版，第 304 页。

**6. 工厂内部的生产的社会化组织，已经发展到同存在于它之旁并凌驾于它之上的社会中的生产无政府状态不能相容的地步**

工厂内部的生产的社会化组织，已经发展到同存在于它之旁并凌驾于它之上的社会中的生产无政府状态不能相容的地步。资本家自己也由于资本的猛烈积聚而感觉到这一事实，这种积聚是在危机期间通过许多大资本家和更多的小资本家的破产实现的。

> 恩格斯：《社会主义从空想到科学的发展》（1880 年 1 月—3 月上半月），摘自《马克思恩格斯文集》第 3 卷，人民出版社 2009 年 12 月第 1 版，第 557 页。

**7. 历来受人称赞的竞争自由已经日暮途穷，必然要自行宣告明显的可耻破产**

在大工业的一切领域内，生产现在能以日益增长的速度增加，与此相反，这些增产的产品的市场的扩大却不断地变慢。大工业在几个月中生产的东西，市场在几年内未必吸收得了。此外，那种使每个工业国家同其他工业国家，特别是同英国隔绝的保护关税政策，又人为地提高了本国的生产能力。结果是全面的经常的生产过剩，价格下跌，利润下降甚至完全消失；总之，历来受人称赞的竞争自由已经日暮途穷，必然要自行宣告明显的可耻破产。

> 恩格斯：在《资本论（第3卷）》中加的论述（1894年11月出版），摘自《马克思恩格斯文集》第7卷，人民出版社2009年12月第1版，第496页。

**8. 现在危机代替了繁荣，厂主的商品无法脱手，利润减少，破产数量增多，工厂缩减生产**

现在危机代替了繁荣，厂主的商品无法脱手，利润减少，破产数量增多，工厂缩减生产，解雇工人，工人成群地流浪街头，没有饭吃。工人不得不进行拼死的斗争，但已经不是为了改善自己的境况，而是为了保持原来的生活水平，为了减少厂主转嫁给他们的损失。

> 列宁：《新的激战》（1901年6月），摘自《列宁全集》第5卷，人民出版社1986年10月第2版，第12页。

**9. 现在，当世界经济危机扩大它的破坏作用**

现在，当世界经济危机扩大它的破坏作用，使整个整个的中小资本家阶层沉入水底，使整批整批的工人贵族和农场主陷于破产，使千百万工人群众挨饿的时候，大家都要问：危机的原因在哪里？

> 斯大林：《联共（布）中央委员会向第十六次代表大会的政治报告》（1930年6月27日），摘自《斯大林全集》第12卷，人民出版社1955年12月第1版，第213页。

## （二）商业危机

**1. 曼彻斯特市场上的普遍萧条仍在继续**

曼彻斯特市场上的普遍萧条仍在继续。来自澳大利亚和中国的消息以及关于东方纠纷的消息越来越坏，棉纺厂主、工厂主和商人也越来越心慌。

同两个月以前的最高点相比，普通纱线的价格每磅下跌 $\frac{7}{8}$ $-1$ 便士，比同

等皮棉的跌价多出约一倍，后者的跌价未超过 $\frac{1}{2}$ 或 $\frac{5}{8}$ 便士。但是，即使减

价达 1 便士之多，仍然很难卖出。存货，我们的感伤派政治经济学家心目
中的这个怪物，在继续增多。

……

本国产品在纺织品市场上最不景气。虽然大量织布机已停止转动，但
存货仍然继续增加。当然，也不能说其他商品的处境就好一些。

马克思：《战争问题。——金融状况。——罢工》（1853 年 10 月 7 日），
摘自《马克思恩格斯全集》第 12 卷，人民出版社 1998 年 3 月第 2 版，第
483—484 页。

**2. 工业危机已经不是将要开始的问题，它事实上已经到来了**

三个星期以前普雷斯顿的厂主们手里已经有相当于 20 个星期的产量的
存货，而这批存货几乎无法销售。其实，工业危机已经不是将要开始的问
题，它事实上已经到来了。

马克思：《土耳其战争。——工业的灾难》（1853 年 12 月 2 日），摘自
《马克思恩格斯全集》第 12 卷，人民出版社 1998 年 3 月第 2 版，第
615 页。

**3. 大家都轮到了；其中大部分亏损严重，许多商行不得不歇业，而且
对这些商业部门中的任何一个部门来说，危机都还没有过去**

慢性危机转变成了急性危机。第一批遭到破产的企业是印花工厂——
其中包括曼彻斯特及其郊区的一些老商号。接着轮到的是船主以及同澳大
利亚和加利福尼亚做买卖的商人，然后是同中国做买卖的商行，最后是同
印度做买卖的商行。大家都轮到了；其中大部分亏损严重，许多商行不得
不歇业，而且对这些商业部门中的任何一个部门来说，危机都还没有过去。
相反地，这种危机还在日益增大。

马克思：《不列颠宪法》（1855 年 3 月 2 日），摘自《马克思恩格斯全集》
第 11 卷，人民出版社 1962 年 6 月第 1 版，第 110 页。

**4. 这些灾难只不过是更高级的"实业"界中行将来临的滔天大祸的征兆**

奥地利的商业危机怎样波及了德国的其余地区，在莱比锡、柏林、慕
尼黑、奥格斯堡、马格德堡、加塞尔、法兰克福和德国的其他商业中心，

破产是怎样迅速地一个跟一个发生。然而，这些灾难只不过是更高级的"实业"界中行将来临的滔天大祸的征兆。

> 马克思：《普鲁士对战争的看法》（1859 年 5 月 24 日），摘自《马克思恩格斯全集》第 13 卷，人民出版社 1962 年 11 月第 1 版，第 393 页。

### 5. 棉纺织工业的危机日益迫近

棉织品和棉纱的出口迅速减少，而棉花的输入却在更大程度上增加，假如我们把这两种情况加以比较，问题就很明显：棉纺织工业的危机日益迫近，尤其是因为，新购进的原棉同多得异乎寻常的棉花储存已经发生冲突了。

> 马克思：《叙利亚事件。——英国议会会议。——不列颠的贸易状况》（1860 年 7 月 20 日），摘自《马克思恩格斯全集》第 15 卷，人民出版社 1963 年 12 月第 1 版，第 114 页。

### 6. 一个人已经进行了生产，是出卖还是不出卖，是没有选择余地的

一个人已经进行了生产，是出卖还是不出卖，是没有选择余地的。他是非**出卖**不可。在危机中出现的正是这样的情况：他卖不出去或者只能低于费用价格出卖，甚至不得不干脆亏本出卖。

> 马克思：《政治经济学批判（1861—1863 年手稿)》（1861 年 8 月—1863 年 7 月），摘自《马克思恩格斯全集》第 34 卷，人民出版社 2008 年 7 月第 2 版，第 570 页。

### 7. 每一次危机都会暂时减少奢侈品的消费

每一次危机都会暂时减少奢侈品的消费。危机使（IIb）v 到货币资本的再转化延缓和停滞，使这种再转化只能部分地进行，从而有一部分生产奢侈品的工人被解雇；另一方面，必要消费资料的出售也会因此停滞和减少。

> 马克思：《资本论（第 2 卷）》（1885 年 5 月出版），摘自《马克思恩格斯文集》第 6 卷，人民出版社 2009 年 12 月第 1 版，第 456 页。

### 8. 80 年来，这些商业危机像过去的大瘟疫一样定期来临，而且它们造成的不幸和不道德比大瘟疫所造成的更大

80 年来，这些商业危机像过去的大瘟疫一样定期来临，而且它们造成的不幸和不道德比大瘟疫所造成的更大（参看威德《中等阶级和工人阶级的历史》1835 年伦敦版，第 211 页）。当然，这些商业革命证实了这个规律，完完全全地证实了这个规律，但不是用经济学家想使我们相信的那种方式证实的。我们应该怎样理解这个只有通过周期性的革命才能为自己开辟道路的规律呢？这是一个以当事人的无意识活动为基础的自然规律。如

果生产者自己知道消费者需要多少，如果他们把生产组织起来，并且在他们中间进行分配，那么就不会有竞争的波动和竞争引起危机的倾向了。你们有意识地作为人，而不是作为没有类意识的分散原子进行生产吧，你们就会摆脱所有这些人为的无根据的对立。但是，只要你们继续以目前这种无意识的、不假思索的、全凭偶然性摆布的方式来进行生产，那么商业危机就会继续存在；而且每一次接踵而来的商业危机必定比前一次更普遍，因而也更严重，必定会使更多的小资本家变穷，使专靠劳动为生的阶级人数以增大的比例增加，从而使待雇劳动者的人数显著地增加——这是我们的经济学家必须解决的一个主要问题——，最后，必定引起一场社会革命，而这一革命，经济学家凭他的书本知识是做梦也想不到的。

> 恩格斯：《政治经济学批判大纲》（1843 年底—1844 年 1 月），摘自《马克思恩格斯文集》第 1 卷，人民出版社 2009 年 12 第 1 版，第 74 页。

### 9. 从本世纪初起，在英国就可以看到一系列这样的商业危机

商业停顿，工厂开工半天，甚至完全停工，许多人破产了，存货不得不以低的荒唐的价格出售，过去处心积虑地积累起来的资本大部分因为这种商业危机而又重新化为乌有。从本世纪初起，在英国就可以看到一系列这样的商业危机，而最近二十年来，危机每隔五年或六年就重复一次。

> 恩格斯：《在爱北菲特的演说》（1845 年 2 月），摘自《马克思恩格斯全集》第 2 卷，人民出版社 1957 年 12 月第 1 版，第 604 页。

### 10. 生产出来的商品卖不出去，所谓商业危机就到来了

大工业创造了像蒸汽机和其他机器那样的手段，使工业生产在短时间内用不多的费用便能无限地增加起来。由于生产变得这样容易，这种大工业必然产生的自由竞争很快就达到十分剧烈的程度。大批资本家投身于工业，生产很快就超过了消费。结果，生产出来的商品卖不出去，所谓商业危机就到来了。

> 恩格斯：《共产主义原理》（1847 年 10—11 月），摘自《马克思恩格斯文集》第 1 卷，人民出版社 2009 年 12 月第 1 版，第 682 页。

### 11. 任何停滞都只是破产的开始

现代大工业只有在经常扩大，经常夺取新市场的条件下才能存在。大量生产的无限可能性、机器的不断发展和完善以及由此而引起的资本和劳动力的不断挤压，迫使现代大工业非这样不可。在这里，任何停滞都只是

破产的开始。但是，工业的扩大取决于市场的扩展。由于工业在当前的发展水平上，增加生产力比扩展市场要迅速得不知多多少倍，于是便出现周期性的危机；在危机期间，由于生产资料和产品的过剩，商业机体中的流通便突然停滞；在多余的产品没有找到新的销路以前，工业和商业几乎完全陷于停顿。

恩格斯：《英国的10小时工作制法案》（1850年3月），摘自《马克思恩格斯全集》第10卷，人民出版社1998年3月第2版，第304页。

**12. 这就是危机时期的供应和需求**

看来，现在天气严寒，刮着东风，所以一条船也开不来。如果这种情况延续一两星期，那末所有产品的价格都一定会上涨，然后，等西风一起，整队的船只开来时，价格又会更加猛烈地下跌。这就是危机时期的供应和需求。……如果存货继续增加，到春季，棉花价格无疑还要下跌得更多……

恩格斯：《致马克思》（1857年12月31日），摘自《马克思恩格斯全集》第29卷，人民出版社1972年6月第1版，第237页。

**13. 不过随着春季临近，这些商品必须抛到市场上去，那时在法国无疑就会发生崩溃**

从不久前《通报》公布的一个文件可以看出，在法国海关仓库里堆积的存货与1856年和1855年比较，是个巨大的数目，《经济学家》的通讯员直截了当地说，波拿巴促使法兰西银行以这些商品做抵押发放贷款，因此货主就有可能保存这些商品。不过随着春季临近，这些商品必须抛到市场上去，那时在法国无疑就会发生崩溃，而比利时、荷兰、莱茵普鲁士等也将跟着发生崩溃。

恩格斯：《致马克思》（1858年2月24日），摘自《马克思恩格斯全集》第29卷，人民出版社1972年6月第1版，第274—275页。

**14. 商品流通暂时停顿下来；流通手段即货币成为流通的障碍；商品生产和商品流通的一切规律都颠倒过来了**

事实上，自从1825年第一次普遍危机爆发以来，整个工商业世界，一切文明民族及其野蛮程度不同的附属地中的生产和交换，差不多每隔十年就要出轨一次。交易停顿，市场盈溢，产品大量滞销积压，银根奇紧，信用停止，工厂停工，工人群众因为他们生产的生活资料过多而缺乏生活资料，破产相继发生，拍卖纷至沓来。停滞状态持续几年，生产力和产品被大量浪费和破坏，直到最后，积压的商品以或多或少压低了的价格出卖，生产和交换又逐渐恢复运转。步伐逐渐加快，慢步转成快步，工业快步转成跑步，跑步又转成工业、商业、信用和投机事业的真正障碍赛马中的狂奔，最后，经过几次拼命的跳跃重新陷入崩溃的深渊。如此反复不已。……

在危机中，社会化生产和资本主义占有之间的矛盾剧烈地爆发出来。商品流通暂时停顿下来；流通手段即货币成为流通的障碍；商品生产和商品流通的一切规律都颠倒过来了。经济的冲突达到了顶点：**生产方式起来反对交换方式，生产力起来反对已经被它超过的生产方式**。

> 恩格斯：《反杜林论》（1876 年 9 月—1878 年 6 月），摘自《马克思恩格斯文集》第 9 卷，人民出版社 2009 年 12 月第 1 版，第 292—293 页。

**15. 生产过剩给市场造成压力已经是第八个年头了，情况不但不见好转，而且越来越恶化**

一个半月以前，这里常常谈到商业情况出现好转的迹象，但现在一切又发生了变化，困难比什么时候都更严重，而且前景十分暗淡，再加上一个异常寒冷的冬天。生产过剩给市场造成压力已经是第八个年头了，情况不但不见好转，而且越来越恶化。

> 恩格斯：《致奥古斯特·倍倍尔》（1886 年 1 月 20—23 日），摘自《马克思恩格斯全集》第 36 卷，人民出版社 1974 年 10 月第 1 版，第 417—418 页。

**16. 不管垄断的卡特尔如何反抗，商品价格仍然以不可抗拒之势不断下跌**

不管垄断的卡特尔如何反抗，商品价格仍然以不可抗拒之势不断下跌，并且最先跌价和跌得最厉害的是那些没有组织的商品所有者即农民、手工业者和小资本家的商品，而那些有组织的商品所有者即联合为卡特尔的资本家的商品价格却跌得比较慢和比较少。

> 斯大林：《在党的第十七次代表大会上关于联共（布）中央工作的总结报告》（1934 年 1 月 26 日），摘自《斯大林全集》第 13 卷，人民出版社 1956 年 4 月第 1 版，第 254 页。

## （三）农业危机

**1. 商业危机将同从英国废除谷物税时起就已经开始，并且由于最近丰收而愈益严重的农业危机一起爆发**

目前即将爆发的商业危机，就其影响来说，比以往任何一次都会严重得多。商业危机将同从英国废除谷物税①时起就已经开始，并且由于最近丰收而愈益严重的农业危机一起爆发。英国第一次**同时经受工业危机**和**农业危机**。英国的双重危机，由于大陆即将同时发生动荡而变得更迅猛、更广泛和更危险，大陆的革命，则由于英国危机对世界市场的冲击而会具有比以往更鲜明的社会主义性质。显然，任何一个欧洲国家都不会像德国那样受到英国危机如此直接、广泛和强烈的影响。原因很简单，因为德国是英国在大陆上的最大的销售市场，而德国的主要出口商品羊毛和粮食则在英国销路最广。这种情况在一首讽刺秩序之友的短诗里就有反映：工人阶级因消费品不足而群起造反，上层阶级则因生产过剩而倾家荡产。

> 马克思和恩格斯：《时评。1850 年 3—4 月》（1850 年 3 月中—4 月 18 日），摘自《马克思恩格斯全集》第 10 卷，人民出版社 1998 年 3 月第 2 版，第 357 页。

**2. 法国农业的严重困难既是自然灾害的结果，也是目前政治制度的产物**

如果认为促使法国明显地从谷物出口国变为谷物进口国的原因仅仅是水灾、恶劣的气候或是其他自然现象，那将是错误的。从未达到高度发达的法国农业，在现存政权下确实是衰退了。……

因此，法国农业的严重困难既是自然灾害的结果，也是目前政治制度的产物。

> 马克思：《法国的经济危机》（1856 年 11 月 7 日左右），摘自《马克思恩格斯全集》第 12 卷，人民出版社 1962 年 8 月第 1 版，第 84 页。

**3. 当生产过剩只限于工业时，这只是问题的一半，而当它波及到农业，并且把热带和温带都包括在内的时候，事情就大了**

生产过剩从来还没有象这次危机中这样普遍；它也十分明显地存在于殖民地商品和谷物方面。这是件大好事，它必定会产生巨大的后果。当生产过剩只限于工业时，这只是问题的一半，而当它波及到农业，并且把热带和温带都包括在内的时候，事情就大了。

---

① 指 1846 年 6 月英国议会通过的废除谷物法的法案。谷物法是从 1875 年起在英国实行的对谷物征收高额进口税的法令。它维护土地占有者的利益，影响了国内贸易的发展。英国工业资产阶级从一开始就反对谷物法。1838 年反谷物法同盟成立，从而开始了有组织的斗争。最后帝国议会终于在 1846 年 6 月 26 日通过了《关于修改进口谷物法的法案》和《关于调整某些关税的法案》，从而废除了谷物法。谷物法废除后，反谷物法同盟宣布解散。而实际上该同盟一直存在到 1849 年。

恩格斯：《致马克思》（1857 年 12 月 11 日），摘自《马克思恩格斯全集》第 29 卷，人民出版社 1972 年 6 月第 1 版，第 221 页。

### 4. 农业危机，它将逐渐加剧、发展，并渐渐达到它的顶点

农业危机，它将逐渐加剧、发展，并渐渐达到它的顶点；这将在土地所有制关系中引起真正的革命，而完全不取决于工商业危机的周期。甚至象凯尔德先生这样一些乐观主义者也开始"感到不妙"了。

马克思：《致尼·弗·丹尼尔逊》（1880 年 9 月 12 日），摘自《马克思恩格斯全集》第 34 卷，人民出版社 1972 年 6 月第 1 版，第 439 页。

### 5. 他将面临因工业危机而加深的农业危机

这种工业的发展立即就会中断，因为饥荒将夺去它的唯一销售市场——国内市场。沙皇将会看到，把俄国变为一个不依赖于外国的**自给自足的国家**是意味着什么；他将面临因工业危机而加深的农业危机。

恩格斯：《致保·拉法格》（1891 年 9 月 2 日），摘自《马克思恩格斯全集》第 38 卷，人民出版社 1972 年 8 月第 1 版，第 147 页。

### 6. "西瓜危机"的历史总是很有教益的，它是农业资本主义演进的一幅虽然很小但很鲜明的图画

西瓜价格跌落到连铁路运费都不能收回了。西瓜扔在地里不去收获。企业主们过去尝过巨额利润的甜头，现在也尝到亏本的滋味了。但是最值得注意的是他们所选择的克服危机的手段。这就是：争夺新市场，降低产品价格和铁路运费，使产品从"奢侈品变成居民的消费品"（而在出产地则变成喂牲畜的饲料）。企业主们断言："工业性瓜田业正处在进一步发展的道路上，除了运费以外，没有任何障碍能够阻止它进一步发展。相反，目前正在修筑的察里津—季霍列茨卡亚铁路……为工业性瓜田业开辟新的广阔的地区。"不管这一"行业"未来的命运怎样，"西瓜危机"的历史总是很有教益的，它是农业资本主义演进的一幅虽然很小但很鲜明的图画。

列宁：《俄国资本主义的发展》（1896 年底—1899 年 1 月），摘自《列宁全集》第 3 卷，人民出版社 1984 年 10 月第 2 版，第 272 页。

### 7. 瓜地面积的急遽扩大终于在 1896 年引起了生产过剩和危机

瓜地面积的急遽扩大终于在 1896 年引起了生产过剩和危机，完全证实了这一商业性农业部门的资本主义性质。

列宁：《俄国资本主义的发展》（1896 年底—1899 年 1 月），摘自《列宁全集》第 3 卷，人民出版社 1984 年 10 月第 2 版，第 275 页。

**8. 商业性农业的各种特殊种类的形成，使农业中的资本主义危机和资本主义生产过剩成为可能和不可避免**

商业性农业的各种特殊种类的形成，使农业中的资本主义危机和资本主义生产过剩成为可能和不可避免，但是这些危机（和所有资本主义危机一样）更加有力地推动了世界生产和劳动社会化的发展。①

> 列宁：《俄国资本主义的发展》（1896 年底—1899 年 1 月），摘自《列宁全集》第 3 卷，人民出版社 1984 年 10 月第 2 版，第 281 页。

**9. 各个农业企业的个体性同资本主义大农业的集体性之间的矛盾日益尖锐**

这一切情况实际上都是同一过程的各个环节，这个过程使农业劳动社会化了，并且使市场波动这种无政府状态中的矛盾，即各个农业企业的个体性同资本主义大农业的集体性之间的矛盾日益尖锐。

> 列宁：《俄国资本主义的发展》（1896 年底—1899 年 1 月），摘自《列宁全集》第 3 卷，人民出版社 1984 年 10 月第 2 版，第 283 页。

**10. 这个规律说明了"大土地占有者阶级的可惊的生命力"**

恩格斯说，"这个规律说明了大土地所有者阶级的可惊的生命力"，他们虽然负债累累，但是遇到任何危机时都能"再站住脚"，例如，英国谷物法的废除降低了粮价，但是这不仅没有使大地主破产，反而使他们大发其财。

> 列宁：《俄国资本主义的发展》（1896 年底—1899 年 1 月），摘自《列宁全集》第 3 卷，人民出版社 1984 年 10 月第 2 版，第 294 页。

**11. 现代农业危机降低了地租，甚至要完全消灭地租**

照恩格斯的意见，现代农业危机降低了地租，甚至要完全消灭地租，也就是说，农业资本主义实现着它所持有的消灭土地所有权的垄断的趋向。

> 列宁：《俄国资本主义的发展》（1896 年底—1899 年 1 月），摘自《列宁全集》第 3 卷，人民出版社 1984 年 10 月第 2 版，第 291 页。

**12. 现代农业生产就是资本主义的生产**

事实上，在现代生产方式下，任何数量不用于个人消费的货币都可以

---

① 西欧的浪漫主义者和俄国的民粹派极力强调这一过程中资本主义农业的片面性，强调资本主义所造成的不稳定和危机，并且根据这一点来否定资本主义的前进运动比前资本主义的停滞所具有的进步性。

转化为资本，即转化为产生剩余价值的价值，而且通常也确实是转化为资本。因此现代农业生产就是资本主义的生产。

> 列宁：《农业中的资本主义》（1899 年 4—5 月），摘自《列宁全集》第 4 卷，人民出版社 1984 年 10 月第 2 版，第 93 页。

**13. 农民一般说来与大生产的工人不同，他们的消费水平更低，他们更能忍饥挨饿，更会拼命地干活，他们在危机时期能支持得久一些**

农民一般说来与大生产的工人不同，他们的消费水平更低，他们更能忍饥挨饿，更会拼命地干活，他们在危机时期能支持得久一些，这又有什么值得惊异的呢？①

> 列宁：《农业中的资本主义》（1899 年 4—5 月），摘自《列宁全集》第 4 卷，人民出版社 1984 年 10 月第 2 版，第 129—130 页。

**14. 马克思提出的并且由考茨基详细发挥的关于农业演进的总的观点，必然产生关于农业危机的观点**

马克思提出的并且由考茨基详细发挥的关于农业演进的总的观点，必然产生关于农业危机的观点。考茨基认为农业危机的本质是，生产谷物成本极低的国家的竞争使欧洲农业不可能把土地私有制和资本主义商品生产所加于农业的重担转嫁给广大的消费者。从此以后欧洲的农业"**就必须自**

---

① 考茨基在另一个地方说："小农在绝境中能够支持得比较久。说这是小生产的优越性，我们完全有理由表示怀疑。"（第 134 页）

我们可以顺便指出克尼希的充分证实了考茨基这个观点的一些材料，克尼希在自己的一本书（弗·克尼希博士：《……英国农业状况……》1896 年耶纳版）中，详细地叙述了英国一些最典型的郡里的农业状况。这本书里有大量的材料，指出小农劳动过程和消费不足的情况超过了雇佣工人，相反的材料却没有看见。我们看到这样的例子：小农户要"非常（——）勤俭"（第 88 页）才能有一点盈余；小农的房屋更坏（第 107 页）；小土地占有者（——）比租地者的境况更差（第 149 页）；"小土地占有者的境况非常可怜（在林肯郡）；他们的住所比大农场的工人的住所更糟，有些甚至糟透了。他们的劳动比普通工人更重，时间更长，但是赚钱更少。他们的生活很苦，很少吃肉……他们的子女从事无报酬的劳动，穿戴也不好。"（第 157 页）"小农象奴隶一样地劳动，夏天往往从清早 3 点钟干到晚上 9 点钟。"（波士顿农业局的报道第 158 页）一个大农说："毫无疑问，钱很少、靠家庭成员从事劳动的小户人家（——）最容易缩减家庭开支，而大农则无论年成好坏都得好好安排雇农的吃喝。"（第 218 页）艾尔郡的小农"非常（——）勤勉，他们的妻子儿女干的活并不比日工少，而且往往比他们多；据说两个人一天干的活就等于三个雇工一天干的活"（第 231 页）。"全家不得不从事劳动的小佃农的生活，纯粹是一种奴隶的生活。"（第 253 页）"总的说来……在应付危机方面小农显然比大农有办法，但这并不是说小农的收入比较多。我们认为这是因为小户人家（——）得到了无偿的家庭劳动的帮助……通常……销户人家全家都在自己的地里干活……子女只能得到饭吃，很少能得到固定的日工资"（第 277—278 页）等等。

**己来承担这些重担，这就是现代农业的危机"** （第 239 页，黑体是考茨基用的)。在这些重担中间，主要的就是地租。

> 列宁：《农业中的资本主义》（1899 年 4—5 月），摘自《列宁全集》第 4 卷，人民出版社 1984 年 10 月第 2 版，第 132 页。

### 15. 农业危机就破坏了并且继续破坏着资本主义土地占有者和资本主义农业原来的安宁

农业危机就破坏了并且继续破坏着资本主义土地占有者和资本主义农业原来的安宁。

> 列宁：《农业中的资本主义》（1899 年 4—5 月），摘自《列宁全集》第 4 卷，人民出版社 1984 年 10 月第 2 版，第 133 页。

### 16. 农业危机象其他危机一样，使大批农户破产，使已经确立的所有制关系遭到巨大的破坏，但是总的说来，农业危机能够加速社会的演进

资本主义农业现在已陷入资本主义工业所特有的那种不稳定的状态，并且不得不设法适应新的市场条件。农业危机象其他的危机一样，使大批农户破产，使已经确立的所有制关系遭到巨大的破坏，**在一些地方使技术退步**，使中世纪的经济关系和经济形式复活，但是总的说来，农业危机能**够加速社会的演进**，把宗法式的停滞状态从它最后的避难所里排挤出去，促使农业进一步专业化（资本主义社会中农业进步的基本因素之一）和进一步采用机器等。……

一句话，没有理由认为农业危机是阻挠资本主义和资本主义发展的现象。

> 列宁：《农业中的资本主义》（1899 年 4—5 月），摘自《列宁全集》第 4 卷，人民出版社 1984 年 10 月第 2 版，第 133—134 页。

### 17. 工业停滞的同时，还有农民的饥饿

在俄国，危机的影响，一般比在其他任何国家都大得多。在我们这里，工业停滞的同时，还有农民的饥饿。可以把失业的工人从城市赶到农村，但又把失业的农民赶到哪里去呢？

> 列宁：《危机的教训》（1901 年 8 月），摘自《列宁专题文集　论资本主义》，人民出版社 2009 年 12 月第 1 版，第 49 页。

### 18. 近十年来，俄国农民岂止破产，简直是要死绝了

又是饥荒！近十年来，俄国农民岂止破产，简直是要死绝了，情况发展之快实属惊人，恐怕任何一次战争，不管这种战争是怎样旷日持久和激

烈，也没有造成这样重大的牺牲。

> 列宁：《内政评论》（1901年10月），摘自《列宁全集》第5卷，人民出
> 版社1986年10月第2版，第268页。

### 19. 从不受平均化影响的较高的农业利润中产生了名副其实的绝对地租

而土地占有权的垄断阻碍农业中的高额利润同工业中的低额利润平均化。于是从不受平均化影响的较高的农业利润中产生了名副其实的绝对地租。绝对地租的来源就是粮食价格的上涨。级差地租则来自产品。近几年的特点是一些新国家被吸引到商业中来，这就引起了危机。

> 列宁：《对欧洲和俄国的土地问题的马克思主义观点》（1903年2月），摘
> 自《列宁专题文集　论资本主义》，人民出版社2009年12月第1版，第
> 55页。

### 20. 农业危机现在已经扩展到世界各主要农业国的各种原料和粮食的生产方面了

它所以是世界危机，还因为工业危机是和农业危机同时发生的，而农业危机现在已经扩展到世界各主要农业国的各种原料和粮食的生产方面了。

> 斯大林：《联共（布）中央委员会向第十六次代表大会的政治报告》
> （1930年6月27日），摘自《斯大林全集》第12卷，人民出版社1955年
> 12月第1版，第210页。

### 21. 农业的生产过剩危机达到了这种地步

农业的生产过剩危机达到了这种地步：为了保持高昂的价格和资产阶级的利润，巴西有两百万袋咖啡抛到海里，美国把玉蜀黍当煤炭烧，德国拿几百万普特黑麦喂猪，对于棉花和小麦则采取一切办法缩减播种面积百分之十到百分之十五。

> 斯大林：《联共（布）中央委员会向第十六次代表大会的政治报告》
> （1930年6月27日），摘自《斯大林全集》第12卷，人民出版社1955年
> 12月第1版，第212—213页。

### 22. 在经济危机扩展的进程中，各主要资本主义国家的工业危机和农业国的农业危机不但同时发生，而且互相交织在一起

在经济危机扩展的进程中，各主要资本主义国家的工业危机和农业国的农业危机不但同时发生，而且互相交织在一起，因而使困难加重，并且注定了经营积极性必然普遍低落。更不用说，工业危机将使农业危机更为严重，而农业危机又将使工业危机拖延下去，结果就不能不使整个经济危

机深刻化。

　　　　斯大林：《联共（布）中央委员会向第十六次代表大会的政治报告》
　　　　（1930年6月27日），摘自《斯大林全集》第12卷，人民出版社1955年
　　　　12月第1版，第216页。

### 23. 现在遭受着严重的农业危机的资本主义国家在农业方面的情况

现在遭受着严重的农业危机的资本主义国家在农业方面的情况又是怎样的呢？

请看人所共知的官方统计吧。

各主要产粮国家的播种面积缩减了8%—10%。美国的棉花播种面积缩减了15%，德国和捷克斯洛伐克的甜菜播种面积缩减了22%—30%，立陶宛和拉脱维亚的亚麻播种面积缩减了25%—30%。

据美国农业部统计，美国农业总产值由1929年的110亿美元降低到1930年的50亿美元。美国谷物总产值由1929年的12亿8800万美元降低到1932年的3亿9100万美元。美国棉花总产值由1929年的13亿8900万美元降低到1932年的3亿9700万美元。

　　　　斯大林：《第一个五年计划的总结》（1933年1月7日），摘自《斯大林全
　　　　集》第13卷，人民出版社1956年4月第1版，第174—175页。

### 24. 工业危机和席卷了所有一切农业国和半农业国的农业危机交织在一起

工业危机和席卷了所有一切农业国和半农业国的农业危机交织在一起，结果不能不使工业危机复杂和加深。农业危机在这期间加剧了，笼罩了所有一切农业部门（包括畜牧业在内），……结果使工业危机更加持久。

　　　　斯大林：《在党的第十七次代表大会上关于联共（布）中央工作的总结报
　　　　告》（1934年1月26日），摘自《斯大林全集》第13卷，人民出版社
　　　　1956年4月第1版，第253页。

### 25. 四年的农业危机不仅使各主要资本主义国家的无产农民阶层完全破产，而且特别使附属国和殖民地国家的无产农民阶层完全破产

四年的工业危机已经把工人阶级弄得筋疲力尽，痛苦不堪。四年的农业危机不仅使各主要资本主义国家的无产农民阶层完全破产，而且特别使附属国和殖民地国家的无产农民阶层完全破产。

　　　　斯大林：《在党的第十七次代表大会上关于联共（布）中央工作的总结报
　　　　告》（1934年1月26日），摘自《斯大林全集》第13卷，人民出版社
　　　　1956年4月第1版，第259页。

## （四）财政危机

**1. 财政危机达到了尖锐的程度，只有现今在纽约和伦敦所感觉到的商业危机才能与之相比**

最后，财政危机达到了尖锐的程度，只有现今在纽约和伦敦所感觉到的商业危机才能与之相比。可惜我甚至连象商人先生们那样宣布自己破产的可能性都没有。波拿巴先生在冒险举行政变时就处于类似的境地。

马克思：《致斐迪南·拉萨尔》（1852 年 2 月 23 日），摘自《马克思恩格斯全集》第 28 卷，人民出版社 1973 年 3 月第 1 版，第 496 页。

**2. 酝酿一次可怕的财政危机**

一直靠借债过活的波拿巴认为，保证法国黄金时代到来的最好的方法，就是到处建立信贷机构而且尽可能使一切阶级都能享用。他的活动有两个好的方面：酝酿一次可怕的财政危机，并表明蒲鲁东的信贷诡计一旦从理论幻想的领域转入实际运用的范围，会导致什么后果，也就是导致从罗的时代以来没有听说过的投机风潮。

马克思：《致阿·克路斯》（1852 年 12 月 7 日），摘自《马克思恩格斯全集》第 28 卷，人民出版社 1973 年 3 月第 1 版，第 568 页。

**3. 虽然利益攸关的各方或许不会马上感觉到这种打击，但它到一定的时候会实实在在地起作用，并且使我们前面预言过的普遍的金融危机尖锐化和长期化**

不错，中国人不大可能戒吸鸦片，就像德国人不可能戒吸烟草一样。可是大家都知道，新皇帝[①]颇有意在中国本土种植罂粟和炼制鸦片，显然，这将使印度的鸦片生产、印度的收入以及印度斯坦的商业资源同时受到致命的打击。虽然利益攸关的各方或许不会马上感觉到这种打击，但它到一定的时候会实实在在地起作用，并且使我们前面预言过的普遍的金融危机尖锐化和长期化。

马克思：《中国革命和欧洲革命》（1853 年 5 月 31 日），摘自《马克思恩格斯文集》第 2 卷，人民出版社 2009 年 12 月第 1 版，第 613 页。

---

① 咸丰帝。

**4. 拿破仑对金融市场的干预，正如他对卢瓦尔河水灾区的干预，其效果大致相同**

在这一片混乱当中，法国伟大的魔法师拿破仑第三炼好了自己的万应灵丹。他禁止报刊谈论财政危机；通过自己的宪兵向银钱商暗示：最好撕掉橱窗里贴水收购白银的广告，并于10月7日在自己的"通报"上登载了一个以他自己的财政大臣的名义写给他本人的报告，报告中肯定说，一切都很好，只是公众对事情作了不正确的估计。

……同样不幸的是，目前，法国人积存的贵金属达到了前所未有的程度，关于法兰西银行有可能停止支付硬币的风声一天比一天传播得广。拿破仑对金融市场的干预，正如他对卢瓦尔河水灾区的干预，其效果大致相同①。

> 马克思：《欧洲金融危机产生的原因》（1856年10月14日），摘自《马克思恩格斯全集》第12卷，人民出版社1962年8月第1版，第65页。

**5. 当1846年奥地利的财政第一次没有赤字的时候，俄国通过克拉科夫事件使奥地利又陷入极可怕的财政困难之中**

当1846年奥地利的财政第一次没有赤字的时候，俄国通过克拉科夫事件②使奥地利又陷入极可怕的财政困难之中。当奥地利人1858看来在某种程度上整顿了自己的财政并宣布银行恢复现金结算时，波拿巴立即被推上舞台，于是奥地利的财政又陷入和1848年同样的境地③。

> 马克思：《致恩格斯》（1859年3月10日），摘自《马克思恩格斯全集》第29卷，人民出版社1972年6月第1版，第392页。

**6. 印度财政危机对英国本国市场的影响已经完全显露出来了**

印度财政危机对英国本国市场的影响已经完全显露出来了。首先，在

---

① 1856年春天罗尼河和卢瓦尔河盆地水灾期间，拿破仑第三为了追求声望，曾到受灾的省份，乘坐小船经过一些被淹的城市和乡村，并且对灾害的损失给以资助。当时拿破仑第三在给公共工程大臣的一封信中提出了各种措施，在他看来，这些措施能够阻止类似的自然灾害再次发生。

② 1846年2月在波兰土地上准备进行一次争取波兰民族解放的起义。起义的主要发起人是波兰革命民主主义者（邓波夫斯基等人）。但是由于波兰小贵族的叛卖行为和起义领导人被普鲁士警察所逮捕，总起义遭到了破坏，只是发生了个别的革命爆发。只有在从1815年起由奥地利、俄国和普鲁士共管的克拉科夫，起义者在2月22日获得了胜利，成立了国民政府，颁布了废除封建义务的宣言。克拉科夫起义在1846年3月初被镇压下去了。1846年11月奥地利、普鲁士和俄国签订了条约，把克拉科夫归并于奥地利帝国。

③ 马克思在这里阐述的思想在他前一天写的《法国的战争前景》（见《马克思恩格斯全集》中文版第13卷，第305—310页）一文中加以发挥。

通常从墨西哥输入的白银由于那里发生严重骚动①而不能运到的时期，由政府拨运出了一批白银，再加上根据商业结算拨运出的大量白银，结果自然使得银锭的价格上涨。

> 马克思：《印度财政状况的严重混乱》（1859 年 4 月 8 日），摘自《马克思恩格斯全集》第 13 卷，人民出版社 1962 年 11 月第 1 版，第 328 页。

### 7. 印度财政的总崩溃是不可避免的

印度的财政混乱应看做是印度起义的实际的结果②。看来，印度财政的总崩溃是不可避免的，除非向那些直到现在一直是英国的最可靠的拥护者的阶级征税。但即使这样做，也不能根本解决问题。因为约翰牛现在必须每年在印度支付四百至五百万英镑现金，以保持这架机器的转动，并通过这个美好的迂回途径，使自己的国债重新相应累进地增加。毫无疑问，为了给曼彻斯特棉织品保住印度市场，需要付出极高的代价。

> 马克思：《致恩格斯》（1859 年 4 月 9 日），摘自《马克思恩格斯全集》第 29 卷，人民出版社 1972 年 6 月第 1 版，第 397 页。

### 8. 有法国的财政、商业和农业的危机，有英国的工业危机，有缺棉问题，有美国问题

吸引着全国注意的，有法国的财政、商业和农业的危机，有英国的工业危机，有缺棉问题，有美国问题。

此间有资格人士一直都清醒地认为：法兰西银行同拉芒什海峡两岸几家大银行所做的空头票据的生意，仅仅是极其无力的一种缓和手段。用这种办法所能得到的和已经得到的一切，只是暂时减少了向英国的黄金外流。

> 马克思：《经济短评》（1861 年 11 月 3 日），摘自《马克思恩格斯全集》第 15 卷，人民出版社 1963 年 12 月第 1 版，第 377 页。

### 9. 欺诈性的财政制度要变成通常的财政制度，只有消灭作为普遍管理手段的营私舞弊

对欧洲来说，最重要的问题无疑就是：帝国的财政制度**能否变成**宪制的财政制度，像路易·波拿巴和富尔德在通信中对此提供了所谓希望那样？

---

① 1854 年墨西哥爆发资产阶级革命，接着发生了内战，一直继续到 1860 年底，结果封建主和僧侣的反动势力被粉碎了。

② 马克思在这里阐述的思想曾在 1859 年 4 月 8 日和 12 日写的《印度财政状况的严重混乱》（见《马克思恩格斯全集》中文版第 13 卷，第 325—333 页）一文中加以发挥。

在目前情况下，问题不在于个别人的念头一转，而在于复辟的帝国的经济**生存条件**。欺诈性的财政制度要变成通常的财政制度，只有消灭作为普遍管理手段的**营私舞弊**，把陆军和海军人数削减到和平时期的水平，从而使现时的政府**放弃模仿拿破仑**，最后，还必须完全放弃一直实行到今天的那种开展大规模国家建设及其他公共工程以便使一部分资产阶级和城市无产阶级依附于现政府的计划。

> 马克思：《法国的财政状况》（1861 年 11 月 18 日），摘自《马克思恩格斯全集》第 15 卷，人民出版社 1963 年 12 月第 1 版，第 398—399 页。

**10. 财政崩溃的局面加速到来了**

结果，财政崩溃的局面加速到来了。早在战争以前，国家就陷于破产的境地。俄国大金融财团由于广泛参与了 1871—1873 年时期的骗人的投机勾当，使国家陷于财政危机。这一危机于 1874 年在维也纳和柏林爆发，并且长期地破坏了俄国的工业和商业。

> 恩格斯：《德国、法国、美国和俄国的工人运动》（1878 年 1 月 12 日），摘自《马克思恩格斯全集》第 25 卷，人民出版社 2001 年 4 月第 2 版，第 150 页。

## （五）货币危机

**1. 货币危机首先在于：一切 Vermögen［资产］同交换手段相比，突然贬值而丧失了胜过货币的 Vermögen［能力］**

货币危机首先在于：一切 Vermögen［资产］同交换手段相比，突然贬值而丧失了胜过货币的 Vermögen［能力］。危机的发生，正是在人们已**不能**再用自己的"资产"而**必须**用货币支付的时候。这种危机又不是像那些根据自身的个人需要来判断危机的小资产者所想像的那样，是由于货币不足而发生的，而是由于作为**普通**商品和"通用的流通的财产"的货币同一下子不能成为通用财产的所有其他特种商品之间的特殊差别表面化了。

> 马克思和恩格斯：《德意志意识形态》（1845—1846 年），摘自《马克思恩格斯全集》第 3 卷，人民出版社 1960 年 12 月第 1 版，第 462—463 页。

**2. 这就是世界市场危机中称作货币危机的特殊时刻**

货币作为财富的这样的唯一存在，不是像货币主义所设想的那样只是表现在一切物质财富在观念上贬值或丧失价值，而是表现在一切物质财富在实际上贬值或丧失价值。这就是世界市场危机中称作货币危机的特殊时刻。人们在这种时刻当作唯一财富渴求的"至善"[Summum bonum] 就是货币，就是现金，而其他一切商品，正因为它们是使用价值，就在现金旁边表现为无用之物，表现为废物、玩具，或者就像我们的马丁·路德博士所说的，是供奢侈和大吃大喝的东西①。

> 马克思：《政治经济学批判》（1858 年 8 月—1859 年 1 月），摘自《马克思恩格斯全集》第 31 卷，人民出版社 1998 年 12 月第 2 版，第 541 页。

### 3. 在危机时期，商品和它的价值形态（货币）之间的对立发展成绝对矛盾

在危机时期，商品和它的价值形态（货币）之间的对立发展成绝对矛盾。因此，货币的表现形式在这里也是无关紧要的。不管是用金支付，还是用银行券这样的信用货币支付，货币荒都是一样的。②

> 马克思：《资本论（第 1 卷）》（1867 年 9 月出版），摘自《马克思恩格斯

---

① 参看《马克思恩格斯全集》第 1 版第 31 卷，第 525 页。马丁·路德博士：《论商业与高利贷》1524 年版。路德在同一个地方说："上帝把我们德国人置于这样的境地：我们不得不让自己的金银流到外国，让全世界变富而自己沦为乞丐。如果德国不买英国的布，英国的金就没有这么多；如果我们不买葡萄牙的香料，葡萄牙国王的金也会少些。要是你计算一下，通过法兰克福一个集市有多少金钱毫无必要和毫无理由地从德国运出，你就会奇怪，怎么在德国境内还会留下一个铜板。法兰克福是金银的豁口，通过这个豁口从德国流出的，是在我们这里刚刚涌现、产生、铸造或打成铸币的东西；如果堵塞这个豁口，现在就会听不到这样的怨言：到处都只有债务而没有货币，乡村和城市都受到高利贷的盘剥。但是，该怎样就怎样吧：我们德国人应该始终是德国人！我们决不罢休，我们应该干。"

米塞尔登在上面所引的著作《自由贸易或贸易繁荣之道》中希望把金银至少保留在基督教国家的范围内。他说："由于同土耳其、波斯和东印度等非基督教国家进行贸易，货币减少了。这种贸易大部分是用现金进行的，但是这和基督教国家之间的贸易完全不同。因为基督教国家之间的贸易虽然也用现金，但这些现金仍保留基督教国家内。基督教国家之间进行的贸易中实际上也有货币的顺流和逆流，涨潮和退潮，因为这个国家欠缺，那个国家有余，有时这个地方的货币多，那个地方的货币少；货币在基督教国家范围内来回周转，但始终没有超出它的范围。可是用来同上述非基督教国家进行贸易的货币，就总是不断支出而永不返回。"

② 下面这段话可以说明"商业之友"是如何利用这种实际的："一次（1839 年），以为贪婪的老银行家（西蒂区的）在他的私人房间里，坐在写字桌前，揭开桌盖，去除成捆的钞票给他的一位朋友看，并扬扬得意地说，这是 60 万镑，收回这些钞票，是为了使银根吃紧，在当天 3 点钟以后，再把它们全部投放出去。"（亨·罗伊：《兑换理论。1844 年银行法》1864 年伦敦版，第 81 页）1864 年 4 月 24 日，半官方报纸《观察家报》报道："现在流行着一种很奇怪的谣言，说已经有一种使银根吃紧的手段……不论采取这类诡计看来是多么值得怀疑，但是这种谣言广为流传，确实值得一提。"

文集》第 5 卷，人民出版社 2009 年 12 月第 1 版，第 162 页。

### 4. 这种危机的运动中心是货币资本

本文所谈的货币危机是任何普遍的生产危机和商业危机的一个特殊阶段，应同那种也称为货币危机的特殊危机区分开来。后一种货币危机可以单独产生，只是对工业和商业发生反作用。这种危机的运动中心是货币资本，因此它的直接范围是银行、交易所和金融。

马克思：《资本论（第 1 卷）》第 3 版上加的注（1867 年 9 月出版），摘自《马克思恩格斯文集》第 5 卷，人民出版社 2009 年 12 月第 1 版，第 162 页。

### 5. 如果说英国所经历的一次严重的工商业危机并没有在伦敦引起金融上的彻底破产，那末这种例外现象只能用法国货币大量流入来解释

如果说英国所经历的一次严重的工商业危机并没有在伦敦引起金融上的彻底破产，那末这种例外现象只能用法国货币大量流入来解释。现在连英国那些墨守成规的人也看到并且承认这一点。

马克思：《致尼·弗·丹尼尔逊》（1881 年 2 月 19 日），摘自《马克思恩格斯全集》1971 年 6 月第 1 版，第 150 页。

### 6. 货币资本过剩是能够发生的

由此可见，货币资本过剩是能够发生的，并且这不仅是指货币资本的供给大于需求；这种过剩始终只是相对的过剩，例如在危机结束后开始一个新周期的"忧郁时期"内发生的过剩，就是这样。

马克思：《资本论（第 2 卷）》（1885 年 7 月出版），摘自《马克思恩格斯文集》第 6 卷，人民出版社 2009 年 12 月第 1 版，第 314 页。

### 7. 在货币市场上作为危机表现出来的，实际上不过是表现生产过程和再生产过程本身的失常

危机一旦在英国爆发，就可以看到没有卖出去的棉纺织品堆积在印度（就是商品资本没有转化为货币资本，从这方面说，也就是生产过剩）；另一方面，在英国，不仅堆积着没有卖出去的印度产品的存货，而且大部分已经卖出、已经消费的存货还丝毫没有得到贷款。因此，在货币市场上作为危机表现出来的，实际上不过是表现生产过程和再生产过程本身的失常。

马克思：《资本论（第 2 卷）》（1885 年 5 月出版），摘自《马克思恩格斯文集》第 6 卷，人民出版社 2009 年 12 月第 1 版，第 352 页。

**8. 好像整个危机只表现为信用危机和货币危机**

在再生产过程的全部联系都是以信用为基础的生产制度中，只要信用突然停止，只有现金支付才有效，危机显然就会发生，对支付手段的激烈追求必然会出现。所以乍看起来，好像整个危机只表现为信用危机和货币危机。而且，事实上问题只是在于汇票能否兑换为货币。但是这种汇票多数是代表现实买卖的，而这种现实买卖的扩大远远超过社会需要的限度这一事实，归根到底是整个危机的基础。

> 马克思：《资本论（第 3 卷）》（1894 年 11 月出版），摘自《马克思恩格斯文集》第 7 卷，人民出版社 2009 年 12 月第 1 版，第 555 页。

**9. 在信用收缩或完全停止的紧迫时期，货币会突然作为唯一的支付手段和真正的价值存在，绝对地同商品相对立**

货币作为独立的价值形式同商品相对立，或者说，交换价值必须在货币上取得独立形式，这是资本主义生产的基础。而这所以可能，只是因为某种特定的商品成了这样的材料，所有其他商品都用它的价值来衡量，它也因此成了一般的商品，成了一种同一切其他商品相对立的真正意义上的商品。这一点必然会在两方面显示出来；而特别是在资本主义发达的国家更是这样，在那里，货币在很大程度上一方面为信用经营所代替，另一方面为信用货币所代替。［第一，］在信用收缩或完全停止的紧迫时期，货币会突然作为唯一的支付手段和真正的价值存在，绝对地同商品相对立。因此，商品会全面跌价，并且难于甚至不可能转化为货币，就是说，难于甚至不可能转化为它们自己的纯粹幻想的形式。但是，第二，信用货币本身只有在它的名义价值额上绝对代表现实货币时，才是货币。

> 马克思：《资本论（第 3 卷）》（1894 年 11 月出版），摘自《马克思恩格斯文集》第 7 卷，人民出版社 2009 年 12 月第 1 版，第 584 页。

**10. 货币危机——与现实危机相独立的货币危机，或作为现实危机尖锐化表现的货币危机——就是不可避免的**

一旦劳动的**社会**性质表现为商品的**货币存在**，从而表现为一个处于现实生产之外的**东西**，货币危机——与现实危机相独立的货币危机，或作为现实危机尖锐化表现的货币危机——就是不可避免的。

> 马克思：《资本论（第 3 卷）》（1894 年 11 月出版），摘自《马克思恩格斯文集》第 7 卷，人民出版社 2009 年 12 月第 1 版，第 585 页。

**11. 在 1847 年 4 月曾引起一次独立的货币恐慌的金属流出，不过是危机的前奏，并且在危机爆发以前已经扭转**

在 1847 年 4 月曾引起一次独立的货币恐慌的金属流出，在这里和往常一样，不过是危机的前奏，并且在危机爆发以前已经扭转。1839 年，在营业严重不振时，为了支付谷物等等的款项，金属大量流出，但没有引起危机和货币恐慌。

> 马克思：《资本论（第 3 卷）》（1894 年 11 月出版），摘自《马克思恩格斯文集》第 7 卷，人民出版社 2009 年 12 月第 1 版，第 645 页。

**12. 货币市场也会有自己的危机**

货币市场的人所看到的工业和世界市场的运动，恰好只是货币和证券市场的倒置的反映，所以在他们看来结果就变成了原因。这种情况我早在 40 年代就在曼彻斯特看到过①：伦敦的交易所行情报告对于认识工业的发展进程及其周期性的起落是绝对无用的，因为这些先生们想用货币市场的危机来解释一切，而这种危机本身多半只是一些征兆。当时的问题是有人要否认工业危机来源于暂时的生产过剩，所以问题还有让人们趋向于进行曲解这一方面。现在，至少对我们来说这一点已经永远消失，而且事实的确是这样：货币市场也会有自己的危机，工业中的直接的紊乱对这种危机只起次要的作用，甚至根本不起作用。

> 恩格斯：《致康拉德·施米特》（1890 年 10 月 27 日），摘自《马克思恩格斯文集》第 10 卷，人民出版社 2009 年 12 月第 1 版，第 594—595 页。

## （六）金融危机

**1. 金融恐慌对这次危机来说，只是一种预兆和先声**

这次恐慌开始于 1847 年 4 月底，到 5 月 4 日达到了顶点。在这些日子里，一切金融交易都停止了，但是从 5 月 4 日起，紧张局势开始缓和下来，因此商人们和记者们就互相庆贺这次恐慌是纯粹偶然的和暂时的。然而没有过几个月，就爆发了商业和工业危机，金融恐慌对这次危机来说，只是一种预兆和先声。

---

①　恩格斯致自己 1842—1844 年在曼彻斯特的欧门——恩格斯公司所属的纺纱厂实习经商。这几年的经历在恩格斯世界观的形成以及他从唯心主义向唯物主义、从革命民主主义向共产主义的转变过程中起了重要的作用。

马克思：《欧洲的金融危机》（1856 年 10 月 3 日），摘自《马克思恩格斯全集》第 12 卷，人民出版社 1962 年 8 月第 1 版，第 59 页。

**2. 危机拖得越久，后果也就越坏**

目前金融危机具有的慢性病似的性质，不过预示着它会有更残酷、更有害的结局。危机拖得越久，后果也就越坏。

马克思：《欧洲的危机》（1856 年 11 月 21 日左右），摘自《马克思恩格斯全集》第 12 卷，人民出版社 1962 年 8 月第 1 版，第 87 页。

**3. 股票价格从这些时期中的每个时期所达到的最高点下降到平均的最低点，而这个最低点又成了下一个时期的最高的起点**

Crédit Mobilier 的股票价格的涨落，如果以四个月为平均间隔时期，是在逐渐下降的，这种下降服从于一个固定不变的规律，尽管偶尔有些偏差。这个规律就是，价格从这些时期中的每个时期所达到的最高点下降到平均的最低点，而这个最低点又成了下一个时期的最高的起点。

马克思：《法国的 CRéDIT MOBILIER》（1857 年 9 月 8 日），摘自《马克思恩格斯全集》第 12 卷，人民出版社 1962 年 8 月第 1 版，第 314 页。

**4. 政府在这种危机面前是无能为力的**

如果英国政府有力量把它亲自加在英国人民肩上的经济困难的重担卸去，我们就以为，我们将在伦敦金融市场上看到的现象——金融恐慌的产生和终结——会成为衡量英国贸易界行将经受的危机的强度的真正寒暑表，那就是最大的错误。政府在这种危机面前是无能为力的。

马克思：《一八四四年的英格兰银行法和英国的金融危机》（1857 年 11 月 6 日），摘自《马克思恩格斯全集》第 12 卷，人民出版社 1962 年 8 月第 1 版，第 343 页。

**5. 在英国这样一个工业国家里，金融市场的波动决不反映贸易危机的强度和规模**

我们指出这一事实，并不是因为我们认为伦敦金融市场业务情况的相当好转是它彻底复元的征兆，而只是想指出，在英国这样一个工业国家里，金融市场的波动决不反映贸易危机的强度和规模。

马克思：《英国的贸易危机》（1857 年 11 月 27 日），摘自《马克思恩格斯全集》第 12 卷，人民出版社 1962 年 8 月第 1 版，第 363 页。

**6. 金融危机时期，棉花的价格由金融市场的总的状况决定**

在金融危机时期，棉花的价格不是由棉花市场的情况决定的，而是由金融市场的总的状况决定的。我认为，这种现象现在已经结束了，价格又将象往常一样由供求来决定……

> 恩格斯：《致海·恩格斯》（1864 年 11 月 2 日），摘自《马克思恩格斯全集》第 31 卷，人民出版社 1972 年 6 月第 1 版，第 427—428 页。

### 7. 随着资本而同时发展起来的信用制度由此崩溃时，会更加严重起来，由此引起强烈的严重危机

这种混乱和停滞，会使货币的那种随着资本的发展而同时出现的并以这些预定的价格关系为基础的支付手段职能发挥不了作用，会在许许多多点上破坏按一定期限支付债务的锁链，而在随着资本而同时发展起来的信用制度由此崩溃时，会更加严重起来，由此引起强烈的严重危机，突然的强制贬值，以及再生产过程的实际的停滞和混乱，从而引起再生产的实际的缩小。

同时，另一些要素也会起作用。生产的停滞会使工人阶级的一部分闲置下来，由此使就业的部分处于这样一种境地：他们只好让工资下降，甚至下降到平均水平以下。

> 马克思：《资本论（第 1 卷）》（1867 年 9 月出版），摘自《马克思恩格斯文集》第 7 卷，人民出版社 2009 年 12 月第 1 版，第 283 页。

### 8. 英国过去历次大规模周期性危机的通常结局——伦敦的金融破产

英国过去历次大规模周期性危机的通常结局——伦敦的金融破产。

> 马克思：《致尼·弗·丹尼尔逊》（1881 年 2 月 19 日），摘自《马克思恩格斯全集》第 34 卷，人民出版社 1972 年 6 月第 1 版，第 439 页。

# 四 资本主义经济危机的直接后果

## （一）危机使资本主义经济萧条和倒退

**1. 商业危机的灾难也就逐渐震撼了全世界，从伦敦西蒂的巨贾到最末一个德国小店主，无一幸免**

在 1845 年 10 月被各种事件挡住了的危机终于在 1847 年 9 月爆发了。信用扫地了。精力消耗尽了。英格兰银行不援助国内的银行；这些银行也停止了对商人和工厂主的信贷。银行家和出口商开始限制自己同大陆的交易，而大陆上的商人也开始对欠了他们债的工厂主施加压力；工厂主自然竭力想靠批发商来改善自己的境况，而批发商则压榨小店主。每个人都力求靠损害别人的利益来摆脱困境，而商业危机的灾难也就逐渐震撼了全世界，从伦敦西蒂的巨贾到最末一个德国小店主，无一幸免。

马克思：《经济状况》（1849 年 3 月 6 日），摘自《马克思恩格斯全集》第 6 卷，人民出版社 1961 年 8 月第 1 版，第 387 页。

**2. 曼彻斯特市场上的普遍萧条仍在继续**

曼彻斯特市场上的普遍萧条仍在继续。来自澳大利亚和中国的消息以及关于东方纠纷的消息越来越坏，棉纺厂主、工厂主和商人也越来越心慌。同两个月以前的最高点相比，普通纱线的价格每磅下跌 $\frac{7}{8}-1$ 便士，比同等皮棉的跌价多出约一倍，后者的跌价未超过 $\frac{1}{2}$ 或 $\frac{5}{8}$ 便士。但是，即使减价达 1 便士之多，仍然很难卖出。存货，我们的感伤派政治经济学家心目中的这个怪物，在继续增多。

马克思：《战争问题——金融问题——罢工》（1853 年 10 月 7 日），摘自《马克思恩格斯全集》第 12 卷，人民出版社 1998 年 3 月第 2 版，第 483 页。

**3. 在危机时期，情形正好相反**

在危机时期，情形正好相反。第一种流通缩小，物价下降，工资也下降；就业工人的人数减少，交易的总额减少。另一方面，在第二种流通上，随着信用的紧缩，对货币信贷的需要增加了。

马克思:《资本论（第 3 卷）》（1894 年 11 月出版），摘自《马克思恩格斯文集》第 7 卷，人民出版社 2009 年 12 月第 1 版，第 508 页。

**4. 由于再生产过程的停滞，已经投入的资本实际上大量地闲置不用**

在危机中，因为每个人都要卖而卖不出去，但是为了支付，又必须卖出去，所以，正是在这个信用最缺乏（并且就银行家的信用来说，贴现率也最高）的时刻，不是闲置的寻找出路的资本，而是滞留在自身的再生产过程内的资本的数量也最大。这时，由于再生产过程的停滞，已经投入的资本实际上大量地闲置不用。工厂停工，原料堆积，制成的产品作为商品充斥市场。

马克思:《资本论（第 3 卷）》（1894 年 11 月出版），摘自《马克思恩格斯文集》第 7 卷，人民出版社 2009 年 12 月第 1 版，第 547 页。

**5. 危机造成的，是把支付差额和贸易差额之间的差别压缩在一个短时间内**

危机造成的，是把支付差额和贸易差额之间的差别压缩在一个短时间内；而在危机已经发生，因而支付期限已到的国家，又会有某些情况发展起来，这些情况本身会引起结算时期的这种缩短。首先是输出贵金属；然后是抛售委托销售的商品；输出商品，以便抛售这些商品，或凭这些商品在国内取得贷款；提高利息率，宣布废止信用，使有价证券跌价，抛售外国有价证券，吸收外国资本投到这些已经贬值的有价证券上，最后是宣告破产，以清偿大量债权。这时，还往往要把金属输出到已经爆发危机的国家，因为向那里签发的汇票是没有保证的，因此最安全的办法是用金属支付。

马克思:《资本论（第 3 卷）》（1894 年 11 月出版），摘自《马克思恩格斯文集》第 7 卷，人民出版社 2009 年 12 月第 1 版，第 585—586 页。

**6. 只要三家大银行联合行动，就能够用同一手法把紧迫情况变为恐慌**

这就是说，有这样一些大鲨鱼，他们能够抛售一二百万镑统一公债，从市场取走等额的银行券（同时也就是取走等额可供支配的借贷资本），因而使紧迫情况大大尖锐起来。只要三家大银行联合行动，就能够用同一手法把紧迫情况变为恐慌。

马克思:《资本论（第 3 卷）》（1894 年 11 月出版），摘自《马克思恩格斯文集》第 7 卷，人民出版社 2009 年 12 月第 1 版，第 613 页。

**7. 这一次将是从来没有过的末日审判：全欧洲的工业完全衰落，一切市场都被充斥**

我很想知道，英国有多少大陆的投机股票；我想，数量是很大的。这一次将是从来没有过的末日审判：全欧洲的工业完全衰落，一切市场都被充斥（现在就已不能再运什么东西到印度去了），一切有产阶级都被卷入漩涡，资产阶级完全破产，战争和极端的混乱。

　　　　恩格斯：《恩格斯致马克思》（不早于 1856 年 9 月 27 日），摘自《马克思恩格斯全集》第 29 卷，人民出版社 1972 年 6 月第 1 版，第 75—76 页。

**8. 1825 年至 1867 年每十年反复一次的停滞、繁荣、生产过剩和危机的周期，使我们陷入持续的和慢性的萧条的绝望泥潭**

　　1825 年至 1867 年每十年反复一次的停滞、繁荣、生产过剩和危机的周期，看来确实已经结束，但这只是使我们陷入持续的和慢性的萧条的绝望泥潭。人们憧憬的繁荣时期将不再来临；每当我们似乎看到繁荣时期行将到来的种种预兆，这些预兆又消失了。

　　　　恩格斯：《资本论英文版序言》（1886 年 11 月 5 日），摘自《马克思恩格斯文集》第 5 卷，人民出版社 2009 年 12 月第 1 版，第 34—35 页。

**9. 在危机时期，资本家不得不烧掉产品，销毁成品，停止生产，破坏生产力**

　　在危机时期，资本家由于自己使居民群众遭受破产而找不到有支付能力的需求，不得不烧掉产品，销毁成品，停止生产，破坏生产力；千百万居民则被迫失业挨饿，而这并不是由于商品不够，却是因为商品生产太多。

　　　　斯大林：《论辩证唯物主义和历史唯物主义》（1938 年 9 月），摘自《斯大林文集》，人民出版社 1985 年 12 月第 1 版，第 225 页。

## （二）危机是资本主义矛盾暂时的暴力解决

**1. 1845 年秋季铁路股票投机者整批失败的事实已经预示了这次危机的来临**

　　1845 年秋季铁路股票投机者整批失败的事实已经预示了这次危机的来临，在 1846 年有一系列偶然情况如谷物关税即将废除等等使它延续了一下，到 1847 年秋天危机终于爆发了。

　　　　马克思：《1848 年至 1850 年的法兰西阶级斗争》（1850 年），摘自《马克思恩格斯文集》第 2 卷，人民出版社 2009 年 12 月第 1 版，第 84 页。

**2. 厂主说从来没有见过这样的好光景，这种说法总是出现在危机前夕**

　　这种高涨——其实它也涉及一大部分大陆工业——最近三个月来竟达到了很高的水平，连厂主都说，他们从来没有见过这样的好光景，这种说法总是出现在危机前夕。

> 马克思和恩格斯：《时评。1850 年 1—2 月》（1850 年 1 月底—2 月底），
> 摘自《马克思恩格斯全集》第 10 卷，人民出版社 1998 年 3 月第 2 版，第
> 274 页。

### 3. 二月革命一度使大陆工业几乎完全停顿

1845 年秋季按时爆发的商业危机曾经两次中断，一次是在 1846 年初，由于议会通过自由贸易的决定①；一次是在 1848 年初，由于二月革命②。海外市场积压的大量商品在这期间逐渐找到销路。并且，二月革命正是在这些市场上消除了大陆工业的竞争，而英国工业由于大陆市场受干扰而遭到的损失比它在危机的进一步发展中本来要遭到的损失只是稍多一些。二月革命一度使大陆工业几乎完全停顿，这就帮助英国人轻易地度过了危机的一年，在相当大的程度上促进了海外市场存货的倾销，并且使 1849 年春季的工业新高涨成为可能。

> 马克思和恩格斯：《时评。1850 年 1—2 月》（1850 年 1 月底—2 月底），
> 摘自《马克思恩格斯全集》第 10 卷，人民出版社 1998 年 3 月第 2 版，第
> 274 页。

### 4. 危机无非是生产过程中已经彼此独立的阶段以暴力方式实现统一

这个形式包含着危机的可能性，也就是包含着这样的可能性：相互联系和不可分离的因素彼此脱离，因此它们的统一要以暴力的方式实现，它们的相互联系要通过对它们彼此的独立性发生作用的暴力来实现。［XIII—714］此外，危机无非是生产过程中已经彼此独立的阶段以暴力方式实现统一。

---

① 指 1846 年 6 月英国议会通过的废除谷物法的法案。谷物法是从 1875 年起在英国实行的对谷物征收高额进口税的法令。它维护土地占有者的利益，影响了国内贸易的发展。英国工业资产阶级从一开始就反对谷物法。1838 年反谷物法同盟成立，从而开始了有组织的斗争。最后帝国议会终于在 1846 年 6 月 26 日通过了《关于修改进口谷物法的法案》和《关于调整某些关税的法案》，从而废除了谷物法。谷物法废除后，反谷物法同盟宣布解散。而实际上该同盟一直存在到1849 年。

② 二月革命是指 1848 年 2 月爆发的法国资产阶级民主革命。代表金融资产阶级利益的七月王朝（见注 65）推行极端反动的政策，反对任何政治改革和经济改革，阻碍资本主义发展，加剧对无产阶级和农民的剥削，引起全国人民的不满；农业歉收和经济危机进一步加深了国内矛盾。原定于 1848 年 2 月 22 日在巴黎举行的反政府的宴会和示威游行遭到禁止是二月革命的直接原因。1848 年 2 月 22 日至 24 日巴黎爆发了革命，推翻了七月王朝，建立了资产阶级共和派的临时政府，宣布成立法兰西第二共和国。无产阶级和小资产阶级积极参加了这次革命，但革命果实却落到资产阶级手里。

马克思：《政治经济学批判（1861—1863 年手稿）》（1861 年 8 月—1863 年 7 月），摘自《马克思恩格斯文集》第 8 卷，人民出版社 2009 年 12 月 第 1 版，第 247 页。

**5. 不管那时资本积累的增进同现代相比是多么缓慢，它还是碰到了可供剥削的工人人口的自然限制，这些限制只有通过以后将要谈到的暴力手段才能消除**

随着积累的增进而膨胀起来的并且可以转化为追加资本的大量社会财富，疯狂地涌入那些市场突然扩大的旧生产部门，或涌入那些由旧生产部门的发展而引起需要的新兴生产部门，如铁路等等。在所有这些场合，都必须有大批的人可以突然地被投到决定性的地方去，而又不致影响其他部门的生产规模。这些人就由过剩人口来提供。现代工业特有的生活过程，由中常活跃、生产高度繁忙、危机和停滞这几个时期构成的、穿插着较小波动的十年一次的周期形式，就是建立在产业后备军或过剩人口的不断形成、或多或少地被吸收、然后再形成这样的基础之上的。

……

不管那时资本积累的增进同现代相比是多么缓慢，它还是碰到了可供剥削的工人人口的自然限制，这些限制只有通过以后将要谈到的暴力手段才能清除。

马克思：《资本论（第 1 卷）》（1867 年 9 月出版），摘自《马克思恩格斯文集》第 5 卷，人民出版社 2009 年 12 月第 1 版，第 729 页。

**6. 迫使企业设备提前按照更大的社会规模实行更新的，主要是大灾难即危机**

竞争斗争，特别是在发生决定性变革的时候，又迫使旧的劳动资料在它们的自然寿命完结之前，用新的劳动资料来替换。迫使企业设备提前按照更大的社会规模实行更新的，主要是大灾难即危机。

马克思：《资本论（第 2 卷）》（1885 年 7 月出版），摘自《马克思恩格斯文集》第 6 卷，人民出版社 2009 年 12 月第 1 版，第 190—191 页。

**7. 危机永远只是现有矛盾的暂时的暴力的解决，永远只是使已经破坏的平衡得到瞬间恢复的暴力的爆发**

这些不同的影响，时而主要在空间上并行地发生作用，时而主要在时间上相继地发生作用；各种互相对抗的因素之间的冲突周期性地在危机中表现出来。危机永远只是现有矛盾的暂时的暴力的解决，永远只是使已经破坏的平衡得到瞬间恢复的暴力的爆发。

> 马克思：《资本论（第3卷）》（1894年11月出版），摘自《马克思恩格斯文集》第7卷，人民出版社2009年12月第1版，第277页。

### 8. 经过一个长久的持续的停滞时期后，就是短短的繁荣年份，这种繁荣年份总是又以发疯似的生产过剩和最后再度崩溃而结束

每隔十年，生产的进程就被普遍的商业危机强制性地打断一次，随后，经过一个长久的持续的停滞时期后，就是短短的繁荣年份，这种繁荣年份总是又以发疯似的生产过剩和最后再度崩溃而结束。

> 恩格斯：《英国工人阶级状况》（1844—1845年），摘自《马克思恩格斯文集》第1卷，人民出版社2009年12月第1版，第371—372页。

### 9. 当目前这种令人感到压抑的停滞不但加剧起来，而且这种加剧了的死气沉沉的萧条状态变成英国工业的经常的和正常的状态时

当这个耀眼的时期最终结束时，当目前这种令人感到压抑的停滞不但加剧起来，而且这种加剧了的死气沉沉的萧条状态变成英国工业的经常的和正常的状态时，情形又将怎样呢？

> 恩格斯：《英国工人阶级状况》（1844—1845年），摘自《马克思恩格斯文集》第1卷，人民出版社2009年12月第1版，第377页。

### 10. 危机和危机之间只有短时期的半停滞状态的微弱的工业活动

显然，英国工业家拥有的生产资料的发展力量比他们的销售市场的发展力量要大得多，他们正迅速地走向这样的时期，那时，他们的补救手段将会用尽，现在还处于一次危机和下次危机之间的繁荣时期在过分增长的生产力的高压下将完全消失，危机和危机之间只有短时期的半停滞状态的微弱的工业活动；那时，如果这种反常状态本身不具有自己的医治办法，如果工业的发展不同时产生唯一能领导社会的阶级即无产阶级，那么工业、商业和整个现代社会一方面由于没有得到运用的有生力量过剩，另一方面则由于极端的贫困，而势必遭到毁灭。

> 恩格斯：《英国10小时工作制法案》（1850年3月中—4月中），摘自《马克思恩格斯全集》第10卷，人民出版社1998年3月第2版，第309页。

### 11. 十年一次的危机不仅毁灭生产出来的生活资料、享受资料和发展资料，而且毁灭生产力本身的一大部分，以此来重建平衡

最后，在资本主义生产方式下，生产达到这样的高度，以致社会不再

能够消耗掉所生产出来的生活资料、享受资料和发展资料，因为生产者大众被人为地和强制地同这些资料隔离开来；因此，十年一次的危机不仅毁灭生产出来的生活资料、享受资料和发展资料，而且毁灭生产力本身的一大部分，以此来重建平衡；……

> 恩格斯：《自然辩证法》（1873—1882 年），摘自《马克思恩格斯文集》第 9 卷，人民出版社 2009 年 12 月第 1 版，第 548 页。

### 12. 在我看来决不是真正的危机，而只不过是前次危机中生产过剩的余波

美国的危机——如同这里的危机以及还没有在各地消除的德国工业的困难一样——在我看来决不是真正的危机，而只不过是前次危机中生产过剩的余波。由于数十亿的投机热潮，上一次德国的经济崩溃是提前到来的；这里①和美国的经济崩溃却是按照正常的期限即在 1877 年来临的。

> 恩格斯：《致奥古斯特·倍倍尔》（1882 年 12 月 22 日），摘自《马克思恩格斯全集》第 35 卷，人民出版社 1971 年 6 月第 1 版，第 414 页。

### 13. 繁荣时期被危机时期所代替

这种改革的过程，根据资本主义的本质，只能通过一系列的不平衡与不合比例来进行：繁荣时期被危机时期所代替，一个工业部门的发展引起另一工业部门的衰落，农业的进步在一个区域包括农业的一方面，在另一区域则包括农业的另一方面，工商业的增长超过农业的增长，等等。

> 列宁：《俄国资本主义的发展》（1895—1899 年 1 月），摘自《列宁专题文集　论资本主义》，人民出版社 2009 年 12 月第 1 版，第 40 页。

### 14. 随之而来的是相当长的工业停滞时期

资本主义社会的这种情况和资本主义国家在世界市场上日益加剧的相互竞争，使商品的**销售**必然落后于商品的**生产**，这就周期性地引起相当尖锐的**工业危机**，随之而来的是相当长的**工业停滞时期**。

> 列宁：《对普列汉诺夫第一个纲领草案的意见》（1902 年 1 月上旬），摘自《列宁全集》第 6 卷，人民出版社 1986 年 10 月第 2 版，第 186 页。

---

① 英国。

### （三）危机使资本主义经济得到暂时的平衡

**1. 1843—1845 年是工商业繁荣的几年，这个时期的繁荣是 1837—1842 年几乎连年工业萧条的必然结果**

1843—1845 年是工商业繁荣的几年，这个时期的繁荣是 1837—1842 年几乎连年工业萧条的必然结果。像往常一样，繁荣很快就产生了投机。投机一般地是发生在生产过剩已经非常严重的时期。它给生产过剩提供暂时出路，但是，这样它又加速了危机的来临和加强危机的力度。

马克思和恩格斯：《时评。1850 年 5—10 月》（1850 年 10 月—11 月 1 日），摘自《马克思恩格斯全集》第 10 卷，人民出版社 1998 年 3 月第 2 版，第 575 页。

**2. 历次危机之前因生产过剩而产生的难以控制的投机即将来临的征兆**

作为历次危机之前因生产过剩而产生的难以控制的投机即将来临的征兆，我们在这里提出一个事实，那就是英格兰银行的贴现率两年来一直没有超过 3% 。

马克思和恩格斯：《时评。1850 年 5—10 月》（1850 年 10 月—11 月 1 日），摘自《马克思恩格斯全集》第 10 卷，人民出版社 1998 年 3 月第 2 版，第 587—588 页。

**3. 法国在 4 月和 5 月达到顶点的是工业恐慌，而英国在 4 月和 5 月达到顶点的则是商业恐慌**

的确，法国在 1851 年是遭受了一次小小的商业危机。2 月底，出口比 1850 年减少了；3 月，商业衰落，工厂关闭；4 月，各工业省的情况好像和二月事变后一样令人失望；5 月，情况还没有好转；6 月 28 日，法兰西银行的结算仍以存款数量猛增和贴现数量锐减表明了生产的停滞；直到 10 月中旬，情况才逐渐好转。法国资产阶级把这种商业停滞说成是纯粹由于政治原因，由于议会和行政权之间的斗争，由于临时政体的不稳定，由于 1852 年 5 月第二个星期日①的可怕远景。我并不否认所有这些情况都对巴黎和各省的某些工业部门的衰落有影响。但是，无论如何这种政治局势的

---

①　按照 1848 年 11 月 4 日宪法规定，法兰西共和国总统任期为四年，新总统的选举在 5 月的第二个星期日举行，即将离任的总统不能参加竞选。1852 年 5 月这一天，路易・波拿巴的总统任期届满。小资产阶级民主派，特别是流亡者，希望民主党派在这一天能够上台执政。

影响只是局部的，而且是很微小的。商业开始好转正是在 10 月中旬，恰好是在政治局势恶化、政治的地平线上笼罩着乌云、每分钟都可能从爱丽舍园打来霹雳的时候，这还不足以说明问题吗？虽然法国的资产者所具有的"才能、知识、洞察力和智力源泉"越不出他们自己的鼻尖，但是他们在伦敦工业博览会①整个会期内总能用鼻子触到自己的商业情况不利的原因吧。当法国工厂关闭的时候，英国爆发了商业破产。法国在 4 月和 5 月达到顶点的是工业恐慌，而英国在 4 月和 5 月达到顶点的则是商业恐慌。

> 马克思：《路易·波拿巴的雾月十八日》（1851 年 12 月—1852 年 3 月 25 日），摘自《马克思恩格斯文集》第 2 卷，人民出版社 2009 年 12 月第 1 版，第 551 页。

**4. 1851 年的表面上的危机，无非是在生产过剩与过度投机还未用尽所有力量疯狂地跑完工业循环的最后阶段并重新回到自己的出发点**

1851 年的表面上的危机，无非是在生产过剩与过度投机还未用尽所有力量疯狂地跑完工业循环的最后阶段并重新回到自己的出发点，即回到**普遍的商业危机**去以前，每次在工业循环中都会造成的那种停顿。

> 马克思：《路易·波拿巴的雾月十八日》（1851 年 12 月—1852 年 3 月），摘自《马克思恩格斯文集》第 2 卷，人民出版社 2009 年 12 月第 1 版，第 552 页。

**5. 这不就是正在逼近的危机吗**

在英国，由于购买谷物，英格兰银行已经开始黄金外流。同时西蒂区出现疯狂的投机。在上星期，证券交易所发生破产事件。最后，在北美，正如我从《纽约先驱报》上看到的，铁道、银行、住宅建设等方面的投机活动最为疯狂，信贷系统等等扩展到空前未有的规模。这不就是正在逼近的危机吗？

> 马克思：《致恩格斯》（1852 年 8 月 24 日），摘自《马克思恩格斯全集》第 28 卷，人民出版社 1973 年 3 月第 1 版，第 113 页。

**6. 这个狂热发展状态也只不过是崩溃状态的先声**

你就会看出，英格兰银行地下室中的金块的大量储存、出口超过进口、有利的外币汇率、借贷资本的充裕和低利率等等这些征兆的同时出现，正在有规则地导致商业循环中的这样一个阶段，那时繁荣转为狂热发展，那

---

① 伦敦工业博览会是 1851 年 5—10 月举行的第一届世界工商业博览会。

时一定会开始出现以下两种情况：一方面是进口额过大，而另一方面是种种诱人的欺诈性投机买卖肆行无忌。但是这个狂热发展状态也只不过是崩溃状态的先声。狂热发展是繁荣的最高点；它不会造成危机，但是它会促使危机的爆发。

> 马克思：《贫困和自由贸易》（1852 年 10 月 9—12 日），摘自《马克思恩格斯全集》第 11 卷，人民出版社 1995 年 6 月第 2 版，第 452—453 页。

### 7. 在最惊人的繁荣当中，就已不难看出日益迫近的工业危机的明显征兆

在最惊人的繁荣当中，就已不难看出日益迫近的工业危机的明显征兆。尽管有加利福尼亚和澳大利亚的发现，尽管人口大量地、史无前例地外流，但是，如果不发生什么意外事情的话，到一定的时候，市场的扩大仍然会赶不上英国工业的增长，而这种不相适应的情况也将像过去一样，必不可免地要引起新的危机。

> 马克思：《中国革命和欧洲革命》（1853 年 5 月 20 日），摘自《马克思恩格斯文集》第 2 卷，人民出版社 2009 年 12 月第 1 版，第 610 页。

### 8. 自从固定资本大规模发展以来，工业所经历的大约为期 10 年的周期，是同这样规定的资本总再生产阶段联系在一起的

自从固定资本大规模发展以来，工业所经历的大约为期 10 年的周期，是同这样规定的**资本总再生产阶段**联系在一起的。我们还会发现这种规定的其他一些依据。但这是其中之一。过去，工业也同（农业的）秋收一样，有好年景和坏年景。但是，延续多年的、本身分为一些各具特点的时期或时代的工业周期，却是大工业所固有的。

> 马克思：《政治经济学批评（1857—1858 年手稿）》（1857 年 7 月—1858 年 6 月），摘自《马克思恩格斯全集》第 31 卷，人民出版社 1998 年 12 月第 2 版，第 117 页。

### 9. 现代工业具有十年一次的周期，每次周期又有各个周期性的阶段

大体说来，工资的一般变动仅仅由同工业周期各个时期的更替相适应的产业后备军的膨胀和收缩来调节。因此，决定工资的一般变动的，不是工人人口绝对数量的变动，而是工人阶级分为现役军和后备军的比例的变动，是过剩人口相对量的增减，是过剩人口时而被吸收、时而又被游离的程度。现代工业具有十年一次的周期，每次周期又有各个周期性的阶段，

而且这些阶段在积累进程中被越来越频繁地相继发生的不规则的波动所打断。

> 马克思：《资本论（第1卷）》（1867年9月出版），摘自《马克思恩格斯文集》第5卷，人民出版社2009年12月第1版，第734页。

### 10. 这个危机又要临头了，虽然它还处于预备阶段

使实际的资产者最深切地感到资本主义社会充满矛盾的运动的，是现代工业所经历的周期循环的各个变动，而这种变动的顶点就是普遍危机。这个危机又要临头了，虽然它还处于预备阶段；由于它的舞台的广阔和它的作用的强烈，它甚至会把辩证法灌进新的神圣普鲁士德意志帝国的暴发户们的头脑里去。

> 马克思：《资本论（第1卷第2版跋）》（1873年1月24日），摘自《马克思恩格斯文集》第5卷，人民出版社2009年12年第1版，第23页。

### 11. 这种局部性危机往往是周期性总危机的先兆

但愿美国的恐慌不会具有过大的规模，也不会对英国从而对欧洲产生过分强烈的影响。这种局部性危机往往是周期性总危机的先兆。如果这种危机过于尖锐，那末只会削弱总危机并缓和它的尖锐性。

> 马克思：《致弗·阿·左尔格》（1873年9月27日），摘自《马克思恩格斯全集》第33卷，人民出版社1973年12月第1版，第609页。

### 12. 大工业中最有决定意义的部门的这个生命周期现在平均为10年

因此，随着资本主义生产方式的发展，生产资料的变换也加快了，它们因无形损耗而远在有形寿命终结之前就要不断补偿的必要性也增加了。可以认为，大工业中最有决定意义的部门的这个生命周期现在平均为10年。但是这里的问题不在于确切的数字。

> 马克思：《资本论（第2卷）》（1885年7月出版），摘自《马克思恩格斯文集》第6卷，人民出版社2009年12月第1版，第206—207页。

### 13. 德国工厂主由于法国几十亿流入造成的不计后果的贸易过度而大吃苦头，英国则由于工业从1866年危机以后一直处于慢性萧条状态

德国工厂主由于法国几十亿流入造成的不计后果的贸易过度而大吃苦头，英国则由于工业从1866年危机以后一直处于慢性萧条状态，用国内卖不出去的商品充斥它能进入的一切市场，以不惜亏本的低价在国外抛售这些商品。

> 马克思：《保护关税制度和自由贸易》（1888年4—5月），摘自《马克思

恩格斯文集》第 4 卷，人民出版社 2009 年 12 月第 1 版，第 344 页。

### 14. 对于英国工业的以 10 年为一个周期的发展时期（1815—1870 年）来说，前一个繁荣时期在危机以前的最高点

这些统计材料总是表明，对于英国工业的以 10 年为一个周期的发展时期（1815—1870 年）来说，前一个繁荣时期在危机**以前**的最高点，每次都作为下一个繁荣时期的最低点而再现出来，然后又上升到一个高得多的新的最高点。

马克思：《资本论（第 3 卷）》（1894 年 11 月出版），摘自《马克思恩格斯文集》第 7 卷，人民出版社 2009 年 12 月第 1 版，第 567 页。

### 15. 1837 年的危机带来了长期的痛苦后果，紧接着在 1842 年又发生了一次正规的后续危机

1837 年的危机带来了长期的痛苦后果，紧接着在 1842 年又发生了一次正规的后续危机，加上产业家和商人利令智昏，坚决不肯承认生产过剩，——因为庸俗经济学认为，这是荒谬的而且是不可能的！

马克思：《资本论（第 3 卷）》（1894 年 11 月出版），摘自《马克思恩格斯文集》第 7 卷，人民出版社 2009 年 12 月第 1 版，第 627—628 页。

### 16. 金属的流出，在大多数情况下总是对外贸易状况变化的象征，而这种变化又是情况再次逐步接近危机的预兆

金属的流出，在大多数情况下总是对外贸易状况变化的象征，而这种变化又是情况再次逐步接近危机的预兆。[①]

马克思：《资本论（第 3 卷）》（1894 年 11 月出版），摘自《马克思恩格斯文集》第 7 卷，人民出版社 2009 年 12 月第 1 版，第 646 页。

### 17. 这个进步同以前一样被每十年一次的危机所中断

诚然，这个进步同以前一样被每十年一次的危机所中断：1857 年有一次危机，1866 年又有一次；但是这种危机的反复出现如今已经被看成是一种自然的、不可避免的事情，这种事情是无法逃脱的遭遇，但最后总是又走上正轨。

---

① 在纽马奇看来，金流出可以有三个原因。1. 由于纯贸易上的原因，即由于输入超过输出，1836 年到 1844 年间的情形，以及 1847 年的情形就是这样，当时主要是由于大量谷物的输入；2. 为了筹集资金，以便把英国资本投到国外，例如 1857 年，对印度铁路的投资；3. 用于国外的绝对支出，如 1853 年和 1854 年用于东方战争的支出。

恩格斯：《英国工人阶级状况》（1844—1845 年），摘自《马克思恩格斯文集》第 1 卷，人民出版社 2009 年 12 月第 1 版，第 374 页。

### 18. 大工业只要还在现今的基础上进行经营，就只能通过每七年出现一次的普遍混乱来维持

大工业只要还在现今的基础上进行经营，就只能通过每七年出现一次的普遍混乱来维持，每次混乱对全部文明都是一种威胁，它不但把无产者抛入贫困的深渊，而且也使许多资产者破产。

恩格斯：《共产主义原理》（1847 年 10 月底—11 月），摘自《马克思恩格斯文集》第 1 卷，人民出版社 2009 年 12 月第 1 版，第 682 页。

### 19. 这个关于周期长短的结论，显然是从 1825 年到 1842 年间的事变进程中得出来的

在本书中我把工业大危机的周期算成了五年。这个关于周期长短的结论，显然是从 1825 年到 1842 年间的事变进程中得出来的。但是 1842 年到 1868 年的工业历史证明，实际周期是十年，中间危机只具有次要的性质，而且在 1842 年以后日趋消失。

恩格斯：《英国 10 小时工作制法案》（1850 年 3 月），摘自《马克思恩格斯文集》第 1 卷，人民出版社 2009 年 12 月第 1 版，第 371 页。

### 20. 1845 年秋季铁路股票投机者整批失败的事实已经预示了这次英国危机的来临

1845 年秋季铁路股票投机者整批失败的事实已经预示了这次英国危机的来临，在 1846 年有一系列偶然情况如谷物税即将废除①等等使它延缓了一下，到 1847 年秋天危机终于爆发了。

恩格斯：《革命的两年 1848 年和 1849 年》（1850 年 3 月—5 月中），摘自《马克思恩格斯全集》第 10 卷，人民出版社 1998 年 3 月第 2 版，第 365 页。

### 21. 法国和德国的股票投机几乎已有整整一年处于危机前状态

这次危机的发展有些特点。法国和德国的股票投机几乎已有整整一年

---

① 指 1846 年 6 月英国议会通过的废除谷物法的法案。谷物法是从 1875 年起在英国实行的对谷物征收高额进口税的法令。它维护土地占有者的利益，影响了国内贸易的发展。英国工业资产阶级从一开始就反对谷物法。1838 年反谷物法同盟成立，从而开始了有组织的斗争。最后帝国议会终于在 1846 年 6 月 26 日通过了《关于修改进口谷物法的法案》和《关于调整某些关税的法案》，从而废除了谷物法。谷物法废除后，反谷物法同盟宣布解散。而实际上该同盟一直存在到 1849 年。

处于危机前状态；只是现在，股票投机才在这种投机的中心纽约急剧地低落下来，因而在一切地方，决定性的时刻都已到来。

> 恩格斯：《致马克思》（1857 年 11 月 15 日），摘自《马克思恩格斯全集》第 29 卷，人民出版社 1972 年 6 月第 1 版，第 199 页。

### 22. 过度劳动日益增加，群众日益贫困，每十年发生一次大崩溃

我们在最先进的工业国家中已经降服了自然力，迫使它为人们服务；这样我们就无限地增加了生产，现在一个小孩所生产的东西，比以前的 100 个成年人所生产的还要多。而结果又怎样呢？过度劳动日益增加，群众日益贫困，每十年发生一次大崩溃。

> 恩格斯：《自然辩证法》（1873—1882 年），摘自《马克思恩格斯文集》第 9 卷，人民出版社 2009 年 12 月第 1 版，第 422 页。

### 23. 需求和供给之间的和谐，竟变成二者的两极对立，每十年一次的工业周期的过程就显示了这种对立

在今天的生产方式中，面对自然界和社会，人们注意的主要只是最初的最明显的成果，可是后来人们又感到惊讶的是：取得上述成果的行为所产生的较远的后果，竟完全是另外一回事，在大多数情况下甚至是完全相反的；需求和供给之间的和谐，竟变成二者的两极对立，每十年一次的工业周期的过程就显示了这种对立，德国在"崩溃"① 期间也体验到了这种对立的小小的前奏；……

> 恩格斯：《自然辩证法》（1873—1882 年），摘自《马克思恩格斯文集》第 9 卷，人民出版社 2009 年 12 月第 1 版，第 563 页。

### 24. 自从 1825 年第一次普遍危机爆发以来，整个工商业世界，差不多每隔十年就要出轨一次

事实上，自从 1825 年第一次普遍危机爆发以来，整个工商业世界，一切文明民族及其野蛮程度不同的附属地中的生产和交换，差不多每隔十年就要出轨一次。交易停顿，市场盈溢，产品大量滞销积压，银根奇紧，信用停止，工厂停工，工人群众因为他们生产的生活资料过多而缺乏生活资料，破产相继发生，拍卖纷至沓来。停滞状态持续几年，生产力和产品被

---

① 指 1873 年世界经济危机，这场危机席卷了奥地利、德国、北美、英国、法国、荷兰、比利时、意大利、俄国等国家，具有猛烈而深刻的特点。在德国，这场危机从 1873 年 5 月以"大崩溃"开始，一直延续到 70 年代末。

大量浪费和破坏，直到最后，大批积压的商品以或多或少压低了的价格卖出，生产和交换又逐渐恢复运转。

> 恩格斯：《反杜林论》（1876 年 9 月—1878 年 6 月），摘自《马克思恩格斯文集》第 9 卷，人民出版社 2009 年 12 月第 1 版，第 292 页。

### 25. 他们的经济破产则有规律地每十年重复一次

他们的经济破产则有规律地每十年重复一次。在每次危机中，社会在它自己的而又无法加以利用的生产力和产品的重压下奄奄一息，面对着生产者没有什么可以消费是因为缺乏消费者这种荒谬的矛盾而束手无策。

> 恩格斯：《社会主义从空想到科学的发展》（1880 年 1 月—3 月上半月），摘自《马克思恩格斯文集》第 3 卷，人民出版社 2009 年 12 月第 1 版，第 563 页。

### 26. 这两方面造成了生产力的空前发展、供过于求、生产过剩、市场盈溢、十年一次的危机、恶性循环

一方面是机器的改进，这种改进由于竞争而变成每个厂主必须执行的强制性命令，而且也意味着工人不断遭到解雇：**产生了产业后备军**。另一方面是生产的无限扩张，这也成了每个厂主必须遵守的竞争的强制规律。这两方面造成了生产力的空前发展、供过于求、生产过剩、市场盈溢、十年一次的危机、恶性循环：……

> 恩格斯：《社会主义从空想到科学的发展》（1880 年 1 月—3 月上半月），摘自《马克思恩格斯文集》第 3 卷，人民出版社 2009 年 12 月第 1 版，第 565—566 页。

### 27. 1815 年实现的全面和平，恢复了经常的贸易，从繁荣、生产过剩到商业恐慌的十年一周期的波动开始了

1815 年实现的全面和平[①]，恢复了经常的贸易，从繁荣、生产过剩到商业恐慌的十年一周期的波动开始了。工人从过去的繁荣时期保留下来的、或者在疯狂的过度生产时期甚至还增加了的任何利益，现在在商业不景气和恐慌的时期全都被剥夺了。很快，英国的工业人口就处于这样一条普遍规律支配之下，即没有组织起来的工人的工资经常趋于绝对的

---

① 欧洲各国在击败拿破仑帝国后，1814 年 9 月—1815 年 6 月断断续续地举行了维也纳国际会议，1815 年 6 月 9 日签订了最后决议，从而结束了 1792 年以来各国屡次结盟对法国作战的局面。维也纳会议的召开使欧洲的和平得以恢复，但同时也加强了各国君主的反动统治。

最低限度。

> 恩格斯：《工联》（1881 年 5 月），摘自《马克思恩格斯全集》第 25 卷，
> 人民出版社 2001 年 4 月第 2 版，第 497 页。

### 28. 其实那不过是至今极有规则地每十年重复一次的正常的营业萧条阶段之一

1839 年到 1842 年的营业萧条和工资下降，乃是那几年谷价太高的结果。其实那不过是至今极有规则地每十年重复一次的正常的营业萧条阶段之一，那一次肯定是由于歉收、由于贪婪的地主用立法手段进行愚蠢的干预而拖长和加剧了。

> 恩格斯：《反谷物法同盟的工资理论》（1881 年 7 月初），摘自《马克思恩
> 格斯全集》第 25 卷，人民出版社 2001 年 4 月第 2 版，第 516 页。

### 29. 这种崩溃时期以前也有过，平均每十年重复一次；每次都延续到被新的繁荣时期所代替为止，如此循环往复

我们知道，在 1874 年前后短暂的几年繁荣时期以后，棉纺织业和制铁业彻底崩溃了①。工厂关闭，高炉停火，继续生产的，一般也都缩短了开工时间。这种崩溃时期以前也有过，平均每十年重复一次；每次都延续到被新的繁荣时期所代替为止，如此循环往复。

> 恩格斯：《棉花和铁》（1881 年 7 月底），摘自《马克思恩格斯全集》第
> 25 卷，人民出版社 2001 年 4 月第 2 版，第 530 页。

### 30. 必须注意中间危机，它们有些是比较带地方性的、而有些是比较带特殊性的

在进行详细分析的时候，必须注意中间危机，它们有些是比较带地方性的、而有些是比较带特殊性的；这种局限于纯粹证券投机事业内的中间危机，现在我们正在经历；1847 年以前，这些危机是有规则的中间环节，所以在我的《工人阶级状况》② 中周期还是确定为五年。

> 恩格斯：《致爱·伯恩斯坦》（1882 年 1 月），摘自《马克思恩格斯全集》
> 第 35 卷，人民出版社 1971 年 6 月第 1 版，第 259 页。

---

① 1873—1874 年英国发生了一次经济危机，接着进入一个很长的萧条时期。1878—1879 年又由萧条转入一场新的严重的经济危机，受影响最大的是重工业和出口工业。此后，英国经济未见有明显的回升趋势，到了 1882 年底，新的一轮危机爆发的同时又伴随着一场农业危机。

② 弗·恩格斯：《英国工人阶级状况》。

**31. 在 1867 年以来发生过两三次不大的潜在危机的英国，现在看来终于又在酝酿着一场严重的危机**

当然，失业工人的问题来年可能还要严重。保护关税制所造成的后果同自由贸易完全一样：一些国家市场上商品滞销；而且几乎普遍如此，只是这里不如你们那里那么严重罢了。就是在 1867 年以来发生过两三次不大的潜在危机的英国，现在看来终于又在酝酿着一场严重的危机。

恩格斯：《致奥古斯特·倍倍尔》（1882 年 3 月 8 日），摘自《马克思恩格斯全集》第 38 卷，人民出版社 1972 年 8 月第 1 版，第 294 页。

**32. 他指望爆发一次新的大危机，我认为这为时过早；象 1842 年的那种中间危机是可能出现的，并且在这种情况下，遭受损失最大的当然是工业最落后的国家——德国，它只好满足于世界市场需求的残屑余渣**

他指望爆发一次新的大危机，我认为这为时过早；象 1842 年的那种中间危机是可能出现的，并且在这种情况下，遭受损失最大的当然是工业最落后的国家——德国，它只好满足于世界市场需求的残屑余渣。

恩格斯：《致马克思》（1882 年 11 月 30 日），摘自《马克思恩格斯全集》第 35 卷，人民出版社 1971 年 6 月第 1 版，第 116 页。

**33. 生产的迅速增长很容易引起地方性的中间危机，但这种危机归根结底只会缩短美国成为有输出能力并作为英国最危险的竞争者而出现于世界市场的时间**

由于美国的工业迄今主要仍是为受关税保护的国内市场而生产，所以在那里，生产的迅速增长很容易引起地方性的中间危机，但这种危机归根结底只会缩短美国成为有输出能力并作为英国最危险的竞争者而出现于世界市场的时间。

恩格斯：《致奥古斯特·倍倍尔》（1882 年 12 月 22 日），摘自《马克思恩格斯全集》第 35 卷，人民出版社 1971 年 6 月第 1 版，第 415 页。

**34. 繁荣期再也达不到充分发展的程度了；五年过后，便又出现生产过剩，甚至在这五年当中，整个说来，情况也是不大妙的**

现在，当美国、法国和德国开始打破英国在世界市场上的垄断地位，并由此像 1847 年以前那样又开始更迅速地出现生产过剩时，又产生了为期五年的中间危机。这证明资本主义生产方式已经彻底衰竭。繁荣期再也达不到充分发展的程度了；五年过后，便又出现生产过剩，甚至在这五年当中，整个说来，情况也是不大妙的。

> 恩格斯：《致奥古斯特·倍倍尔》（1883 年 5 月 22 日），摘自《马克思恩格斯文集》第 10 卷，人民出版社 2009 年 12 月第 1 版，第 508 页。

### 35. 当堆积的商品销售之后，就必定到来一个新的，不过是短暂的繁荣期

自从英国在世界市场上有了厉害的竞争对手，以前意义上的危机时期已经结束了。如果说危机从急性的变成慢性的，同时又不失去其强度，那末会产生什么结果呢？当堆积的商品销售之后，就必定到来一个新的，不过是短暂的繁荣期。我倒很想看看这一切是怎样发生的。有两点是肯定无疑的：第一，我们已经进入这样一个时期，这个时期对于旧社会来说，要比每十年就重复一次危机的时期危险得多；第二，当繁荣到来时，它对英国影响的程度将比过去它在世界市场上独吞油水的时候要小得多。

> 恩格斯：《致奥古斯特·倍倍尔》（1886 年 1 月 20—23 日），摘自《马克思恩格斯全集》第 36 卷，人民出版社 1974 年 10 月第 1 版，第 418 页。

### 36. 目前那种看来是无穷尽的经常萧条

目前那种看来是无穷尽的经常萧条，如在英国一样，也会在美国表现出来。美国必将打破英国的工业垄断地位（不管它还留下点什么），但是美国不可能独占这种垄断地位。

> 恩格斯：《致弗·凯利—威士涅威茨基夫人》（1886 年 2 月 3 日），摘自《马克思恩格斯全集》第 36 卷，人民出版社 1974 年 10 月第 1 版，第 424 页。

### 37. 大概是每 10/4 年一次危机，也就是说，实际上是无穷无尽的危机

这里的工业危机不但没有减弱，反而在加深，人们开始越来越明白，英国的工业垄断地位即将结束。由于美、法、德作为竞争者出现在世界市场上，由于实施的高额关税阻止外国商品流入其他正在发展的工业国的市场，这种垄断地位什么时候结束已经不难推算出来了。既然一个工业大国，又占有垄断地位，尚且每十年发生一次危机，那末有四个这样的大国，情况又会如何呢？大概是每 10/4 年一次危机，也就是说，实际上是无穷无尽的危机。

> 恩格斯：《致尼·弗·丹尼尔逊》（1886 年 2 月 8 日），摘自《马克思恩格斯全集》第 36 卷，人民出版社 1974 年 10 月第 1 版，第 430 页。

**38. 英国在世界市场上的垄断地位的崩溃，使 1878 年开始的危机持续不断，而且与其说是在减弱，不如说是在加剧**

同时，失业现象在这里越来越严重。英国在世界市场上的垄断地位的崩溃，使 1878 年开始的危机持续不断，而且与其说是在减弱，不如说是在加剧。

> 恩格斯：《致奥古斯特·倍倍尔》（1886 年 2 月 15 日），摘自《马克思恩格斯全集》第 36 卷，人民出版社 1974 年 10 月第 1 版，第 436 页。

**39. 在英国这里，新危机到来之前，已经没有繁荣期作为前导了**

从 1870 年起，由于美国和德国的竞争，英国在世界市场上的垄断地位已经开始进入尾声。看来，从那个时候起，十年的周期被打破了。从 1868 年起，在一些基本部门中，由于生产增长缓慢，受抑压的状况占了优势，而现在美国和英国似乎都面临新危机的威胁，在英国这里，新危机到来之前，已经没有繁荣期作为前导了。

> 恩格斯：《致奥古斯特·倍倍尔》（1888 年 1 月 18 日），摘自《马克思恩格斯全集》第 36 卷，人民出版社 1974 年 10 月第 1 版，第 90 页。

**40. 1847 年危机过去之后自然而然地、几乎是理所当然地重新出现的工商业繁荣，被人说成完全是自由贸易的功劳**

宪章运动已经奄奄一息。1847 年危机过去之后自然而然地、几乎是理所当然地重新出现的工商业繁荣，被人说成完全是自由贸易的功劳。

> 恩格斯：《英国工人阶级状况（1892 年德文第二版序言）》（1892 年 7 月 21 日），摘自《马克思恩格斯文集》第 1 卷，人民出版社 2009 年 12 月第 1 版，第 373 页。

**41. 周期过程的急性形式和向来十年一次的周期，看来让位给比较短暂的稍微的营业好转和比较持久的不振这样一种在不同的工业国在不同的时间发生的比较慢性的延缓的交替**

我曾在别的地方①指出，自上一次大规模的普遍危机爆发以来，在这方面已经发生了转变。周期过程的急性形式和向来十年一次的周期，看来让位给比较短暂的稍微的营业好转和比较持久的不振这样一种在不同的工业国在不同的时间发生的比较慢性的延缓的交替。但这里也许只是周期持续时间的延长。

---

① 见《马克思恩格斯全集》第 1 版第 23 卷，第 36—37 页。

恩格斯：《资本论》第 3 卷中加的脚注（1894 年 11 月出版），摘自《马克思恩格斯全集》第 25 卷，人民出版社 1974 年 11 月第 1 版，第 554 页。

### 42. 每一个对旧危机的重演有抵销作用的要素，都包含着更猛烈得多的未来危机的萌芽

由于这一切，以前的危机策源地和造成危机的机会，多数已经消除或大大削弱。同时，国内市场上的竞争，由于卡特尔和托拉斯的出现而后退，国外市场上的竞争也由于保护关税（英国以外的一切大工业国都用这个办法来保护自己）的实行而受到限制。但是，这种保护关税本身，只不过是最后的、全面的、决定世界市场霸权的工业战争的准备。所以，每一个对旧危机的重演有抵销作用的要素，都包含着更猛烈得多的未来危机的萌芽。

恩格斯：《资本论》第 3 卷中加的脚注（1894 年 11 月出版），摘自《马克思恩格斯全集》第 25 卷，人民出版社 1974 年 11 月第 1 版，第 554 页。

### 43. 在资本主义生产条件下，生产和消费的平衡只有经过一系列的波动才能达到

在资本主义生产条件下，生产和消费的平衡只有经过一系列的波动才能达到；生产规模越大，它所依靠的消费者范围越广，这些波动也就越厉害。因此很明显，当资产阶级的生产达到很高的发展程度时，它就不可能局限于本国的范围：竞争迫使资本家不断扩大生产并为自己找寻大量推销产品的国外市场。资本主义国家必须有国外市场，显然丝毫不违背下述这个规律，即市场不过是商品经济中社会分工的表现，因而它也和分工一样能够无止境地发展；这正如危机丝毫不违背价值规律一样。

列宁：《论所谓市场问题》（1893 年秋），摘自《列宁专题文集　论资本主义》，人民出版社 2009 年 12 月第 1 版，第 288 页。

### 44. 国库为了直接和间接地扶持因危机而"受害的"工业企业，究竟抛出了几百万还是几千万，那是徒劳的

关于工业危机，维特自然用极镇静的语调说："暂时的停滞"，"无疑不会影响到总的工业成就，过一段时间，新的工业复苏时期大概〈!!〉就会来到"。这对于深受失业和降低工资之苦的工人阶级的千百万人是多么好的安慰啊！如果你想从国家支出项目中找到一点线索，看看国库为了直接和间接地扶持因危机而"受害的"工业企业，究竟抛出了几百万还是几千万，那是徒劳的。

列宁：《评国家预算》（1902 年 1 月 15 日），摘自《列宁全集》第 6 卷，人民出版社 1986 年 10 月第 2 版，第 243 页。

### 45. 危机的时代并没有过去：在繁荣之后，接着就来了危机

现实很快就向修正主义者表明，危机的时代并没有过去：在繁荣之后，接着就来了危机。各个危机的形式、次序和情景是改变了，但是危机仍然是资本主义制度的不可避免的组成部分。

列宁：《马克思主义和修正主义》（1908 年 4 月 3 日），摘自《列宁专题文集 论资本主义》，人民出版社 2009 年 12 月第 1 版，第 293—294 页。

### 46. 这种危机在资本主义国家里总是周期性地发生，起初平均每隔十年一次，后来则间隔的时间比较长，而且比较不固定

这种过剩具有多种多样的形式，并使资本有异常迅速地扩大生产的可能性。这种可能性加上信用制度及生产资料方面的资本积累，也为我们提供了理解生产过剩**危机**的锁钥，这种危机在资本主义国家里总是周期性地发生，起初平均每隔十年一次，后来则间隔的时间比较长，而且比较不固定。

列宁：《论马克思主义》（1914 年 11 月），摘自《列宁专题文集 论马克思主义》，人民出版社 2009 年 12 月第 1 版，第 22 页。

### 47. 资本主义的稳定意味着在资本主义内部不可调和的矛盾日益增长的条件下资本主义危机的某种暂时的缓和

资本主义的稳定意味着在资本主义内部不可调和的矛盾日益增长的条件下资本主义危机的某种暂时的缓和，而不可调和的矛盾的发展必然会引起下一次新的资本主义危机。不管这方面发生什么变化，新的危机总是避免不了的。

斯大林：《和宣传鼓动部会议的参加者的谈话》（1925 年 10 月 14 日），摘自《斯大林全集》第 7 卷，人民出版社 1964 年 6 月第 1 版，第 195 页。

# 五　资本主义经济危机与政治和社会危机

## （一）危机使资本主义社会的各种矛盾尖锐化

### 1. 每个人都力求靠损害别人的利益来摆脱困境

在 1845 年 10 月被各种事件挡住了的危机终于在 1847 年 9 月爆发了。信用扫地了。精力消耗尽了。英格兰银行不援助国内的银行；这些银行也停止了对商人和工厂主的信贷。银行家和出口商开始限制自己同大陆的交易，而大陆上的商人也开始对欠了他们债的工厂主施加压力；工厂主自然竭力想靠批发商来改善自己的境况，而批发商则压榨小店主。每个人都力求靠损害别人的利益来摆脱困境，而商业危机的灾难也就逐渐震撼了全世界，从伦敦西蒂的巨贾到最末一个德国小店主，无一幸免。

马克思和恩格斯：《经济状况》（1849 年 3 月 6 日），摘自《马克思恩格斯全集》第 6 卷，人民出版社 1961 年 10 月第 1 版，第 387 页。

### 2. 辉格党人将是危机的首当其冲的牺牲品

当然，辉格党人将是危机的首当其冲的牺牲品。他们会象以往一样，只要即将来临的风暴一发作，就会把国家政权抛开不管。但是，这一次他们会跟唐宁街①的官邸永远诀别。即使起初有托利党的内阁来暂时代替他们，这个内阁的基础也是不会巩固的，以工业家为首的所有的反对党都会联合起来反对它。这些反对党手中再也没有象废除谷物法时所用的那种颇受欢迎的万灵妙方来阻止危机了。他们将不得不至少进行一下议会改革。这就是说，他们必将获得的政权，只有在他们把议会的大门为无产阶级敞开，把无产阶级的要求提到下院的议事日程上来并把英国卷入欧洲革命的条件下，才会落到他们手里。

马克思和恩格斯：《时评。1850 年 3—4 月》（1850 年 3 月中—4 月 18 日），摘自《马克思恩格斯全集》第 7 卷，人民出版社 1959 年 4 月第 1 版，第 345 页。

---

① 唐宁街是伦敦中心的一条街，政府的所在地。

**3. 在欧洲各国首都，每天都传来全面大战在即的消息，第二天的消息又说和平可以维持一星期左右**

虽然利益攸关的各方或许不会马上感觉到这种打击，但它到一定的时候会实实在在地起作用，并且使我们前面预言过的普遍的金融危机尖锐化和长期化。

欧洲从 18 世纪初以来没有一次严重的革命事先没发生过商业危机和金融危机。1848 年的革命是这样，1789 年的革命也是这样。不错，我们每天都看到，不仅称霸世界的列强和它们的臣民之间、国家和社会之间、阶级和阶级之间发生冲突的迹象日趋严重，而且现时的列强相互之间的冲突正在一步步尖锐，乃至剑拔弩张，非由国君们来打最后的交道不可了。在欧洲各国首都，每天都传来全面大战在即的消息，第二天的消息又说和平可以维持一星期左右。

> 马克思：《中国革命和欧洲革命》（1853 年 5 月 31 日），摘自《马克思恩格斯文集》第 2 卷，人民出版社 2009 年 12 月第 1 版，第 613—614 页。

**4. 光是英美危机的回声，已使各个铁路公司陷于绝境**

如果真正的危机在法国本国爆发，那末，证券市场和这种市场的保障——国家，都会完蛋。（这种情况也会影响到英国，因为目前英国满不在乎地在玩弄外国的有价证券。）在汉堡、英国、美国，从事投机的是私人资本家，而在法国则是国家本身，而且法国所有的小店主都是交易所的赌徒。光是英美危机的回声，已使各个铁路公司陷于绝境。

> 马克思：《致恩格斯》（1857 年 12 月 25 日），摘自《马克思恩格斯全集》第 29 卷，人民出版社 1972 年 6 月第 1 版，第 231 页。

**5. 一部分货币资本闲置不用；生活资料由于相对生产过剩而跌价；被机器排挤的工人正在饿得要死**

人为地不断制造出来的、只有在热病似的繁荣时期才能被吸收的过剩人口，是现代工业的必要生产条件之一。没有什么东西能阻止这样一些现象同时发生：一部分货币资本闲置不用；生活资料由于相对生产过剩而跌价；被机器排挤的工人正在饿得要死。

> 马克思：《政治经济学批判（1861—1863 年手稿）》（1861 年 8 月—1863 年 7 月），摘自《马克思恩格斯全集》第 34 卷，人民出版社 2008 年 7 月第 2 版，第 633 页。

**6. 这个现象会持续一段时间，直到不可避免的崩溃再把工人后备军游离出来**

工人后备军——这种后备军的压力使工资保持较低的水平——有一部分被吸收了。现在工资普遍上涨，甚至劳动市场上就业情况一直不错的部分也是这样。这个现象会持续一段时间，直到不可避免的崩溃再把工人后备军游离出来，再把工资压低到最低限度，甚至压低到这个限度以下。①

> 马克思：《资本论（第 1 卷）》（1867 年 9 月出版），摘自《马克思恩格斯文集》第 6 卷，人民出版社 2009 年 12 月第 1 版，第 350 页。

**7. 每一次危机都会暂时减少奢侈品的消费，从而有一部分生产奢侈品的工人被解雇**

每一次危机都会暂时减少奢侈品的消费。危机使（IIb）v 到货币资本的再转化延缓和停滞，使这种再转化只能部分地进行，从而有一部分生产奢侈品的工人被解雇；另一方面，必要消费资料的出售也会因此停滞和减少。

> 马克思：《资本论（第 1 卷）》（1867 年 9 月出版），摘自《马克思恩格斯文集》第 6 卷，人民出版社 2009 年 12 月第 1 版，第 456 页。

**8. 第一种流通缩小，物价下降，工资也下降；就业工人的人数减少，交易的总额减少**

在危机时期，情形正好相反。第一种流通缩小，物价下降，工资也下降；就业工人的人数减少，交易的总额减少。另一方面，在第二种流通上，随着信用的紧缩，对货币信贷的需要增加了。

> 马克思：《资本论（第 1 卷）》（1867 年 9 月出版），摘自《马克思恩格斯文集》第 7 卷，人民出版社 2009 年 12 月第 1 版，第 508 页。

**9. 相对过剩人口时而在危机时期急剧地表现出来，时而在营业呆滞时期缓慢地表现出来**

相对过剩人口是形形色色的。每个工人在半失业或全失业的时期，都

---

① 手稿上，这里插入了下面这个准备以后加以阐述的注：“资本主义生产方式中的矛盾：工人作为商品的买者，对于市场来说是重要的。但是作为他们的商品——劳动力——的卖者，资本主义社会的趋势是把它的价格限制在最低限度。——还有一个矛盾：资本主义生产全力扩张的时期，通常就是生产过剩的时期。因为生产能力从来没有能使用到这个程度，以致它不仅能够生产更多的价值，而且还能把它实现。商品的出售，商品资本的实现，从而剩余价值的实现，不是受一般社会的消费需求的限制，而是受大多数人总是处于贫困状态、而且必然总是处于贫困状态的那种社会的消费需求的限制。但是，这个问题只是属于下一篇的范围。”

属于相对过剩人口。工业周期阶段的更替使相对过剩人口具有显著的、周期反复的形式，因此，相对过剩人口时而在危机时期急剧地表现出来，时而在营业呆滞时期缓慢地表现出来。

> 马克思：《资本论（第1卷）》（1867年9月出版），摘自《马克思恩格斯文集》第5卷，人民出版社2009年12月第1版，第738页。

### 10. 相对过剩人口的最底层陷于需要救济的赤贫的境地

最后，相对过剩人口的最底层陷于需要救济的赤贫的境地。撇开流浪者、罪犯和妓女，一句话，撇开真正的流氓无产阶级不说，这个社会阶层由三类人组成。第一类是有劳动能力的人。只要粗略地浏览一下英格兰需要救济的贫民的统计数字，就会发现，他们的人数每当危机发生时就增大，每当营业复苏时就减少。第二类是孤儿和需要救济的贫民的子女。他们是产业后备军的候补者，在高度繁荣时期，如在1860年，他们迅速地大量地被卷入现役劳动军的队伍。第三类是衰败的、流落街头的、没有劳动能力的人。属于这一类的，主要是因分工而失去灵活性以致被淘汰的人，还有超过工人正常年龄的人，最后还有随着带有危险性的机器、采矿业、化学工厂等等的发展而人数日益增多的工业牺牲者，如残疾人、病人、寡妇等等。需要救济的赤贫形成现役劳动军的残疾院和产业后备军的死荷重①。它的生产包含在相对过剩人口的生产中，它的必然性包含在相对过剩人口的必然性中，它和相对过剩人口一起，形成财富的资本主义生产和发展的一个存在条件。它是资本主义生产的一项非生产费用，但是，资本知道怎样把这项费用的大部分从自己的肩上转嫁到工人阶级和中等阶级下层的肩上。

> 马克思：《资本论（第1卷）》（1867年9月出版），摘自《马克思恩格斯文集》第5卷，人民出版社2009年12月第1版，第741—742页。

### 11. 物价稍有波动，成千上万的工人就要失去工作

每天工作十二小时的曼彻斯特工人大都是这样生活的。但这能维持多久呢！物价稍有波动，成千上万的工人就要失去工作，他们的一点点积蓄很快就会花光。那时他们就有饿死的危险；这样的危机几年以后一定会再次出现。

---

① "死荷重"是运输业的用语，指运输工具自身的重量。

恩格斯：《英国工人阶级状况》（1845 年 5 月），摘自《马克思恩格斯全集》第 3 卷，人民出版社 2002 年 10 月第 2 版，第 417 页。

### 12. 在商业危机期间，工会不得不自己降低工资标准，或者自己彻底解散

在商业危机期间，工会不得不自己降低工资标准，或者自己彻底解散，而在劳动需求大大增加的时候，它们也不可能把工资提得高于因资本家之间的竞争而自然形成的水平。但是，对比较微小的、个别起作用的原因来说，工会是强有力的。假使厂主不会遇到工人集中的、大量的反抗，他会为了自己的利益而逐渐把工资越降越低；此外，他和其他厂主进行的竞争也迫使他这样做，工资很快就会降到最低限度。

恩格斯：《英国工人阶级状况》（1845 年 5 月），摘自《马克思恩格斯文集》第 1 卷，人民出版社 2009 年 12 月第 1 版，第 452—453 页。

### 13. 在英国，甚至像在 1843 年年底那样的商业繁荣时期，社会战争就已经爆发并公开地进行了

还利用济贫法来攫取私利（在 1842 年的危机时期，他把那些拒绝接受低工资的人的名字通知济贫所，说他们能够得到工作，但不愿工作，因而不应当得到救济，以此来迫使工人接受低工资），所以激起了工人的仇恨。爆炸使他受到相当大的损失，而所有来到出事地点的工人，都只恨"没有把工厂全部炸毁"。……四个月内发生了六起这样的事件，所有这些事件都是由于工人对雇主的切齿痛恨而引起的。在什么样的社会制度下才可能发生这类事情，那是用不着我来说的。这些事实清楚地证明，在英国，甚至像在 1843 年年底那样的商业繁荣时期，社会战争就已经爆发并公开地进行了。然而英国资产阶级依然执迷不悟！

恩格斯：《英国工人阶级状况》（1845 年 5 月），摘自《马克思恩格斯文集》第 1 卷，人民出版社 2009 年 12 月第 1 版，第 455—456 页。

### 14. 每天都有大批工人失业

可是，工人们决不甘沉寂。几天来根特发生了骚动；前天在布鲁塞尔工人们纷纷集会，向国王递出请愿书。列奥波特只得屈尊往迎，亲自从长满老茧的手中把请愿书接过去。接着就发生了气势更加浩大的示威游行。每天都有大批工人失业。只要工业危机再延长一些时候，只要工人阶级的情绪更为炽烈一些，比利时资产阶级，就会象巴黎资产阶级一样，同共和

国结成"利害婚姻"。

> 恩格斯:《比利时的状况》(1848 年 3 月 18 日),摘自《马克思恩格斯全集》第 4 卷,人民出版社 1958 年 8 月第 1 版,第 562 页。

### 15. 英国是这种危机的策源地

由于工业在当前的发展水平上,增加生产力比扩展市场要迅速得不知多多少倍,于是便出现周期性的危机;在危机期间,由于生产资料和产品的过剩,商业机体中的流通便突然停滞;在多余的产品没有找到新的销路以前,工业和商业几乎完全陷于停顿。英国是这种危机的中心,这种危机所产生的瘫痪性的影响必然会波及世界市场的最遥远和最偏僻的角落,到处都有很大一部分工业和商业资产阶级遭到破产。此外,这种危机再清楚不过地向英国社会的各部分人表明了他们对厂主的依存关系,要克服这种危机只有一个办法,就是拓宽市场,或者夺取新市场,或者充分利用旧市场。如果撇开为数不多的特殊情况不谈,如 1842 年用武力冲开中国这个一向顽固、闭关自守的市场①,那么,唯一的办法就是通过工业途径开辟新市场并且充分利用市场,也就是降低价格,即减少生产费用。减少生产费用的途径是采用新的更完善的生产方法、减少利润或者降低工资。但采用更完善的生产方法并不能避免危机,因为这会增加生产,从而本身就需要新的市场。在危机时期谈不到降低利润,因为在这个时期即使折本出售谁也都愿意。工资也是一样,而且工资同利润一样,是由不以厂主的意志和愿望为转移的规律支配的。但是工资毕竟是生产费用的主要组成部分,持续降低工资是拓宽市场和避免危机的唯一办法。

> 恩格斯:《英国的十小时工作制法案》(1850 年 2 月中旬),摘自《马克思恩格斯全集》第 10 卷,人民出版社 1998 年 3 月第 2 版,第 304—305 页。

### 16. 美国的危机和价格的跌落,把这整个事情暴露出来了,目前汉堡在商业方面是毁灭了

我们在汉堡有债户,而我们完全不知道他们是安然无恙还是已经破了产。汉堡的整个事情都是由空前未有的大规模签发空头期票的活动引起的。在汉堡、伦敦、哥本哈根、斯德哥尔摩之间,都曾疯狂地进行这种活动。

---

① 见 1842 年的《中英南京条约》。

美国的危机和价格的跌落，把这整个事情暴露出来了，目前汉堡在商业方面是毁灭了。德国的工业家，特别是柏林、萨克森、西里西亚的工业家又会因此大受损害。

> 恩格斯：《致马克思》（1857 年 12 月 7 日），摘自《马克思恩格斯全集》第 29 卷，人民出版社 1972 年 6 月第 1 版，第 214 页。

### 17. 在这样的社会中，住房短缺现象并不是偶然事件，它是一个必然的现象

这样一种社会没有住房短缺就不可能存在，在这种社会中，广大的劳动群众不得不专靠工资来过活，也就是靠为维持生命和延续后代所必需的那些生活资料来过活；在这种社会中，机器等等的不断改善经常使大量工人失业；在这种社会中，工业的剧烈的周期波动一方面决定着大量失业工人后备军的存在，另一方面又不时地造成大批工人失业并把他们抛上街头；在这种社会中，工人大批地涌进大城市，而且涌入的速度比在现有条件下为他们修造住房的速度更快；所以，在这种社会中，最污秽的猪圈也经常能找到租赁者；最后，在这种社会中，身为资本家的房主不仅有权，而且由于竞争，在某种程度上还有责任从自己的房产中无情地榨取最高额的租金。在这样的社会中，住房短缺并不是偶然的事情，它是一种必然的现象；这种现象连同它对健康等等的各种反作用，只有在产生这种现象的整个社会制度都已经发生根本变革的时候，才能消除。

> 恩格斯：《论住宅问题》（1872 年 5 月—1873 年 1 月），摘自《马克思恩格斯文集》第 3 卷，人民出版社 2009 年 12 月第 1 版，第 275—276 页。

### 18. 资本家自己也由于资本的猛烈积聚而感觉到这一事实，这种积聚是在危机期间通过许多大资本家和更多的小资本家的破产实现的

工厂内部的生产的社会化组织，已经发展到同存在于它之旁并凌驾于它之上的社会中的生产无政府状态不能相容的地步。资本家自己也由于资本的猛烈积聚而感觉到这一事实，这种积聚是在危机期间通过许多大资本家和更多的小资本家的破产实现的。资本主义生产方式的全部机制在它自己创造的生产力的压力下失灵了。

> 恩格斯：《社会主义从空想到科学的发展》（1880 年 1 月—3 月上半月），摘自《马克思恩格斯文集》第 3 卷，人民出版社 2009 年 12 月第 1 版，第 557 页。

**19. 工人阶级一如既往，仍然是我们的宪章派先辈所不讳言的雇佣奴隶阶级**

但这是工联按其目前的组织来说所可望达到的极限，就是这些也只有经常地斗争、大量地消耗人力和财力才能达到。而且十年至少有一次的营业波动，可以一下子把已经争得的一切破坏掉，于是斗争又得重新开始。摆脱这个恶性循环的出路是没有的。工人阶级一如既往，仍然是我们的宪章派先辈所不讳言的雇佣奴隶阶级。难道这一切努力、自我牺牲和苦难的最后结果就应该是这样的？难道这永远是英国工人的最高目的？抑或英国工人阶级最后应当努力突破这个恶性循环，从**彻底废除雇佣劳动制度**的运动中找到一条摆脱这个恶性循环的出路？

　　　　恩格斯：《工联》（1881 年 5 月 20 日），摘自《马克思恩格斯全集》第 25
　　　　卷，人民出版社 2001 年 4 月第 2 版，第 498 页。

**20. 危机愈来愈扩大，波及到新的工业部门，扩展到新的区域，并且由于又一批银行的破产而更加尖锐化了**

工商业危机延续快两年了。显然，危机愈来愈扩大，波及到新的工业部门，扩展到新的区域，并且由于又一批银行的破产而更加尖锐化了。

　　　　列宁：《危机的教训》（1901 年 8 月），摘自《列宁专题文集　论资本主
　　　　义》，人民出版社 2009 年 12 月第 1 版，第 45 页。

**21. 这种斗争不仅同经济危机尖锐化有联系，而且同政治危机尖锐化有联系**

这里**显然**可以看出，新的斗争形式是同 12 月发生过而且现在又在酝酿的起义有联系的。就整个俄国来说，这种联系还不十分明显，但是这种联系是存在的。至于"游击"斗争是在 12 月以后才开展起来，这种斗争不仅同经济危机尖锐化有联系，而且同政治危机尖锐化有联系，这些都是没有疑问的。旧时的俄国恐怖主义是知识分子密谋家所干的事情；现在的游击斗争通常是由工人战斗队员或者就是失业工人进行的。

　　　　列宁：《游击战争》（1906 年 9 月 30 日），摘自《列宁选集》第 1 卷，人
　　　　民出版社 1995 年 6 月第 3 版，第 692 页。

**22. 无产阶级和资产阶级之间、地主和农民之间以及被政府收买的农民资产阶级和贫苦农民之间的阶级斗争日益尖锐起来**

（1）俄国目前所经历的经济危机看不出有近期消除的迹象，在危机延

续的时间里，还要照旧产生大量的城市失业现象和农村饥饿现象……

（2）因此，无产阶级和资产阶级之间、地主和农民之间以及被政府收买的农民资产阶级和贫苦农民之间的阶级斗争日益尖锐起来……

> 列宁：《提交俄国社会民主工党第五次代表大会的决议草案》（1907年2月15—18日），人民出版社1988年10月第2版，第1页。

### 23. 在存在危机的情况下，无产阶级和资产阶级之间的阶级斗争尖锐化了，农村中的社会斗争也尖锐化了

我们确认（论据部分的第2条），在存在危机的情况下，无产阶级和资产阶级之间的阶级斗争尖锐化了（这是无可怀疑的事实，这种尖锐化的表现是人所共知的），农村中的社会斗争也尖锐化了。

> 列宁：《革命的社会民主党的纲领》（1907年3月4日），摘自《列宁全集》第15卷，人民出版社1988年10月第210月第2版，第68页。

### 24. 战争也同任何危机一样，使潜伏于深处的矛盾尖锐化和表面化

欧洲大战意味着最严重的历史性的危机，意味着新时代的开始。战争也同任何危机一样，使潜伏于深处的矛盾尖锐化和表面化，它扯掉一切虚伪的外衣，抛弃一切俗套，破坏一切腐朽的或者说已经完全腐败了的权威。（附带指出，这就是一切危机的有益的和进步的作用，这种作用只有那些崇拜"和平演进"的蠢人才不了解。）

> 列宁：《死去的沙文主义和活着的社会主义》（1914年12月12日），摘自《列宁全集》第26卷，人民出版社1988年10月第2版，第105页。

### 25. 危机和工业停滞时期又使小生产者更加陷于破产

（7）各资产阶级国家内部的这种状况和它们在世界市场上日趋尖锐的相互竞争，使产量不断增加的商品愈来愈难找到销路。在相当尖锐的工业危机（接着危机而来的是相当长的工业停滞时期）中表现出来的生产过剩，是资产阶级社会中生产力发展的必然后果。危机和工业停滞时期又使小生产者更加陷于破产，使雇佣劳动更加依附资本，并更加迅速地引起工人阶级状况的相对恶化，而且有时是绝对恶化。

（8）这样一来，意味着劳动生产率提高和社会财富增加的技术改进，在资产阶级社会却使社会不平等加剧，使有产者和无产者贫富更加悬殊，使愈来愈多的劳动群众的生活更无保障，使失业和各种苦难加剧。

（9）但是，随着资产阶级社会所固有的这一切矛盾的增长和发展，被

剥削劳动群众对现状的不满也在增长，无产者的人数在增加，他们的团结在增强，他们同剥削者的斗争日益尖锐。……

　　列宁：《修改党纲的材料》（1917年4—5月），摘自《列宁选集》第3卷，人民出版社1995年6月第3版，第717页。

### 26. 资本主义制度下的稳定使资本的力量暂时增强，同时也必然使资本主义的矛盾尖锐化

　　资本主义制度下的稳定使资本的力量暂时增强，同时也必然使资本主义的矛盾尖锐化。资本主义的矛盾就是：（一）各国帝国主义集团之间的矛盾；（二）每个国家内工人和资本家之间的矛盾；（三）帝国主义和世界各殖民地国家的人民之间的矛盾。

　　斯大林：《俄共（布）第十四次代表会议的工作总结》（1925年5月9日），摘自《斯大林选集》上卷，人民出版社1979年12月第1版，第325页。

### 27. 帝国主义正在准备新的战争，并把它看做解决这个危机的唯一途径

　　帝国主义正在准备新的战争，并把它看做解决这个危机的唯一途径，这是不足为奇的。军备的空前扩张，资产阶级政府实行法西斯"管理"方法的总方针，对共产党人的十字军讨伐，对苏联的疯狂进攻，在中国的直接干涉，这一切都是同一现象（准备重新分割世界的新战争）的各种不同的方面。

　　斯大林：《时事问题简评》（1927年7月28日），摘自《斯大林全集》第9卷，人民出版社1954年4月第1版，第292页。

### 28. 新的帝国主义战争已经成为不可避免的了

　　假如资本主义能把工人的工资提高几倍，假如它能大大改善农民的物质生活状况，假如它因此而能大大提高千百万劳动者的购买力并扩大国内市场的容量，那末，它就能解决这个危机。……正因为资本主义不能这样做，正因为资本主义不是把它的"收入"用来增进大多数劳动者的福利，而是用来加紧剥削他们并向比较不发达的国家输出资本，以便获得更多的"收入"，——正因为如此，争夺销售市场的斗争，争夺资本输出市场的斗争就引起了重新瓜分世界和划分势力范围的殊死斗争，这种斗争使新的帝国主义战争已经成为不可避免的了。

　　斯大林：《联共（布）中央委员会和中央监察委员会联席全会》（1927年

7 月 29 日—8 月 9 日），摘自《斯大林全集》第 10 卷，人民出版社 1954
年 12 月第 1 版，第 46 页。

### 29. 世界经济危机最重要的一个结果，就是世界资本主义所具有的各种矛盾和尖锐化

世界经济危机最重要的一个结果，就是世界资本主义所具有的各种矛盾和尖锐化。

> 斯大林：《联共（布）中央委员会向第十六次代表大会的政治报告》
> （1930 年 6 月 27 日），摘自《斯大林全集》第 12 卷，人民出版社 1955 年
> 12 月第 1 版，第 217 页。

### 30. 各主要帝国主义国家之间的矛盾正在暴露并尖锐化

各主要帝国主义国家之间的矛盾，争夺销售市场的斗争、争夺原料的斗争、争夺资本输出的斗争正在暴露并尖锐化。现在任何一个资本主义国家都对势力范围和殖民地的旧的划分感到不满。

> 斯大林：《联共（布）中央委员会向第十六次代表大会的政治报告》
> （1930 年 6 月 27 日），摘自《斯大林全集》第 12 卷，人民出版社 1955 年
> 12 月第 1 版，第 217 页。

### 31. 由于危机的日益发展，争夺销售市场、争夺原料、争存资本输出的斗争一定会逐月逐日地激烈起

毫无疑问，由于危机的日益发展，争夺销售市场、争夺原料、争存资本输出的斗争一定会逐月逐日地激烈起。

斗争的手段是……重新部署力量和建立新的军事政治联盟，扩充军备和准备新的帝国主义战争，最后，发动战争。

我讲过，危机已经扩展到一切生产部门，……各资产阶级国家在疯狂地扩充军备和重整军备。为了什么呢？当然不是为了闲谈，而是为了战争。战争是帝国主义者所需要的，因为它是重分世界，重分销售市场、原料产地和投资场所的唯一手段。

十分明显，在这种环境中，所谓的和平主义已奄奄一息，国际联盟正活活腐烂，"裁军方案"已堕入深渊，而海军裁军会议则变成革新和扩充海军的会议。

这就是说，战争危险将加速增长起来。

> 斯大林：《联共（布）中央委员会向第十六次代表大会的政治报告》
> （1930 年 6 月 27 日），摘自《斯大林全集》第 12 卷，人民出版社 1955 年

12 月第 1 版，第 218 页。

### 32. 由于危机的爆发和市场问题的尖锐化，对德国的压迫将更加厉害

战胜国和战败国之间的矛盾正在暴露并将尖锐化。我们所指的战败国主要是德国。毫无疑问，由于危机的爆发和市场问题的尖锐化，对德国的压迫将更加厉害，因为德国不仅是一个债务国，而且是一个极大的输出国。

斯大林：《联共（布）中央委员会向第十六次代表大会的政治报告》
（1930 年 6 月 27 日），摘自《斯大林全集》第 12 卷，人民出版社 1955 年
12 月第 1 版，第 219 页。

### 33. 帝国主义国家同殖民地和附属国家的矛盾正在暴露并尖锐化

帝国主义国家同殖民地和附属国家的矛盾正在暴露并尖锐化。经济危机的日益增长不能不使帝国主义者加紧压迫作为主要销售市场和原料产地的殖民地和附属国。的确，这种压迫已经达到极点。

斯大林：《联共（布）中央委员会向第十六次代表大会的政治报告》
（1930 年 6 月 27 日），摘自《斯大林全集》第 12 卷，人民出版社 1955 年
12 月第 1 版，第 219 页。

### 34. 资本主义通过增加工人劳动强度来加紧剥削工人

资本主义通过增加工人劳动强度来加紧剥削工人，实行把农民的劳动产品即粮食和一部分原料的价格压得极低的政策，把殖民地和经济力量薄弱国家的农民的劳动产品（主要是原料，其次是粮食）的价格压得更低。资本主义用这些方法来牺牲工人、牺牲农民、牺牲殖民地和经济力量薄弱国家的农民而稍微改善了工业状况。

斯大林：《在党的第十七次代表大会上关于联共（布）、中央工作的总结
报告》（1934 年 1 月 26 日），摘自《斯大林全集》第 13 卷，人民出版社
1956 年 4 月第 1 版，第 258 页。

### 35. 在经济政策上表现出极端民族主义的类似措施使各国之间的关系极端尖锐化

持久的经济危机的结果是资本主义国家内部和它们彼此之间的政治状况的空前尖锐化。

争夺国外市场斗争的加剧、自由贸易最后一点残余的消灭、禁止进口的关税、商业战争、外汇战争、倾销政策以及其他许多在经济政策上表现出极端民族主义的类似措施使各国之间的关系极端尖锐化，给军事冲突造成了条件，把战争这个利于更强的国家重分世界和势力范围的手段提到日

程上来了。

斯大林：《在党的第十七次代表大会上关于联共（布）中央工作的总结报告》（1934 年 1 月 26 日），摘自《斯大林全集》第 13 卷，人民出版社1956 年 4 月第 1 版，第 258—259 页。

**36. 作为摆脱现状的出路的新的帝国主义战争日益逼近了**

资产阶级已经不能用国会制度和资产阶级民主制的旧方法来实行统治，因而不得不在对内政策上采用恐怖的管理方法，资产阶级再也不能在和平的对外政策的基础上找到摆脱现状的出路，因而不得不采用战争政策。

由此可见，作为摆脱现状的出路的新的帝国主义战争日益逼近了。

斯大林：《在党的第十七次代表大会上关于联共（布）中央工作的总结报告》（1934 年 1 月 26 日），摘自《斯大林全集》第 13 卷，人民出版社1956 年 4 月第 1 版，第 260—261 页。

## （二）危机对资产阶级的影响

**1. 资产阶级除非对生产工具，从而对生产关系，从而对全部社会关系不断地进行革命，否则就不能生存下去**

资产阶级除非对生产工具，从而对生产关系，从而对全部社会关系不断地进行革命，否则就不能生存下去。反之，原封不动地保持旧的生产方式，却是过去的一切工业阶级生存的首要条件。

马克思和恩格斯：《共产党宣言》（1847 年 12 月—1848 年 1 月），摘自《马克思恩格斯文集》第 2 卷，人民出版社 2009 年 12 月第 1 版，第34 页。

**2. 巴黎资产阶级中间这一部分人破产的很多，他们也因此而在二月事变中采取了革命行动**

在巴黎，工业危机还引起一个特别的后果：一批在当时的条件下已无法再在国外市场做生意的工厂主和大商人只得涌向国内市场。他们开设大公司，使大批小杂货商和小店主被大公司的竞争弄得倾家荡产。因此巴黎资产阶级中间这一部分人破产的很多，他们也因此而在二月事变中采取了革命行动。

马克思：《1848 年至 1850 年的法兰西阶级斗争》（1849 年底—1850 年 3月底和 1850 年 10 月—11 月 1 日），摘自《马克思恩格斯文集》第 2 卷，人民出版社 2009 年 12 月第 1 版，第 84 页。

### 3. 工人阶级因消费品不足而群起造反，上层阶级则因生产过剩而倾家荡产

显然，任何一个欧洲国家都不会像德国那样受到英国危机如此直接、广泛和强烈的影响。原因很简单，因为德国是英国在大陆上的最大的销售市场，而德国的主要出口商品羊毛和粮食则在英国销路最广。这种情况在一首讽刺秩序之友的短诗里就有反映：工人阶级因消费品不足而群起造反，上层阶级则因生产过剩而倾家荡产。

> 马克思和恩格斯：《时评。1850 年 3—4 月》（1850 年 3 月中—4 月 18 日），摘自《马克思恩格斯全集》第 10 卷，人民出版社 1998 年 3 月第 2 版，第 357 页。

### 4. 一些即使资本比较雄厚的公司虽说在最初的危机中得救了，这也无非是给它们以后的破产打下基础而已

商业公司之所以能维持下去，是因为支付了高额利息和被强制按近乎破产的价格出卖了自己的存货和公债券等等。一些即使资本比较雄厚的公司虽说在最初的危机中得救了，这也无非是给它们以后的破产打下基础而已。

> 马克思和恩格斯：《时评。1850 年 5—10 月》（1850 年 10 月—11 月 1 日），摘自《马克思恩格斯全集》第 10 卷，人民出版社 1998 年 3 月第 2 版，第 580 页。

### 5. 厂主自己正在把缩短劳动时间的制度强加给工人

现在让我们放下俄国人和土耳其人之间在多瑙河两公国进行的战争，来谈谈厂主和工人之间在英国各工业区激烈进行的战争。读者必定还记得，厂主曾经疯狂反对和百般诋毁工人争取缩短劳动时间的运动。而现在情况却改变了；正如我当时曾经预言的那样，厂主自己正在把缩短劳动时间的制度**强加**给工人[①]。同盟歇业的真正意义已暴露出来，它是厂主所采取的一种**财政措施**，是一种医治"价格史"[②] 上从未有过的工业生产过剩的办法。

> 马克思：《土耳其战争。——工业的灾难》（1853 年 12 月 2 日），摘自

---

[①]　见《马克思恩格斯全集》第 12 卷，第 484—488 页。

[②]　暗指托·图克的著作《价格和流通状况的历史，1793—1837 年》1838 年伦敦版第 1—2 卷，《价格和流通状况的历史，1838 和 1839 年》1840 年伦敦版以及《价格和流通状况的历史，1839—1847 年》1848 年伦敦版。

《马克思恩格斯全集》第 12 卷，人民出版社 1998 年 3 月第 2 版，第
614 页。

**6. 大肆叫嚣反对"劳动权"的资本家们，现在到处请求政府给予"公
共支持家的帮助"，在汉堡、柏林、斯德哥尔摩、哥本哈根和英国本国，宣
称，要牺牲公众的利益维持自己的"利润权"**

大肆叫嚣反对"劳动权"的资本家们，现在到处请求政府给予"公共
支持家的帮助"，在汉堡、柏林、斯德哥尔摩、哥本哈根和英国本国（以
银行法暂停生效取消的形式），宣称，要牺牲公众的利益维持自己的"利
润权"，这真是太妙了。同样妙不可言的是，汉堡的小市民拒绝今后再周济
资本家。

马克思：《马克思致恩格斯》（1857 年 12 月 8 日），摘自《马克思恩格斯
文集》第 10 卷，人民出版社 2009 年 12 月第 1 版，第 139 页。

**7. 为了体面地摆脱困境，这些家伙——完全和十年前一样——极想抓
住任何一种政治借口**

按照布斯特拉巴的命令，银行、贴现局等已经让这些先生中的多数人
的期票延期兑付。不过延期并不意味着取消。有相当多的法国资产者已经
看到商业崩溃不可避免，他们胆战心惊地等待着清算的日期到来。他们的
处境与布斯特拉巴在政变以前的处境完全一样。所以，为了体面地摆脱困
境，这些家伙——完全和十年前一样——极想抓住任何一种政治借口。

马克思：《马克思致恩格斯》（1858 年 1 月 29 日），摘自《马克思恩格斯
全集》第 29 卷，人民出版社 1972 年 6 月第 1 版，第 258 页。

**8. 在危机时刻，当价格的下跌使产业利润消失或显著减少，因而生产
缩减或停顿的时候，利润也会作为生产条件同他本人相对立**

事实上，在危机时刻，当价格的下跌使产业利润消失或显著减少，因
而生产缩减或停顿的时候，利润也会作为生产条件同他本人相对立。从这
里可以看出那些把剩余价值的不同形式单纯看作分配形式的人的愚钝。

马克思：《收入及其源泉。庸俗政治经济学》（1862 年 10—11 月），摘自
《马克思恩格斯全集》第 26 卷第三册，人民出版社 1974 年 12 月第 1 版，
第 532 页。

**9. 在伦敦这里，各家报纸为了不惊动广大公众，千方百计地回避这些
不愉快、但是不容置辩的"事件"**

危机以及随之而来的停工、工厂倒闭和破产，在各工业郡继续猛烈发

展；但是在伦敦这里，各家报纸为了不惊动广大公众，千方百计地回避这些不愉快的、但是不容置辩的"事件"。

> 马克思：《马克思致尼·弗·丹尼尔逊》（1878 年 11 月 28 日），摘自《马克思恩格斯全集》第 34 卷，人民出版社 1972 年 6 月第 1 版，第 336 页。

**10. 这时，每个资本家的利益和资本家阶级的利益之间的对立就显示出来了，正如以前这两种利益的一致性通过竞争在实际上得到实现一样**

在一切都顺利的时候，正如我们在研究一般利润率的平均化时已经指出的那样，竞争实际上表现为资本家阶级的兄弟情谊，使他们按照各自的投资比例，共同分配共同的赃物。但是，一旦问题不再是分配利润，而是分配损失，每一个人就力图尽量缩小自己的损失量，而把它推给别人。对整个阶级来说，损失是不可避免的。但是每个资本家要分担多少，要分担到什么程度，这就取决于力量的大小和狡猾的程度了，在这种情况下，竞争也就变为敌对的兄弟之间的斗争了。这时，每个资本家的利益和资本家阶级的利益之间的对立就显示出来了，正如以前这两种利益的一致性通过竞争在实际上得到实现一样。

> 马克思：《资本论（第 3 卷）》（1894 年 11 月出版），摘自《马克思恩格斯文集》第 7 卷，人民出版社 2009 年 12 月第 1 版，第 281—282 页。

**11. 每一次危机以后，我们都可以在英国工厂区看到许多以前的工厂主，他们现在作为经理，为了低微的工资，替那些往往就是他们自己的债权人的新工厂主，去管理他们自己从前所有的工厂**

每一次危机以后，我们都可以在英国工厂区看到许多以前的工厂主，他们现在作为经理，为了低微的工资，替那些往往就是他们自己的债权人的新工厂主，去管理他们自己从前所有的工厂。①

> 马克思：《资本论（第 3 卷）》（1894 年 11 月出版），摘自《马克思恩格斯文集》第 7 卷，人民出版社 2009 年 12 月第 1 版，第 435 页。

**12. 虽然查普曼先生的"从牺牲者的破产中获得大量利润"的企图，最终在商业上遭到失败，但我们仍然可以相信他说的这些话**

虽然查普曼先生的"从牺牲者的破产中获得大量利润"的企图，最终

---

① 我知道这样一件事，在 1868 年危机以后，有一个破产的工厂主，变成了他自己以前的工人的领取工资的雇佣劳动者。也就是说，在破产以后，工厂已经改组成工人的合作工厂，而由以前的工厂主担任经理。——弗·恩·

在商业上遭到失败，但我们仍然可以相信他说的这些话。

> 马克思：《资本论（第3卷）》（1894年11月出版），摘自《马克思恩格斯文集》第7卷，人民出版社2009年12月第1版，第611页。

### 13. 小的厂主和商人无力克服资本收不回来的困难，破产了

工业活动几乎在所有的部门中都逐渐停止下来。小的厂主和商人无力克服资本收不回来的困难，破产了，较大的在危机最严重的时候也停止了营业，把自己的机器停下来，或者只是"短时间地"开工，就是说，大约只做半天工作。

> 恩格斯：《英国工人阶级状况》（1845年5月），摘自《马克思恩格斯全集》第2卷，人民出版社1965年10月第1版，第367页。

### 14. 人民以革命相威胁，资产阶级大量向银行兑换银行券，致使银行濒于破产

银行、国家债权人和证券投机商，总之，借给贵族巨额款项的金融商人，直到那时候在垄断选举的五光十色的幌子下几乎单独统治了英国。大工业和世界贸易越向前发展，他们的统治虽然作出了一些让步，仍然变得越无法忍受。资产阶级其他所有派别同英国无产阶级和爱尔兰农民结成联盟，推翻了金融商人。人民以革命相威胁，资产阶级大量向银行兑换银行券，致使银行濒于破产。金融贵族及时作了让步，它的让步使英国避免了一场二月革命。

> 恩格斯：《英国的10小时工作制法案》（1850年2月中旬），摘自《马克思恩格斯全集》第10卷，人民出版社1998年3月第2版，第303页。

### 15. 这个法既不是在繁荣时期也不是在危机时期，而是在两者之间的那个时期通过的，在这个时期工业还深受生产过剩后果之苦，以致只能动用自己的一部分资源，因此厂主本身也不让整天开工

正当工业资产阶级这样不断取得胜利的时候，反动的派别却顺利地用十小时工作日法的锁链把它束缚起来了。这个法既不是在繁荣时期也不是在危机时期，而是在两者之间的那个时期通过的，在这个时期工业还深受生产过剩后果之苦，以致只能动用自己的一部分资源，因此厂主本身也不让整天开工。

> 恩格斯：《英国10小时工作制法案》（1850年3月），摘自《马克思恩格斯全集》第10卷，人民出版社1998年3月第2版，第305—306页。

**16. 当人们喋喋不休地劝别人不要恐慌的时候，自己却感到恐慌**

商业危机的情况怎样？《经济学家》刊登了通常在危机之前出现的那种宽慰、保证和号召。当人们喋喋不休地劝别人不要恐慌的时候，自己却感到恐慌。你如果弄到约翰斯顿的《北美札记》1851 年版的两卷集，就会从中找到各色各样有趣的记载。

> 恩格斯：《恩格斯致马克思》（1851 年 10 月 15 日），摘自《马克思恩格斯全集》第 48 卷，人民出版社 2007 年 10 月第 2 版，第 412 页。

**17. 任何货物也卖不出去，许多厂主的营业已经从根本上发生动摇**

任何货物也卖不出去，而我们大多数的纺纱厂和织布厂厂主的流动资本是很少的，许多厂主的营业已经从根本上发生动摇。这几天已有八九家小公司倒闭了，但这仅仅是这一阶层也受到危机侵袭的第一个征兆。今天我听说，牛津路一家大纺织厂（牛津路特威斯特公司）的厂主库克一家，已经把他们的猎马、猎犬、灵缇等等全都卖掉了，而且其中有一位还辞退了他的仆人，搬出他的宅邸，**以便把它出租**。他们还不是破产者，但是大概很快就要垮台。

> 恩格斯：《致马克思》（1857 年 12 月 7 日），摘自《马克思恩格斯全集》第 29 卷，人民出版社 1972 年 6 月第 1 版，第 213—214 页。

**18. 资本家自己也由于资本的猛烈积聚而感觉到这一事实，这种积聚是在危机期间通过许多大资本家和更多的小资本家的破产实现的**

工厂内部的生产的社会化组织，已经发展到同存在于它之旁并凌驾于它之上的社会中的生产无政府状态不能相容的地步。资本家自己也由于资本的猛烈积聚而感觉到这一事实，这种积聚是在危机期间通过许多大资本家和更多的小资本家的破产实现的。资本主义生产方式的全部机制在它自己创造的生产力的压力下失灵了。它已经不能把这大批生产资料全部变成资本；生产资料闲置起来，因此，产业后备军也不得不闲置起来。

> 恩格斯：《反杜林论》（1876 年 9 月—1878 年 6 月），摘自《马克思恩格斯文集》第 9 卷，人民出版社 2009 年 12 月第 1 版，第 293 页。

**19. 资产阶级的政治和精神的破产甚至对他们自己也未必是一种秘密了，而他们的经济破产则有规律地每十年重复一次**

资产阶级的政治和精神的破产甚至对他们自己来说也未必是一种秘密了，而他们的经济破产则有规律地每十年重复一次。在每次危机中，社会在它自己的而又无法加以利用的生产力和产品的重压下奄奄一息，面对着生产者没有什么可以消费是因为缺乏消费者这种荒谬的矛盾而束手无策。生产资料的扩张力撑破了资本主义生产方式所加给它的桎梏。

恩格斯：《社会主义从空想到科学的发展》（1880 年 1 月—3 月上半月），摘自《马克思恩格斯文集》第 3 卷，人民出版社 2009 年 12 月第 1 版，第 563 页。

**20. 在经济方面，这次危机正在加速旧的共产主义农民公社解体**

并且有拖延若干年的危险。在经济方面，这次危机正在加速旧的共产主义农民公社解体，促进农村高利贷者（kulaki）发财致富，使他们迅速变成大土地占有者，使贵族和农民的地产一起加速转到新资产阶级手中。

恩格斯：《德国的社会主义》（1891 年 10 月 13 日—22 日和 1892 年 1 月），摘自《马克思恩格斯文集》第 4 卷，人民出版社 2009 年 12 月第 1 版，第 440 页。

**21. 大矿主于 7 月 28 日宣布同盟歇业**

大矿主于 7 月 28 日宣布同盟歇业，目的是（1）提高价格和缩减生产，（2）**使自己可以不受处罚地撕毁**那些对煤气厂及其他市政公共企业的年供煤合同——这是他们过去轻率签订下来的使他们大受亏损的合同，所有这些合同都规定**发生罢工时违约可不受罚**，（3）压低工资以及（4）使小矿主破产，并把他们的煤矿廉价买过来——最后一点已愈益成为一切大规模同盟歇业的通常动机。因此，在这次同盟歇业持续了两个多月，社会舆论（包括因缺煤遭受损失的资产阶级在内）开始转向反对矿主时，危机就出现了。

恩格斯：《致奥古斯特·倍倍尔》（1893 年 10 月 12 日），摘自《马克思恩格斯全集》第 39 卷，人民出版社 1974 年 11 月第 1 版，第 137 页。

**22. 在每一次危机中，资产阶级总是会帮助机会主义者，总是会镇压无产阶级中的革命分子，而且无所不用其极，不惜采取完全违法的、非常残酷的军事手段**

在每一次危机中，资产阶级总是会帮助机会主义者，总是会镇压无产阶级中的革命分子，而且无所不用其极，不惜采取完全违法的、非常残酷的**军事手段**。机会主义者是敌视无产阶级革命的资产阶级分子。这些人在和平时期隐藏在工人政党内部，偷偷做着资产阶级的工作，而在危机时期，立刻就成为联合起来的**整个**资产阶级的（从保守的到最激进的和民主的，从不信教的到宗教的和教权派的）公开同盟者。

> 列宁：《以后怎么办?》（1914 年 12 月 10 日），摘自《列宁全集》第 26
> 卷，人民出版社 1988 年 10 月第 2 版，第 116 页。

### 23. 事态已经发展到煤矿主—资本家进行极端无耻的罪恶活动——破坏和停止生产

但危机在发展。事态已经发展到煤矿主—资本家进行极端无耻的**罪恶活动——破坏和停止生产**。失业现象日益严重。人们都在谈论同盟歇业。同盟歇业实质上**已经开始**，其表现形式就是资本家破坏生产（要知道，煤是**工业的粮食!!**），就是失业现象日益严重。

> 列宁：《两个政权并存的局面消灭了吗?》（1917 年 6 月 2 日），摘自《列
> 宁全集》第 30 卷，人民出版社 1985 年 10 月第 2 版，第 129 页。

### 24. 英国矿主以同盟歇业相威胁的粗暴叫喊，是不会引起煤矿工人的反应的

"和平繁荣"的时代已为冲突、同盟歇业和罢工的时代所代替了。英国工人开始左倾，愈来愈频繁地采取和资本直接斗争的方法了。

不难了解，在这种形势下，英国矿主以同盟歇业相威胁的粗暴叫喊，是不会引起煤矿工人的反应的。

> 斯大林：《关于英国罢工和波兰事件》（1926 年 6 月 8 日），摘自《斯大林
> 全集》第 8 卷，人民出版社 1954 年 9 月第 1 版，第 141 页。

### 25. 资本家想靠牺牲商品主要消费者的利益，牺牲工人的利益，牺牲农民的利益，牺牲劳动者的利益来摆脱危机

资本家想靠牺牲商品主要消费者的利益，牺牲工人的利益，牺牲农民的利益，牺牲劳动者的利益来摆脱危机。资本家在拆自己的台脚。结果不是摆脱危机而是加深了危机，积累了引起更加剧烈的新危机的新前提。

> 斯大林：《论经济工作人员的任务》（1931 年 2 月 4 日），摘自《斯大林全
> 集》第 13 卷，人民出版社 1956 年 4 月第 1 版，第 33 页。

## （三）危机促使无产阶级革命化

### 1. 像显贵的野蛮的奴隶主一样，资本也要他的奴隶们陪葬，即在危机时期要使大批的工人死亡

资本不光靠剥削劳动来**生活**。像显贵的野蛮的奴隶主一样，资本也要他的奴隶们陪葬，即在危机时期要使大批的工人死亡。由此可见：**如果**

说资本增长的迅速，那末工人之间的竞争就增长得更迅速无比，就是说，资本增长得愈迅速，工人阶级的就业手段即生活资料就相对地缩减得愈厉害；虽然如此，资本的迅速增长对雇佣劳动却是最有利的条件。

> 马克思：《雇佣劳动与资本》（1847 年 12 月下半月），摘自《马克思恩格斯全集》第 6 卷，人民出版社 1961 年 8 月第 1 版，第 506 页。

**2. 任何一次新危机都直接使工人之间的竞争大为加剧**

生产力的发展既然引起劳动规模的扩大，那末在竞争愈来愈普遍的情况下，暂时的生产过剩愈来愈成为不可避免的了，世界市场愈来愈广阔了。因而，危机愈来愈尖锐了。在有这样突然的手段促使工人结婚和繁殖的情况下，工人大批聚集在一起，集中起来，因而他们的工资便愈来愈波动。所以，任何一次新危机都直接使工人之间的竞争大为加剧。

> 马克思：《工资》（1847 年 12 月底），摘自《马克思恩格斯全集》第 6 卷，人民出版社 1961 年 8 月第 1 版，第 651 页。

**3. 整个社会日益分裂为两大敌对的阵营，分裂为两大相互直接对立的阶级**

从封建社会的灭亡中产生出来的现代资产阶级社会并没有消灭阶级对立。它只是用新的阶级、新的压迫条件、新的斗争形式代替了旧的。

但是，我们的时代，资产阶级时代，却有一个特点：它使阶级对立简单化了。整个社会日益分裂为两大敌对的阵营，分裂为两大相互直接对立的阶级：资产阶级和无产阶级。

> 马克思和恩格斯：《共产党宣言》（1847 年 12 月—1848 年 1 月），摘自《马克思恩格斯文集》第 2 卷，人民出版社 2009 年 12 月第 1 版，第 32 页。

**4. 由于机器日益迅速的发展和继续不断的改良，使得无产者的生活地位越来越没有保障；个别工人同个别资产者之间的冲突愈益成为两个阶级之间的冲突**

机器使劳动的差别越来越小，使工资几乎到处都降到同样低的水平，因而无产阶级内部的利益、生活状况也越来越趋于一致。资产者彼此间日益加剧的竞争以及由此引起的商业危机，使工人的工资越来越不稳定；机器的日益迅速的和继续不断的改良，使工人的整个生活地位越来越没有保障；单个工人和单个资产者之间的冲突越来越具有两个阶级的冲突的性质。

> 马克思和恩格斯：《共产党宣言》（1847 年 12 月—1848 年 1 月），摘自

《马克思恩格斯文集》第 2 卷，人民出版社 2009 年 12 月第 1 版，第 40 页。

**5. 在当前同资产阶级对立的一切阶级中，只有无产阶级才是真正革命的阶级。其余的一切阶级都随着大工业的发展而日趋没落和灭亡，无产阶级却是大工业本身的产物**

在当前同资产阶级对立的一切阶级中，只有无产阶级是真正革命的阶级。其余的阶级都随着大工业的发展而日趋没落和灭亡，无产阶级却是大工业本身的产物。

马克思和恩格斯：《共产党宣言》（1847 年 12 月—1848 年 1 月），摘自《马克思恩格斯文集》第 2 卷，人民出版社 2009 年 12 月第 1 版，第 41 页。

**6. 工业的进步把统治阶级中的整批成员抛到无产阶级队伍里去，或者至少也使他们的生活条件受到威胁**

旧社会内部的所有冲突在许多方面都促进了无产阶级的发展。资产阶级处于不断的斗争中：最初反对贵族；后来反对同工业进步有利害冲突的那部分资产阶级；经常反对一切外国的资产阶级。在这一切斗争中，资产阶级都不得不向无产阶级呼吁，要求无产阶级援助，这样就把无产阶级卷进了政治运动。于是，资产阶级自己就把自己的教育因素①即反对自身的武器给予了无产阶级。

其次，我们已经看到，工业的进步把统治阶级的整批成员抛到无产阶级队伍里去，或者至少也使他们的生活条件受到威胁。他们也给无产阶级带来了大量的教育因素。

最后，在阶级斗争接近决战的时期，统治阶级内部的、整个旧社会内部的瓦解过程，就达到非常强烈、非常尖锐的程度，甚至使得统治阶级中的一小部分人脱离统治阶级而归附于革命的阶级，即掌握着未来的阶级。

马克思和恩格斯：《共产党宣言》（1847 年 12 月—1848 年 1 月），摘自《马克思恩格斯文集》第 2 卷，人民出版社 2009 年 12 月第 1 版，第 41 页。

---

① "教育因素" 在 1888 年英文版中是 "政治教育和普通教育的因素"。

### 7. 工人阶级因消费品不足而群起造反

这种情况在一首讽刺秩序之友的短诗里就有反映：工人阶级因消费品不足而群起造反，上层阶级则因生产过剩而倾家荡产。

马克思和恩格斯：《时评。1850年3—4月》（1850年3月中—4月18日），摘自《马克思恩格斯全集》第10卷，人民出版社1998年3月第2版，第357页。

### 8. 在工人采取罢工这种行动方式的地方，工厂主们便共同约定关闭他们的所有工厂，用这种办法使工人陷于极端贫困

工人们为实现自己的要求，自然要采取这样的方式，即当一部分工人罢工的时候，另一部分工人**工作**，直到罢工者取得胜利。在工人采取这种行动方式的地方，工厂主们便共同约定关闭他们的**所有**工厂，用这种办法使工人陷于极端贫困。

马克思：《战争问题。——金融状况。——罢工》（1853年10月7日），摘自《马克思恩格斯全集》第12卷，人民出版社1998年3月第2版，第485页。

### 9. 这两个阶级之间的战争已成为不可缓和的、不可掩盖的、公开承认的和人人清楚的事了

工业资产阶级就这样一个一个地、一步一步地、亲手扫除了它精心培育出来的一切幻想，而在过去，它可以在危急时刻利用这些幻想把工人阶级的激愤从他们真正的对头身上引开，而引向工业巨头的对头，即土地贵族。在1853年，厂主的虚伪的欺骗已经行不通了，工人的糊涂的幻想也被打破了。这两个阶级之间的战争已成为不可缓和的、不可掩盖的、公开承认的和人人清楚的事了。厂主们在自己最近的一个宣言中大叫："现在已经不是**工资**问题，而是**应当由谁来统治**的问题了。"[1] 这样，曼彻斯特自由派终于抛掉披在自己身上的狮皮。他们现在力求做到的就是：让资本来统治，让劳动受奴役。

马克思：《战争。——罢工。——生活费用上涨》（1853年11月1日），《马克思恩格斯全集》第12卷，人民出版社1998年3月第2版，第511页。

---

[1] 1853年10月29日《人民报》第78期。

**10. 罢工仍然起了自己的作用。它使工业无产阶级革命化**

我不止一次地说过，工人的罢工开始得为时过迟了；在空前繁荣所造成的有利条件已经消逝之后，从经济方面或者从罢工的直接目的方面来看，罢工都已不能成功。但是，罢工仍然起了自己的作用。它使工业无产阶级革命化；它同粮价高昂和劳动报酬低微这些刺激因素一起，到适当的时候将显示出政治后果。即使现在，关于工人议会的主张（这一主张实际上不过是号召所有的工人在宪章运动①的旗帜下重新团结起来）就已经引起了中等阶级报刊的恐惧。

> 马克思：《土耳其战争。——工业的灾难》（1853 年 12 月 2 日），摘自《马克思恩格斯全集》第 12 卷，人民出版社 1998 年 3 月第 2 版，第615 页。

**11. 在危机时期，也决不会改变让工人超出正常日劳动的想法**

在危机时期，也决不会改变让工人超出正常日劳动的想法。如果一个星期仅工作 3 天或 4 天，那么，一般来说，利润就只存在于这 3 天或 4 天工作日所包含的剩余时间中。因而，**超额利润**只能从超过正常剩余时间，从而超过法律规定的正常日的无酬剩余时间中产生。如果我在一周的 3 天中，每天各增加 2 小时的剩余劳动，那么，得到的剩余价值当然只有我在一周 6 天中每天各增加 2 小时剩余劳动所得到的剩余价值的一半。因而，在危机期间下面这种诱惑就更为强烈：在**工作实际还在进行**的日子里，让工人从事更多的**剩余时间**的劳动，也就是说，让工人的劳动多于平常的无酬劳动时间。（其他工厂主通过降低工资，也就是缩短在工作的那 3 天或 4 天中所消耗的必要劳动时间，实际上是在做同样的事情。）

> 马克思：《政治经济学批判（1861—1863 年手稿）》（1861 年 8 月—1863年 7 月），摘自《马克思恩格斯全集》第 32 卷，人民出版社 1998 年 1 月

---

① 宪章派是宪章运动的参加者。宪章运动是 19 世纪 30—50 年代中期英国工人的政治运动，其口号是争取实行包括要求普选权和一系列为工人保证此项权利的许多条件的人民宪章（见《马克思恩格斯全集》第 12 卷注 117）。英国工人阶级为实现人民宪章掀起了广泛的群众性政治运动，宪章运动出现过三次高潮。由于资产阶级收买工人上层和工人阶级政治上的不成熟。到 50 年代中期运动终于失败。宪章派的领导机构是"全国宪章派协会"，机关报是《北极星报》，左翼代表人物是哈尼·琼斯。恩格斯称宪章派是"近代第一个工人政党"（见《社会主义从空想到科学的发展（英文版导言）》）。列宁把宪章运动称作"世界上第一次广泛的，真正群众性的，政治上已经成型的无产阶级革命运动"（见《列宁全集》中文第 2 版第 36 卷，第 292 页）。

第 2 版，第 246—247 页。

### 12. 美国危机发生后，那些工人的总工资忽然降到大约相当于过去数目的 1/4

美国危机①发生后，那些工人的总工资忽然降到大约相当于过去数目的 1/4。

马克思：《工资、价格和利润》（1865 年 5 月 20 日—6 月 24 日），摘自《马克思恩格斯文集》第 3 卷，人民出版社 2009 年 12 月第 1 版，第 39 页。

### 13. 在市场价格下跌的阶段，以及在危机和停滞的阶段，工人即使不致完全失业，他的工资也一定会降低

你们考察一下这整个周期，就会发现，市场价格的一个偏离是由另一个偏离来抵消的，在整个周期内，平均说来，商品的市场价格是由商品的价值调节的。再说，在市场价格下跌的阶段，以及在危机和停滞的阶段，工人即使不致完全失业，他的工资也一定会降低。为了不受骗，他甚至在市场价格这样下降时，也应当同资本家争论工资究竟该降到什么程度。在产生额外利润的繁荣阶段，他如果不争取提高工资，按整个工业周期平均计算，他就会甚至得不到他的**平均工资**或他的劳动的**价值**。

马克思：《工资、价格和利润》（1865 年 5 月 20 日—6 月 24 日），摘自《马克思恩格斯文集》第 3 卷，人民出版社 2009 年 12 月第 1 版，第 71 页。

### 14. 开工的时间越少，就越要使剩余劳动时间延长

在危机时期，生产中断，"开工不足"，每周只开工几天。这当然不影

---

①　1861—1865 年美国内战期间，北军舰队封锁南部蓄奴州海港，严格限制美国棉花出口，致使英国和欧洲其他国家因棉花供应中断而出现棉荒，欧洲大部分棉纺织业陷于瘫痪。1862 年英国有 75% 以上的纱锭和织布机停工。纺织工人接连两三年陷于全失业或半失业状态，生活状况严重恶化。60 年代初期欧洲的歉收更加重了工人的贫困，然而欧洲的无产阶级不顾一切艰难困苦，仍然坚决地援助了美国北部各州。

美国内战即 1861—1865 年美国南北战争，19 世纪中叶，美国南部种植园主奴隶制与北部资产阶级雇佣劳动制的矛盾日益尖说。1860 年 11 月，主张限制奴隶制的共和党候选人林肯当选为总统。美国南部的奴隶主发动了维护奴隶制的叛乱。1861 年 2 月，南部先后宣布脱离联邦的各州在蒙哥马利大会上，成立南部同盟，公开分裂国家，并于当年 4 月 12 日炮轰萨姆特要塞（南卡罗来纳州），挑起内战。1865 年 4 月，南部同盟的首都里士满被攻克，南部同盟的联军投降，战争结束，北部各州在南北战争中取得了胜利，维护了国家的统一，并为资本主义的蓬勃发展扫清了道路。

响延长工作日的欲望。营业越不振，就越要从已有的营业中取得更大的利润。开工的时间越少，就越要使剩余劳动时间延长。

> 马克思：《资本论（第2卷）》（1867年9月出版），摘自《马克思恩格斯文集》第5卷，人民出版社2009年12月第1版，第279页。

### 15. 棉业危机压在工人身上的"暂时的"贫困，由于机器迅速不断的进步而加剧和持久了

棉业危机压在工人身上的"暂时的"贫困，由于机器迅速不断的进步而加剧和持久了。

但是，机器不仅是一个极强大的竞争者，随时可以使雇佣工人"过剩"。它还被资本公开地有意识地宣布为一种和雇佣工人敌对的力量并加以利用。机器成了镇压工人反抗资本专制的周期性暴动和罢工等等的最强有力的武器[①]。用加斯克尔的话来说，蒸汽机一开始就是"人力"的对头[②]，它使资本家能够粉碎工人日益高涨的、可能使刚刚开始的工厂制度陷入危机的那些要求[③]。

> 马克思：《资本论（第2卷）》（1867年9月出版），摘自《马克思恩格斯文集》第5卷，人民出版社2009年12月第1版，第501页。

### 16. 伦敦建筑工人为反对资本家强制实行这种小时工资的企图，发动了一次完全合理的暴动

现在资本家不让工人做满维持自身生存所必要的劳动时间，也能从工人身上榨取一定量的剩余劳动。他可以破坏就业方面的任何规则性，完全按照自己的方便、意愿和眼前利益，使最惊人的过度劳动同相对的或完全的失业互相交替。他可以在支付"正常的劳动价格"的借口下，把工作日延长到超过正常的限度，而不给工人任何相应的补偿。因此，伦敦建筑工人为反对资本家强制实行这种小时工资的企图，发动了一次完全合理的暴动（1860年）。

---

① "在燧石玻璃和瓶玻璃业中，业主和工人之间的关系等于一种慢性的罢工。"因此，主要操作靠机器完成的压制玻璃工场手工业就发展起来。纽卡斯尔的一家公司，以前每年生产350000磅吹制燧石玻璃，现在生产3000500磅压制玻璃。（《童工调查委员会。第4号报告》1865年版，第262、263页）

② 彼·加斯克尔：《手工业工人和机器》1836伦敦版，第23、34—35页，见《马克思恩格斯全集》中文第2版第32卷，第389页。

③ 加斯克尔：《英国的工业人口》1833年伦敦版，第34、35页。

马克思：《资本论（第 1 卷）》（1867 年 9 月出版），摘自《马克思恩格斯文集》第 5 卷，人民出版社 2009 年 12 月第 1 版，第 627 页。

**17. 资本家竭力把这种熟练的工人阶级的存在算做属于自己的生产条件，并且实际上把这种熟练的工人阶级看做自己的可变资本的实际存在，每当危机使这种工人阶级有丧失的危险时，这一点就会表现出来**

资本家竭力把这种熟练的工人阶级的存在算做属于自己的生产条件，并且实际上把这种熟练的工人阶级看做自己的可变资本的实际存在，每当危机使这种工人阶级有丧失的危险时，这一点就会表现出来。大家知道，美国的南北战争以及随之而来的棉荒，把兰开夏郡等地的大部分棉纺织业工人抛向街头。①

马克思：《资本论（第 1 卷）》（1867 年 9 月出版），摘自《马克思恩格斯文集》第 5 卷，人民出版社 2009 年 12 月第 1 版，第 662 页。

**18. 随着资本的积累，阶级斗争日益发展，工人的觉悟日益提高**

在分析需要救济的贫民的统计数字时必须指出两点。一方面，这种贫民人数的增减运动反映着工业周期各阶段的变换。另一方面，随着资本的积累，阶级斗争日益发展，从而工人的觉悟日益提高，关于需要救济的贫民实际人数的官方统计也就越来越带有欺骗性。

马克思：《资本论（第 1 卷）》（1867 年 9 月出版），摘自《马克思恩格斯文集》第 5 卷，人民出版社 2009 年 12 月第 1 版，第 753 页。

**19. 商业稍微一停滞会使这个阶级的大部分人挨饿，大规模的商业危机会使整个阶级都挨饿。如果这种情况出现了，那么这些人除了起来反抗还有什么办法呢**

这样一来，英国势必要限制自己的工业。可是，这和从保护关税制度过渡到自由贸易一样，是很难实现的。因为工业固然可使国家富庶，但它也造成了勉强糊口的急速增长着的无产者阶级，赤贫者阶级，一个以后再也消灭不了的阶级，因为它永远也不能获得稳定的财产。而且三分之一的人口，几乎是所有英国人数的一半，都属于这个阶级。商业稍微一停滞会使这个阶级的大部分人挨饿，大规模的商业危机会使整个阶级都挨饿。如

---

① 在 1861—1865 年美国的南北战争时期，北部各州的海军对南部各州实行封锁，美国的棉花供应中断，从而引起了棉花危机，因此，欧洲很大一部分棉纺织工业陷于瘫痪，工人的状况严重恶化。

果这种情况出现了，那么这些人除了起来反抗还有什么办法呢？况且按人数来说，这个阶级已经成了英国最强大的一个阶级，当他们意识到这一点的时候，英国富翁们就该倒霉了。

> 恩格斯：《国内危机》（1842 年 11 月 19—30 日），摘自《马克思恩格斯全
> 集》第 3 卷，人民出版社 2002 年 10 月第 2 版，第 410 页。

### 20. 广大人民群众无以为生，人们纯粹由于过剩而饿死

在竞争的波动不大，需求和供给、消费和生产几乎彼此相等的时候，在生产发展过程中必定会出现这样一个阶段，在这个阶段，生产力大大过剩，结果，广大人民群众无以为生，人们纯粹由于过剩而饿死。长期以来，英国就处于这种荒诞的状况中，处于这种极不合理的情况下。如果生产波动得比较厉害——这是这种状态的必然结果——，那么就会出现繁荣和危机、生产过剩和停滞的反复交替。

> 恩格斯：《国民经济学批判大纲》（1843 年 9 月底或 10 月初—1844 年 1 月
> 中），摘自《马克思恩格斯文集》第 1 卷，人民出版社 2009 年 12 月第 1
> 版，第 77 页。

### 21. 贫穷在工人中到处蔓延开来

工资由于失业者彼此竞争，由于工作时间缩短，由于出售商品不能获利而日益下降。贫穷在工人中到处蔓延开来，如果某个人还有些积蓄的话，这些积蓄也很快就花光了。

> 恩格斯：《英国工人阶级状况》（1845 年 5 月），摘自《马克思恩格斯全
> 集》第 2 卷，人民出版社 1957 年 12 月第 1 版，第 367 页。

### 22. 每一种改进都像商业危机一样给某一些工人带来严重的后果，即匮乏、贫穷和犯罪

机器上的每一种改进都抢走了工人的饭碗，而且这种改进愈大，工人失业的就愈多。因此，每一种改进都像商业危机一样给某一些工人带来严重的后果，即匮乏、贫穷和犯罪。

> 恩格斯：《英国工人阶级状况》（1845 年 5 月），摘自《马克思恩格斯全
> 集》第 2 卷，人民出版社 1957 年 12 月第 1 版，第 421 页。

### 23. 这些不幸的手工织工，每次危机都是他们最先受到打击，最后摆脱危机的恶果，而且还要被资产阶级当做一种工具，用来反击那些攻击工厂制度的人

这些不幸的手工织工，每次危机都是他们最先受到打击，最后摆脱危

机的恶果，而且还要被资产阶级当做一种工具，用来反击那些攻击工厂制度的人！

> 恩格斯：《英国工人阶级状况》（1845 年 5 月），摘自《马克思恩格斯全集》第 2 卷，人民出版社 1957 年 12 月第 1 版，第 426 页。

### 24. 只有他们对统治阶级感到愤怒，他们才是人

可见工人不仅在身体和智力方面，而且在道德方面，也遭到统治阶级的摒弃和忽视。资产阶级为工人考虑的唯一的东西就是法律，当工人向资产阶级步步进逼的时候，资产阶级就用法律来钳制他们；就像对待无理性的动物一样，资产阶级对工人只有**一种**教育手段，那就是皮鞭，就是残忍的、不能服人而只能威吓人的暴力。所以毫不奇怪，这些被当做牲口对待的工人，不是真的变得像牲口一样，就是只有靠着对当权的资产阶级的强烈仇恨，靠着对资产阶级永不熄灭的内心愤慨才能保持合乎人性的意识和感情。只有他们对统治阶级感到愤怒，他们才是人；如果他们驯顺地让人把挽轭套在脖子上，只想把挽轭下的生活弄得比较舒适些，而不想打碎这个挽轭，那他们就真的成了牲口。

> 恩格斯：《英国工人阶级状况》（1845 年 5 月），摘自《马克思恩格斯文集》第 1 卷，人民出版社 2009 年 12 月第 1 版，第 428 页。

### 25. 无产者已经被置于人们所能想象的最令人愤怒的非人的境地

而无产者除了自己的两只手什么也没有，昨天挣的今天就吃掉，受各种各样的偶然事件支配，没有丝毫的保障可以使自己能够获得最必要的生活必需品——每产生一次危机，雇主每发一次脾气，都可能使他失业——，无产者已经被置于人们所能想象的最令人愤怒的非人的境地。奴隶的生存至少会因为他的主人的私利而得到保证，农奴也还有一块用来养活他的土地，二者都至少还有不至于饿死的保障；无产者却只有指靠自己，同时，人们又不许他把自己的力量变为完全可以指靠的力量。无产者为了改善自己的状况所能做的一切，不过是淹没在那些支配着他而他却丝毫不能控制的偶然事件的洪流中的一滴水而已。他是一个处在各种各样错综复杂情况下的没有意志的物件，只要能够在短期内勉强活下去，就算幸运了。

> 恩格斯：《英国工人阶级状况》（1845 年 5 月），摘自《马克思恩格斯文集》第 1 卷，人民出版社 2009 年 12 月第 1 版，第 429—430 页。

**26. 仅仅为了一个阶级的利益，竟有这么多的人成为畸形者和残废者，竟有这么多的勤劳的工人在替资产阶级服务的时候因资产阶级的过失而遭遇不幸，从而陷入穷困和饥饿的厄运**

像前面引证的材料所表明的，不幸事件的数字现在还很大，使人们不得不严肃地考虑下面这件事实，这就是，仅仅为了一个阶级的利益，竟有这么多的人成为畸形者和残废者，竟有这么多的勤劳的工人在替资产阶级服务的时候因资产阶级的过失而遭遇不幸，从而陷入穷困和饥饿的厄运。

> 恩格斯：《英国工人阶级状况》（1845 年 5 月），摘自《马克思恩格斯全集》第 2 卷，人民出版社 1957 年 12 月第 1 版，第 452 页。

**27. 只要工人还没有完全丧失人的情感，他们就不能不对此表示抗议**

因为工人**必须**反对降低工资，甚至**必须**反抗这种降低的必要性本身；因为工人必须宣布，他们是人，不应该让他们去顺从环境，而应该让环境来适应**他们**，适应人；因为工人的沉默就意味着承认这种环境，承认资产阶级在商业繁荣时期有权剥削工人，而在萧条时期又有权让工人饿死。只要工人还没有完全丧失人的情感，他们就不能不对此表示抗议，他们之所以**这样**抗议，而不用别的方式来抗议，就因为他们是英国人，是用**行动**来表示抗议的讲求实际的人，而不是像德国理论家们那样，只要把他们的抗议书照章记录在案，归入卷宗，就回去安安静静地睡大觉，让抗议书也像抗议者一样在那里安安静静地睡觉。相反，英国人的积极抗议是起作用的，这种抗议把资产阶级的金钱欲限制在一定范围内，使工人对有产阶级的社会的和政治的万能权力的反抗活动保持生机；同时，这种抗议也促使工人意识到，要粉碎资产阶级的统治，除了成立工会和罢工，还需要采取更多的行动。

> 恩格斯：《英国工人阶级状况》（1845 年 5 月），摘自《马克思恩格斯文集》第 1 卷，人民出版社 2009 年 12 月第 1 版，第 453—454 页。

**28. 新济贫法也大大促进了工人运动的发展，特别是促进了宪章运动的扩展**

过去从来没有人这样直截了当这样露骨地宣称，没有财产的人活在世上只是为了供有产者剥削，当有产者不需要他们的时候，他们就应当饿死。正因为如此，新济贫法也大大促进了工人运动的发展，特别是促进了宪章运动的扩展；因为这个法律在农村中应用得最广，所以它将有利于农村地区无产阶级运动的发展。

> 恩格斯:《英国工人阶级状况》(1845 年 5 月),摘自《马克思恩格斯文集》第 1 卷,人民出版社 2009 年 12 月第 1 版,第 492 页。

**29. 他们在商业繁荣的时候受尽厂主们的残酷剥削,而现在又被大批解雇,落到听任命运摆布的地步**

到处呈现着萧条,到处都是被抛弃在街头的工人。这种情况当然使工人非常激动,他们在商业繁荣的时候受尽厂主们的残酷剥削,而现在又被大批解雇,落到听任命运摆布的地步。这就是怀有不满情绪的工人所组织的集会迅速增加的原因。

> 恩格斯:《英国的商业危机。宪章运动。爱尔兰》(1847 年 10 月 23 日),摘自《马克思恩格斯全集》第 4 卷,人民出版社 1958 年 8 月第 1 版,第 316 页。

**30. 这样的危机几乎定期地每五年到七年就要发生一次,每一次都给工人带来极度的贫困,激起普遍的革命热情,给整个现存制度造成极大的危险**

从本世纪初以来,工业经常在繁荣时期和危机时期之间波动。这样的危机几乎定期地每五年到七年发生一次①,每一次都给工人带来极度的贫困,激起普遍的革命热情,给整个现存制度造成极大的危险。

> 恩格斯:《共产主义原理》(1847 年 10 月底—11 月),摘自《马克思恩格斯文集》第 1 卷,人民出版社 2009 年 12 月第 1 版,第 682 页。

**31. 全世界的工人到处都有同样的利益,中间阶级正在各地消失,而且它们的不同利益开始趋于一致**

由于美洲的发现,整个社会分为两个阶级,这种情况没有世界市场的产生是不会发生的。全世界的工人到处都有同样的利益,中间阶级正在各地消失,而且它们的不同利益开始趋于一致。因此,革命不管在哪个国家开始,它必将影响其他国家,而且只有现在才可能有真正的解放。

> 恩格斯:《1847 年 11 月 30 日恩格斯的演说记》(1847 年 11 月 30 日),摘自《马克思恩格斯全集》第 42 卷,人民出版社 1979 年 9 月第 1 版,第 473 页。

---

① 恩格斯曾指出:"我把工业大危机的周期算成了五年。这个关于周期长短的结论,显然是从 1825 年到 1842 年间的事变进程中得出来的。但是 1842 年到 1868 年的工业历史证明,实际周期是十年,中间危机只具有次要的性质,且而在 1842 年以后日趋消失。"(见《马克思恩格斯文集》第 1 卷,第 371 页)

**32. 需要危机的严峻考验，从而使工人很快地又能有所作为**

工人们看来由于现在的繁荣和对未来的"帝国光荣"的希望而彻底资产阶级化了。需要危机的严峻考验，从而使他们**很快地**又能有所作为。如果下次危机不严重，波拿巴就能度过难关。但是，看来危机将非常严重。

> 恩格斯：《恩格斯致马克思》（1852 年 9 月 24 日），《马克思恩格斯全集》第 28 卷，人民出版社 1973 年 3 月第 1 版，第 146—147 页。

**33. 这支后备军在工业开足马力工作的时期可供随意支配，而由于随后必然到来的崩溃又被抛到街头**

机器的改进就意味着越来越多的机器劳动者本身受到排挤，而归根到底就意味着造成一批超过资本雇工的平均需要的、可供支配的雇佣劳动者，一支真正的产业后备军（我早在 1845 年就这样称呼他们①），这支后备军在工业开足马力工作的时期可供随意支配，而由于随后必然到来的崩溃又被抛到街头，这支后备军任何时候都是工人阶级在自己同资本进行生存斗争中的绊脚石，是把工资抑制在合乎资本家需要的低水平上的调节器。

> 恩格斯：《社会主义从空想到科学的发展》（1880 年 1 月—3 月上半月），摘自《马克思恩格斯文集》第 3 卷，人民出版社 2009 年 12 月第 1 版，第 554 页。

**34. 英国的工业人口就处于这样一条普遍规律支配之下，即没有组织起来的工人的工资经常趋于绝对的最低限度**

工人从过去的繁荣时期保留下来的、或者在疯狂的过度生产时期甚至还增加了的任何利益，现在在商业不景气和恐慌的时期全都被剥夺了。很快，英国的工业人口就处于这样一条普遍规律支配之下，即没有组织起来的工人的工资经常趋于绝对的最低限度。

> 恩格斯：《工联》（1881 年 5 月 20 日），摘自《马克思恩格斯全集》第 25 卷，人民出版社 2001 年 4 月第 2 版，第 497 页。

**35. 那些在国际时期在这里作为善良的资产阶级激进派出现的坏蛋们，必将在议会中暴露出他们的真面目。到那时，这里的群众也会成为社会主义的了**

越来越多的工人将要进入议会，并且一个比一个糟糕。但在这里这是必然的。那些在国际时期在这里作为善良的资产阶级激进派出现的坏蛋们，

---

① 恩格斯在这里加了一个注："《英国工人阶级状况》第 109 页"，摘自《马克思恩格斯全集》中文版第 1 版第 2 卷，第 369 页。

必将在议会中暴露出他们的真面目。到那时，这里的群众也会成为社会主义的了。工业生产过剩将办完其余的事情。

> 恩格斯：《致约·菲·贝克尔》（1885 年 6 月 15 日），摘自《马克思恩格斯全集》第 36 卷，人民出版社 1974 年 10 月第 1 版，第 325 页。

### 36. 1 月初以来异乎寻常的严寒，加之有产阶级无比的冷酷无情，在失业群众中激起了大动荡

失业现象在这里越来越严重。英国在世界市场上的垄断地位的崩溃，使 1878 年开始的危机持续不断，而且与其说是在减弱，不如说是在加剧。贫困，特别是本市东头的贫困，骇人听闻。1 月初以来异乎寻常的严寒，加之有产阶级无比的冷酷无情，在失业群众中激起了大动荡。

> 恩格斯：《致奥古斯特·倍倍尔》（1886 年 2 月 15 日），摘自《马克思恩格斯全集》第 36 卷，人民出版社 1974 年 10 月第 1 版，第 436 页。

### 37. 随着大工联因慢性的生产过剩而引起的财政破产的来临，英国人懂得不能指望"自助"和激进主义的时刻也将来到

情况同法国的一样。人数众多的整个工人阶级是不能靠说教发动起来的；但是，一旦条件成熟，只要稍加推动，他们就会排山倒海般地行动起来。这种推动力在英国也会产生，而且很快就会产生。完全可能，随着大工联因慢性的生产过剩而引起的财政破产的来临，英国人懂得不能指望"自助"和激进主义的时刻也将来到。

> 恩格斯：《致威廉·李卜克内西》（1886 年 5 月 12 日），摘自《马克思恩格斯全集》第 36 卷，人民出版社 1974 年 10 月第 1 版，第 476 页。

### 38. 尽可能利用目前繁荣时期之后必然出现的商业不景气时期所带来的冲击使它更快地成熟起来

（3）使工人运动进一步向前发展，并且尽可能利用目前繁荣时期之后必然出现的商业不景气时期所带来的冲击使它更快地成熟起来。

> 恩格斯：《致弗·阿·左尔格》（1889 年 12 月 7 日），摘自《马克思恩格斯文集》第 10 卷，人民出版社 2009 年 12 月第 1 版，第 576 页。

### 39. 现在，实业更不景气，资产阶级正极力寻找停工的借口

而现在，实业更不景气，资产阶级正极力寻找停工的借口。这里对码头工人步步进逼，他们甚至不敢说个不字，否则，他们的整个工联就要被摧毁——不过，这在某种程度上也是他们自做蠢事的结果。而煤气工人只有高度谨慎，才能避免也会使他们的工会遭到破坏的罢工。煤气工厂成为

市营企业，首先使市侩们力图从这些企业榨取尽可能多一些的利润，从而降低市政税。那种认为煤气工人正**因为**是工人，市政局就应付给他们优厚工资的观点，还没有给自己打开一条道路。但如果煤气工人和码头工人遭到失败，在英国，近两年来成立的所有新工联都将被破坏。那时，战场上将只剩下一些**富足的**因而也是胆怯的旧的保守的工联。

> 恩格斯：《致弗·阿·左尔格》（1891 年 3 月 4 日），摘自《马克思恩格斯全集》第 38 卷，人民出版社 1972 年 8 月第 1 版，第 43—44 页。

### 40. 如果我们遇到长期的、持续性的、为期五六年之久的普遍工业危机，那就很难说会发生什么事情了

资本家先生们又会从工人联合会的这种"不堪忍受的苛政"下解脱出来，声称在他们及其工人之间的宗法关系中不容有第三者擅自进行干涉。这已经是老一套了：在景气时期，对劳动的需求迫使这些先生们让步；而在不景气时期，他们就利用劳动供给过剩而取消所有这些让步。但是总的来说，随着工人组织性的加强，他们的反抗力量也在增长，所以工人的一般状况——平均水平——稍微有所改善；任何危机也不能重新使这种状况长期降到**低于**或者**回到**原来的出发点，即前次危机所造成的**最低水平**。可是，如果我们遇到长期的、持续性的、为期五六年之久的**普遍**工业危机，那就很难说会发生什么事情了。

> 恩格斯：《致麦克斯·奥本海姆》（1891 年 3 月 24 日），摘自《马克思恩格斯文集》第 10 卷，人民出版社 2009 年 12 月第 1 版，第 606 页。

### 41. 你永远也不能说服工厂主同意缩短工作时间，即使他们的工业品根本找不到销路；但是要是你使工人罢工，资本家们就会毫无例外地关闭自己的工厂

我们发现，工人阶级中只有两种受到保护的人的状况得到了长期的改善。第一种是工厂工人。法律规定了一个有利于他们的、起码是较为合理的正常工作日，这使他们的体质得到了一定程度的恢复，并且给了他们一种精神上的优势，而这种优势又因他们集中在一定地区而加强了。他们的状况无疑要比 1848 年以前好。最好的证明是：在他们举行的罢工中，十次有九次都是工厂主们为了自己的利益，作为保证缩减生产的唯一手段而挑起的。你永远也不能说服工厂主同意缩短工作时间，即使他们的工业品根本找不到销路；但是要是你使工人罢工，资本家们就会毫无例外地关闭自

己的工厂。

> 恩格斯:《英国工人阶级状况（1892 年德文第 2 版序言）》（1892 年 7 月
> 21 日），摘自《马克思恩格斯文集》第 1 卷，人民出版社 2009 年 12 月第
> 1 版，第 374—375 页。

### 42. 随着英国工业垄断的破产，英国工人阶级就要失掉这种特权地位

真相是这样的：当英国工业垄断地位还保存着的时候，英国工人阶级在一定程度上也分沾过这一垄断地位的利益。这些利益在工人阶级中间分配得极不均匀：享有特权的少数人捞取了绝大部分利益，但广大的群众至少有时也能沾到一点。而这就是自从欧文主义灭绝以后，社会主义在英国未曾出现的原因。随着英国工业垄断的破产，英国工人阶级就要失掉这种特权地位，整个英国工人阶级，连享有特权和占据领导地位的少数在内，将同其他各国工人处于同一水平。而这就是社会主义将重新在英国出现的原因。

> 恩格斯:《英国工人阶级状况（1892 年德文第 2 版序言）》（1892 年 7 月
> 21 日），摘自《马克思恩格斯文集》第 1 卷，人民出版社 2009 年 12 月第
> 1 版，第 378 页。

### 43. 工资本来就很少的工人已经不能再忍受新的压榨了

大约在 10 年以前，商人和厂主的买卖遇到了**挫折**即所谓危机：货物卖不出去；厂主受到了损失，便更加穷凶极恶地勒取罚款。工资本来就很少的工人已经不能再忍受新的压榨了，于是 1885—1886 年在莫斯科、弗拉基米尔、雅罗斯拉夫尔三省开始了工人暴动。忍无可忍的工人停止了工作，向压迫者进行了狠狠的报复，他们破坏厂房和机器，有时还放火烧掉厂房和机器，殴打管理人员等等。

> 列宁:《对工厂工人罚款法的解释》（1895 年秋），摘自《列宁全集》第 2
> 卷，人民出版社 1984 年 10 月第 2 版，第 30 页。

### 44. 除了革命的无产阶级反对整个资本主义制度的阶级斗争而外，没有而且也不可能有其他的手段

西皮亚金先生无疑将会促进这样一个真理的传播和深入人心：无论是反对失业和危机，还是反对我国在剥夺小生产者过程中所采取的亚洲式的野蛮的和残酷的剥夺形式，除了革命的无产阶级反对整个资本主义制度的阶级斗争而外，没有而且也不可能有其他的手段。

> 列宁:《内政评论》（1901 年 10 月），摘自《列宁全集》第 5 卷，人民出

版社 1986 年 10 月第 2 版，第 290 页。

### 45. 资本主义国家的业主是不管饥荒和危机中的大量牺牲者的，正如机车在其行进中不管被它压死的人一样

早在 1885 年时，在工人中，甚至在中部地区，虽然那里的工人比首都的工人更接近农民，都谈不上有什么稍微明显的社会主义的鼓动，当时，工业危机使工厂的空气中充满了电，以致爆炸经常此起彼伏地发生。在这种形势下，慈善事业必然起不了什么作用，因此它始终是某些人的偶然的和纯个人的事情，而没有一点社会意义。

……

资本主义国家的业主是不管饥荒和危机中的大量牺牲者的，正如机车在其行进中不管被它压死的人一样。尸体卡住了车轮，火车就停下来，甚至（如果遇上蛮干的司机）可能因此出轨，但是，稍停片刻之后，它还会继续前进。

> 列宁：《内政评论》（1901 年 10 月），摘自《列宁全集》第 5 卷，人民出
> 版社 1986 年 10 月第 2 版，第 290—291 页。

### 46. 尖锐到发生武装斗争程度的政治危机

这种斗争形式，显然只是在 1906 年，即十二月起义以后，才广泛地发展和流行起来。尖锐到发生武装斗争程度的政治危机，特别是农村和城市的贫困、饥饿和失业的加剧，是引起这种斗争的重要原因之一。无业游民、流氓分子和无政府主义者集团，把这种斗争形式看作是主要的，甚至是**唯一**的社会斗争形式。

> 列宁：《游击战争》（1906 年 9 月 30 日），摘自《列宁选集》第 1 卷，人
> 民出版社 1995 年 6 月第 3 版，第 691 页。

### 47. 反动的恐怖制度维持得愈长久，国内的经济状况就愈恶化，人民对万恶制度的愤怒就愈强烈

1848 年的革命，是 1847 年的危机和饥荒酿成的，而反动派却从危机的结束和工业的繁荣中得救了。"俄国现行的恐怖制度却相反，必然会使多年来笼罩着全国的经济危机更加尖锐。" 1905 年的饥荒所引起的全部后果在今后的几个月里还会暴露出来。镇压革命，这是最大的国内战争，是反对全体人民的战争。这种战争的消耗不亚于对外战争，而且它破坏的不是别人的国家而是自己的国家。财政崩溃日益迫近。此外，新的通商条约会

使俄国发生特别巨大的震动，甚至可能引起世界性的经济危机。因此，反动的恐怖制度维持得愈长久，国内的经济状况就愈恶化，人民对万恶制度的愤怒就愈强烈。

> 列宁：《俄国革命和无产阶级的任务》（1906年10月10日），摘自《列宁全集》第12卷，人民出版社1987年10月第2版，第193—194页。

### 48. 工人运动渐渐走上了政治斗争的道路

危机一天天尖锐起来，而且成了同业职工的障碍。虽然如此，工人运动还是为自己开辟道路，并向前发展：许多细流汇成一条洪流，运动日益带有阶级色彩，渐渐走上了政治斗争的道路。工人运动以惊人的速度发展起来了……

> 斯大林：《略论党内意见分歧》（1905年4月底），摘自《斯大林全集》第1卷，人民出版社1953年9月第1版，第80—81页。

### 49. 新的革命浪潮正在逐渐高涨并向反动势力冲去

由于战争而更加尖锐的危机和日益频繁的政治罢工，惊醒了整个俄国无产阶级，使它和沙皇专制制度直接对立起来。……如果再注意到还有弥漫了二十六省的饥荒，那就不难了解灾难深重的农民将会走上什么道路。末了，士兵也开始发出怨言，这种怨言对于专制制度日益具有威胁性。专制制度的支柱哥萨克开始引起士兵的仇视：不久以前，在新亚历山大里亚，士兵们打死打伤了三百名哥萨克。这样的事情正在逐渐增加……

一句话，实际生活在酝酿着新的革命浪潮，这个浪潮正在逐渐高涨并向反动势力冲去。

> 斯大林：《反动加紧起来了》（1905年10月15日），摘自《斯大林全集》第1卷，人民出版社1953年9月第1版，第157页。

### 50. 实际生活正在准备一次比10月和12月两次发动更广泛更大的新的人民发动

既然城市的危机和乡村的饥荒有加无已，既然无产阶级和农民中间的不满情绪与日俱增，既然沙皇政府日趋腐败，既然革命因而高涨起来，——那末不言而喻，实际生活正在准备一次比10月和12月两次发动更广泛更大的新的人民发动。

> 斯大林：《目前形势和工人党统一代表大会》（1906年），摘自《斯大林全集》第1卷，人民出版社1953年9月第1版，第245页。

### 51. 由于危机，所激起的无产阶级又准备迎接新的搏斗了

由于危机和无权状况所激起的无产阶级又准备迎接新的搏斗了。有人以为无产阶级受到一月九日的牺牲以后就会丧失斗志，他们想错了；恰恰相反，无产阶级更加热烈更加奋勇地准备迎接"最后的"搏斗，更加勇敢更加顽强地向军队和哥萨克作斗争。

斯大林：《再次搏斗》（1908 年 1 月 7 日），摘自《斯大林全集》第 1 卷，人民出版社 1953 年 9 月第 1 版，第 181 页。

### 52. 英国工人开始左倾，愈来愈频繁地采取和资本直接斗争的方法了

战争和战后的危机又给英国的垄断地位一个决定性的打击。超额利润减少了，落入英国工人首领腰包的零头快要没有了。于是英国工人阶级生活水平下降的呼声愈来愈频繁了。"和平繁荣"的时代已为冲突、同盟歇业和罢工的时代所代替了。英国工人开始左倾，愈来愈频繁地采取和资本直接斗争的方法了。

斯大林：《关于英国罢工和波兰事件》（1926 年 6 月 8 日），摘自《斯大林全集》第 8 卷，人民出版社 1954 年 9 月第 1 版，第 141 页。

### 53. 危机将使工人中间的社会民主主义幻想受到一次新的打击

危机已经使资本家对工人阶级的压迫变本加厉。危机已经激起了资本主义合理化的新浪潮，使工人阶级的状况更加恶化，使失业人数增多，使失业常备军扩大，使工资降低。这些情况当然使形式革命化，使阶级斗争尖锐化，并推动工人去进行新的阶级战斗。

因此，工人群众中的社会民主主义幻想正在破灭和消失。自从有了社会民主党人执政的经验（破坏罢工、组织同盟歇业并枪杀工人），关于"生产民主"、"工业和平"、斗争的"和平方法"一类骗人的语言，在工人听来已分明是一种恶意的嘲弄了。现在还能找到很多工人相信社会法西斯分子的欺骗宣传吗？……危机将使工人中间的社会民主主义幻想受到一次新的打击。

斯大林：《联共（布）中央委员会向第十六次代表大会的政治报告》（1930 年 6 月 27 日），摘自《斯大林全集》第 12 卷，人民出版社 1955 年 12 月第 1 版，第 221 页。

### 54. 同情共产主义的工人的群众性的游行示威在工人阶级中得到极热烈的响应

在因经济危机而陷于破产和贫困之后，工人中间还相信"每个工人"

有可能通过参加"民主化的"股份公司发财致富的人现在已经为数不多了。不用说，危机将给一切诸如此类的幻想以致命的打击。

工人群众离开社会民主党就是表示他们转向共产主义。实际情形也确实是这样。在共产党影响下的工会运动的发展，共产党在选举中获得的成就，有共产党员参加和领导的罢工浪潮，经济罢工转为共产党员所组织的政治抗议，同情共产主义的工人的群众性的游行示威在工人阶级中得到极热烈的响应，——这一切都表明，工人群众认定共产党是能和资本主义作斗争的唯一政党。这就是群众向共产主义方面的转变。

斯大林：《联共（布）中央委员会向第十六次代表大会的政治报告》（1930 年 6 月 27 日），摘自《斯大林全集》第 12 卷，人民出版社 1955 年12 月第 1 版，第 221—222 页。

**55. 如果资本家老爷们能设法把自己和经济危机、群众的贫困、失业现象、低微工资以及对劳动者的剥削"隔开"，那就是另外一回事了，那时他们也就不会有布尔什维主义运动了**

不管有怎样的"边防线"，布尔什维主义还是在那里生长着，并且会继续生长，因为那里显然存在着有利于布尔什维主义的条件。这和俄国布尔什维克的宣传有什么关系呢？如果资本家老爷们能设法把自己和经济危机、群众的贫困、失业现象、低微工资以及对劳动者的剥削"隔开"，那就是另外一回事了，那时他们也就不会有布尔什维主义运动了。

斯大林：《联共（布）中央委员会向第十六次代表大会的政治报告》（1930 年 6 月 27 日），摘自《斯大林全集》第 12 卷，人民出版社 1955 年12 月第 1 版，第 226 页。

**56. 人民群众冲击的思想已经在群众意识中成熟起来**

四年的工业危机已经把工人阶级弄得精疲力尽，痛苦不堪。四年的农业危机不仅使各主要资本主义国家的无产农民阶层完全破产，而且特别使附属国和殖民地国家的无产农民阶层完全破产。……如果再加上人数超过一千万的半失业者，再加上千百万的农民群众，那就可以看到劳动群众的贫困和痛苦的大概情景了。人民群众虽然还没有达到向资本主义冲击的地步，但是冲击的思想已经在群众意识中成熟起来，这是几乎用不着怀疑的。

斯大林：《在党的第十七次代表大会上关于联共（布）中央工作的总结报告》（1934 年 1 月 26 日），摘自《斯大林全集》第 13 卷，人民出版社1956 年 4 月第 1 版，第 259—260 页。

**57. 资本主义国家中被四年的危机和失业弄得痛苦不堪的工人阶级就会走上革命的道路**

资本主义国家中被四年的危机和失业弄得痛苦不堪的工人阶级就会走上革命的道路。这就是说，革命危机正在成熟并将日益成熟。资产阶级陷入自己的战争圈套愈深，采用恐怖手段来对付工人阶级和劳动农民愈频繁，革命危机就成熟的愈快。

> 斯大林：《在党的第十七次代表大会上关于联共（布）中央工作的总结报告》（1934 年 1 月 26 日），摘自《斯大林全集》第 13 卷，人民出版社 1956 年 4 月第 1 版，第 264 页。

## （四）危机促使革命形势成熟

**1. 随着工业的发展，无产阶级不仅人数增加了，而且结合成更大的集体**

随着工业的发展，无产阶级不仅人数增加了，而且结合成更大的集体，它的力量日益增长，而且它越来越感觉到自己的力量。机器使劳动的差别越来越小，使工资几乎到处都降到同样低的水平，因而无产阶级内部的利益、生活状况也越来越趋于一致。资产者彼此间日益加剧的竞争以及由此引起的商业危机，使工人的工资越来越不稳定；机器的日益迅速的和继续不断的改良，使工人的整个生活地位越来越没有保障；单个工人和单个资产者之间的冲突越来越具有两个阶级的冲突的性质。工人开始成立反对资产者的同盟①；他们联合起来保卫自己的工资。他们甚至建立了经常性的团体，以便为可能发生的反抗准备食品。有些地方，斗争爆发为起义。

> 马克思和恩格斯：《共产党宣言》（1847 年 12 月—1848 年 1 月），摘自《马克思恩格斯文集》第 2 卷，人民出版社 2009 年 12 月第 1 版，第 40 页。

**2. 生产资本的扩大使无产者的人数增加了**

生产资本的扩大迫使工业资本家采用不断扩大的生产资料进行工作，从而使一些小企业主破产，把他们抛入无产阶级队伍。其次，因为利息率随着资本的积累而下降，小食利者不能再依靠自己的利息过活，只好到工

---

① 在 1888 年英文版中这里加上了"（工联）"。

业中去工作，这样一来就增加了无产者的人数。

> 马克思：《关于自由贸易问题的演说》（1848 年 2 月），摘自《马克思恩格斯文集》第 1 卷，人民出版社 2009 年 12 月第 1 版，第 752 页。

**3. 还没有等到这次危机的全部后果在大陆上彻底表现出来，二月革命就爆发了**

加速革命爆发的第二个重大经济事件，就是**英国的普遍的工商业危机**。1845 年秋季铁路股票投机者整批失败的事实已经预示了这次危机的来临，在 1846 年有一系列偶然情况如谷物关税即将废除等等使它延缓了一下，到 1847 年秋天危机终于爆发了。最初是伦敦经营殖民地货物贸易的大商人破产，接着便是土地银行破产和英国工业区工厂倒闭。还没有等到这次危机的全部后果在大陆上彻底表现出来，二月革命就爆发了。

> 马克思：《1848 年至 1850 年的法兰西阶级斗争》（1849 年底—1850 年 3 月底和 1850 年 10 月—11 月 1 日），摘自《马克思恩格斯文集》第 2 卷，人民出版社 2009 年 12 月第 1 版，第 84 页。

**4. 欧洲大陆政治纠纷因受这次危机影响而尖锐化并转变为 1848 年 2 月和 3 月的革命**

该文首先叙述了 1847 年在英国爆发的大规模商业危机，说明欧洲大陆政治纠纷因受这次危机影响而尖锐化并转变为 1848 年 2 月和 3 月的革命，随后又指出，在 1848 年即已再度来临而在 1849 年势头更猛的工商业的繁荣，如何遏止了革命高潮，并使反动派有可能在此期间取得胜利。①

> 马克思：《1848 年至 1850 年的法兰西阶级斗争》（1849 年底—1850 年 3 月底和 1850 年 10 月—11 月 1 日），摘自《马克思恩格斯文集》第 2 卷，人民出版社 2009 年 12 月第 1 版，第 173 页。

**5. 在资产阶级机体中，四肢自然要比心脏更早地发生震荡**

如果危机首先在大陆上造成革命，那么革命的原因仍然始终出在英国。在资产阶级机体中，四肢自然要比心脏更早地发生震荡，因为心脏得到补救的可能性要大些。另一方面，大陆革命对英国的影响程度同时又是一个温度计，它可以显示出，这种革命在多大的程度上真正危及资产阶级的生存条件，在多大的程度上仅仅触及资产阶级的政治形式。

> 马克思：《1848 年至 1850 年的法兰西阶级斗争》（1849 年底—1850 年 3

---

① 这段引言是恩格斯为 1895 年版所写的。

月底和 1850 年 10 月—11 月 1 日），摘自《马克思恩格斯文集》第 2 卷，
人民出版社 2009 年 12 月第 1 版，第 175—176 页。

### 6. 新的革命，只有在新的危机之后才可能发生

只有在**现代生产力**和**资产阶级生产方式**这两个要素互相**矛盾**的时候，
这种革命才有可能。大陆秩序党内各个集团的代表目前争吵不休，并使对
方丢丑，这决不能导致新的革命；相反，这种争吵之所以可能，只是因为
社会关系的基础在目前是那么巩固，并且——这一点反动派并不清楚——
是那么明显地**具有资产阶级特征**。一切想阻止资产阶级发展的反动企图都
会像民主派的一切道义上的愤懑和热情的宣言一样，必然会被这个基础碰
得粉碎。**新的革命，只有在新的危机之后才可能发生。但新的革命正如新
的危机一样肯定会来临。**

> 马克思：《1848 年至 1850 年的法兰西阶级斗争》（1849 年底—1850 年 3
> 月底和 1850 年 10 月—11 月 1 日），摘自《马克思恩格斯文集》第 2 卷，
> 人民出版社 2009 年 12 月第 1 版，第 176 页。

### 7. 那种商业危机和革命同时爆发也越来越不可避免

美国卷入生产过剩所引起的倒退运动以后，可以预料，在最近一个月
当中，危机将发展得比以前更快，大陆上的政治事件也日益不可遏止地要
爆发，本《时评》不止一次谈到的那种商业危机和革命同时爆发也越来越
不可避免[1]。Que les destins s'accomplissent！［愿注定的事情发生吧！］

> 马克思和恩格斯：《时评。1850 年 3—4 月》（1850 年 3 月中—4 月 18
> 日），摘自《马克思恩格斯全集》第 10 卷，人民出版社 1998 年 3 月第 2
> 版，第 358—359 页。

### 8. 没有商业危机，就不会有重大的革命事件

我不同意这样的看法，即这个事实首先会一般地影响到流亡者的命运，
或者特别是影响到我们的命运；但是我认为，这对于英国说来，预示着将
出现一个政治上极不安定的年份。据恩格斯对我讲，现在西蒂区的商人也
同意我们的看法：由于各种各样的事件（例如也包括政治上的种种担忧，
去年棉花的高价）等等而被抑制住的危机，最迟在明年秋天一定会爆发。
根据最近一些事件，我比任何时候都更相信，没有商业危机，就不会有重
大的革命事件。

---

① 见《马克思恩格斯全集》第 10 卷，第 275—276 页。

马克思：《马克思致斐·弗莱里格拉特》（1851 年 12 月 27 日），摘自《马克思恩格斯全集》第 48 卷，人民出版社 2007 年 10 月第 2 版，第 467—468 页。

### 9. 危机对于工人群众和中间阶级骨干力量的影响也就越加广泛、持久和直接

这次危机比 1847 年的危机将要可怕得多，因为 1847 年的危机主要是商业和金融危机，而不是工业危机。而在这次危机中遭受最猛烈的打击的将是工业区。我们可以回想一下 1838—1842 年这个空前的停滞时期，它也是工业生产过剩的直接结果。过剩资本越是向工业生产集中，而不是通过投机买卖的多种渠道而分散，则危机对于工人群众和中间阶级骨干力量的影响也就越加广泛、持久和直接。

马克思：《贫困和贸易自由。——日益迫近的商业危机》（1852 年 10 月 15 日），摘自《马克思恩格斯全集》第 11 卷，人民出版社 1995 年 6 月第 2 版，第 451 页。

### 10. 只有日益迫近的经济灾难和社会动荡才是欧洲革命的可靠预兆

最后，我还要重申一下我的看法：无论是煽动家的激昂慷慨的演说，还是外交家的愚蠢的废话，都不会造成危机，只有日益迫近的经济灾难和社会动荡才是欧洲革命的可靠预兆。从 1849 年以来，商业和工业的繁荣为反革命铺了一张舒适的卧榻，它躺在上面一直高枕无忧。

马克思：《政治动态。——欧洲缺粮》（1853 年 9 月 13 日），摘自《马克思恩格斯全集》第 12 卷，人民出版社 1998 年 3 月第 2 版，第 356 页。

### 11. 失业者再也忍受不下去，而要起来掌握自己命运的时刻，几乎指日可待了

1825 年至 1867 年每十年反复一次的停滞、繁荣、生产过剩和危机的周期，看来确实已经结束，但这只是使我们陷入持续的和慢性的萧条的绝望泥潭。人们憧憬的繁荣时期将不再来临；每当我们似乎看到繁荣时期行将到来的种种预兆，这些预兆又消失了。而每一个冬天的来临都重新提出这一重大问题："怎样对待失业者"；虽然失业人数年复一年地增加，却没有人解答这个问题；失业者再也忍受不下去，而要起来掌握自己命运的时刻，几乎指日可待了。

马克思：《资本论（第 1 卷英文版序言）》（1867 年 9 月出版），摘自《马克思恩格斯文集》第 5 卷，人民出版社 2009 年 12 月第 1 版，第 34—35 页。

**12. 工业周期的阶段变换又使过剩人口得到新的补充，并且成为过剩人口再生产的最有力的因素之一**

现代工业特有的生活过程，由中常活跃、生产高度繁忙、危机和停滞这几个时期构成的、穿插着较小波动的十年一次的周期形式，就是建立在产业后备军或过剩人口的不断形成、或多或少地被吸收、然后再形成这样的基础之上的。而工业周期的阶段变换又使过剩人口得到新的补充，并且成为过剩人口再生产的最有力的因素之一。

马克思：《资本论（第 1 卷）》（1867 年 9 月出版），摘自《马克思恩格斯文集》第 5 卷，人民出版社 2009 年 12 月第 1 版，第 729 页。

**13. 共产主义产生是由于目前已经完全成为世界市场危机的那种日趋严重和日益普遍的商业危机**

共产主义的产生是由于大工业以及由大工业带来的后果，是由于世界市场的形成，是由于随之而来的不可遏止的竞争，是由于目前已经完全成为世界市场危机的那种日趋严重和日益普遍的商业危机，是由于无产阶级的形成和资本的积聚，是由于由此产生的无产阶级和资产阶级之间的阶级斗争。

恩格斯：《共产主义者和卡尔·海因岑》（1847 年 10 月 3 日），摘自《马克思恩格斯文集》第 1 卷，人民出版社 2009 年 12 月第 1 版，第 672 页。

**14. 那时无产阶级革命将是不可避免的，而且革命的胜利也是毫无疑问的**

十小时工作日法最初由厂主擅自作主而后通过财务法庭实际上已经被废除了，这首先就促使繁荣时期缩短，加速危机的到来。但是，加速危机的到来，同时也就是加速英国发展的进程和实现这种发展的最近目标——工业无产阶级推翻工业资产阶级。可供工业家拓宽市场和消除危机的手段是非常有限的。科布顿提出缩减国家开支的办法，不是纯粹的辉格党人的胡说，就是等于一次彻底的革命，尽管它或许起作用于一时。即使缩减国家开支通过最广泛的革命方式（就英国工业家能够成为革命者而言）来实行，那又怎样去防止下一次危机呢？显然，英国工业家拥有的生产资料的发展力量比他们的销售市场的发展力量要大得多，他们正迅速地走向这样的时期，那时，他们的补救手段将会用尽，现在还处于一次危机和下次危机之间的繁荣时期在过分增长的生产力的高压下将完全消失，危机和危机之间只有短时期的半停滞状态的微弱的工业活动；那时，如果这种反常状态本身不具有自己的医治办法，如果工业的发展不同时产生唯一能领导社会的阶级即无产阶级，那么工业、商业和整个现代社会一方面由于没有得到运用的有生力量过剩，另一方面则由于极端的贫困，而势必遭到毁灭。那时无产阶级革命将是不可避免的，而且革命的胜利也是毫无疑问的。

> 恩格斯：《英国的十小时工作日法》（1850 年 3 月中—4 月中），摘自《马克思恩格斯全集》第 10 卷，人民出版社 1998 年 3 月第 2 版，第 308 页。

### 15. 至于危机是否马上会导致革命，这取决于危机的强度

至于危机是否马上会导致革命——所谓马上，是指六至八个月以后——，这取决于危机的强度。法国的歉收给人一种那里会出什么事的印象；但是，如果危机成为慢性的，而收成终究比预期的要好一些，那末，这可能还要拖到 1854 年。

> 恩格斯：《恩格斯致马克思》（1852 年 8 月 24 日），摘自《马克思恩格斯全集》第 28 卷，人民出版社 1973 年 3 月第 1 版，第 115 页。

### 16. 在总危机临近的时候，早已预言过的全世界的革命形势正在成熟

在总危机临近的时候，早已预言过的全世界的革命形势正在成熟；瞎眼的敌人在为我们工作；加速世界崩溃的发展规律，正在全面的慌乱中和通过这种慌乱发挥作用；——看到这一切真是令人高兴。

> 恩格斯：《恩格斯致奥古斯特·倍倍尔》（1881 年 3 月 30 日），摘自《马克思恩格斯全集》第 35 卷，人民出版社 1971 年 6 月第 1 版，第 168 页。

### 17. 这样的时刻日益临近，到那时，我们在德国将拥有多数，或者无论如何将成为唯一有足够的力量执掌政权的党

显而易见，这样的时刻日益临近，到那时，我们在德国将拥有多数，或者无论如何将成为唯一有足够的力量执掌政权的党——**在保持和平的条件下**。正是由于这个原因，我不希望这一持续不断的发展过程因某种危机而中断，诚然，这种危机可以使它缩短两三年，但也同样可以使它延长十至二十年。

> 恩格斯：《致奥古斯特·倍倍尔》（1891 年 9 月 29 日—10 月 1 日），摘自《马克思恩格斯全集》第 38 卷，人民出版社 1972 年 8 月第 1 版，第 160 页。

**18. 这时年的商业危机和爱尔兰的饥荒到来了，革命的前景也同时出现了**

"40 年前，英国面临着一场按一切迹象看来只有用暴力才能解决的危机。工业的大规模的、迅速的发展远远地超过了国外市场的扩大和需求的增加。每隔十年，生产的进程就被普遍的商业危机强制性地打断一次，随后，经过一个长久的持续的停滞时期后，就是短短的繁荣年份，这种繁荣年份总是又以发疯似的生产过剩和最后再度崩溃而结束。资本家阶级大声疾呼，要求实行谷物自由贸易，并且威胁说，为了实现这一点，他们要把城市的饥民送回原来居住的农业地区去，然而，正如约翰·布莱特所说，那些城市饥民'不是作为乞讨面包的穷人，而是如同驻扎在敌区的一支军队'。城市工人群众要求参与政权——实行人民宪章；小资产阶级的大多数支持他们，二者之间的分歧仅仅在于是应当用暴力还是用合法手段来实现宪章。这时年的商业危机和爱尔兰的饥荒到来了，革命的前景也同时出现了。……"

> 恩格斯：《英国工人阶级状况（1892 年德文第二版序言）》（1892 年 7 月 21 日），摘自《马克思恩格斯文集》第 1 卷，人民出版社 2009 年 12 月第 1 版，第 371 页。

**19. 工人运动已成为我们生活中常见的现象，它在任何条件下都会发展起来**

几年前，我们处于工业繁荣时期，那时商业昌盛，对劳动力的需求很大。但是，工人为了争取改善劳动条件，还是举行了一系列的罢工，因为他们懂得，不应该错过时机，应该抓住厂主利润特别高，容易迫使厂主让步的时机。可是，现在危机代替了繁荣，厂主的商品无法脱手，利润减少，破产数量增多，工厂缩减生产，解雇工人，工人成群地流浪街头，没有饭吃。工人不得不进行拼死的斗争，但已经不是为了改善自己的境况，而是为了保持原来的生活水平，为了减少厂主转嫁给他们的损失。这样，工人运动就日益深入而广泛地开展起来：起初只是个别特殊场合下的斗争，接着是工业复苏和商业昌盛时期的坚持不懈的斗争，最后是危机时期的坚持不懈的斗争。现在我们已经可以说，工人运动已成为我们生活中常见的现象，它在任何条件下都会发展起来。

> 列宁：《新的激战》（1901 年 6 月），摘自《列宁全集》第 5 卷，人民出版

社 1986 年 10 月第 2 版，第 12 页。

**20. 要改变这些条件就必须同现在的整个社会制度和政治制度进行革命的斗争，而工业危机将会使愈来愈多的工人深信这个真理**

工业复苏为危机所代替，这一事实不仅会使工人懂得必需经常不断地进行团结一致的斗争，同时还会破除在工业繁荣时期形成起来的有害幻想。在某些地方工人采取罢工手段比较容易地取得了厂主的让步，于是人们就夸大这种"经济"斗争的意义，忘记了工人的工会（行业工会）和罢工最多也只能使出卖劳动力这种商品的条件略微有利一些。当这种"商品"由于危机而找不到销路时，行业工会和罢工就无能为力了，它们不能改变使劳动力变为商品、使劳动群众极端贫困和陷于失业的条件。要改变这些条件就必须同现在的整个社会制度和政治制度进行革命的斗争，而工业危机将会使愈来愈多的工人深信这个真理。

列宁：《新的激战》（1901 年 6 月），摘自《列宁全集》第 5 卷，人民出版社 1986 年 10 月第 2 版，第 12—13 页。

**21. 在俄国，危机的影响，一般比在其他任何国家都大得多**

在俄国，危机的影响，一般比在其他任何国家都大得多。在我们这里，工业停滞的同时，还有农民的饥饿。可以把失业的工人从城市赶到农村，但又把失业的农民赶到哪里去呢？赶走工人，原是想把不安分的人从城市里清除出去，可是，被赶走的人难道不可能使一部分农民从世代相传的那种俯首听命的状态中苏醒过来，并发动他们不仅提出请求，而且提出**要求**吗？现在工人与农民日益接近起来，这由于他们不仅都面临着失业与饥饿，而且都面临着警察的压迫，这种压迫使工人无法进行联合与自卫，使农民甚至得不到乐善好施者的救济。警察的魔掌，对于千百万丧失一切生活资料的人民，变得百倍可怕。

列宁：《危机的教训》（1901 年 8 月），摘自《列宁专题文集 论资本主义》，人民出版社 2009 年 12 月第 1 版，第 49 页。

**22. 革命的阶级即无产阶级和农民的力量远没有耗尽**

革命的阶级即无产阶级和农民的力量远没有耗尽。经济危机和财政混乱与其说在趋于缓和，不如说正在扩大和加深。甚至极端敌视起义的资产阶级"法制派"机关报也承认，现在对第一次起义的镇压还没有结束，新的爆发的可能性就已经存在了①。

> 列宁：《俄国的目前形势和工人政党的策略》（1906 年 2 月 7 日），摘自
> 《列宁全集》第 12 卷，人民出版社 1987 年 10 月第 2 版，第 161 页。

### 23. 俄国民主革命不仅没有走向低潮，反而正在走向新的高潮

（1）由于生产力遭受的巨大破坏以及人民的空前贫困，俄国目前的经济危机和财政危机不但没有减弱，反而日益扩大和尖锐化，城市失业严重，农村在闹饥荒；

……

（1）俄国民主革命不仅没有走向低潮，反而正在走向新的高潮，目前的相对平静时期不应该看成是革命力量的失败，而应该看成是聚集革命力量，吸取前几个阶段的政治经验，争取人民中新的阶层参加运动，从而准备新的更强大的革命进攻的时期；……

> 列宁：《提交俄国社会民主工党统一代表大会的策略纲领》（1906 年 3 月
> 20 日），摘自《列宁全集》第 12 卷，人民出版社 1987 年 10 月第 2 版，
> 第 201—202 页。

### 24. 农村贫困，工业萧条，全国普遍认识到当前政局没有出路，认识到声名狼藉的"和平宪制"的道路走不通，这一切都在不断地产生革命危机的新因素

资产阶级各派别之间以及它们和政府之间的局部性冲突，在目前情况下恰好会使这种斗争日益临近。农村贫困，工业萧条，全国普遍认识到当前政局没有出路，认识到声名狼藉的"和平宪制"的道路走不通，这一切都在不断地产生革命危机的新因素。

> 列宁：《对目前时局的估计》（1908 年 11 月 1 日），摘自《列宁全集》第
> 17 卷，人民出版社 1988 年 10 月第 2 版，第 258—259 页。

### 25. 在这样的经济和政治状况下，新的革命危机必然会成熟起来

持续不断的经济危机、失业和饥荒表明，专制政府最近的政策不能保证俄国资本主义发展的条件。这种政策必然会加深民主派群众同统治阶级的冲突，使愈来愈多的居民阶层不满，使各个阶级之间的政治斗争更加尖

---

① 例如保守的资产阶级《言论报》（1 月 25 日第 364 号），写道："时常听到坚决拥护中派的人说，当然还是羞羞答答地和不大肯定地说，没有革命政党所准备的新的爆发，就不可能实行必要的完整无缺的改革……指望由上面用和平方法实行改革的念头现在几乎已经打消了。"

锐更加深化。在这样的经济和政治状况下，新的革命危机必然会成熟起来。

世界市场普遍紧张的主要原因，一是西欧工业状况起了变化，发生了危机，这次危机在1908年已变为萧条，一是东方掀起了革命运动，标志着资本主义民族国家的建立。这种紧张状态加剧了竞争，使国际冲突日益频繁，因而使资产阶级和无产阶级之间的阶级矛盾尖锐起来，使总的国际局势日益革命化。

> 列宁：《俄国社会民主工党第五次全国代表会议文献》（1908年12月底—1909年1月初），摘自《列宁全集》第17卷，人民出版社1988年10月第2版，第299—300页。

### 26. 群众的革命风潮日益加剧

而事实表明，正是在1915年，正是在战争引起的危机的基础上，群众的革命风潮日益加剧，俄国的罢工和政治示威，意大利和英国的罢工，德国的饥民游行示威和政治示威此起彼伏。

> 列宁：《机会主义与第二国际的破产》（不早于1915年11月13日），摘自《列宁全集》第27卷，人民出版社1990年1月第2版，第128—129页。

### 27. 摆脱了资本家压迫的工人和农民团结一致的力量，能够创造出真正的奇迹

毫无疑义，我们在这里得到了实践的证明，摆脱了资本家压迫的工人和农民团结一致的力量，能够创造出真正的奇迹。我们在这里得到了实践的证明：革命战争如果真正吸引被压迫劳动群众参加并同他们的利益息息相关，使这些群众意识到自己是在同剥削者作斗争，那么，这种革命战争就会唤起创造奇迹的毅力和才能。

> 列宁：《在全俄东部各民族共产党组织第二次代表大会上的报告》（1919年11月22日），摘自《列宁选集》第4卷，人民出版社1995年6月第3版，第72页。

### 28. 城市中的危机，乡村中的饥荒，以及其他类似的原因已使新的革命爆发日益成为不可避免的了

城市中的危机，乡村中的饥荒，以及其他类似的原因已使新的革命爆发日益成为不可避免的了。可惜这样一个党此时才在建立：因分裂而削弱了的党刚刚在恢复元气，刚刚在实现统一。

> 斯大林：《两次搏斗》（1906年1月7日），摘自《斯大林全集》第1卷，人民出版社1953年9月第1版，第182页。

### 29. 我们是处在新爆发的前夜，革命在高涨，我们应当把它进行到底

日益发展的城市中的危机和农村中的饥荒使新的爆发不可避免，所以在这里是不容许动摇的：或者是革命走向高潮，那我们就应当把它进行到底；或者是革命走向低潮，那我们就不能也不应当提出这样的任务。……

总之，我们是处在新爆发的前夜，革命在高涨，我们应当把它进行到底。

斯大林：《论目前形势》（1906 年 4 月 17 日），摘自《斯大林全集》第 1 卷，人民出版社 1953 年 9 月第 1 版，第 219 页。

### 30. 革命的动力继续存在，继续起作用

我们说，这是必然的，因为革命的动力继续存在，继续起作用，已爆发的工业危机日益加剧，使农村完全破产的饥荒日甚一日，——而这意味着人民的革命义愤很快就要象汹涌的洪流一样奔放起来。事实证明，在俄国社会生活中正酝酿着新的发动，比十二月进攻更坚决更强大的发动。我们正处在起义的前夜。

斯大林：《目前形势和工人党统一代表大会》（1906 年），摘自《斯大林全集》第 1 卷，人民出版社 1953 年 9 月第 1 版，第 231—232 页。

### 31. 革命不仅没有低落，反而一天天发展起来，并准备新的进攻

布尔什维克说，城市的危机日益尖锐，农村的饥荒日益严重，政府腐败透顶，而人民的义愤则一天天增长，因此，革命不仅没有低落，反而一天天发展起来，并准备新的进攻。所以任务就是促成日益发展的革命，把革命进行到底并且以人民专制来完成它。

斯大林：《目前形势和工人党统一代表大会》（1906 年），摘自《斯大林全集》第 1 卷，人民出版社 1953 年 9 月第 1 版，第 234 页。

### 32. 人民的发动是不可避免的

现在谁都晓得，人民的发动是不可避免的。既然城市的危机和乡村的饥荒有加无减，既然无产阶级和农民中间的不满情绪与日俱增，既然沙皇政府日趋腐败，既然革命因而高涨起来，——那末不言而喻，实际生活正在准备一次比十月和十二月两次发动更广泛更强大的新的人民发动。

斯大林：《目前形势和工人党统一代表大会》（1906 年），摘自《斯大林全集》第 1 卷，人民出版社 1953 年 9 月第 1 版，第 245 页。

### 33. 革命的潜在力继续在起作用，日益猛烈地激动广大的工农群众，日益坚决地要求解决我国革命的根本问题

革命的潜在力——城市中的危机和农村中的饥荒——继续在起作用，

日益猛烈地激动广大的工农群众，日益坚决地要求解决我国革命的根本问题。沙皇政权的挣扎只有使危机尖锐化。自由资产阶级力图使农民离开无产阶级，这只能加强革命。

斯大林：《杜马的解散和无产阶级的任务》（1907 年 6 月 20 日），摘自《斯大林全集》第 2 卷，人民出版社 1953 年 12 月第 1 版，第 48 页。

### 34. 这些情况当然使形势革命化，使阶级斗争尖锐化

资本主义国家资产阶级和无产阶级之间的矛盾已经暴露并尖锐化。危机已经使资本家对工人阶级的压迫变本加厉，危机已经使工人阶级的状况更加恶化，使失业人数增多，使失业常备军扩大，使工资降低。这些情况当然使形势革命化，使阶级斗争尖锐化，并推动工人去进行新的阶级战斗。

斯大林：《联共（布）中央委员会向第十六次代表大会的政治报告》（1930 年 6 月 27 日），摘自《斯大林全集》第 12 卷，人民出版社 1955 年 12 月第 1 版，第 221 页。

### 35. 说明群众革命运动的高潮将更加猛烈地增长起来

因世界经济危机的爆发而尖锐到极点的世界资本主义各种基本矛盾的情况就是这样。这一切事实说明什么呢？说明资本主义的稳定就要终结。说明群众革命运动的高潮将更加猛烈地增长起来。说明世界经济危机在许多国家里必定会转为政治危机。

资产阶级在对内政策方面将从进一步法西斯化中寻找摆脱现状的出路，为此就利用包括社会民主党在内的一切反动势力。

资产阶级在对外政策方面将从新的帝国主义战争中寻找出路。

无产阶级在反对资本主义剥削、制止战争危险时，将从革命中寻找出路。

斯大林：《联共（布）中央委员会向第十六次代表大会的政治报告》（1930 年 6 月 27 日），摘自《斯大林全集》第 12 卷，人民出版社 1955 年 12 月第 1 版，第 222—223 页。

### 36. 冲击的思想已经在群众意识中成熟起来，这是几乎用不着怀疑的

人民群众虽然还没有达到向资本主义冲击的地步，但是冲击的思想已经在群众意识中成熟起来，这是几乎用不着怀疑的。西班牙革命推翻了法西斯制度，中国的苏区正在扩大，而中国资产阶级和外国资产阶级联合起来的反革命势力阻止不住这种扩大，这些事实就雄辩地说明了这一点。

斯大林：《在党的第十七次代表大会上关于联共（布）中央工作的总结报

告》（1934 年 1 月 26 日），摘自《斯大林全集》第 13 卷，人民出版社
1956 年 4 月第 1 版，第 260 页。

### 37. 资产阶级陷入自己的战争圈套愈深，革命危机就成熟得愈快

如果资产阶级选择了战争的道路，那末资本主义国家中被四年的危机
和失业弄得痛苦不堪的工人阶级就会走上革命的道路。这就是说，革命危
机正在成熟并将日益成熟。资产阶级陷入自己的战争圈套愈深，采用恐怖
手段来对付工人阶级和劳动农民愈频繁，革命危机就成熟得愈快。

斯大林：《在党的第十七次代表大会上关于联共（布）中央工作的总结报
告》（1934 年 1 月 26 日），摘自《斯大林全集》第 13 卷，人民出版社
1956 年 4 月第 1 版，第 264 页。

# 六 资本主义危机与社会主义

## （一）经济危机表明资本主义必然灭亡

**1. 工人的结局也必然是劳动过度和早死，沦为机器，沦为资本的奴隶**

由此可见，即使在对工人最有利的社会状态中，工人的结局也必然是劳动过度和早死，沦为机器，沦为资本的奴隶（资本的积累危害着工人），发生新的竞争以及一部分工人饿死或行乞。

<blockquote>
马克思：《1844 年经济学哲学手稿》（1844 年 4—8 月），摘自《马克思恩格斯文集》第 1 卷，人民出版社 2009 年 12 月第 1 版，第 121 页。
</blockquote>

**2. 在这种竞争中，商品质量普遍低劣，伪造、假冒，无毒不有**

如果像在所设想的那种激烈竞争状态下发生的那样，利润低的小资本同这个大资本相对立，那么大资本会把它们完全压垮。

在这种竞争中，商品质量普遍低劣，伪造、假冒，无毒不有，正如在大城市中看到的，这是必然的结果。

<blockquote>
马克思：《1844 年经济学哲学手稿》（1844 年 4—8 月），摘自《马克思恩格斯文集》第 1 卷，人民出版社 2009 年 12 月第 1 版，第 136 页。
</blockquote>

**3. 劳动和资本的这种对立一达到极端，就必然是整个关系的顶点、最高阶段和灭亡**

私有财产的关系潜在地包含着作为**劳动**的私有财产的关系和作为**资本**的私有财产的关系，以及这两种表现的相互**关系**。一方面是作为**劳动**的人的活动的生产，即作为对自身、对人和自然界，因而也对意识和生命表现来说完全异己的活动的生产，是人作为单纯的**劳动人**的**抽象**存在，因而这种劳动人每天都可能由他的充实的无沦为绝对的无，沦为他的社会的从而也是现实的非存在。另一方面是作为**资本**的人的活动对象的生产，在这里，对象的一切自然的和社会的规定性都**消失**了，在这里，私有财产丧失了自己的自然的和社会的特质（因而丧失了一切政治的和社会的幻象，而且没有任何**表面上**的人的关系混合在一起），在这里，**同一个**资本在各种极不相同的自然的和社会的存在中始终是**同一**的，而完全不管它的**现实**内容如何。劳动和资本的这种对立一达到极端，就必然是整个关系的顶点、最高阶段和灭亡。

> 马克思：《1844年经济学哲学手稿》（1844年4—8月），摘自《马克思恩格斯文集》第1卷，人民出版社2009年12月第1版，第172页。

### 4. 大工业不仅使工人与资本家的关系，而且使劳动本身都成为工人所不堪忍受的东西

最后，当每一民族的资产阶级还保持着它的特殊的民族利益的时候，大工业却创造了这样一个阶级，这个阶级在所有的民族中都具有同样的利益，在它那里民族独特性已经消灭，这是一个真正同整个旧世界脱离而同时又与之对立的阶级。大工业不仅使工人对资本家的关系，而且使劳动本身都成为工人不堪忍受的东西。

> 马克思和恩格斯：《德意志意识形态》（1845年秋—1846年5月），摘自《马克思恩格斯文集》第1卷，人民出版社2009年12月第1版，第567页。

### 5. 任何一次新危机都直接使工人之间的竞争大为加剧

生产力的发展既然引起劳动规模的扩大，那末在竞争愈来愈普遍的情况下，暂时的生产过剩愈来愈成为不可避免的了，世界市场愈来愈广阔了。因而，危机愈来愈尖锐了。在这样突然的手段促使工人结婚和繁殖的情况下，工人大批聚集在一起，集中起来，因而他们的工资便愈来愈波动。所以，任何一次新危机都直接使工人之间的竞争大为加剧。

> 马克思：《工资》（1847年12月底），摘自《马克思恩格斯全集》第6卷，人民出版社1961年8月第1版，第651页。

### 6. 资产阶级的关系已经太狭窄了，再容纳不了它本身所造成的财富了

资产阶级的关系已经太狭窄了，再容纳不了它本身所造成的财富了。资产阶级用什么办法来克服这种危机呢？一方面不得不消灭大量生产力，另一方面夺取新的市场，更加彻底地利用旧的市场。这究竟是怎样的一种办法呢？这不过是资产阶级准备更全面更猛烈的危机的办法，不过是使防止危机的手段越来越少的办法。

> 马克思和恩格斯：《共产党宣言》（1847年12月—1848年1月），摘自《马克思恩格斯文集》第2卷，人民出版社2009年12月第1版，第37页。

### 7. 资产阶级再不能做社会的统治阶级了，再不能把自己阶级的生存条件当做支配一切的规律强加于社会了

资产阶级再不能做社会的统治阶级了，再不能把自己阶级的生存条件

当做支配一切的规律强加于社会了。资产阶级不能统治下去了，因为它甚至不能保证自己的奴隶维持奴隶的生活，因为它不得不让自己的奴隶落到不能养活它反而要它来养活的地步。社会再不能在它统治下生存下去了，就是说，它的生存不再同社会相容了。

> 马克思和恩格斯：《共产党宣言》（1847 年 12 月—1848 年 1 月），摘自《马克思恩格斯文集》第 2 卷，人民出版社 2009 年 12 月第 1 版，第 43 页。

### 8. 西方各国政府进行干涉只能使革命更加暴烈，并且拖长商业的停滞

在这样的情况下，既然英国的贸易已经经历了通常商业周期的大部分，所以可以有把握地说，中国革命将把火星抛到现今工业体系这个火药装得足而又足的地雷上，把酝酿已久的普遍危机引爆，这个普遍危机一扩展到国外，紧接而来的将是欧洲大陆的政治革命。这将是一个奇观：当西方列强用英、法、美等国的军舰把"秩序"送到上海、南京和运河口的时候，中国却把动乱送往西方世界。……无论如何，在现在这个时候，西方各国政府进行干涉只能使革命更加暴烈，并拖长商业的停滞。

> 马克思：《中国革命和欧洲革命》（1853 年 5 月 31 日），摘自《马克思恩格斯文集》第 2 卷，人民出版社 2009 年 12 月第 1 版，第 612—613 页。

### 9. 在以交换价值为基础的资产阶级社会内部，产生出一些交往关系和生产关系，它们同时又是炸毁这个社会的地雷

在以**交换价值**为基础的资产阶级社会内部，产生出一些交往关系和生产关系，它们同时又是炸毁这个社会的地雷。（有大量对立的社会统一形式，而这些形式的对立性质决不是通过平静的形态变化就能炸毁的。另一方面，如果我们在现在这样的社会中没有发现隐蔽地存在着无阶级社会所必需的物质生产条件和与之相适应的交往关系，那么一切炸毁的尝试都是唐·吉诃德的荒唐行为。）

> 马克思：《1857—1858 年经济学手稿》（1857 年 7 月—1858 年 6 月），摘自《马克思恩格斯文集》第 8 卷，人民出版社 2009 年 12 月第 1 版，第 54 页。

### 10. 这些定期发生的灾难会导致灾难在更高的程度上重复发生

这些矛盾会导致爆发，灾变，危机，这时，劳动暂时中断，很大一部分资本被消灭，这样就以暴力方式使资本回复到它能够［Ⅶ—17］充分利用自己的生产力而不致自杀的水平。但是，这些定期发生的灾难会导致灾

难在更高的程度上重复发生，而最终导致用暴力推翻资本。

> 马克思：《1857—1858 年经济学手稿》（1857 年 7 月—1858 年 6 月），摘自《马克思恩格斯全集》第 31 卷，人民出版社 1998 年 12 月第 2 版，第 150 页。

### 11. 交换的内在必然性会在危机中表现出来，因为危机会通过暴力结束它们彼此毫不相干的假象

**交换**本身使这些彼此在概念上得到规定的要素具有一种彼此毫不相干的存在；它们彼此独立地存在着；它们的内在必然性会在危机中**表现出来**，因为危机会通过暴力结束它们彼此毫不相干的假象。

> 马克思：《1857—1858 年经济学手稿》（1857 年 7 月—1858 年 6 月），摘自《马克思恩格斯全集》第 30 卷，人民出版社 1995 年 6 月第 2 版，第 434 页。

### 12. 只要这个制度还存在，危机就必然会由它产生出来，就好像一年四季的自然更迭一样

只要我们对这些社会条件哪怕进行一次细心的观察，我们就会得出一个很简单的结论。二者必居其一：或者是社会能够控制这些社会条件，或者是这些社会条件是现在的生产制度所固有的。在前一种情况下，社会能够防止危机；在后一种情况下，只要这个制度还存在，危机就必然会由它产生出来，就好像一年四季的自然更迭一样。

> 马克思：《英国的贸易和金融》（1858 年 9 月 14 日），摘自《马克思恩格斯文集》第 12 卷，人民出版社 1962 年 8 月第 1 版，第 607 页。

### 13. 资产阶级生产的一切矛盾，在普遍的世界市场危机中集中地爆发，而在特殊的危机中只是分散地、孤立地、片面地爆发

资产阶级生产的一切矛盾，在普遍的世界市场危机中集中地爆发，而在特殊的（按内容和范围来说是**特殊的**）危机中只是分散地、孤立地、片面地爆发。

> 马克思：《政治经济学批判（1861—1863 年手稿)》（1861 年 8 月—1863 年 7 月），《马克思恩格斯文集》第 8 卷，人民出版社 2009 年 12 月第 1 版，第 274 页。

### 14. 资本主义生产第一次大规模地发展了劳动过程的物的条件和主观条件

但是，正是在这里，资本不仅仅是**劳动**所归属的、把劳动并入自身的

劳动材料和劳动资料；资本还把劳动的社会结合以及与这些**社会结合**相适应的劳动资料的发展，连同劳动一起并入它自身。资本主义生产第一次大规模地发展了劳动过程的物的条件和主观条件，把这些条件同单个的独立的劳动者分割开来，但是资本是把这些条件作为统治**单个工人**的、对单个工人来说是**异己的**力量来发展的。

> 马克思：《政治经济学批判（1861—1863 年手稿）》（1861 年 8 月—1863 年 7 月），摘自《马克思恩格斯文集》第 8 卷，人民出版社 2009 年 12 月第 1 版，第 395—396 页。

### 15. 不顾工人死活地使资本价值增殖，从而创造剩余价值，是推动资本主义生产的灵魂

此外，关于**纯产品**是生产的最终目的和最高目的的这个学说，只不过是无情而正确地表明了这样一个事实：不顾工人死活地**使资本价值增殖**，从而创造剩余价值，是推动资本主义生产的灵魂。

> 马克思：《资本论（1863—1865 年手稿）》（1863 年 8 月—1865 年底），摘自《马克思恩格斯文集》第 8 卷，人民出版社 2009 年 12 月第 1 版，第 534 页。

### 16. 资本主义生产一方面使社会失去的东西，就是另一方面使各个资本家获得的东西

总之，资本主义生产尽管非常吝啬，但对人身材料却非常浪费，正如另一方面，由于它的产品通过贸易进行分配的方法和它的竞争方式，它对物质资料也非常浪费一样；资本主义生产一方面使社会失去的东西，就是另一方面使各个资本家获得的东西。

> 马克思：《资本论（第 1 卷）》（1867 年 9 月出版），摘自《马克思恩格斯文集》第 7 卷，人民出版社 2009 年 12 月第 1 版，第 101 页。

### 17. 在资产阶级眼界内，满脑袋都是生意经

资本主义生产是作为生产的普遍形式的商品生产，但是，它之所以如此，在它的发展中之所以越来越如此，只是因为在这里，劳动本身表现为商品，因为工人出卖劳动，即他的劳动力的职能，并且如我们所假定的，是按照由它的再生产费用决定的它的价值出卖的。劳动越变为雇佣劳动，生产者就越变为产业资本家；因而，资本主义生产（从而商品生产）只有在直接的农业生产者也是雇佣工人的时候，才充分地表现出来。在资本家和雇佣工人的关系上，货币关系，买者和卖者的关系，成

了生产本身所固有的关系。但是，这种关系的基础是生产的社会性质，而不是交易方式的社会性质；相反，后者是由前者产生的。然而，不是把生产方式的性质看做和生产方式相适应的交易方式的基础，而是反过来，这是和资产阶级眼界相符合的，在资产阶级眼界内，满脑袋都是生意经。①

> 马克思：《资本论（第 1 卷）》（1867 年 9 月出版），摘自《马克思恩格斯文集》第 6 卷，人民出版社 2009 年 12 月第 1 版，第 133 页。

### 18. 危机永远只是现有矛盾的暂时的暴力的解决

各种互相对抗的因素之间的冲突周期性地在危机中表现出来。危机永远只是现有矛盾的暂时的暴力的解决，永远只是使已经破坏的平衡得到瞬间恢复的暴力的爆发。

> 马克思：《资本论（第 1 卷）》（1867 年 9 月出版），摘自《马克思恩格斯文集》第 7 卷，人民出版社 2009 年 12 月第 1 版，第 277 页。

### 19. 资本主义生产总是竭力克服它所固有的这些限制

资本主义生产总是竭力克服它所固有的这些限制，但是它用来克服这些限制的手段，只是使这些限制以更大的规模重新出现在它面前。

> 马克思：《资本论（第 1 卷）》（1867 年 9 月出版），摘自《马克思恩格斯文集》第 7 卷，人民出版社 2009 年 12 月第 1 版，第 278 页。

### 20. 使生产力绝对发展，而这种发展和资本在其中运动、并且只能在其中运动的独特的生产条件不断发生冲突

总之，所有否认显而易见的生产过剩现象的意见（它们并不能阻止这种现象的发生）可以归结为：**资本主义生产的限制，不是一般生产的限制**，因而也不是这种独特的、资本主义的生产方式的限制。但是，这种资本主义生产方式的矛盾正好在于它的这种趋势：使生产力绝对发展，而这种发展和资本在其中运动、并且只能在其中运动的独特的生产**条件**不断发生冲突。

> 马克思：《资本论（第 1 卷）》（1867 年 9 月出版），摘自《马克思恩格斯文集》第 7 卷，人民出版社 2009 年 12 月第 1 版，第 286 页。

### 21. 资本主义生产不是绝对的生产方式

在这里，资本主义生产的限制，它的相对性，以纯粹经济学的方式，

---

① 以上是第 V 稿。

就是说，从资产阶级立场出发，在资本主义理解力的界限以内，从资本主义生产本身的立场出发而表现出来，也就是说这里表明，资本主义生产不是绝对的生产方式，而只是一种历史的、和物质生产条件的某个有限的发展时期相适应的生产方式。

> 马克思：《资本论（第1卷）》（1867年9月出版），摘自《马克思恩格斯文集》第7卷，人民出版社2009年12月第1版，第288—289页。

## 22. 这种冲突部分地出现在周期性危机中，这种危机是由于工人人口中这个或那个部分在他们原来的就业方式上成为过剩所引起的

在这里，资本主义生产的特有限制又出现了，资本主义生产决不是发展生产力和生产财富的绝对形式，它反而会在一定点上和这种发展发生冲突。这种冲突部分地出现在周期性危机中，这种危机是由于工人人口中时而这个部分时而那个部分在他们原来的就业方式上成为过剩所引起的。资本主义生产的限制，是工人的剩余时间。

> 马克思：《资本论（第1卷）》（1867年9月出版），摘自《马克思恩格斯文集》第7卷，人民出版社2009年12月第1版，第293页。

## 23. 资本是根本不关心工人的健康和寿命的，除非社会迫使它去关心

在每次证券投机中，每个人都知道暴风雨总有一天会到来，但是每个人都希望暴风雨在自己发了大财并把钱藏好以后，落到邻人的头上。我死后哪怕洪水滔天！① 这就是每个资本家和每个资本家国家的口号。因此，资本是根本不关心工人的健康和寿命的，除非社会迫使它去关心②。人们为体力和智力的衰退、夭折、过度劳动的折磨而愤愤不平，资本却回答说：既然这种痛苦会增加我们的快乐（利润），我们又何必为此苦恼呢？③ 不过总的说来，这也并不取决于个别资本家的善意或恶意。自由竞争使资本主

---

① "我死后哪怕洪水滔天！"（Apr s moi le d luge！）据说这句话是法国国王路易十五回答他的亲信们的谏告时说的，他们劝他不要经常大办酒宴和举行节庆，认为这会使国债剧增，危及国家。

② "尽管居民的健康是国民资本的一个重要成分，但恐怕必须承认，资本家根本不想保持和珍惜这个财富……工厂主关心工人的健康状况是被迫的。"（《泰晤士报》1861年11月5日），"西莱丁的男人成了人类的织工……工人的健康被断送了，再过几代这个种族就会退化下去，但发生了反作用。儿童劳动的时间受到了限制……"（《中央注册局局长第22号年度报告》1861年）。

③ 歌德：《致租莱卡》。

义生产的内在规律作为外在的强制规律对每个资本家起作用。①

> 马克思：《资本论（第 1 卷）》（1867 年 9 月出版），摘自《马克思恩格斯文集》第 5 卷，人民出版社 2009 年 12 月第 1 版，第 311—312 页。

**24. 资本不可遏止地追求的普遍性，在资本本身的性质上遇到了限制，这些限制在资本发展到一定阶段时，会使人们认识到资本本身就是这种趋势的最大限制，因而驱使人们利用资本本身来消灭资本**

因为每一个这样的限制都是同资本的使命相矛盾的，所以资本的生产是在矛盾中运动的，这些矛盾不断地被克服，但又不断地产生出来。不仅如此。资本不可遏止地追求的普遍性，在资本本身的性质上遇到了限制，这些限制在资本发展到一定阶段时，会使人们认识到资本本身就是这种趋势的最大限制，因而驱使人们利用资本本身来消灭资本。

> 马克思：《资本论（第 1 卷）》（1867 年 9 月出版），摘自《马克思恩格斯文集》第 8 卷，人民出版社 2009 年 12 月第 1 版，第 91 页。

**25. 随着机器的出现，才第一次发生工人对劳动资料的粗暴的反抗**

资本主义生产方式使劳动条件和劳动产品具有的与工人相独立和相异化的形态，随着机器的发展而发展成为完全的对立②。因此，随着机器的出现，才第一次发生工人对劳动资料的粗暴的反抗。

> 马克思：《资本论（第 1 卷）》（1867 年 9 月出版），摘自《马克思恩格斯文集》第 5 卷，人民出版社 2009 年 12 月第 1 版，第 497 页。

---

① 例如，我们看到，1863 年初，在斯塔福德郡拥有大规模陶器厂的 26 家公司。其中包括乔·韦奇伍德父子公司，提出呈文，请求"国家进行强制干涉"。他们说，同"别的资本家的竞争"使他们不能"自愿地"限制儿童的劳动时间等等。"因此，虽然我们对上述弊病深恶痛绝，但依靠工厂主之间的某种协议是不可能制止这种弊病的……鉴于所有这些情况，我们确信，制定一种强制的法律是必要的。"（《童工调查委员会。第 1 号报告》1863 年，第 322 页）

注①的补充：最近有一个更突出的例子。在热病式的繁荣时期，棉价很高，于是布莱克本的棉织业主们达成协议，在一定时期内缩短自己工厂的劳动时间。这个期限大约到 11 月底（1871 年）为止。然而兼营纺和织的富裕厂主利用这个协议所造成的生产缩减的机会，扩大自己的营业，从而靠牺牲小厂主获得了大量利润。这些小厂主迫于困难就向工厂工人呼吁，要他们大力鼓吹九小时工作日，并答应为此给予资助！

② "使国家的纯收入（即地主和资本家的收入，如李嘉图在同一个地方所说明的，在经济学看来，他们的财富就 = 国家的财富）增加的原因，同时可以使人口过剩和使工人状况恶化。"（李嘉图：《政治经济学和赋税原理》，第 469 页）"一切机械改良的一贯目的和趋势，实际上就是完全摆脱人的劳动，或者是以妇女和儿童的劳动代替成年男工的劳动，以粗工代替熟练工，从而阵低劳动的价格。"（尤尔：《工厂哲学》，第 23 页）

### 26. 任何银行立法也不能消除危机

像 1844—1845 年那样不明智的和错误的银行立法，只会加深这种货币危机。但是，任何银行立法也不能消除危机。

在再生产过程的全部联系都是以信用为基础的生产制度中，只要信用突然停止，只有现金支付才有效，危机显然就会发生，对支付手段的激烈追求必然会出现。所以乍看起来，好像整个危机只表现为信用危机和货币危机。而且，事实上问题只是在于汇票能否兑换为货币。但是这种汇票多数是代表现实买卖的，而这种现实买卖的扩大远远超过社会需要的限度这一事实，归根到底是整个危机的基础。

> 马克思：《资本论（第 1 卷）》（1867 年 9 月出版），摘自《马克思恩格斯文集》第 7 卷，人民出版社 2009 年 12 月第 1 版，第 554—555 页。

### 27. 资本主义生产使它汇集在各大中心的城市人口越来越占优势，这样一来，它一方面聚集着社会的历史动力，另一方面又破坏着人和土地之间的物质变换，也就是使人以衣食形式消费掉的土地的组成部分不能回归土地，从而破坏土地持久肥力的永恒的自然条件

资本主义生产使它汇集在各大中心的城市人口越来越占优势，这样一来，它一方面聚集着社会的历史动力，另一方面又破坏着人和土地之间的物质变换，也就是使人以衣食形式消费掉的土地的组成部分不能回归土地，从而破坏土地持久肥力的永恒的自然条件。这样，它同时就破坏城市工人的身体健康和农村工人的精神生活。[①]

> 马克思：《资本论（第 1 卷）》（1867 年 9 月出版），摘自《马克思恩格斯文集》第 5 卷，人民出版社 2009 年 12 月第 1 版，第 579 页。

### 28. 只有消灭资本主义生产形式，才允许把工作日限制在必要劳动上

工作日的绝对最低界限，总是由工作日的这个必要的但能缩减的部分形成。如果整个工作日缩小到这个必要的部分，那么剩余劳动就消失了，这在资本的制度下是不可能发生的。只有消灭资本主义生产形式，才允许把工作日限制在必要劳动上。

……

---

① "你们把人民分成两个敌对的阵营：粗笨的农民和娇弱的侏儒。天啊！一个按农业利益和商业利益分裂开来的民族，不仅无视这种惊人的不自然的划分，而且正是因为这种划分，自称为健康的，甚至自命为开化的和文明的民族。"（戴维·乌尔卡尔特：《家常话》，第 119 页）这段话同时表明了这样一种批判的长处和短处，这种批判知道评论现在，谴责现在，却不知道理解现在。

……在资本主义社会里，一个阶级享有自由时间，是由于群众的全部生活时间都转化为劳动时间了。

> 马克思：《资本论（第1卷）》（1867年9月出版），摘自《马克思恩格斯文集》第5卷，人民出版社2009年12月第1版，第605—606页。

### 29. 资本家只有作为人格化的资本，他才有历史的价值，才有像聪明的利希诺夫斯基所说的"没有任何日期"的历史存在权

资本家只有作为人格化的资本，他才有历史的价值，才有像聪明的利希诺夫斯基所说的"没有任何日期"[①]的历史存在权。也只有这样，他本身的暂时必然性才包含在资本主义生产方式的暂时必然性中。但既然这样，他的动机，也就不是使用价值和享受，而是交换价值和交换价值的增殖了。作为价值增殖的狂热追求者，他肆无忌惮地迫使人类去为生产而生产，从而去发展社会生产力，去创造生产的物质条件；而只有这样的条件，才能为一个更高级的、以每一个个人的全面而自由的发展为基本原则的社会形式建立现实基础。

> 马克思：《资本论（第1卷）》（1867年9月出版），摘自《马克思恩格斯文集》第5卷，人民出版社2009年12月第1版，第683页。

### 30. 资本家财富的增长是同他榨取别人的劳动力的多少和强使工人放弃一切生活享受的程度成比例的

资本家财富的增长，不是像货币贮藏者那样同自己的个人劳动和个人消费的节约成比例，而是同他榨取别人的劳动力的程度和强使工人放弃一切生活享受的程度成比例的。因此，虽然资本家的挥霍从来不像放荡的封建主的挥霍那样是直截了当的，相反地，在它的背后总是隐藏着最肮脏的贪欲和最小心的盘算；但是资本家的挥霍仍然和积累一同增加，一方决不会妨害另一方。因此，在资本家个人的崇高的心胸中同时展开了积累欲和享受欲之间的浮士德式的冲突。

> 马克思：《资本论（第1卷）》（1867年9月出版），摘自《马克思恩格斯文集》第5卷，人民出版社2009年12月第1版，第685页。

---

① "没有任何日期"是西里西亚大地主费·玛·利希诺夫斯基于1848年7月25日在法兰克福国民议会发言反对波兰独立存在的历史权利时一再说的一句话。每当他说这句话时，都违反了德语语法规则用了两个否定词，把"Keinen Datum hat"说成"Keinen Datum nicht hat"。因此，他的发言引起哄堂大笑。关于利希诺夫斯基的发言，详见恩格斯1848年8月7日—9月6日写的《法兰克福关于波兰问题的辩论》中的第七节。

**31. 资本主义生产和积累的机制在不断地使这个人数适应资本增殖的需要**

资本主义生产和积累的机制在不断地使这个人数适应资本增殖的需要。这种适应的开头是创造出相对过剩人口或产业后备军，结尾是现役劳动军中不断增大的各阶层的贫困和需要救济的赤贫的死荷重。

马克思：《资本论（第1卷）》（1867年9月出版），摘自《马克思恩格斯文集》第5卷，人民出版社2009年12月第1版，第742—743页。

**32. 生产资料的集中和劳动的社会化，达到了同它们的资本主义外壳不能相容的地步**

生产资料的集中和劳动的社会化，达到了同它们的资本主义外壳不能相容的地步。这个外壳就要炸毁了。资本主义私有制的丧钟就要响了。剥夺者就要被剥夺了。

马克思：《资本论（第1卷）》（1867年9月出版），摘自《马克思恩格斯文集》第5卷，人民出版社2009年12月第1版，第874页。

**33. 每当资产阶级秩序的奴隶和被压迫者起来反对主人的时候，这种秩序的文明和正义就显示出自己的凶残面目**

每当资产阶级秩序的奴隶和被压迫者起来反对主人的时候，这种秩序的文明和正义就显示出自己的凶残面目。那时，这种文明和正义就是赤裸裸的野蛮和无法无天的报复。占有者和生产者之间的阶级斗争中的每一次新危机，都越来越明显地证明这一事实。

马克思：《法兰西内战》（1871年5月），摘自《马克思恩格斯文集》第3卷，人民出版社2009年12月第1版，第173—174页。

**34. 总危机周期的时间在缩短**

真正值得注意的现象是，总危机周期的时间在缩短。我一直认为这种时间不是不变的，而是逐渐缩短的；但特别可喜的是，这种时间的缩短正在露出如此明显的迹象；这是资产阶级世界的寿命的不祥之兆。

马克思：《致彼·拉·拉甫罗夫》（1875年6月18日），摘自《马克思恩格斯全集》第34卷，人民出版社1972年6月第1版，第139页。

**35. 资本一方面会导致这样一个阶段，在这个阶段上，社会上的一部分人靠牺牲另一部分人来强制和垄断社会发展（包括这种发展的物质方面和精神方面的利益）的现象将会消灭；另一方面，这个阶段又会为这样一些关系创造出物质手段和萌芽，这些关系在一个更高级的社会形式中，使这种剩余劳动能够同物质劳动一般所占用的时间的更大的节制结合在一起**

资本的文明面之一是，它榨取这种剩余劳动的方式和条件，同以前的奴隶制、农奴制等形式相比，都更有利于生产力的发展，有利于社会关系的发展，有利于更高级的新形态的各种要素的创造。因此，资本一方面会导致这样一个阶段，在这个阶段上，社会上的一部分人靠牺牲另一部分人来强制和垄断社会发展（包括这种发展的物质方面和精神方面的利益）的现象将会消灭；另一方面，这个阶段又会为这样一些关系创造出物质手段和萌芽，这些关系在一个更高级的社会形式中，使这种剩余劳动能够同物质劳动一般所占用的时间的更大的节制结合在一起。

> 马克思：《资本论（第3卷）》（1894年11月出版），摘自《马克思恩格斯文集》第7卷，人民出版社2009年12月第1版，第927—928页。

**36. 价值规律不过作为内在规律，对单个当事人作为盲目的自然规律起作用，并且是在生产的偶然波动中，维持着生产的社会平衡**

在这个十分独特的价值形式上，一方面，劳动只作为社会劳动起作用；另一方面，这个社会劳动的分配，它的产品的互相补充，它的产品的物质变换，它从属于和被纳入社会的传动机构，这一切却听任资本主义生产者个人偶然的、互相抵消的冲动去摆布。因为这些人不过作为商品占有者互相对立，每个人都企图尽可能以高价出售商品（甚至生产本身似乎也只是由他们任意调节的），所以，内在规律只有通过他们之间的竞争，他们互相施加的压力来实现，正是通过这种竞争和压力，各种偏离得以互相抵消。在这里，价值规律不过作为内在规律，对单个当事人作为盲目的自然规律起作用，并且是在生产的偶然波动中，实现着生产的社会平衡。

> 马克思：《资本论（第3卷）》（1894年11月出版），摘自《马克思恩格斯文集》第7卷，人民出版社2009年12月第1版，第996页。

**37. 资产阶级形式只是暂时的、充满矛盾的形式**

在西斯蒙第看来，危机并不象李嘉图所认为的那样是偶然的，而是内在矛盾的广泛的定期的根本爆发。他经常迟疑不决的是：国家应该控制生产力，使之适应生产关系呢，还是应该控制生产关系，使之适应生产力？在这方面，他常常求救于过去；他成为"过去时代的赞颂者"①，或者也企图通过别的调节收入和资本、分配和生产之间的关系的办法来制服矛盾，而不理解分配关系只不过是从另一个角度来看的生产关系。他中肯地批判了资产阶级生产的矛盾，但他不理解这些矛盾，因此也**不理解**解决这些矛盾的过程。不过，从他的论据的基础来看，他确实有这样一种模糊的猜测：对于在资本主义社会内部发展起来的生产力，对于创造财富的物质和社会条件，必须有占有这种财富的**新**形式与之适应；资产阶级形式只是暂时的、充满矛盾的形式，在这种形式中财富始终只是获得矛盾的存在，同时处处表现为它自己的对立面。这是始终以贫困为前提、并且只有靠发展贫困才能使自己得以发展的财富。

> 马克思：《剩余价值理论（第3册）》（1910年出版），摘自《马克思恩格斯全集》第26卷第3册，人民出版社1974年12月第1版，第55页。

### 38. 资产阶级生产只是历史的过渡形式

资产阶级的生产，由于它本身的内在规律，一方面不得不这样发展生产力，就好象它不是在一个有限的社会基础上的生产，另一方面它又毕竟只能在这种局限性的范围内发展生产力，——这种情况是危机的最深刻、最隐秘的原因，是资产阶级生产中种种尖锐矛盾的最深刻、最隐秘的原因，资产阶级的生产就是在这些矛盾中运动，这些矛盾，即使粗略地看，也表明资产阶级生产只是历史的过渡形式。

> 马克思：《剩余价值理论（第3册）》（1910年出版），摘自《马克思恩格斯全集》第26卷第3册，人民出版社1974年12月第1版，第86—87页。

### 39. 80年来，这些商业危机像过去的大瘟疫一样定期来临，而且它们造成的不幸和不道德比大瘟疫所造成的更大

80年来，这些商业危机像过去的大瘟疫一样定期来临，而且它们造成的不幸和不道德比大瘟疫所造成的更大（参看威德《中等阶级和工人阶级的历史》1835年伦敦版，第211页）。

> 恩格斯：《国民经济学批判大纲》（1843年9月底—1844年1月中），摘自《马克思恩格斯文集》第1卷，人民出版社2009年12月第1版，第74页。

---

① 见贺累西《诗论》。

### 40. 最后，必定引起一场社会革命

只要你们继续以目前这种无意识的、不假思索的、全凭偶然性摆布的方式来进行生产，那么商业危机就会继续存在；而且每一次接踵而来的商业危机必定比前一次更普遍，因而也更严重，必定会使更多的小资本家变穷，使专靠劳动为生的阶级人数以增大的比例增加，从而使待雇劳动者的人数显著地增加——这是我们的经济学家必须解决的一个主要问题——，最后，必定引起一场社会革命，而这一革命，经济学家凭他的书本知识是做梦也想不到的。

> 恩格斯：《国民经济学批判大纲》（1843 年 9 月底—1844 年 1 月中），摘自《马克思恩格斯文集》第 1 卷，人民出版社 2009 年 12 月第 1 版，第 75 页。

### 41. 生产力大大过剩，广大人民群众无以为生，人们纯粹由于过剩而饿死

在竞争的波动不大，需求和供给、消费和生产几乎彼此相等的时候，在生产发展过程中必定会出现这样一个阶段，在这个阶段，生产力大大过剩，结果，广大人民群众无以为生，人们纯粹由于过剩而饿死。长期以来，英国就处于这种荒诞的状况中，处于这种极不合理的情况下。

> 恩格斯：《国民经济学批判大纲》（1843 年 9 月底—1844 年 1 月中），摘自《马克思恩格斯文集》第 1 卷，人民出版社 2009 年 12 月第 1 版，第 77 页。

### 42. 工人阶级处境悲惨的原因应当到资本主义制度本身中去寻找

这样，至少在主要的工业部门中——因为在次要的工业部门中根本不是这样——资本主义生产发展本身已经足以消除早年使工人命运恶化的那些小的弊端。这样一来，下面这个重大的基本事实就越来越明显了：工人阶级处境悲惨的原因不应当到这些小的弊病中去寻找，而应当到**资本主义制度本身**中去寻找。

> 恩格斯：《英国工人阶级状况（美国版附录）》（1845 年 5 月），摘自《马克思恩格斯文集》第 1 卷，人民出版社 2009 年 12 月第 1 版，第 368 页。

### 43. 英国所患的社会病的过程和身体生病的进程是一样的

另一方面，爱尔兰移民也由此而促进了工人和资产阶级之间的鸿沟的加深，从而加速了即将发生的危机的来临。问题在于，英国所患的社会病的进程和身体生病的进程是一样的；这种病症按照一定的规律发展，它有

它的危机，危机中最后和最厉害的一次就决定患者的命运。因为英国这个国家不会在这次最后的危机中灭亡，相反地一定要从危机中复活更新，所以我们对于使这个病症达到顶点的一切因素都只能感到高兴。

恩格斯：《英国工人阶级状况》（1845年5月），摘自《马克思恩格斯文集》第1卷，人民出版社2009年12月第1版，第437页。

**44. 你们吸干了无产者最后一滴血，然后再对他们虚伪地施以小恩小惠，以使自己感到满足，并在世人面前摆出一副人类大慈善家的姿态**

你们吸干了无产者最后一滴血，然后再对他们虚伪地施以小恩小惠，以使自己感到满足，并在世人面前摆出一副人类大慈善家的姿态，而你们归还给被剥削者的只是他们应得的百分之一，似乎这样做就是造福于无产者！这种善行使得被践踏的人受到更大的欺凌，它要求那些失去人的尊严、受到社会排挤的贱民放弃他最后的一点东西，放弃对人的尊严的要求；这种善行在大发慈悲用施舍物给不幸的人打上被唾弃的烙印以前，还要不幸的人去乞求它的恩赐！

恩格斯：《英国工人阶级状况》（1845年5月），摘自《马克思恩格斯文集》第1卷，人民出版社2009年12月第1版，第478页。

**45. 因为工业、农业、交换的共同管理将成为工业、农业和交换本身的物质必然性的日子日益逼近，所以，私有财产一定要被废除**

因为大工业和机器设备、交通工具、世界贸易发展的巨大规模使这一切越来越不可能为个别资本家所利用，因为日益加剧的世界市场危机在这方面提供了最有力的证明，因为现代生产方式和交换方式下的生产力和交换手段日益超出了个人交换和私有财产的范围，总之，因为工业、农业、交换的共同管理将成为工业、农业和交换本身的物质必然性的日子日益逼近，所以，私有财产一定要被废除。

恩格斯：《共产主义者和卡尔·海因岑》（1847年9月27日前和10月3日），摘自《马克思恩格斯文集》第1卷，人民出版社2009年12月第1版，第672页。

**46. 大工业只要还在现今的基础上进行经营，就只能通过每七年出现一次的普遍混乱来维持**

竞争和个人经营工业生产已经变成大工业的枷锁，大工业必须粉碎它，而且一定会粉碎它。大工业只要还在现今的基础上进行经营，就只能通过每七年出现一次的普遍混乱来维持，每次混乱对全部文明都是一种威胁，它不但把无产者抛入贫困的深渊，而且也使许多资产者破产。

> 恩格斯：《共产主义原理》（1847 年 10 月底—11 月），摘自《马克思恩格斯文集》第 1 卷，人民出版社 2009 年 12 月第 1 版，第 682 页。

### 47. 只有这时废除私有制才不仅可能，甚至完全必要

但是现在，由于大工业的发展，**第一**，产生了空前大规模的资本和生产力，并且具备了能在短时期内无限提高这些生产力的手段；**第二**，生产力集中在少数资产者手里，而广大人民群众越来越变成无产者，资产者的财富越增加，无产者的境遇就越悲惨和难以忍受；**第三**，这种强大的、容易增长的生产力，已经发展到私有制和资产者远远不能驾驭的程度，以致经常引起社会制度极其剧烈的震荡。只有这时废除私有制才不仅可能，甚至完全必要。

> 恩格斯：《共产主义原理》（1847 年 10 月底—11 月），摘自《马克思恩格斯文集》第 1 卷，人民出版社 2009 年 12 月第 1 版，第 684 页。

### 48. 现在问题终于直截了当地提出来了：有我无你，有你无我

压迫的秘密现在终于揭开了；现在幸亏有自由贸易论者，人民才终于能够清楚地了解自己的处境；现在问题终于直截了当地提出来了：**有我无你，有你无我**！

> 恩格斯：《10 小时工作日问题》（1850 年 2 月 9—20 日），摘自《马克思恩格斯全集》第 10 卷，人民出版社 1998 年 3 月第 2 版，第 283 页。

### 49. 那时无产阶级革命将是不可避免的，而且革命的胜利也是毫无疑问的

显然，英国工业家拥有的生产资料的发展力量比他们的销售市场的发展力量要大得多，他们正迅速地走向这样的时期，那时，他们的补救手段将会用尽，现在还处于一次危机和下次危机之间的繁荣时期在过分增长的生产力的高压下将完全消失，危机和危机之间只有短时期的半停滞状态的微弱的工业活动；那时，如果这种反常状态本身不具有自己的医治办法，如果工业的发展不同时产生唯一能领导社会的阶级即无产阶级，那么工业、商业和整个现代社会一方面由于没有得到运用的有生力量过剩，另一方面则由于极端的贫困，而势必遭到毁灭。那时无产阶级革命将是不可避免的，而且革命的胜利也是毫无疑问的。

恩格斯：《英国的10小时工作日法案》（1850年2月中旬），摘自《马克思恩格斯全集》第10卷，人民出版社1998年3月第2版，第309页。

## 50. 十年一次的危机不仅毁灭生产出来的生活资料、享受资料和发展资料，而且毁灭生产力本身的一大部分，来重建平衡

最后，在资本主义生产方式下，生产达到这样的高度，以致社会不再能够消耗掉所生产出来的生活资料、享受资料和发展资料，因为生产者大众被人为地和强制地同这些资料隔离开来；因此，十年一次的危机不仅毁灭生产出来的生活资料、享受资料和发展资料，而且毁灭生产力本身的一大部分，以此来重建平衡；……

恩格斯：《自然辩证法》（1853年5月31日），摘自《马克思恩格斯文集》第9卷，人民出版社2009年12月第1版，第548页。

## 51. 创造了现代资产阶级社会的那些力量，现在已经由于接连不断的商业危机而使这个社会走向解体并且最后走向灭亡

我们的出发点是：创造了现代资产阶级社会的那些力量——蒸汽机、现代化的机器、大规模的殖民、铁路和轮船、世界贸易，现在已经由于接连不断的商业危机而使这个社会走向解体并且最后走向灭亡；这些生产资料和交换手段也足以在短时间内使比例关系翻转过来，把每个人的生产力提高到能生产出够两个人、三个人、四个人、五个人或六个人消费的产品；……

恩格斯：《致弗里德里希·阿尔伯特·朗格》（1865年3月29日），摘自《马克思恩格斯文集》第10卷，人民出版社2009年12月第1版，第225—226页。

## 52. 现代资本主义生产方式所造成的生产力和由它创立的财富分配制度，已经和这种生产方式本身发生激烈的矛盾

这是因为：现代的大工业，一方面造成了无产阶级，这个阶级能够在历史上第一次不是要求消灭某个特殊的阶级组织或某种特殊的阶级特权，而是要求根本消灭阶级；这个阶级所处的地位，使他们不得不贯彻这一要求，否则就有沦为中国苦力的危险。另一方面，这个大工业造成了资产阶级这样一个享有全部生产工具和生活资料的垄断权的阶级，但是在每一个狂热投机的时期和接踵而来的每次崩溃中，都表明它已经无力继续支配那越出了它的控制力量的生产力；在这个阶级的领导下，社会就像司机无力

拉开紧闭的安全阀的一辆机车一样，迅速奔向毁灭。换句话说，这是因为：现代资本主义生产方式所造成的生产力和由它创立的财富分配制度，已经和这种生产方式本身发生激烈的矛盾，而且矛盾达到了这种程度，以至于如果要避免整个现代社会毁灭，就必须使生产方式和分配方式发生一个会消除一切阶级差别的变革。

> 恩格斯：《反杜林论》（1876 年 9 月—1878 年 6 月），摘自《马克思恩格斯文集》第 9 卷，人民出版社 2009 年 12 月第 1 版，第 164—165 页。

### 53. 大工业已经把潜伏在资本主义生产方式中的矛盾发展为如此明显的对立

但是从那时以来，大工业已经把潜伏在资本主义生产方式中的矛盾发展为如此明显的对立，以致这种生产方式的日益迫近的崩溃可说是用手就可以触摸到了；只有采用同生产力的现在的发展程度相适应的新的生产方式，新的生产力本身才能保存并进一步发展；由以往的生产方式所造成的并在日益尖锐的对立中不断再生产的两个阶级之间的斗争，遍及一切文明国家并且日益剧烈；而且人们也已经了解这种历史的联系，了解由于这种联系而成为必然的社会改造的条件，了解同样由这种联系所决定的这种改造的基本特征。

> 恩格斯：《反杜林论》（1876 年 9 月—1878 年 6 月），摘自《马克思恩格斯文集》第 9 卷，人民出版社 2009 年 12 月第 1 版，第 283 页。

### 54. 新的生产力已经超过了这种生产力的资产阶级利用形式

自从蒸汽和新的工具机把旧的工场手工业变成大工业以后，在资产阶级领导下造成的生产力，就以前所未闻的速度和前所未闻的规模发展起来了。但是，正如从前工场手工业以及在它影响下进一步发展了的手工业同封建的行会桎梏发生冲突一样，大工业得到比较充分的发展时就同资本主义生产方式对它的种种限制发生冲突了。新的生产力已经超过了这种生产力的资产阶级利用形式；生产力和生产方式之间的这种冲突，并不是像人的原罪和神的正义的冲突那样产生于人的头脑中，而是存在于事实中，客观地、在我们之外、甚至不依赖于引起这种冲突的那些人的意志或行动而存在着。

> 恩格斯：《反杜林论》（1876 年 9 月—1878 年 6 月），摘自《马克思恩格斯文集》第 9 卷，人民出版社 2009 年 12 月第 1 版，第 284—285 页。

### 55. 市场的扩张赶不上生产的扩张

市场的扩张赶不上生产的扩张。冲突成为不可避免的了，而且，因为它在把资本主义生产方式本身炸毁以前不能使矛盾得到解决，所以它就成为周期性的了。资本主义生产造成了新的"恶性循环"。

> 恩格斯：《反杜林论》（1876 年 9 月—1878 年 6 月），摘自《马克思恩格斯文集》第 9 卷，人民出版社 2009 年 12 月第 1 版，第 292 页。

### 56. 居于统治地位的大资产阶级已经完成了它的历史使命，它不但不能再领导社会，甚至变成了生产发展的障碍

由于现时生产力如此巨大的发展，就连把人分成统治者和被统治者、剥削者和被剥削者的最后一个借口，至少在最先进的国家里也已经消失了；居于统治地位的大资产阶级已经完成了它的历史使命，它不但不能再领导社会，甚至变成了生产发展的障碍，如各国的商业危机，尤其是最近的一次大崩溃①以及工业不振的状态就是证明；历史的领导权已经转到无产阶级手中，而无产阶级由于自己的整个社会地位，只有完全消灭一切阶级统治、一切奴役和一切剥削，才能解放自己；社会生产力已经发展到资产阶级不能控制的程度，只等待联合起来的无产阶级去掌握它，以便建立这样一种制度，使社会的每一成员不仅有可能参加社会财富的生产，而且有可能参加社会财富的分配和管理，并通过有计划地经营全部生产，使社会生产力及其成果不断增长，足以保证每个人的一切合理的需要在越来越大的程度上得到满足。

> 恩格斯：《卡尔·马克思》（1877 年 6 月中），摘自《马克思恩格斯文集》第 3 卷，人民出版社 2009 年 12 月第 1 版，第 459 页。

### 57. 工业在资本主义基础上的迅速发展，使劳动群众的贫穷和困苦成了社会的生存条件

工业在资本主义基础上的迅速发展，使劳动群众的贫穷和困苦成了社会的生存条件。现金交易，如卡莱尔所说的，日益成为社会的唯一纽带。犯罪现象一年比一年增多。

> 恩格斯：《社会主义从空想到科学的发展》（1880 年 1 月—3 月上半月），

---

① 指 1873 年世界经济危机。这次危机席卷了奥地利、德国、北美、英国、法国、荷兰、比利时、意大利、俄国和其他国家，具有猛烈而深刻的特点。在德国，这次危机从 1873 年 5 月以"大崩溃"开始，一直延续到 70 年代末。

摘自《马克思恩格斯文集》第 3 卷，人民出版社 2009 年 12 月第 1 版，第 527 页。

## 58. 在危机中，社会化生产和资本主义占有之间的矛盾剧烈地爆发出来

在危机中，社会化生产和资本主义占有之间的矛盾剧烈地爆发出来。商品流通暂时停顿下来；流通手段即货币成为流通的障碍；商品生产和商品流通的一切规律都颠倒过来了。经济的冲突达到了顶点：生产方式起来反对交换方式。

恩格斯：《社会主义从空想到科学的发展》（1880 年 1 月—3 月上半月），摘自《马克思恩格斯文集》第 3 卷，人民出版社 2009 年 12 月第 1 版，第 556—557 页。

## 59. 如果说危机暴露出资产阶级没有能力继续驾驭现代生产力，那么，大的生产机构和交通机构向股份公司、托拉斯和国家财产的转变就表明资产阶级在这方面是多余的

如果说危机暴露出资产阶级没有能力继续驾驭现代生产力，那么，大的生产机构和交通机构向股份公司、托拉斯①和国家财产的转变就表明资产阶级在这方面是多余的。资本家的全部社会职能现在由领工薪的职员来执行了。资本家除了拿红利、持有剪息票、在各种资本家相互争夺彼此的资本的交易所中进行投机以外，再也没有任何其他的社会活动了。资本主义生产方式起初排挤工人，现在却在排挤资本家了，完全像对待工人那样把他们赶到过剩人口中去，虽然暂时还没有把他们赶到产业后备军中去。

恩格斯：《社会主义从空想到科学的发展》（1880 年 1 月—3 月上半月），摘自《马克思恩格斯文集》第 3 卷，人民出版社 2009 年 12 月第 1 版，第 559 页。

## 60. 不单单是我们不要资本家阶级干预就能够把本国的大工业管理得很好，而且他们的干预越来越成为一种祸害了

我们已经试图说明：资本家阶级也已经变得没有能力管理本国巨大的生产体系了，他们一方面扩大生产，以致周期地以产品充斥一切市场，而另一方面，又越来越无力抵御外国的竞争。由此我们看到，不单单是我们不要资本家阶级干预就能够把本国的大工业管理得很好，而且他们的干预

①　在 1883 年德文第一版中没有 "托拉斯" 一词。

越来越成为一种祸害了。

> 恩格斯：《必要的和多余的社会阶级》（1881 年 8 月初），摘自《马克思恩格斯全集》第 25 卷，人民出版社 2001 年 4 月第 2 版，第 537 页。

### 61. 资本主义生产方式已经彻底衰竭

十年一个周期，大致只是从 1847 年才明显地表现出来（由于加利福尼亚和澳大利亚的黄金开采以及世界市场的完全形成）。现在，当美国、法国和德国开始打破英国在世界市场上的垄断地位，并由此像 1847 年以前那样又开始更迅速地出现生产过剩时，又产生了为期五年的中间危机。这证明资本主义生产方式已经彻底衰竭。繁荣期再也达不到充分发展的程度了；五年过后，便又出现生产过剩，甚至在这五年当中，整个说来，情况也是不大妙的。然而，这决不意味着，在 1884—1887 年间，就不会再像 1844—1847 年间那样，工商业又有相当大的复苏。但是，在这之后，彻底崩溃必将到来……

> 恩格斯：《致奥古斯特·倍倍尔》（1883 年 5 月 10—11 日），摘自《马克思恩格斯文集》第 10 卷，人民出版社 2009 年 12 月第 1 版，第 508 页。

### 62. 这个社会最终必将像所有以前的社会历史阶段一样灭亡

就是这个规律造成了我们的社会现状和这个社会的阶级大分化——分化成资本家和雇佣工人①；现在这个社会就是按照这个规律组织起来、成长起来的，一直成长到差不多已经过了时，而且就是按照这个规律，这个社会最终必将像所有以前的社会历史阶段一样灭亡。

> 恩格斯：《马克思墓前悼词草稿》（1883 年 3 月 14—17 日），摘自《马克思恩格斯全集》第 25 卷，人民出版社 2001 年 4 月第 2 版，第 591 页。

### 63. 现在美国和英国似乎都面临新危机的威胁，在英国这里，新危机到来之前，已经没有繁荣期作为前导了

从 1870 年起，由于美国和德国的竞争，英国在世界市场上的垄断地位已经开始进入尾声。看来，从那个时候起，十年的周期被打破了。从 1868 年起，在一些基本部门中，由于生产增长缓慢，受抑压的状况占了优势，而现在美国和英国似乎都面临新危机的威胁，在英国这里，新危机到来之前，已经没有繁荣期作为前导了。

---

① 在法译文里，紧接着还加有："两个对抗阶级。"

恩格斯：《致奥古斯特·倍倍尔》（1884 年 1 月 18 日），摘自《马克思恩格斯全集》第 36 卷，人民出版社 1974 年 10 月第 1 版，第 90 页。

### 64. 生产过剩达到如此庞大的规模，以致它竟不能引起危机

在英国，在法国，在美国，经常萧条继续笼罩着一切关键性的工业部门，特别是制铁业和棉纺织业。虽然这种状况是资本主义制度的一种不可避免的后果，但它是前所未有的：生产过剩达到如此庞大的规模，以致它竟不能引起危机！

恩格斯：《致奥古斯特·倍倍尔》（1885 年 10 月 28 日），摘自《马克思恩格斯全集》第 36 卷，人民出版社 1974 年 10 月第 1 版，第 367 页。

### 65. 生产过剩给市场造成压力已经是第八个年头了，情况不但不见好转，而且越来越恶化

生产过剩给市场造成压力已经是第八个年头了，情况不但不见好转，而且越来越恶化。再也没有什么可怀疑的了，形势比以前发生了根本的改变：自从英国在世界市场上有了厉害的竞争对手，以前意义上的危机时期已经结束了。如果说危机从急性的变成慢性的，同时又不失去其强度，那末会产生什么结果呢？当堆积的商品销售之后，就必定到来一个新的，不过是短暂的繁荣期。

恩格斯：《致奥古斯特·倍倍尔》（1886 年 1 月 20—23 日），摘自《马克思恩格斯全集》第 36 卷，人民出版社 1974 年 10 月第 1 版，第 418 页。

### 66. 现今制度按其实质来说是不公正的，是应该被消灭的

现今的制度使寄生虫安逸和奢侈，让工人劳动和贫困，并且使所有的人退化；这种制度按其实质来说是不公正的，是应该被消灭的。现在，劳动生产率提高到了这样的程度，以致市场的任何扩大都吸收不了那种过多的产品，因此生活资料和福利资料的丰富本身成了工商业停滞、失业、从而千百万劳动者贫困的原因，既然如此，这种制度就是可以被消灭的。

恩格斯：《弗·恩格斯对英国北方社会主义联盟纲领的修正》（1887 年 6 月 14—23 日），摘自《马克思恩格斯全集》第 21 卷，人民出版社 1965 年版，第 570 页。

### 67. 资本主义生产是不可能稳定不变的，它必须增长和扩大，否则必定死亡

资本主义生产是**不可能**稳定不变的，它必须增长和扩大，否则必定死亡。即使现在，仅仅缩减一下英国在世界市场供应方面所占的那个最大份

额，就意味着停滞、贫穷，一方面资本过剩，另一方面失业工人过剩。要是每年的生产完全停止增长，情形又将怎样呢？这正是资本主义生产易受伤害的地方，是它的阿基里斯之踵。必须持续扩大是资本主义生产存在的基础，而这种持续扩大现在越来越不可能了。资本主义生产正陷入绝境。英国一年比一年紧迫地面临着这样一个问题：要么是民族灭亡，要么是资本主义生产灭亡。遭殃的究竟是哪一个呢？

恩格斯：《英国工人阶级状况（1892 年德文第二版序言）》（1892 年 7 月 21 日），摘自《马克思恩格斯文集》第 1 卷，人民出版社 2009 年 12 月第 1 版，第 377 页。

### 68. 资本主义生产作为一个暂时的经济阶段，充满着各种内在矛盾

资本主义生产作为一个暂时的经济阶段，充满着各种内在矛盾，这些矛盾随着资本主义生产的发展而发展，并日趋明显。这种在建立自己的市场的同时又破坏这个市场的趋势正是这类矛盾之一。

恩格斯：《致尼·弗·丹尼尔逊》（1892 年 9 月 22 日），摘自《马克思恩格斯文集》第 10 卷，人民出版社 2009 年 12 月第 1 版，第 635 页。

### 69. 资本主义生产准备着自身的灭亡

资本主义生产准备着自身的灭亡，您可以相信，俄国也将会是这样。资本主义生产会引起彻底的土地革命，假如它存在相当长的时间，就必然会引起这一革命，——我指的是土地所有制的革命，这一革命将使地主和农民一同遭到破产，他们将被一个从农村富农和城市投机资产者中产生的新的大土地所有者阶级所代替。不管怎样，我相信在俄国培植资本主义的那些保守派，总有一天会对自己所做的事造成的后果感到震惊。

恩格斯：《致尼·弗·丹尼尔逊》（1892 年 9 月 22 日），摘自《马克思恩格斯文集》第 10 卷，人民出版社 2009 年 12 月第 1 版，第 636 页。

### 70. 在繁荣之后，接着就来了危机

现实很快就向修正主义者表明，危机的时代并没有过去：在繁荣之后，接着就来了危机。各个危机的形式、次序和情景是改变了，但是危机仍然是资本主义制度的不可避免的组成部分。卡特尔和托拉斯把生产联合起来了，但是大家都看到，它们同时又使生产的无政府状态变本加厉，使无产阶级的生活更加没有保障，资本的压迫更加严重，从而使阶级矛盾尖锐到空前的程度。最新的巨型托拉斯恰恰特别清楚、特别广泛地表明资本主义

正在走向崩溃，不管这是指一次次政治危机和经济危机，还是指整个资本主义制度的完全崩溃。

> 列宁：《马克思主义和修正主义》(1908 年 4 月 3 日以前)，摘自《列宁专题文集 论马克思主义》，人民出版社 2009 年 12 月第 1 版，第 152—153 页。

### 71. 资本主义国家在全世界的地位是不稳固的，而且今春所有最富有的先进国家的经济危机一无例外地将愈来愈严重

资本主义国家在全世界的地位是不稳固的。这主要是因为各国的经济危机日益加深，共产主义的工人运动日益高涨。欧洲革命发展的情况同我国革命不一样。我已经说过，西欧国家的工农没有能够在战争结束时，趁着武装力量还在他们手中的时候迅速地发动痛苦最少的革命。但是帝国主义战争大大地动摇了这些国家的地位，以致那里的危机不仅至今尚未结束，而且今春所有最富有的先进国家的经济危机一无例外地将愈来愈严重。

> 列宁：《在全俄服装工业工人第四次代表大会上的讲话》(1921 年 2 月 6 日)，摘自《列宁全集》第 40 卷，人民出版社 1986 年 10 月第 2 版，第 321 页。

### 72. 现在，随着经济危机的迅速发展，这种情形在英国，很大程度上在美国也在迅速发生

德国君主主义政党发动政变的尝试碰到德国工会的反抗而一败涂地，一直跟着谢德曼、跟着屠杀李卜克内西和卢森堡的刽子手走的工人一致奋起挫败了军队。现在，随着经济危机的迅速发展，这种情形在英国，很大程度上在美国也在迅速发生。所以说，主要是这种国际形势使我们不仅希望而且确信资本主义国家的力量会因其内部状况而彻底崩溃，我们的国际处境（过去是困难的，现在虽已获得巨大的胜利，但仍然是困难的）一定会好转，我们一定能用全部力量来解决我们的国内任务。

> 列宁：《在全俄服装工业工人第四次代表大会上的讲话》(1921 年 2 月 6 日)，摘自《列宁全集》第 40 卷，人民出版社 1986 年 10 月第 2 版，第 323 页。

## （二）只有社会主义才能消灭经济危机

### 1. 这种共产主义是人和自然界之间、人和人之间的矛盾的真正解决，是存在和本质、对象化和自我确证、自由和必然、个体和类之间的斗争的真正解决

这种共产主义，作为完成了的自然主义，等于人道主义，而作为完成

了的人道主义，等于自然主义，它是人和自然界之间、人和人之间的矛盾的真正解决，是存在和本质、对象化和自我确证、自由和必然、个体和类之间的斗争的**真正解决**。它是历史之谜的解答，而且知道自己就是这种解答①。

马克思：《1844 年经济学哲学手稿》（1844 年 4—8 月），摘自《马克思恩格斯文集》第 1 卷，人民出版社 2009 年 12 月第 1 版，第 185 页。

### 2. 共产主义革命并不是和"社会天才的发明才干所创造的那些社会机构"相适应，而是和生产力相适应的

从以上我们对费尔巴哈的反驳中已经可以得出结论说，过去的在分工条件中进行的一切革命，都不能不导致新的政治机构的产生；从那里也可以得出结论说，消灭分工的共产主义革命，最终会消除政治机构；最后，从这里也可以看出，共产主义革命并不是和"社会天才的发明才干所创造的那些社会机构"相适应，而是和生产力相适应的。

马克思和恩格斯：《德意志意识形态》（1845 年秋—1846 年 5 月），摘自《马克思恩格斯全集》第 3 卷，人民出版社 1960 年 12 月第 1 版，第 442 页。

### 3. 随着基础、即私有制的消灭，随着对生产实行共产主义的调节，供求关系的威力也将消失，人们将使交换、生产及其相互关系的方式重新受自己的支配

至于贸易——它终究不过是不同个人和不同国家的产品交换——又怎么能够通过供求关系而统治全世界呢？用一位英国经济学家的话来说，这种关系就像古典古代的命运之神一样，遨游于寰球之上，用看不见的手把幸福和灾难分配给人们，把一些王国创造出来，又把它们毁掉，使一些民族产生，又使它们衰亡；但随着基础即随着私有制的消灭，随着对生产实行共产主义的调节以及这种调节所带来的人们对于自己产品的异己关系的消灭，供求关系的威力也将消失，人们将使交换、生产及他们发生相互关系的方式重新受自己的支配。

马克思和恩格斯：《德意志意识形态》（1845 年秋—1846 年 5 月），摘自《马克思恩格斯文集》第 1 卷，人民出版社 2009 年 12 月第 1 版，第 539 页。

---

① 马克思在这里使用路·费尔巴哈的术语来表述自己的观点。文中所说的"历史之谜的解答"，是指从建立在私有制基础上的社会的客观矛盾的发展中得出共产主义必然性的结论。

### 4. 共产主义推翻了一切旧的生产和交往的关系的基础

共产主义和所有过去的运动不同的地方在于：它推翻一切旧的生产关系和交往关系的基础，并且第一次自觉地把一切自发形成的前提看做是前人的创造，消除这些前提的自发性，使这些前提受联合起来的个人的支配。因此，建立共产主义实质上具有经济的性质，这就是为这种联合创造各种物质条件，把现存的条件变成联合的条件。共产主义所造成的存在状况，正是这样一种现实基础，它使一切不依赖于个人而存在的状况不可能发生，因为这种存在状况只不过是各个人之间迄今为止的交往的产物。这样，共产主义者实际上把迄今为止的生产和交往所产生的条件看做无机的条件。

> 马克思和恩格斯：《德意志意识形态》（1845 年秋—1846 年 5 月），摘自《马克思恩格斯文集》第 1 卷，人民出版社 2009 年 12 月第 1 版，第 574 页。

### 5. 在共产主义社会里，已经积累起来的劳动只是扩大、丰富和提高工人的生活的一种手段

在资产阶级社会里，活的劳动只是增殖已经积累起来的劳动的一种手段。在共产主义社会里，已经积累起来的劳动只是扩大、丰富和提高工人的生活的一种手段。

因此，在资产阶级社会里是过去支配现在，在共产主义社会里是现在支配过去。在资产阶级社会里，资本具有独立性和个性，而活动着的个人却没有独立性和个性。

> 马克思和恩格斯：《共产党宣言》（1847 年 12 月—1848 年 1 月），摘自《马克思恩格斯文集》第 2 卷，人民出版社 2009 年 12 月第 1 版，第 46 页。

### 6. 共产主义并不剥夺任何人占有社会产品的权力，它只剥夺利用这种占有去奴役他人劳动的权力

从劳动不再能变为资本、货币、地租，一句话，不再能变为可以垄断的社会力量的时候起，就是说，从个人财产不再能变为资产阶级财产①的时候起，你们说，个性被消灭了。

---

① 在 1888 年英文版中这里加上了"变为资本"。

由此可见，你们是承认，你们所理解的个性，不外是资产者、资产阶级私有者。这样的个性确实应当被消灭。

共产主义并不剥夺任何人占有社会产品的权力，它只剥夺利用这种占有去奴役他人劳动的权力。

> 马克思和恩格斯：《共产党宣言》（1847 年 12 月—1848 年 1 月），摘自《马克思恩格斯文集》第 2 卷，人民出版社 2009 年 12 月第 1 版，第 47 页。

### 7. 无产阶级将利用自己的政治统治增加生产力的总量

共产主义革命就是同传统的所有制关系实行最彻底的决裂；毫不奇怪，它在自己的发展进程中要同传统的观念实行最彻底的决裂。

……

无产阶级将利用自己的政治统治，一步一步地夺取资产阶级的全部资本，把一切生产工具集中在国家即组织成为统治阶级的无产阶级手里，并且尽可能快地增加生产力的总量。

> 马克思和恩格斯：《共产党宣言》（1847 年 12 月—1848 年 1 月），摘自《马克思恩格斯文集》第 2 卷，人民出版社 2009 年 12 月第 1 版，第 52 页。

### 8. 只有反资本主义的无产阶级的政府，才能结束农民经济上的贫困和社会地位的低落

只有反资本主义的无产阶级的政府，才能结束农民经济上的贫困和社会地位的低落。**立宪共和国**是农民的剥削者联合实行的专政；**社会民主主义的红色**共和国是农民的同盟者的专政。而天平的升降要取决于农民投进票箱的选票。农民自己应该决定自己的命运。——社会主义者在各种各样的小册子、论丛、历书以及传单中，都是这样说的。这些语言已经由于秩序党的论战文章而使农民更容易理解；秩序党也向农民呼吁，它随意地夸大、粗暴地歪曲和篡改社会主义者的意向和思想，因而恰好打中了农民的心坎，激起了农民尝食禁果的渴望。但是最容易理解的语言是农民阶级在行使选举权时所获得的经验本身，是农民阶级在革命的急剧发展进程中接连遭到的失望。**革命是历史的火车头。**

> 马克思：《1848 年至 1850 年的法兰西阶级斗争》（1849 年底—1850 年 3 月底和 1850 年 10 月—11 月 1 日），摘自《马克思恩格斯文集》第 2 卷，人民出版社 2009 年 12 月第 1 版，第 160—161 页。

**9. 只有在伟大的社会革命支配了资产阶级时代的成果，支配了世界市场和现代生产力**

资产阶级的工业和商业正为新世界创造这些物质条件，正像地质变革创造了地球表层一样。只有在伟大的社会革命支配了资产阶级时代的成果，支配了世界市场和现代生产力，并且使这一切都服从于最先进的民族的共同监督的时候，人类的进步才会不再像可怕的异教神怪那样，只有用被杀害者的头颅做酒杯才能喝下甜美的酒浆。

> 马克思：《不列颠在印度统治的未来结果》（1853 年 7 月 22 日），摘自《马克思恩格斯文集》第 2 卷，人民出版社 2009 年 12 月第 1 版，第 691 页。

**10. 合作生产不是一个幌子或一个骗局，它要去取代资本主义制度**

如果合作生产不是一个幌子或一个骗局，如果它要去取代资本主义制度，如果联合起来的合作社按照共同的计划调节全国生产，从而控制全国生产，结束无时不在的无政府状态和周期性的动荡这样一些资本主义生产难以逃脱的劫难，那么，请问诸位先生，这不是共产主义，"可能的"共产主义，又是什么呢？

> 马克思：《法兰西内战》（1871 年 5 月），摘自《马克思恩格斯文集》第 3 卷，人民出版社 2009 年 12 月第 1 版，第 159 页。

**11. 每一个生产者，在作了各项扣除以后，从社会领回的，正好是他给予社会的**

我们这里所说的是这样的共产主义社会，它不是在它自身基础上已经**发展了**的，恰好相反，是刚刚从资本主义社会中**产生出来的**，因此它在各方面，在经济、道德和精神方面都还带着它脱胎出来的那个旧社会的痕迹。所以，每一个生产者，在作了各项扣除以后，从社会领回的，正好是他给予社会的。他给予社会的，就是他个人的劳动量。

> 马克思：《哥达纲领批判》（1875 年 4 月底—5 月 7 日），摘自《马克思恩格斯文集》第 3 卷，人民出版社 2009 年 12 月第 1 版，第 434 页。

**12. 在共产主义社会高级阶段，在迫使个人们奴隶般地服从分工的情形已经消失**

在共产主义社会高级阶段，在迫使个人奴隶般地服从分工的情形已经消失，从而脑力劳动和体力劳动的对立也随之消失之后；在劳动已经不仅仅是谋生的手段，而且本身成了生活的第一需要之后；在随着个人的全面发展，他们的①生产力也增长起来，而集体财富的一切源泉都充分涌流之后，——只有在那个时候，才能完全超出资产阶级权利的狭隘眼界，社会才能在自己的旗帜上写上：各尽所能，按需分配！

> 马克思：《哥达纲领批判》（1875 年 4 月底—5 月 7 日），摘自《马克思恩格斯文集》第 3 卷，人民出版社 2009 年 12 月第 1 版，第 435—436 页。

### 13. 欧洲和美洲的一些资本主义生产最发达的民族，正力求打碎它的枷锁

资本主义生产一方面神奇地发展了社会的生产力，但是另一方面，也表现出它同自己所产生的社会生产力本身是不相容的。它的历史今后只是对抗、危机、冲突和灾难的历史。结果，资本主义生产向一切人（除了因利益而瞎了眼的人）表明了它的纯粹的暂时性。欧洲和美洲的一些资本主义生产最发达的民族，正力求打碎它的枷锁，以合作生产来代替资本主义生产，以古代类型的所有制**最高形式**即共产主义所有制来代替资本主义所有制。

> 马克思：《给维·伊·查苏利奇的复信（初稿）》（1881 年 3 月 8 日），摘自《马克思恩格斯全集》第 25 卷，人民出版社 2001 年 4 月第 2 版，第471—472 页。

### 14. 在俄国公社面前，资本主义制度正经历着危机

在俄国公社面前，不论是在西欧，还是在美国，这种社会制度现在都处于同科学、同人民群众以至同它自己所产生的生产力本身相对抗的境地。总之，在俄国公社面前，资本主义制度正经历着危机，这种危机只能随着资本主义的消灭，随着现代社会回复到"古代"类型的公有制而告终，这种形式的所有制，或者像一位美国著作家（这位著作家是不可能有革命倾向的嫌疑的，他的研究工作曾得到华盛顿政府的支持）所说的，现代社会所趋向的"新制度"，将是"古代类型社会在一种高级的形式下（in a superiorform）的复活（a revival）"②。

> 马克思：《给维·伊·查苏利奇的复信（初稿）》（1881 年 3 月 8 日），摘自《马克思恩格斯文集》第 3 卷，人民出版社 2009 年 12 月第 1 版，第 572 页。

---

① 1891 年发表时这里没有"他们的"。

② 见路·亨·摩尔根《古代社会，或人类从蒙昧时代经过野蛮时代到文明时代的发展过程的研究》1877 年伦敦版，第 552 页。

**15. 这种危机将随着资本主义的消灭，随着现代社会回复到古代类型的高级形式，回复到集体生产和集体占有而告终**

"农村公社"的这种发展是符合我们时代历史发展的方向的，对这一点的最好证明，是资本主义生产在它最发达的欧美各国中所遭到的致命危机，而这种危机将随着资本主义的消灭，随着现代社会回复到古代类型的高级形式，回复到集体生产和集体占有而告终。

> 马克思：《给维·伊·查苏利奇的复信（初稿）》（1881年3月8日），摘自《马克思恩格斯文集》第3卷，人民出版社2009年12月第1版，第579页。

**16. 共产主义是从现代文明社会的一般实际情况所具有的前提中不可避免地得出的必然结论**

于是，欧洲三个文明大国，英国、法国和德国，都得出了这样的结论：在财产共有的基础上进行社会制度的彻底革命，现在已经成为一种急不可待和不可避免的必然。尤其值得注意的是，这个结论是由上述国家各自单独得出的。这一事实无可争辩地证明，共产主义不是英国或任何其他国家的特殊状况造成的结果，而是从现代文明社会的一般实际情况所具有的前提中不可避免地得出的必然结论。

> 恩格斯：《大陆上社会改革运动的进展》（1843年10月15日—11月10日），摘自《马克思恩格斯全集》第3卷，人民出版社2002年10月第2版，第474页。

**17. 要消除这种悲惨的后果，就必须消灭这种错误**

我们已经看到，这种严重的错误带来了什么样的后果。要消除这种悲惨的后果，就必须消灭这种错误。而共产主义就抱着这样的目的。

> 恩格斯：《在爱北斐特的演说》（1845年2月15日），摘自《马克思恩格斯全集》第2卷，人民出版社1957年12月第1版，第605页。

**18. 共产主义把个别的力量联合成社会的集体力量，以从前彼此对立的力量的这种集中为基础来安排一切，才是劳动力的最大的节省**

共产主义的组织因利用目前被浪费的劳动力而表现出的优越性**还不是最重要的**。把个别的力量联合成社会的集体力量，以从前彼此对立的力量的这种集中为基础来安排一切，才是劳动力的最大的节省。

> 恩格斯：《在爱北斐特的演说》（1845年2月15日），摘自《马克思恩格斯全集》第2卷，人民出版社1957年12月第1版，第612页。

**19. 共产主义革命也会大大影响世界上其他国家，会完全改变并大大加速它们原来的发展进程**

共产主义革命将不是仅仅一个国家的革命，而是将在一切文明国家里，至少在英国、美国、法国、德国同时发生的革命，在这些国家的每一个国家中，共产主义革命发展得较快或较慢，要看这个国家是否有较发达的工业，较多的财富和比较大量的生产力。因此，在德国实现共产主义革命最慢最困难，在英国最快最容易。共产主义革命也会大大影响世界上其他国家，会完全改变并大大加速它们原来的发展进程。它是世界性的革命，所以将有世界性的活动场所。

恩格斯：《共产主义原理》（1847 年 10 月底—11 月），摘自《马克思恩格斯文集》第 1 卷，人民出版社 2009 年 12 月第 1 版，第 687 页。

**20. 由社会全体成员组成的共同联合体来共同地和有计划地利用生产力**

由社会全体成员组成的共同联合体来共同地和有计划地利用生产力；把生产发展到能够满足所有人的需要的规模；结束牺牲一些人的利益来满足另一些人的需要的状况；彻底消灭阶级和阶级对立；通过消除旧的分工，通过产业教育、变换工种、所有人共同享受大家创造出来的福利，通过城乡的融合，使社会全体成员的才能得到全面发展，——这就是废除私有制的主要结果。

恩格斯：《共产主义原理》（1847 年 10 月底—11 月），摘自《马克思恩格斯文集》第 1 卷，人民出版社 2009 年 12 月第 1 版，第 689 页。

**21. 历史的发展使这种社会生产组织日益成为必要，也日益成为可能**

只有一种有计划地生产和分配的自觉的社会生产组织，才能在社会方面把人从其余的动物中提升出来，正像一般生产曾经在物种方面把人从其余的动物中提升出来一样。历史的发展使这种社会生产组织日益成为必要，也日益成为可能。一个新的历史时期将从这种社会生产组织开始，在这个时期中，人自身以及人的活动的一切方面，尤其是自然科学，都将突飞猛进，使以往的一切都黯然失色。

恩格斯：《自然辩证法》（1853 年 5 月 31 日），摘自《马克思恩格斯文集》第 9 卷，人民出版社 2009 年 12 月第 1 版，第 422 页。

**22. 办法是从不能办到这一点的居于统治地位的资本家阶级手中夺取社会生产和社会分配的领导权，并把它转交给生产者群众——这就是社会主义革命**

必须**保护**资产阶级的资本主义社会所生产出来的产品和生产力，使之免遭这个资本主义社会制度本身的毁灭性的、破坏性的作用的影响，办法是从不能办到这一点的居于统治地位的资本家阶级手中夺取社会生产和社会分配的领导权，并把它转交给生产者群众——这就是社会主义革命。

> 恩格斯：《自然辩证法》（1853 年 5 月 31 日），摘自《马克思恩格斯文集》第 9 卷，人民出版社 2009 年 12 月第 1 版，第 548—549 页。

**23. 消灭阶级和建立不再有土地私有制和生产资料私有制的社会**

德国共产主义者所以是共产主义者，是因为他们通过一切不是由他们而是由历史发展进程造成的中间站和妥协，始终清楚地瞄准和追求最后目的：消灭阶级和建立不再有土地私有制和生产资料私有制的社会。

> 恩格斯：《流亡者文献》（1874 年 5 月中—1875 年 4 月），摘自《马克思恩格斯文集》第 3 卷，人民出版社 2009 年 12 月第 1 版，第 363 页。

**24. 在资本主义生产方式内部所造成的它自己不再能驾驭的大量的生产力，正在等待着为有计划地合作而组织起来的社会去占有**

最后，在资本主义生产方式内部所造成的它自己不再能驾驭的大量的生产力，正在等待着为有计划地合作而组织起来的社会去占有，以便保证，并且在越来越大的程度上保证社会全体成员都拥有生存和自由发展其才能的手段。

> 恩格斯：《反杜林论》（1876 年 9 月—1878 年 6 月），摘自《马克思恩格斯文集》第 9 卷，人民出版社 2009 年 12 月第 1 版，第 157 页。

**25. 这种生产方式迫使人们日益把大规模的社会化的生产资料变为国家财产**

资本主义生产方式日益把大多数居民变为无产者，从而就造成一种在死亡的威胁下不得不去完成这个变革的力量。这种生产方式日益迫使人们把大规模的社会化的生产资料变为国家财产，因此它本身就指明完成这个变革的道路。**无产阶级将取得国家政权，并且首先把生产资料变为国家财产**。但是这样一来，它就消灭了作为无产阶级的自身，消灭了一切阶级差别和阶级对立，也消灭了作为国家的国家。到目前为止在阶级对立中运动着的社会，都需要有国家，即需要一个剥削阶级的组织，以便维护这个社会的外部生产条件，特别是用暴力把被剥削阶级控制在当时的生产方式所决定的那些压迫条件下（奴隶制、农奴制或依附农制、雇佣劳动制）。

> 恩格斯：《反杜林论》（1876 年 9 月—1878 年 6 月），摘自《马克思恩格斯文集》第 9 卷，人民出版社 2009 年 12 月第 1 版，第 297 页。

### 26. 当社会成为全部生产资料的主人，社会就消灭了迄今为止的人自己的生产资料对人的奴役

当社会成为全部生产资料的主人，可以在社会范围内有计划地利用这些生产资料的时候，社会就消灭了迄今为止的人自己的生产资料对人的奴役。不言而喻，要不是每一个人都得到解放，社会也不能得到解放。因此，旧的生产方式必须彻底变革，特别是旧的分工必须消灭。

> 恩格斯：《反杜林论》（1876 年 9 月—1878 年 6 月），摘自《马克思恩格斯文集》第 9 卷，人民出版社 2009 年 12 月第 1 版，第 310 页。

### 27. 社会主义的任务不再是想出一个尽可能完善的社会制度，而是研究必然产生这两个阶级及其相互斗争的那种历史的经济的过程；并在由此造成的经济状况中找出解决冲突的手段

社会主义现在已经不再被看做某个天才头脑的偶然发现，而被看做两个历史地产生的阶级即无产阶级和资产阶级之间斗争的必然产物。它的任务不再是构想出一个尽可能完善的社会制度，而是研究必然产生这两个阶级及其相互斗争的那种历史的经济的过程；并在由此造成的经济状况中找出解决冲突的手段。

> 恩格斯：《社会主义从空想到科学的发展》（1880 年 1 月—3 月上半月），摘自《马克思恩格斯文集》第 3 卷，人民出版社 2009 年 12 月第 1 版，第 545 页。

### 28. 社会的生产无政府状态的推动力使大多数人日益变为无产者，而无产者群众又将最终结束生产的无政府状态

社会的生产无政府状态的推动力使大多数人日益变为无产者，而无产者群众又将最终结束生产的无政府状态。社会的生产无政府状态的推动力，使大工业中的机器无止境地改进的可能性变成一种迫使每个工业资本家在遭受毁灭的威胁下不断改进自己的机器的强制性命令。但是，机器的改进就造成人的劳动的过剩。

> 恩格斯：《社会主义从空想到科学的发展》（1880 年 1 月—3 月上半月），摘自《马克思恩格斯文集》第 3 卷，人民出版社 2009 年 12 月第 1 版，第 554 页。

**29. 生产力归国家所有不是冲突的解决，但是它包含着解决冲突的形式上的手段，解决冲突的线索**

现代国家，不管它的形式如何，本质上都是资本主义的机器，资本家的国家，理想的总资本家。它越是把更多的生产力据为己有，就越是成为真正的总资本家，越是剥削更多的公民。工人仍然是雇佣劳动者，无产者。资本关系并没有被消灭，反而被推到了顶点。但是在顶点上是要发生变革的。生产力归国家所有不是冲突的解决，但是这里包含着解决冲突的形式上的手段，解决冲突的线索。

> 恩格斯：《社会主义从空想到科学的发展》（1880 年 1 月—3 月上半月），摘自《马克思恩格斯文集》第 3 卷，人民出版社 2009 年 12 月第 1 版，第 559—560 页。

**30. 当人们按照今天的生产力终于被认识了的本性来对待这种生产力的时候，社会的生产无政府状态就让位于按照全社会和每个成员的需要对生产进行的社会的有计划的调节**

现在，生产资料和产品的社会性反过来反对生产者本身，周期性地突破生产方式和交换方式，并且只是作为盲目起作用的自然规律强制性地和破坏性地为自己开辟道路，而随着社会占有生产力，这种社会性就将为生产者完全自觉地运用，并且从造成混乱和周期性崩溃的原因变为生产本身的最有力的杠杆。

……当人们按照今天的生产力终于被认识了的本性来对待这种生产力的时候，社会的生产无政府状态就让位于按照社会总体和每个成员的需要对生产进行的社会的有计划的调节。那时，资本主义的占有方式，即产品起初奴役生产者而后又奴役占有者的占有方式，就让位于那种以现代生产资料的本性为基础的产品占有方式：一方面由社会直接占有，作为维持和扩大生产的资料，另一方面由个人直接占有，作为生活资料和享受资料。

> 恩格斯：《社会主义从空想到科学的发展》（1880 年 1 月—3 月上半月），摘自《马克思恩格斯文集》第 3 卷，人民出版社 2009 年 12 月第 1 版，第 560—561 页。

**31. 生产资料由社会占有，不仅会消除生产的现存的人为障碍，而且还会消除生产力和产品的有形的浪费和破坏**

把生产资料从这种桎梏下解放出来，是生产力不断地加速发展的唯一先决条件，因而也是生产本身实际上无限增长的唯一先决条件。但是还不止于此。生产资料由社会占有，不仅会消除生产的现存的人为障碍，而且还会消除生产力和产品的有形的浪费和破坏，这种浪费和破坏在目前是生产的无法摆脱的伴侣，并且在危机时期达到顶点。

> 恩格斯：《社会主义从空想到科学的发展》（1880 年 1 月—3 月上半月），摘自《马克思恩格斯文集》第 3 卷，人民出版社 2009 年 12 月第 1 版，第 563 页。

### 32. 社会走进了死胡同，除了彻底重新塑造构成这个社会的基础的经济结构以外，没有别的出路

生产过剩造成广大人民群众的贫困；这种生产过剩不是引起周期性的市场商品充斥和与恐慌相伴随的抽逃资金，就是引起贸易的长期停滞；社会分裂为人数很少的大资本家阶级和人数众多的实际是世袭的雇佣奴隶——无产者阶级，这些无产者的人数不断增长，同时不断受到节约劳动的新机器的排挤；一句话，社会走进了死胡同，除了彻底重新塑造构成这个社会的基础的经济结构以外，没有别的出路。

> 恩格斯：《保护关税制度和自由贸易》（1888 年 4 月底—5 月上旬），摘自《马克思恩格斯文集》第 4 卷，人民出版社 2009 年 12 月第 1 版，第 349 页。

### 33. 一个新的社会制度是可能实现的，在这个制度之下，当代的阶级差别将消失

一个新的社会制度是可能实现的，在这个制度之下，当代的阶级差别将消失；而且在这个制度之下——也许在经过一个短暂的、有些艰苦的、但无论如何在道义上很有益的过渡时期以后——，通过有计划地利用和进一步发展一切社会成员的现有的巨大生产力，在人人都必须劳动的条件下，人人也都将同等地、愈益丰富地得到生活资料、享受资料、发展和表现一切体力和智力所需的资料。

> 恩格斯：《雇佣劳动与资本》（1891 年 4 月 30 日），摘自《马克思恩格斯文集》第 1 卷，人民出版社 2009 年 12 月第 1 版，第 709 页。

### 34. 社会主义是专门反对剥削雇佣劳动的

社会主义是专门反对剥削雇佣劳动的。

> 恩格斯：《法德农民问题》（1894 年 11 月 15—22 日），摘自《马克思恩格斯文集》第 4 卷，人民出版社 2009 年 12 月第 1 版，第 518 页。

**35. 只有激烈的阶级斗争才是解决问题的唯一办法**

资本主义被推翻以后，我们的革命每一天都使我们彻底抛弃旧国际的代表这些彻头彻尾的小资产者所叫喊的那种观点。他们认为，在保存土地、生产资料和资本的私有制的条件下，资产阶级议会制民主机构所实行的多数决定的办法，可以作为解决问题的办法，事实上，只有激烈的阶级斗争才是解决问题的唯一办法。我们解决了夺取政权的问题以后，就着手在实践中来实现无产阶级专政，在这个过程中，我们逐步认识到无产阶级专政的意义及其真正的实际条件。

> 列宁：《在全俄工会第三次代表大会上的讲话》（1920 年 4 月 7 日），摘自《列宁全集》第 38 卷，人民出版社 1986 年 10 月第 2 版，第 330 页。

## （三）无产阶级在危机中的战略策略

**1. 无产者应当推翻国家，使自己的个性得以实现**

对于无产者来说，他们自身的生活条件，即劳动，以及当代社会的全部生存条件都已变成一种偶然的东西，单个无产者是无法加以控制的，而且也没有任何社会组织能够使他们加以控制。单个无产者的个性和强加于他的生活条件即劳动之间的矛盾，对无产者本身是显而易见的，特别是因为他从早年起就成了牺牲品，因为他在本阶级的范围内没有机会获得使他转为另一个阶级的各种条件。

……

由此可见，逃亡农奴只是想自由地发展他们已有的生存条件并让它们发挥作用，因而归根结底只达到了自由劳动；而无产者，为了实现自己的个性，就应当消灭他们迄今面临的生存条件，消灭这个同时也是整个迄今为止的社会的生存条件，即消灭劳动。因此，他们也就同社会的各个人迄今借以表现为一个整体的那种形式即同国家处于直接的对立中，他们应当推翻国家，使自己的个性得以实现。

> 马克思和恩格斯：《德意志意识形态》（1845 年秋—1846 年 5 月），摘自《马克思恩格斯文集》第 1 卷，人民出版社 2009 年 12 月第 1 版，第 572—573 页。

**2. 德国共产主义者必须结束他们中间一直存在至今的隔离状态，建立经常的相互联系**

我们完全同意你们的意见，德国共产主义者必须结束他们中间一直存在至今的隔离状态，建立经常的相互联系；我们也同意，亟需建立一些读书和讨论的团体。因为共产主义者首先必须清楚地认识到，不经常聚会，讨论共产主义问题，就不可能取得足够的进展。另外，你们认为必须发行一些宣传共产主义的价廉而通俗易懂的作品和小册子，这个意见我们也完全赞同。上面两件事情应该马上积极着手进行。

> 马克思和恩格斯：《菲利普·沙尔·日果和威廉·沃尔弗致古·阿·克特根的信》（1846 年 6 月 15 日），摘自《马克思恩格斯全集》第 47 卷，人民出版社 2004 年 7 月第 2 版，第 373 页。

**3. 共产党人到处都支持一切反对现存社会政治制度的革命运动**

总之，共产党人到处都支持一切反对现存的社会制度和政治制度的革命运动。

在所有这些运动中，他们都强调所有制问题是运动的基本问题，不管这个问题的发展程度怎样。

最后，共产党人到处都努力争取全世界民主政党之间的团结和协调。

共产党人不屑于隐瞒自己的观点和意图。他们公开宣布：他们的目的只有用暴力推翻全部现存的社会制度才能达到。

> 马克思和恩格斯：《共产党宣言》（1847 年 12 月—1848 年 1 月），摘自《马克思恩格斯文集》第 2 卷，人民出版社 2009 年 12 月第 1 版，第 66 页。

**4. 工人斗争的真正成果并不是直接得到的成功，而是工人的越来越扩大的联合**

工人有时也得到胜利，但这种胜利只是暂时的。他们斗争的真正成果并不是直接取得的成功，而是工人的越来越扩大的联合。这种联合由于大工业所造成的日益发达的交通工具而得到发展，这种交通工具把各地的工人彼此联系起来。只要有了这种联系，就能把许多性质相同的地方性的斗争汇合成全国性的斗争，汇合成阶级斗争。而一切阶级斗争都是政治斗争。

> 马克思和恩格斯：《共产党宣言》（1847 年 12 月—1848 年 1 月），摘自《马克思恩格斯文集》第 2 卷，人民出版社 2009 年 12 月第 1 版，第 40 页。

**5. 联合的行动，至少是各文明国家的联合的行动，是无产阶级获得解放的首要条件之一**

无产阶级的统治将使它们更快地消失。联合的行动，至少是各文明国家的联合的行动，是无产阶级获得解放的首要条件之一。

> 马克思和恩格斯：《共产党宣言》（1847 年 12 月—1848 年 1 月），摘自
> 《马克思恩格斯文集》第 2 卷，人民出版社 2009 年 12 月第 1 版，第
> 50 页。

### 6. 在联合的反革命资产阶级面前，小资产阶级和农民阶级中一切已经革命化的成分，自然必定要与革命无产阶级联合起来

在联合的反革命资产阶级面前，小资产阶级和农民阶级中一切已经革命化的成分，自然必定要与享有盛誉的革命利益代表者，即与革命无产阶级联合起来。我们看到，议会里的小资产阶级的民主主义代言人，即山岳党，如何由于议会中的失败而去与无产阶级的社会主义代言人接近，而议会外的真正的小资产阶级又如何由于友好协议被否决，由于资产阶级利益被蛮横坚持以及由于破产而去与真正的无产者接近。

> 马克思：《1848 年至 1850 年的法兰西阶级斗争》（1849 年底—1850 年 3
> 月底和 1850 年 10 月—11 月 1 日），摘自《马克思恩格斯文集》第 2 卷，
> 人民出版社 2009 年 12 月第 1 版，第 134 页。

### 7. 只有实行革命的恐怖可以缩短、减少和限制旧社会的凶猛的垂死挣扎和新社会诞生的流血痛苦

六月和十月的日子以后的无结果的屠杀，二月和三月以后的无止境的残害，——仅仅这种反革命的残酷野蛮行为就足以使人民相信，只有一个方法可以缩短、减少和限制旧社会的凶猛的垂死挣扎和新社会诞生的流血痛苦，**这个方法就是实行革命的恐怖**[①]。

> 马克思：《"新莱茵报"被勒令停刊》（1849 年 5 月 18 日），摘自《马克
> 思恩格斯全集》第 6 卷，人民出版社 1961 年 10 月第 1 版，第 602 页。

### 8. 在这些革命中，使死人复生是为了赞美新的斗争，而不是为了拙劣地模仿旧的斗争；是为了在想象中夸大某一任务，而不是为了回避在现实中解决这个任务；是为了再度找到革命的精神，而不是为了让革命的幽灵重行游荡

在这些革命中，使死人复生是为了赞美新的斗争，而不是为了拙劣地模仿旧的斗争；是为了在想象中夸大某一任务，而不是为了回避在现实中解决这个任务；是为了再度找到革命的精神，而不是为了让革命的幽灵重

---

[①] 见卡尔·马克思《反革命在维也纳的胜利》一文。

行游荡。

> 马克思：《路易·波拿巴的雾月十八日》（1851 年 12 月中—1852 年 3 月
> 25 日），摘自《马克思恩格斯文集》第 2 卷，人民出版社 2009 年 12 月第
> 1 版，第 472 页。

### 9. 在以阶级对抗为基础的社会状态下，我们就必须接受战斗

在以阶级对抗为基础的社会状态下，如果我们想不仅口头上，而且实际上阻止奴役，我们就必须接受战斗。为了对罢工和联合作正确的评价，我们不能被它们经济成果不大这一表面现象迷惑，而要首先看到它们精神上和政治上的成果。

> 马克思：《俄国对土耳其的政策。——宪章运动》（1853 年 7 月 1 日），摘
> 自《马克思恩格斯全集》第 12 卷，人民出版社 1998 年 3 月第 2 版，第
> 185 页。

### 10. 不管用什么仲裁办法，用什么圈套或诡计，都永远不能填满那条把英国和任何一个国家里的两大主要阶级分割开来的鸿沟

"艺术和骗术协会"① 最近玩弄花招，提出一个旨在"解决"英国资本家和工人之间持续不断的斗争的反动议来破坏工人议会。在某高贵的勋爵主持下曾召开一个会议，邀请双方代表模仿路易·勃朗先生主持下在卢森堡宫召开的会议②的方式讨论他们的不和。厄内斯特·琼斯先生代表工人阶级对这种欺骗提出抗议，老罗伯特·欧文向有教养的绅士们声明，不管用什么仲裁办法，用什么圈套或诡计，都永远不能填满那条把英国和任何

---

① "艺术和骗术协会"是马克思对 1754 年成立的、带有慈善性质的艺术和手工业协会的称呼。19 世纪 50 年代，这个协会的领导人是阿尔伯特亲王。协会宣称，它的宗旨是："促进艺术、手工业和商业的发展"，并酬劳那些对"解决穷人就业，扩大商业贸易，使国家财富增长等方面作出贡献的人"，1853 年，艺术和手工业协会为了阻挠英国群众性罢工运动的发展和宪章派酝酿成立工人议会，企图充当工人和企业主之间的调停人。1854 年 1 月 31 日，协会举行会议，参加者约有 200 名属于各个派别的人。会上厄·琼斯试图提出一个承认工人享有罢工权利，谴责同盟歇业的决议案，但琼斯的发言遭到禁止。琼斯及其支持者于是离开了会场。这次会议成了空谈同盟歇业，罢工和工资水平等问题的会议。

② 指政府工人问题委员会。这个委员会是法国临时政府在工人压力下成立的，1848 年 2 月 28 日，巴黎工人要求临时政府采取组织劳动的措施并设立劳动部。临时政府中大多数成员予以拒绝，路·勃朗和工人阿尔伯以退出政府相威胁。多数派由于害怕爆发新的起义而作出让步，同意成立政府工人问题委员会，由路·勃朗主持工作，这个委员会设在卢森堡宫，又称卢森堡委员会。其任务是在国民议会召开之前研究社会问题，提出切实可行的建议，但是，委员会既无经费又无权力，实际活动仅限于调停工人和企业主之间的冲突，由于路·勃朗采取妥协政策，调解常常有利于企业主。1848 年 5 月 16 日该委员会被撤销。

一个国家里的两大主要阶级分割开来的鸿沟。

> 马克思：《蓝皮书。——2月6日的议会辩论。——奥尔洛夫伯爵的使命》
> （1854年2月6—7日），摘自《马克思恩格斯全集》第13卷，人民出版
> 社1998年10月第2版，第68页。

**11. 这种以为只要假装看不见危险就能逃避危险的驼鸟的才略在这个时代是不中用的**

这种以为只要假装看不见危险就能逃避危险的驼鸟的才略在这个时代是不中用的。它们以后将被迫谈论工人议会，而且不管他们装作怎样漠不关心，未来的历史学家将这样来写：1854年英国有两个议会——伦敦议会和曼彻斯特会议，即富人的议会和穷人的议会，——但是真正的人只出席了工人的议会而没有出席老板们的议会。

> 马克思：《工人议会》（1854年3月10日），摘自《马克思恩格斯全集》
> 第13卷，人民出版社1998年10月第2版，第137页。

**12. 现在极其重要的是使我们的党在一切可能的地方占领阵地**

因为时期不同了，我认为现在极其重要的是使我们的党在一切可能的地方占领阵地，哪怕暂时只是为了不让别人占领地盘。当然，目前还必须慎重地利用这些阵地，但重要的是，为了决定性的时刻保证自己在各个据点的影响。

> 马克思：《致斐·拉萨尔》（1859年3月28日），摘自《马克思恩格斯全集》第29卷，人民出版社1972年6月第1版，第569页。

**13. 罪犯只能一个人单枪匹马地以偷窃行为来反对现存的社会制度；社会却能以全部权力来袭击每一个人并以巨大的优势压倒他**

但是工人很快就发觉这样做是无益的。罪犯只能一个人单枪匹马地以他们的偷窃行为来反对现存的社会制度；社会却能以全部权力来袭击每一个人并以巨大的优势压倒他。况且，盗窃是一种最无教养、最不自觉的反抗形式，因此，仅仅由于这个原因，盗窃也决不会成为工人舆论的一般表现形式，虽然工人舆论也许会悄悄地赞同这种行为。工人**阶级**第一次反抗资产阶级是在工业运动初期，即工人用暴力来反对使用机器的时候。最初的一批发明家阿克莱等人就遭受过这种暴力，他们的机器被砸碎了；后来又发生了许多反对使用机器的起义，这些起义的经过情形和1844年6月波希米亚印花工掀起的风潮几乎完全一样：工人捣毁了工厂，砸碎了机器。

但是这种反抗形式也只是零散的，它局限于一定的地区，并且仅仅针对现存关系的一个方面。只要工人达到了眼前的目的，社会权力就以全部力量袭击这些再度变得手无寸铁的犯罪者，随心所欲地惩罚他们，而机器还是被采用了。工人必须找到一种新的反抗形式。

这时，一个由旧的、改革前的、托利党人的寡头议会颁布的法律帮了他们的忙，要是再晚一些，在改革法案把资产阶级和无产阶级之间的对立用法律固定下来并使资产阶级成为统治阶级之后，这个法律就永远不会被下院通过了。这个法律是在1824年通过的，它废除了以前禁止工人为保护自己的利益联合起来的一切法令。工人得到了过去只是贵族和资产阶级才有的自由结社的权利。

> 恩格斯：《英国工人阶级状况》（1845年5月），摘自《马克思恩格斯文集》第1卷，人民出版社2009年12月第1版，第450页。

### 14. 工会在所有影响这种关系的重大原因面前是无能为力的

这些工会的历史充满了工人的一连串的失败，只是间或有几次个别的胜利。自然，工会的所有这一切努力都不能改变工资决定于劳动市场上的供求关系这一经济规律。因此，工会在所有影响这种关系的**重大**原因面前是无能为力的。在商业危机期间，工会不得不自己降低工资标准，或者自己彻底解散，而在劳动需求大大增加的时候，它们也不可能把工资提得高于因资本家之间的竞争而自然形成的水平。但是，对比较微小的、个别起作用的原因来说，工会是强有力的。……其次，在危机之后，工会常常会使工资比在其他情况下更快地提高。……但是，正如已经说过的，工会对左右着劳动市场的较重大的原因是起不了作用的。在这种情况下，饥饿逐渐迫使工人在任何条件下复工，而只要有几个人复工，工会的力量就会被摧毁，因为在市场上还有存货的时候，资产阶级有了这几个工贼就能够消除生产中断所引起的最严重的后果。

> 恩格斯：《英国工人阶级状况》（1845年5月），摘自《马克思恩格斯文集》第1卷，人民出版社2009年12月第1版，第452—453页。

### 15. 有一种必然性在迫使他们不仅消灭一部分竞争，而且彻底消灭竞争

当然，假如工人在消灭彼此之间的竞争后停止前进，工资规律归根到底还会重新发生作用。但是，如果工人不想放弃他们以前的整个运动，不

想重新恢复彼此之间的这种竞争，那么他们就不能停止前进，就是说，他们根本不能这样做。有一种必要性在迫使他们不仅消灭**一部分**竞争，而且彻底消灭竞争，他们是会这样做的。现在工人已经一天比一天懂得竞争给他们带来了什么害处，他们比资产者更懂得，即使是有产者之间的竞争，由于会引起商业危机，也对工人造成影响，所以也必须消灭这种竞争。很快他们就会懂得，他们应当**怎样**着手做这件事情。

> 恩格斯：《英国工人阶级状况》（1845 年 5 月），摘自《马克思恩格斯文集》第 1 卷，人民出版社 2009 年 12 月第 1 版，第 455 页。

### 16. 工会在很大的程度上加深了工人对有产阶级的仇恨和愤怒

工会在很大程度上加深了工人对有产阶级的仇恨和愤怒，这是无须加以说明的。因此，在群情异常激愤的时期，这些工会中发生了——不论领导者是否知情——一些只能用达到绝望地步的仇恨和冲破一切藩篱的狂野的激情来解释的个别行动。属于这一类行动的就是前面已经提到过的泼硫酸事件，以及一系列其他事件。

> 恩格斯：《英国工人阶级状况》（1845 年 5 月），摘自《马克思恩格斯文集》第 1 卷，人民出版社 2009 年 12 月第 1 版，第 455 页。

### 17. 君主国当然决不敢进行革命的战争、决不敢发动全民起义和实行革命恐怖。它宁可跟自己的最凶恶的但出身相同的敌人讲和，而不愿同人民联合

君主国当然决不敢进行革命的战争、决不敢发动全民起义和实行革命恐怖。它宁可跟自己的最凶恶的但出身相同的敌人讲和，而不愿同人民联合。

> 恩格斯：《皮蒙特军队的失败》（1849 年 3 月 30 日—4 月 3 日），摘自《马克思恩格斯全集》第 6 卷，人民出版社 1961 年版，第 463—464 页。

### 18. 如果我们被打败了，那么我们除了从头干起之外再无别的办法

现在每个人都知道，任何地方发生革命动荡，其背后必然有某种社会要求，而腐朽的制度阻碍这种要求得到满足。这种要求也许还未被人强烈地、普遍地感觉到，因此还不能保证立即获得成功；但是，任何人企图用暴力来压制这种要求，那只能使它越来越强烈，直到它把自己的枷锁打碎。所以，如果我们被打败了，那么我们除了从头干起之外再无别的办法。值得庆幸的是，在运动的第一幕闭幕之后和第二幕开幕之前，有一次大约很

短暂的休息，使我们有时间来做一件很紧要的工作：研究这次革命必然爆发而又必然失败的原因。这些原因不应该从一些领袖的偶然的动机、优点、缺点、错误或变节中寻找，而应该从每个经历了动荡的国家的总的社会状况和生活条件中寻找。

> 恩格斯：《德国的革命和反革命》（1851 年 8 月 17 日—1852 年 9 月 23
> 日），摘自《马克思恩格斯文集》第 2 卷，人民出版社 2009 年 12 月第 1
> 版，第 351—352 页。

### 19. 人数众多、强大、集中而有觉悟的无产阶级的生存条件的演变，是与人数众多、富裕、集中而强有力的资产阶级的生存条件的发展同时进行的

人数众多、强大、集中而有觉悟的无产阶级的生存条件的演变，是与人数众多、富裕、集中而强有力的资产阶级的生存条件的发展同时进行的。在资产阶级的各个部分，尤其是其中最进步的部分即大工业家还没有获得政权并按照他们的需要改造国家以前，工人阶级运动本身就永远不会是独立的，永远不会具有纯粹无产阶级的性质。而在这以后，企业主与雇佣工人之间不可避免的冲突就会变得刻不容缓而再也不可能推迟；那时，工人阶级再也不可能被虚幻的希望和永不兑现的诺言所欺骗了；那时，19 世纪的重大问题——消灭无产阶级的问题，就终于会十分明朗地毫无保留地提出来了。

> 恩格斯：《德国的革命和反革命》（1851 年 8 月 17 日—1852 年 9 月 23
> 日），摘自《马克思恩格斯文集》第 2 卷，人民出版社 2009 年 12 月第 1
> 版，第 356—357 页。

### 20. 不同阶级的这种联合，虽然在某种程度上向来是一切革命的必要条件，却不能持久，一切革命的命运都是如此

不同阶级的这种联合，虽然在某种程度上向来是一切革命的必要条件，却不能持久，一切革命的命运都是如此。在战胜共同的敌人之后，战胜者之间就要分成不同的营垒，彼此兵戎相见。正是旧的复杂的社会机体中阶级对抗的这种迅速而剧烈的发展，使革命成为社会进步和政治进步的强大推动力；正是新的党派的这种不断的迅速成长，一个接替一个掌握政权，使一个民族在这种剧烈的动荡时期 5 年就走完在普通环境下 100 年还走不完的途程。

恩格斯：《德国的革命和反革命》（1851 年 8 月 17 日—1852 年 9 月 23
日），摘自《马克思恩格斯文集》第 2 卷，人民出版社 2009 年 12 月第 1
版，第 383 页。

### 21. 在革命中，也像在战争中一样，永远需要勇敢地面对敌人，而进攻者总是处于有利地位

在革命中，也像在战争中一样，永远需要勇敢地面对敌人，而进攻者
总是处于有利地位。在革命中，也像在战争中一样，在决定性关头，不计
成败地孤注一掷是十分必要的。历史上没有一次胜利的革命不证明这个原
理的正确。

……

在革命中，占据决定性阵地而不迫使敌人进攻以试其身手就把这种阵
地丢弃的人，永远应该被视为叛徒。

恩格斯：《德国的革命和反革命》（1851 年 8 月 17 日—1852 年 9 月 23
日），摘自《马克思恩格斯文集》第 2 卷，人民出版社 2009 年 12 月第 1
版，第 426—427 页。

### 22. 我不希望在整个欧洲完全被席卷以前，过早地发生事变，不然，斗争就会更艰难，更持久，更曲折

但愿这种朝向慢性危机的"改善"能够在决定性的主要的第二次打击
到来以前出现。为了使居民群众振作起来，一段时期的慢性的压力是必要
的。这样，无产阶级在进行打击时就能做得更好，更加熟练，更加协调；
这正和骑兵的攻击一样，如果先让马小跑五百步，以便向敌人逼近到能让
马飞驰的距离，就能取得好得多的战果。我不希望在整个欧洲完全被席卷
以前，过早地发生事变，不然，斗争就会更艰难，更持久，更曲折。

恩格斯：《恩格斯致马克思》（1857 年 11 月 15 日），摘自《马克思恩格斯
全集》第 29 卷，人民出版社 1972 年 6 月第 1 版，第 203 页。

### 23. 宣传上的正确策略并不在于经常从对方把个别人物和成批的成员争取过来，而在于影响还没有卷入运动的广大群众

根据我们的已经由长期的实践所证实的看法，宣传上的正确策略并不
在于经常从对手那里把个别人物和一批批成员争取过来，而在于影响还没
有卷入运动的广大群众。我们自己从荒地上争取到的每一个新生力量，要
比十个总是把自己的错误倾向的病菌带到党内来的拉萨尔派倒戈分子更为
宝贵。如果能够只是把群众争取过来，而不要他们的地方首领，那也不错。

恩格斯:《致奥古斯特·倍倍尔》(1873 年 6 月 20 日),摘自《马克思恩格斯文集》第 10 卷,人民出版社 2009 年 12 月第 1 版,第 390 页。

### 24. 在某些情况下,需要有勇气为了更重要的事情而牺牲一时的成功

自然,任何党的领导都希望看到成功,这也是很好的。但是在某些情况下,需要有勇气为了更重要的事情而牺牲一时的成功。尤其是像我们这样的政党,它的最后的成功是绝对不成问题的,它在我们这一生中并且在我们眼前已获得了如此巨大的发展,所以它决不是始终无条件地需要**一时的成功**。以国际为例。它在巴黎公社之后获得了巨大的成功。吓得要死的资产者认为它是个万能的东西。国际本身的大批成员以为,这样的情形会永远继续下去。我们深知,气泡是**一定要**破灭的。什么乌七八糟的人都钻到国际里来了。它里面的宗派主义者猖狂起来,滥用国际,希望会容许他们去干极端愚蠢而卑鄙的事情。我们没有容忍这种情况。我们很清楚,气泡总有一天是要破灭的,我们所关心的不是使灾祸推迟到来,而是设法使国际纯净清白地从灾祸中脱身出来。

恩格斯:《致奥古斯特·倍倍尔》(1873 年 6 月 20 日),摘自《马克思恩格斯文集》第 10 卷,人民出版社 2009 年 12 月第 1 版,第 391—392 页。

### 25. 无产阶级的运动必然要经过各种发展阶段;在每一个阶段上都有一部分人停留下来,不再前进

老黑格尔早就说过:一个党如果**分裂**了并且经得起这种分裂,这就证明自己是胜利的党①。无产阶级的运动必然要经过各种发展阶段;在每一个阶段上都有一部分人停留下来,不再前进。仅仅这一点就说明了,为什么"无产阶级的团结一致"实际上到处都是在各种不同的党派中实现的,这些党派彼此进行着生死的斗争,就像在罗马帝国里处于残酷迫害下的各基督教派一样。

恩格斯:《致奥古斯特·倍倍尔》(1873 年 6 月 20 日),摘自《马克思恩格斯文集》第 10 卷,人民出版社 2009 年 12 月第 1 版,第 393 页。

### 26. 生产者阶级把生产和分配的领导权夺过来,就是社会主义革命

于是生存斗争的含义只能是,生产者阶级把生产和分配的领导权从迄今为止掌握这种领导权但现在已经无力领导的那个阶级手中夺过来,而这

---

① 参见黑格尔《精神现象学》中的《启蒙的真理性》一节。

就是社会主义革命。

> 恩格斯：《恩格斯致彼得·拉甫罗维奇·拉甫罗夫》（1875 年 11 月 12—17
> 日），摘自《马克思恩格斯文集》第 10 卷，人民出版社 2009 年 12 月第 1
> 版，第 412 页。

### 27. 平等应当不仅仅是表面的，不仅仅在国家的领域中实行，它还应当是实际的，还应当在社会的、经济的领域中实行

无产阶级抓住了资产阶级所说的话，指出：平等应当不仅仅是表面的，不仅仅在国家的领域中实行，它还应当是实际的，还应当在社会的、经济的领域中实行。尤其是从法国资产阶级自大革命开始把公民的平等提到重要地位以来，法国无产阶级就针锋相对地提出社会的、经济的平等的要求，这种平等成了法国无产阶级所特有的战斗口号。

> 恩格斯：《反杜林论》（1876 年 9 月—1878 年 6 月），摘自《马克思恩格
> 斯文集》第 9 卷，人民出版社 2009 年 12 月第 1 版，第 112 页。

### 28. 斗争每次总是以政治权力被推翻而告终

如果撇开征服的情况不谈，当某一个国家内部的国家权力同它的经济发展处于对立地位的时候——直到现在，几乎一切政治权力在一定的发展阶段上都是这样——，斗争每次总是以政治权力被推翻而告终。

……

……暴力在历史中还起着另一种作用，革命的作用；暴力，用马克思的话说，是每一个孕育着新社会的旧社会的助产婆[①]；它是社会运动借以为自己开辟道路并摧毁僵化的垂死的政治形式的工具——关于这些，杜林先生一个字也没有提到。

> 恩格斯：《反杜林论》（1876 年 9 月—1878 年 6 月），摘自《马克思恩格
> 斯文集》第 9 卷，人民出版社 2009 年 12 月第 1 版，第 191—192 页。

### 29. 工联甚至在原则上和根据其章程排斥任何政治行动

英国的工人运动多年来一直在为增加工资和缩短工作时间而罢工的狭小圈子里毫无出路地打转转，而且这些罢工不是被当做权宜之计和宣传、组织的手段，而是被当做最终的目的。工联甚至在原则上根据其章程排斥任何政治行动，因此也拒绝参加工人阶级作为阶级而举行的任何一般性活动。工人在政治上分为保守派和自由主义激进派，即迪斯累里（比肯斯菲

---

[①]　参见马克思《资本论》第 1 卷，《马克思恩格斯文集》第 5 卷，第 861 页。

尔德）内阁的拥护者和格莱斯顿内阁的拥护者。所以，关于这里的工人运动，只能说这里有一些罢工，这些罢工无论是成功还是失败，都不能把运动推进一步。在生意萧条的最近几年里，这样的罢工常常是资本家为找到关闭自己工厂的借口而故意制造出来的，它不能使工人阶级前进一步，把这样的罢工吹嘘为具有世界历史意义的斗争，例如像这里的《自由》所做的那样，在我看来只有害处。毋庸讳言，目前在这里还没有出现大陆上那样的真正的工人运动；……

> 恩格斯：《恩格斯致爱德华·伯恩施坦》（1879 年 6 月 17 日），摘自《马克思恩格斯文集》第 10 卷，人民出版社 2009 年 12 月第 1 版，第 437 页。

### 30. 采取对敌对者顺从和让步的办法，我们什么也得不到

在目前的情况下，当武装力量还反对我们的时候，我们不会去同军队发生战斗。我们可以等待，直到武装力量本身不再**成为反对我们的力量**。在此之前所发生的任何革命，即使取得了胜利，也不会使我们掌握政权，而会使最激进的资产者即小资产者掌握政权。

总而言之，选举已经表明：采取对敌对者顺从和让步的办法，我们什么也得不到。只有通过顽强的抵抗，我们才能迫使人们尊重我们，才能成为一支力量。只有力量才能赢得尊重，只有当我们有力量时，庸人们才会尊重我们。向庸人让步的人，庸人是瞧不起的，这种人在庸人看来不是一支力量。可以让人透过丝绒手套感觉到钢手铁腕，但必须让人感觉到它。德国无产阶级已经成了一个强大的党，让它的代表人物无愧于这个阶级吧！

> 恩格斯：《致奥古斯特·倍倍尔》（1884 年 11 月 18 日），摘自《马克思恩格斯全集》第 36 卷，人民出版社 1974 年 10 月第 1 版，第 241 页。

### 31. 只有通过适合各该国家和特定情况的道路，才能把群众发动起来

只有通过适合各该国家和特定情况的道路（这大部分是迂回曲折的道路），才能把群众发动起来。只要发生真正的震荡，其余一切都无关紧要。但是，在这中间的一些不可避免的失策，每一次都得受到惩罚。这就使人担心，把一个宗派创立者推为旗手，会使运动多年受到这个宗派的愚蠢行为的拖累。

> 恩格斯：《致弗·阿·左尔格》（1887 年 9 月 16 日），摘自《马克思恩格斯全集》第 36 卷，人民出版社 1974 年 10 月第 1 版，第 681 页。

**32. 一味追求联合，会使主张联合的人走上一条最终和自己的敌人联合而和自己的朋友和同盟者分离的道路**

一味追求联合，会使主张联合的人走上一条最终和自己的敌人联合而和自己的朋友和同盟者分离的道路；最后，合并还有一大堆困难的细节问题。事实上，如果两个代表大会的委员会不能讨论并通过详细的条件，我看，合并根本不可能有好处。

> 恩格斯：《致保尔·拉法格》（1889 年 7 月 5 日），摘自《马克思恩格斯全
> 集》第 37 卷，人民出版社 1971 年 6 月第 1 版，第 239 页。

**33. 对我们的直接的好处或对国家朝着经济革命和政治革命的方向前进的历史发展的好处是无可争辩的、值得争取的。而所有这一切又必须以党的无产阶级性质不致因此发生问题为前提**

当我们的议员投票赞成（他们不得不经常这样做）由另一方提出的建议时，这也就是一种共同行动。可是，我只是在下列情况下才赞成这样做：对我们的直接的好处或对国家朝着经济革命和政治革命的方向前进的历史发展的好处是无可争辩的、值得争取的。而所有这一切又必须以党的无产阶级性质不致因此发生问题为前提。对我来说，这是绝对的界限。

> 恩格斯：《致格尔松·特里尔》（1889 年 12 月 18 日），摘自《马克思恩格
> 斯文集》第 10 卷，人民出版社 2009 年 12 月第 1 版，第 578 页。

**34. 一个真正的无产阶级政党不能同这种党共同行动，否则长此下去就要丧失其工人政党的阶级性**

您反对中央执委会的策略是正确的。丹麦左派党多年来充当反对派，表演着一出有失体面的喜剧，不遗余力地一再在全世界面前显示本身的软弱无力。它早已放过拿起武器来惩罚宪法的破坏者的机会（如果曾经有过的话），看起来，这个左派党党内越来越多的人力求同埃斯特鲁普和好。我觉得，一个真正的无产阶级政党不能同这种党共同行动，否则长此下去就要丧失其工人政党的阶级性。所以，您反对这一政策，强调运动的阶级性，我只能表示同意。

> 恩格斯：《致格尔松·特里尔》（1889 年 12 月 18 日），摘自《马克思恩格
> 斯文集》第 10 卷，人民出版社 2009 年 12 月第 1 版，第 579 页。

**35. 在当前，我们应当尽可能以和平的和合法的方式进行活动，避免可以引起冲突的任何借口**

我们不应当在胜利的道路上受人迷惑，给我们自己的事业带来危害，

我们不应当妨碍我们的敌人为我们工作。因此，我同意你的意见：**在当前**，我们应当尽可能以和平的和合法的方式进行活动，避免可以引起冲突的任何借口。但是，毫无疑问，你那样愤慨地反对任何形式的和任何情况下的暴力，我认为是不恰当的。

> 恩格斯：《致威廉·李卜克内西》（1890 年 3 月 9 日），摘自《马克思恩格斯文集》第 10 卷，人民出版社 2009 年 12 月第 1 版，第 582 页。

### 36. 斗争进行了整整一个夏季，并持续到秋天

那末，汉堡怎么样呢，这是我们的组织工作做得最好，同其他民众相比我们的力量最强的一座城市，我们的经费也非常充裕（党和工会都是这样），在那里，大家漠视老板们的意愿，一致举行了庆祝五一节的活动。由于实业萧条，老板们就借口工人停工一天而把工厂关闭，并扬言以后只雇用那些退出工会并保证不再加入的工人。斗争进行了整整一个夏季，并持续到秋天；最后，老板们放弃了自己的要挟，可是我们在汉堡的工会组织也大伤了元气。无论是在汉堡，还是在其他地区，都由于救济大批因同盟歇业被解雇的工人而把经费花光了。因此，人们绝不愿今春再那样干了，何况工业状况又更加不景气了。

> 恩格斯：《致保·拉法格》（1891 年 1 月 31 日），摘自《马克思恩格斯全集》第 38 卷，人民出版社 1972 年 8 月第 1 版，第 18 页。

### 37. 站在不偏不倚的高高在上的立场向工人鼓吹一种凌驾于一切阶级对立和阶级斗争之上的社会主义，这些人如果不是还需要多多学习的新手，就是工人的最凶恶的敌人

现在也还有不少人，站在不偏不倚的高高在上的立场向工人鼓吹一种凌驾于一切阶级对立和阶级斗争之上的社会主义，这些人如果不是还需要多多学习的新手，就是工人的最凶恶的敌人，是披着羊皮的豺狼。

> 恩格斯：《〈英国工人阶级状况〉1892 年德文第二版序言》（1892 年 7 月 21 日），摘自《马克思恩格斯文集》第 1 卷，人民出版社 2009 年 12 月第 1 版，第 371 页。

### 38. 对每一个国家说来，能最快、最有把握地实现目标的策略，就是最好的策略

工人运动的最近目标就是由工人阶级自己为工人阶级夺取政权。如果在这一点上我们是一致的，那么，在为实现这一目标所应采取的斗争手段

和斗争方法上的不同意见，就不大可能使诚实的人们之间发生原则上的分歧，只要他们都有理智的话。依我看，对每一个国家说来，能最快、最有把握地实现目标的策略，就是最好的策略。

> 恩格斯：《致弗·维森》（1893 年 3 月 14 日），摘自《马克思恩格斯文集》
> 第 10 卷，人民出版社 2009 年 12 月第 1 版，第 652 页。

### 39. 无产阶级的解放只能是国际的事业

无产阶级的解放只能是国际的事业。如果你们想把它变成只是法国人的事业，那你们就会使它成为做不到的事了。法国单独领导过资产阶级革命——虽然由于其他国家的糊涂与怯懦，这是不可避免的——，你们知道这导致了什么后果？导致了拿破仑的出现，导致了征战，导致了神圣同盟①的侵略。

> 恩格斯：《致保·拉法格》（1893 年 6 月 27 日），摘自《马克思恩格斯文集》第 10 卷，人民出版社 2009 年 12 月第 1 版，第 656 页。

### 40. 除非预先把人口中的主体——在这里就是农民——争取过来，否则就不可能取得持久的胜利

在罗曼语国家里，人们也开始逐渐了解到对旧策略必须加以修正。德国人作出的利用选举权夺取我们所能夺得的一切阵地的榜样，到处都有人效法；无准备的攻击，到处都退到次要地位②。在法国，虽然一百多年来地基已经被一次又一次的革命掏空，那里没有一个政党不曾采取过密谋、起义和其他各种革命行动，因此政府丝毫也不能信赖军队，一般说来，环境对于突然起义要比在德国有利得多。但是甚至在法国，社会主义者也日益认识到，除非预先把人口中的主体——在这里就是农民——争取过来，否则就不可能取得持久的胜利。耐心的宣传工作和议会活动，在这里也被认为是党的当前任务。成绩很快就做出来了。社会主义者不但夺得了许多

---

① 神圣同盟是欧洲各专制君主镇压欧洲各国进步运动和维护封建君主制度的反动联盟。该同盟是战胜拿破仑第一以后，由俄国沙皇亚历山大一世和奥地利首相梅特涅倡议，于 1815 年 9 月 26 日在巴黎建立的，同时还缔结了神圣同盟条约。几乎所有欧洲君主国家都参加了该同盟。这些国家的君主负有相互提供经济、军事和其他方面援助的义务，以维持维也纳会议上重新划定的边界和镇压各国革命。神圣同盟为了镇压欧洲各国资产阶级革命和民族解放运动，先后召开过几次会议。由于欧洲诸国间的矛盾以及民族革命运动的发展，1830 年法国七月革命后神圣同盟实际上已经瓦解。

② 在《新时代》杂志刊载的文本和 1895 年出版的单行本《1848 年至 1850 年的法兰西阶级斗争》中，"无准备的攻击，到处都退到次要地位"这句话被删去。

市镇委员会，而且已经有 50 个社会主义者在议院中占有议席，他们已经推翻了共和国的三个内阁和一个总统。在比利时，工人去年争得了选举权①，并在四分之一的选区中获得了胜利。在瑞士、意大利、丹麦，甚至在保加利亚和罗马尼亚，都有社会主义者参加议会。在奥地利，所有一切政党都已经一致认定再不能继续阻挠我们进入帝国议会了。我们是一定要进去的，现在争论的问题只是从哪一个门进去。甚至在俄国，如果召开著名的国民代表会议，即小尼古拉现在徒然反对召开的那个国民议会，我们也能很有把握地预期那里也将有我们的代表参加。

> 恩格斯：《〈1848 年至 1850 年的法兰西阶级斗争〉一书导言》（1895 年 3 月 6 日），摘自《马克思恩格斯文集》第 4 卷，人民出版社 2009 年 12 月第 1 版，第 550 页。

### 41. 科学的直接任务就是提出真正的斗争口号

"我们并不向世界说：'停止斗争吧，你的全部斗争都是无谓之举'，而是给它一个真正的斗争口号。"②

因而在马克思看来，科学的直接任务就是提出真正的斗争口号，也就是说，善于客观地说明这个斗争是一定生产关系体系的产物，善于了解这一斗争的必然性、它的内容、它的发展进程和条件。要提出"斗争口号"，就必须十分详细地研究这一斗争的每种形式，考察它由一种形式转为另一种形式时的每一步骤，以便善于随时判定局势，不忽略斗争的总性质和总目的——完全地和彻底地消灭任何剥削和任何压迫。

> 列宁：《什么是"人民之友"以及他们如何攻击社会民主党人?》（1894 年春夏），摘自《列宁专题文集　论辩证唯物主义与历史唯物主义》，人民出版社 2009 年第 1 版，第 214 页。

### 42. 俄国社会民主党不应当分散自己的力量，而应当集中力量在工业无产阶级中间进行活动

俄国社会民主党不应当分散自己的力量，而应当集中力量在工业无产

---

① 1890—1893 年在比利时展开了争取普选权的斗争。在工人党领导的群众运动和罢工的压力下，众议院于 1893 年 4 月 18 日通过了关于普选权的法律，并于 4 月 29 日由参议院批准。但是，这一法律对普选权作了一些有利于统治阶级的限制。按照这一法律，在比利时实施以年满 25 岁、居住期限满 1 年为限制条件的男子普选权。此外，该法律还规定了多次投票制，即对某几类选民，可根据他们的财产状况、教育程度和供职情况，多给一两张选票。

② 见《马克思恩格斯全集》第 1 版第 1 卷，第 418 页。

阶级中间进行活动，因为工业无产阶级最能接受社会民主主义思想，在智力上和政治上最发展，并且按其数量以及在国内巨大政治中心的集中程度来说，又是最重要的。

> 列宁：《俄国社会民主党人的任务》（1897 年底），摘自《列宁专题文集　论无产阶级政党》，人民出版社 2009 年 12 月第 1 版，第 27—28 页。

### 43. 俄国社会民主党人应当设法使俄国无产阶级在这个破产到来的时候更有觉悟，更加团结一致，懂得俄国工人阶级的任务

俄国社会民主党人应当设法使俄国无产阶级在这个破产到来的时候更有觉悟，更加团结一致，懂得俄国工人阶级的任务，能够回击现在赚得巨额利润而随时都想把亏损转嫁到工人身上的资本家阶级，能够领导俄国民主势力去进行决战，反对那束缚俄国工人和全体俄国人民手脚的警察专制制度。

> 列宁：《俄国社会民主党人的任务》（1897 年底），摘自《列宁专题文集　论无产阶级政党》，人民出版社 2009 年 12 月第 1 版，第 42 页。

### 44. 危机表明，工人的斗争不能局限于争取资本家的个别让步

危机表明，工人的斗争不能局限于争取资本家的个别让步：在工业复苏时期，这种让步是能够争得的（俄国工人在 1894—1898 年期间进行了坚决的斗争，不止一次争得了让步），但破产到来时，资本家不仅要收回曾经作过的让步，而且要利用工人的孤立无援更大幅度地降低工资。在社会主义无产阶级大军还没有把资本和私有制的统治推翻之前，这种情形将不可避免地会继续发生。

> 列宁：《危机的教训》（1901 年 8 月），摘自《列宁专题文集　论资本主义》，人民出版社 2009 年 12 月第 1 版，第 48 页。

### 45. 鼓动在任何时候都是必要的，在饥荒的时候尤其必要

当然，我们并不是说，利用饥荒进行反政府的鼓动是不许可的或者至少是不适当的。恰恰相反，鼓动在任何时候都是必要的，在饥荒的时候尤其必要。

> 列宁：《同饥民作斗争》（1901 年 10 月），摘自《列宁全集》第 5 卷，人民出版社 1986 年 10 月第 2 版，第 256 页。

### 46. 许多俄国社会民主党人恰恰缺少首创精神和毅力

目前，当许多俄国社会民主党人恰恰缺少首创精神和毅力，当他们缩

小"政治宣传、政治鼓动和政治组织的……范围①"，当他们缺少更广泛地进行革命工作的"计划"的时候，说什么"策略—计划是同马克思主义的基本精神相矛盾的"，那就不仅是在理论上把马克思主义庸俗化，而且是在实践上**把党拉向后退**。

> 列宁：《怎么办？我们运动中的迫切问题》（1901 年秋—1902 年 2 月），摘自《列宁专题文集　论无产阶级政党》，人民出版社 2009 年 12 月第 1 版，第 95 页。

### 47. 正是这种真情彻底击溃了恐怖主义的鼓吹者

正是这种真情彻底击溃了恐怖主义的鼓吹者。任何一个有思想的社会主义者都可以从这种真情中得出如下结论：应当更坚决、更勇敢、更严整地抱成一团行动。

> 列宁：《革命冒险主义》（1902 年 8 月 1 日和 9 月 1 日），摘自《列宁全集》第 6 卷，人民出版社 1986 年 10 月第 2 版，第 371—372 页。

### 48. 我们在原则上丝毫不否定暴力和恐怖手段，但是我们要求准备的是这样一些暴力形式，它们必须依靠群众直接参加并能保证群众直接参加

社会民主党在任何时候都要警惕冒险主义，无情地揭露那些最终必将令人完全失望的幻想。我们应当记住，革命政党只有**真正**领导革命阶级的运动，才无愧于自己的称号。我们应当记住，任何人民运动都有千变万化的形式，要不断创造新形式，抛弃旧形式，改变形式或者把新旧形式重新配合。我们的责任就是积极地参加制定斗争方法和斗争手段的过程。当学生运动尖锐化了的时候，我们就号召工人帮助学生（《火星报》第 2 号）②，既不预测游行示威的形式，也不轻许诺言，说游行示威可以立即转换力量，启发智慧，可以不被抓住。当游行示威经常化了的时候，我们就号召组织游行示威、武装群众，并且提出准备人民起义的任务。我们在原则上丝毫不否定暴力和恐怖手段，但是我们要求准备的是这样一些暴力形式，它们必须依靠群众直接参加并能保证群众直接参加。

> 列宁：《革命冒险主义》（1902 年 8 月 1 日和 9 月 1 日），摘自《列宁全集》第 6 卷，人民出版社 1986 年 10 月第 2 版，第 373 页。

---

① 摘自《火星报》创刊号的社论。（见《列宁全集》第 2 版第 4 卷，第 336 页）
② 见《列宁全集》第 2 版第 4 卷，第 346—351 页。

**49. 我们必须力求赶上事态的发展，作出总结、得出结论，从今天的事件的经验中吸取教训，以便应用于明天**

当我们还暂时被困在这该死的远方的时候，我们必须力求赶上事态的发展，作出总结、得出结论，从今天的事件的经验中吸取教训，以便应用于明天，应用于那些今天"人民还在沉默"而不久的将来革命的烈火必将以这样或那样的形式燃烧起来的地方。我们必须做政论家经常要做的事情——当前的事件并力求使我们的描述能够给运动的直接参加者和活动在现场上的无产者英雄们带来更多的帮助，能够促进运动的扩展，有助于自觉地选择耗费力量最少而能够获得最大最持久的成果的斗争手段、方式和方法。

列宁：《革命的日子》（1905 年 1 月 18 日），摘自《列宁全集》第 9 卷，人民出版社 1987 年 10 月第 2 版，第 190 页。

**50. 我们党的一切组织和团体每天经常进行的全部工作，即宣传、鼓动和组织工作，都是为了加强和扩大同群众的联系**

革命将第一次使各个阶级受到真正的政治洗礼。通过革命，这些阶级将显示出它们的明确的政治面貌，它们不仅会在自己的思想家的纲领和策略口号中，而且会在群众的公开的政治行动中表现它们自己。

革命将教会我们，将教会人民群众，这是毫无疑问的。但是对一个战斗着的政党来说，现在的问题是我们能不能教会革命一些东西？我们能不能利用我们的社会民主主义学说的正确性，利用我们同无产阶级这个唯一彻底革命的阶级的联系，来给革命刻上无产阶级的标记，把革命引导到真正彻底的胜利，不是口头上的而是事实上的胜利，麻痹民主派资产阶级的不稳定性、不彻底性和叛卖性？

我们应当尽一切努力来争取达到这个目的。但是要达到这个目的，一方面需要我们对政治局面有正确的估计，需要我们有正确的策略口号；另一方面，需要工人群众用实际的战斗力量来支持这些口号。我们党的一切组织和团体每天经常进行的全部工作，即宣传、鼓动和组织工作，都是为了加强和扩大同群众的联系。这种工作任何时候都是必要的，但是在革命时期会显得更加必要。在这种时期，工人阶级本能地要奋起进行公开的革命发动，而我们就必须善于正确提出这种发动的任务，然后尽量广泛地使人们熟悉这些任务，了解这些任务。

列宁:《社会民主党在民主革命中的两种策略》(1905 年 6—7 月),摘自
《列宁专题文集 论无产阶级政党》,人民出版社 2009 年 12 月第 1 版,第
161—162 页。

### 51. 我们党从这种经验中吸取进行日常宣传鼓动的材料

只要旧的、腐烂的、腐蚀全体人民的上层建筑还没有被摧毁,任何一
次新的失败都会使愈来愈多的新战士奋起作战,使他们从他们同志的经验
中受到教育,使他们学到新的更好的斗争方法。当然,在国际民主运动和
国际社会民主运动的历史上,还有全人类的广泛得多的集体经验,这种经
验已经被革命思想的先进代表所肯定。我们党从这种经验中吸取进行日常
宣传鼓动的材料。但是在以千百万劳动者受压迫受剥削为基础的社会中,
能够直接学习这种经验的只有少数人。群众主要是从亲身的经验中学习,
而且每吸取一点教训,在解放的道路上每前进一步,都要作出巨大的牺牲。
1 月 9 日的教训是惨痛的,但是它使得整个俄国无产阶级的思想革命化了。
敖德萨起义的教训是惨痛的,但是,在已经革命化的思想的基础上,它现
在不但能教会革命无产阶级如何进行斗争,而且能教会他们如何取得胜利。
关于敖德萨事变我们要说:革命军队是失败了,——革命军队万岁!

列宁:《革命教导着人们》(1905 年 7 月 26 日),摘自《列宁全集》第 11
卷,人民出版社 1987 年 10 月第 2 版,第 127—128 页。

### 52. 为了进行彻底的坚定的斗争,无产阶级政党不能发生一个事件制定一种策略

我们不能满足于我们的策略口号跟在事变后面蹒跚而行,在事后才去
适应事变。我们应当力求做到使这些口号能引导我们前进,照亮我们今后
的道路,使我们能够看得比当前的迫切任务更远。为了进行彻底的坚定的
斗争,无产阶级政党不能发生一个事件制定一种策略。它应当在自己的策
略决议中把忠于马克思主义原则同正确估计革命阶级的先进任务结合起来。

列宁:《革命教导着人们》(1905 年 7 月 26 日),摘自《列宁全集》第 11
卷,人民出版社 1987 年 10 月第 2 版,第 133 页。

### 53. 我们要做的就是吸取革命的全部教训

革命教导着人们。我们要做的就是吸取革命的全部教训,一点一滴也
不放过,使我们的策略口号适应我们的行动,适应我们的当前任务,使群
众正确了解当前的这些任务,着手在各地最广泛地组织工人去实现起义的

战斗目标，去建立革命军队和成立临时革命政府！

> 列宁：《革命指导着人们》（1905 年 7 月 13 日），摘自《列宁全集》第 11
> 卷，人民出版社 1987 年 10 月第 2 版，第 135 页。

**54. 政党内部和政党之间的意见分歧往往不仅靠原则性的论战来解决，而且也会随着政治生活本身的发展得到解决**

政党内部和政党之间的意见分歧往往不仅靠原则性的论战来解决，而且也会随着政治生活本身的发展得到解决，甚至更正确的说法也许是：与其说是靠前者解决，不如说是靠后者解决。特别是有关党的策略即党的政治行动的意见分歧，结果往往是持错误意见的人在实际生活教训的影响下和在事变进程本身的压力下实际转上了正确的斗争道路，因为事变进程本身常常迫使人们走上正确的道路，并把错误意见完全抛在一旁，使它们失去基础，变成毫无内容、枯燥无味、谁也不感兴趣的东西。

> 列宁：《革命教导着人们》（1905 年 7 月 26 日），摘自《列宁专题文集
> 论无产阶级政党》，人民出版社 2009 年 12 月第 2 版，第 340 页。

**55. 无产阶级的群众性政党的策略应该是简单明了和直截了当的**

无产阶级的群众性政党的策略应该是简单明了和直截了当的。

> 列宁：《国家杜马和社会民主党的策略》（1906 年 1 月），摘自《列宁全
> 集》第 12 卷，人民出版社 1987 年 10 月第 2 版，第 151 页。

**56. 要进行顽强不懈的努力来建立一个包括全体觉悟的工人社会民主党人、独立进行政治活动的组织**

现在留下的是一项重大的、严肃的和非常重要的任务：在党组织中真正实现民主集中制的原则，——要进行顽强不懈的努力，使基层组织真正成为而不是在口头上成为党的基本组织细胞，使所有的高级机关都成为真正选举产生的、要汇报工作的、可以撤换的机关。要进行顽强不懈的努力来建立一个包括全体觉悟的工人社会民主党人、独立进行政治活动的组织。

> 列宁：《关于俄国社会民主工党统一代表大会的报告》（1906 年 5 月上半
> 月），摘自《列宁专题文集 论无产阶级政党》，人民出版社 2009 年 12 月
> 第 1 版，第 346 页。

**57. 一个马上就要到来的斗争的口号，是不能简单地直接地从某一个纲领的一般口号中得出来的**

马克思主义者无论如何不应当忘记，一个马上就要到来的斗争的口号，是不能简单地直接地从某一个纲领的**一般**口号中得出来的。只根据我们的

纲领（见纲领的最后一段：推翻专制制度和召集立宪会议等等）来决定**眼前**即 1906 年夏天或秋天马上就要到来的斗争的口号，是不够的。为此必须估计**具体**的历史形势，研究革命的全部发展和整个过程，不是从纲领原则中，而是从运动**已往的**步骤和阶段中得出我们的任务。只有这样的分析才是辩证唯物主义者所应当作的真正的历史分析。

> 列宁：《国家杜马和社会民主党的策略》（1906 年 7 月中），摘自《列宁全集》第 13 卷，人民出版社 1987 年 10 月第 2 版，第 310 页。

### 58. 无论是罢工、起义等等形式的公开革命斗争，还是新的选举运动，都要求我们党清楚明晰地确定自己对待各种政党的态度

无论是罢工、起义等等形式的公开革命斗争，还是新的选举运动，都要求我们党清楚明晰地确定自己对待各种政党的态度，而这只有根据对它们所作的科学分析，即阶级分析才能做到。

> 列宁：《俄国政党分类尝试》（1906 年 9 月 30 日），摘自《列宁全集》第 14 卷，人民出版社 1988 年 10 月第 2 版，第 21 页。

### 59. 不详细考察某个运动在它的某一发展阶段的具体环境，要想对一定的斗争手段问题作肯定或否定的回答，就等于完全抛弃马克思主义的立脚点

马克思主义要求我们一定要**历史地**来考察斗争形式的问题。脱离历史的具体环境来谈这个问题，就是不懂得辩证唯物主义的起码常识。在经济演进的各个不同时期，由于政治、民族文化、风俗习惯等等条件各不相同，也就有各种不同的斗争形式提到首位，成为主要的斗争形式，而各种次要的附带的斗争形式，也就随之发生变化。不详细考察某个运动在它的某一发展阶段的具体环境，要想对一定的斗争手段问题作肯定或否定的回答，就等于完全抛弃马克思主义的立脚点。

> 列宁：《游击战争》（1906 年 9 月 30 日），摘自《列宁专题文集 论马克思主义》，人民出版社 2009 年 12 月第 1 版，第 100 页。

### 60. 马克思主义决不拒绝任何斗争形式

马克思主义同任何抽象公式、任何学理主义方法是绝对不相容的，它要求细心对待进行中的**群众**斗争，因为群众斗争随着运动的发展，随着群众觉悟的提高，随着经济危机和政治危机的加剧，会产生愈来愈新和愈来愈多的防御和攻击的方式。因此，马克思主义决不拒绝任何斗争形式。马克思主义决不局限于只是在当前可能的和已有的斗争形式，它认为，随着

当前社会局势的变化，**必然**会出现新的、为这个时期的活动家所不知道的斗争形式。马克思主义在这方面可以说是向群众的实践**学习**的，决不奢望用书斋里的"分类学家"臆造的斗争形式来**教导**群众。例如，考茨基在考察社会革命的形式时说：我们知道，即将到来的危机会给我们带来我们现在还预见不到的新的斗争形式。

> 列宁：《游击战争》（1906 年 9 月 30 日），摘自《列宁专题文集 论马克思主义》，人民出版社 2009 年 12 月第 1 版，第 100 页。

### 61. 在这样的时期，马克思主义者应该坚持国内战争的观点

马克思主义者是主张阶级斗争的，而不是主张社会和平的。在尖锐的经济危机和政治危机的一定时期，阶级斗争就会径直发展成为国内战争，即两部分人之间的武装斗争。在这样的时期，马克思主义者**应该**坚持国内战争的观点。从马克思主义的观点来看，对国内战争作任何道义上的谴责，都是完全不能容许的。

> 列宁：《游击战争》（1906 年 9 月 30 日），摘自《列宁选集》第 1 卷，人民出版社 1995 年 6 月第 3 版，第 694—695 页。

### 62. 先进阶级只有客观地考虑到某个社会中一切阶级相互关系的全部总和，才能据以制定正确的策略

马克思是严格根据他的辩证唯物主义世界观的一切前提确定无产阶级策略的基本任务的。先进阶级只有客观地考虑到某个社会中一切阶级相互关系的全部总和，因而也考虑到该社会发展的客观阶段，考虑到该社会和其他社会之间的相互关系，才能据以制定正确的策略。

> 列宁：《孟什维主义的危机》（1906 年 12 月 7 日），摘自《列宁专题文集 论马克思主义》，人民出版社 2009 年 12 月第 1 版，第 33 页。

### 63. 我们的决定不以小资产阶级的动摇为转移，如果小资产阶级愿意响应我们的号召，跟随无产阶级反对自由派，那对它就再好没有了

布尔什维克就是在这样的基础上进行鼓动的。布尔什维克坚定不移地执行自己的路线：彼得堡**要有**立宪民主党的名单和社会民主党的名单。我们的决定**不以小资产阶级的动摇为转移**，如果小资产阶级愿意响应我们的号召，跟随无产阶级反对自由派，那对它就再好没有了；如果它不愿意这样做，那对它只有更坏，而我们是**无论如何**要走社会民主主义的道路的。

> 列宁：《彼得堡社会民主党的选举运动》（1907 年 1 月 18 日），摘自《列宁全集》第 14 卷，人民出版社 1988 年 10 月第 2 版，第 297 页。

### 64. 方针明确的政策是最好的政策。原则明确的政策是最实际的政策

方针明确的政策是最好的政策。原则明确的政策是最实际的政策。只有这样的政策才能真正地牢固地赢得群众对社会民主党的同情和信任。

列宁：《彼得堡社会民主党的选举运动》（1907 年 1 月 18 日），摘自《列宁全集》第 14 卷，人民出版社 1988 年 10 月第 2 版，第 298 页。

### 65. 我们不可能评述社会革命党的这些决定的根本错误——缺少对各政党的阶级分析

但是在这里，我们不可能评述社会革命党的这些决定（以及它的所有决定）的根本错误——缺少对各政党的阶级分析。不作这种分析，一个配称为策略的策略是无法制定出来的。

列宁：《小资产阶级的策略》（1907 年 2 月 22 日），摘自《列宁全集》第 15 卷，人民出版社 1988 年 10 月第 2 版，第 36 页。

### 66. 阶级斗争的原则是社会民主党全部学说和全部政策的基础

阶级斗争的原则是社会民主党全部学说和全部政策的基础。无产者、农民和小市民不是小孩子，决不会因为各个阶级争论尖锐和斗争激烈，实行人民代表制的主张就在他们心目中失去光辉。我们不应当对他们过分温存，相反，我们应当利用杜马讲坛教会他们清楚地辨别各个政党，认清被狡猾的资产者弄得模糊不清的各个政党的阶级基础。

列宁：《小资产阶级的策略》（1907 年 2 月 22 日），摘自《列宁全集》第 15 卷，人民出版社 1988 年 10 月第 2 版，第 38 页。

### 67. 我们只有把争论归结到这些原则上来，才能使争论由谩骂转变为解决俄国资产阶级革命的根本问题

这个论点决定着布尔什维克整个策略的各项原则，第一届杜马和杜马以后时期的全部经验都再清楚不过地证实了这个论点。我们只有把争论归结到这些原则上来，才能使争论由谩骂转变为解决俄国资产阶级革命的根本问题。

列宁：《立宪民主党和劳动派》（1907 年 3 月 1 日），摘自《列宁全集》第 15 卷，人民出版社 1988 年 10 月第 2 版，第 64 页。

### 68. 社会民主主义的无产阶级都绝对必须同充满立宪民主党式的幻想的小资产阶级群众隔绝

在这两种情况下，在任何一种情况下，社会民主主义的无产阶级都绝对必须同充满立宪民主党式的幻想的小资产阶级群众隔绝。社会民主主义

的无产阶级无论在什么情况下都应当执行真正革命阶级的坚定不移的政策，不能因听到关于全民任务、全民革命的任何反动的或庸俗的胡说而不知所措。

可能，在某种力量组合下，在各种不利条件的某种凑合下，绝大多数资产阶级阶层和小资产阶级阶层会暂时变得奴颜婢膝或胆怯。这会是一种"全民性的"胆怯，但是社会民主主义的无产阶级为了整个工人运动的利益，一定要把自己同这种习性**隔绝开来**。

> 列宁：《谈谈全民革命的问题》（1907 年 5 月 2 日），摘自《列宁全集》第 15 卷，人民出版社 1988 年 10 月第 2 版，第 296 页。

**69. 第一个结论是，无产阶级在实行独立政策的时候，既应当同一些人的机会主义和立宪幻想作斗争，也应当同另一些人的革命幻想和反动的经济方案作斗争。第二个结论是，必须"把自己的行动同这些政党的行动配合起来"**

第一个结论是，无产阶级在实行独立政策的时候，既应当同一些人的机会主义和立宪幻想作斗争，也应当同另一些人的革命幻想和反动的经济方案作斗争。第二个结论是，必须"把自己的行动同这些政党的行动配合起来"。

凡是希望确定工人政党对资产阶级政党的态度的任何一个马克思主义者都必须给自己提出的问题，这个决议案连一个也没有回答。这些共同的问题究竟是什么呢？首先必须确定各个政党的阶级性质。然后应该弄清楚各个阶级在目前革命中基本的相互关系，就是说，这些阶级同革命的继续或发展有什么样的利害关系。其次，应该从一般地分析阶级进而分析各个政党或各个政党集团现在所起的作用。最后，应该具体指出工人政党在这个问题上的政策。

> 列宁：《关于对资产阶级政党的态度的报告》（1907 年 5 月 2 日），摘自《列宁全集》第 15 卷，人民出版社 1988 年 10 月第 2 版，第 331 页。

**70. 坚定的无产阶级政策一定会向整个工人阶级提供极丰富的思想、极明确的认识和极坚定的斗争性**

坚定的无产阶级政策一定会向整个工人阶级提供极丰富的思想、极明确的认识和极坚定的斗争性，世界上没有任何东西能够从社会民主党那里夺走这一切。即使革命遭到了失败，无产阶级也可以首先学会了解自由派政党和民主派政党的经济基础和阶级基础，其次学会仇恨资产阶级的背叛行为，蔑视小资产阶级的软弱性和动摇性。

> 列宁：《关于对资产阶级政党的态度的报告》（1907 年 5 月 2 日），摘自《列宁全集》第 15 卷，人民出版社 1988 年 10 月第 2 版，第 339 页。

### 71. 明确地指出劳动派政党的阶级性质，对于指导整个宣传鼓动工作是极其重要的

明确地指出劳动派政党的阶级性质，对于指导整个宣传鼓动工作是极其重要的。我们只有根据对政党的阶级分析，才能十分明确地向整个工人阶级提出我们的策略任务：保持无产阶级的社会主义的阶级独立性，在无产阶级领导下既反对专制制度，也反对背叛成性的资产阶级。

> 列宁：《就关于对资产阶级政党的态度的报告所作的总结发言》（1907 年 5 月 14 日），摘自《列宁全集》第 15 卷，人民出版社 1988 年 10 月第 2 版，第 345 页。

### 72. 马克思高度重视革命的传统，严厉抨击对革命传统的叛卖和庸俗的态度

马克思高度重视革命的传统，严厉抨击对革命传统的叛卖和庸俗的态度，而同时要求革命家要善于**思考**，善于**分析**采用旧的斗争手段的条件，而不是简单地重复某些口号。

> 列宁：《反对抵制》（1907 年 6 月 26 日），摘自《列宁专题文集　论马克思主义》，人民出版社 2009 年 12 月第 1 版，第 143 页。

### 73. 我们的责任就是在力所能及的范围内为这样的高潮的到来作准备，并在适当的时机不拒绝实行抵制

我们应该研究实行抵制的条件，我们应该向群众灌输这样的思想：在革命高潮时期抵制是完全合理的、有时是必不可少的手段（不管那些枉费心机地滥用马克思名字的学究说些什么）。但是现在是否存在这个高潮，是否存在宣布抵制的这个基本条件，这个问题应当善于独立地提出来，并且在认真分析材料的基础上加以解决。我们的责任就是在力所能及的范围内为这样的高潮的到来作准备，并在适当的时机不拒绝实行抵制，可是，如果认为总可以用抵制的口号来对付任何糟糕的或非常糟糕的代表机关，那就是绝对错误的了。

> 列宁：《反对抵制》（1907 年 6 月 26 日），摘自《列宁专题文集　论马克思主义》，人民出版社 2009 年 12 月第 1 版，第 143—144 页。

**74. 抵制并不是一种策略方针，而是适用于特殊条件的一种特殊的斗争手段**

我们要随时随地坚持我们的信念，宣传我们的观点，并且总是反复地说，只要旧政权还存在，只要它还没有连根拔掉，我们就不能指望它办什么好事。我们要为新的高潮创造条件，而在这个高潮到来以前，同时也为了这个高潮的到来，我们必须更顽强地工作，不要提出只是在高潮的条件下才有意义的口号。

如果把抵制看做是使无产阶级和一部分革命的资产阶级民主派同自由派和反动派对立起来的一种**策略方针**，那也是错误的。抵制并不是一种策略方针，而是适用于特殊条件的一种特殊的斗争手段。

> 列宁：《反对抵制》（1907 年 6 月 26 日），摘自《列宁专题文集 论马克思主义》，人民出版社 2009 年 12 月第 1 版，第 146 页。

**75. 现在关键不在于抵制，而在于直接努力把局部的高潮变为普遍的高潮，把工会运动变为革命的运动，把对同盟歇业的防御变为对反动派的进攻**

不过也还有一个问题：为了开展进攻性的革命运动，是否需要提出特别的口号来**转移**对……**第三届杜马**的注意。也许没有必要。为了不去注意某个重要的和确实能够使没有经验的、还没有见过议会的群众迷恋的东西，也许有必要抵制这个不应该去注意的东西。但是为了不去注意完全不能使当今民主主义或半民主主义群众迷恋的机关，就不一定要宣布实行抵制。现在关键不在于抵制，而在于直接努力把局部的高潮变为普遍的高潮，把工会运动变为革命的运动，把对同盟歇业的防御变为对反动派的进攻。

> 列宁：《反对抵制》（1907 年 6 月 26 日），摘自《列宁选集》第 1 卷，人民出版社 1995 年 6 月第 3 版，第 758—759 页。

**76. 我们应该使群众坚信，不进行直接的群众斗争，这样的亵渎势必继续下去并且会变本加厉**

我们在继续进行准备选举的日常工作、不事先拒绝参加最反动的代表机关的同时，应该把全部宣传鼓动都用来向人民说明十二月失败同接踵而来的对自由的摧残和对立宪制的亵渎之间的联系。我们应该使群众坚信，不进行直接的群众斗争，这样的亵渎势必继续下去并且会变本加厉。

> 列宁：《反对抵制》（1907 年 6 月 26 日），摘自《列宁选集》第 1 卷，人

民出版社 1995 年 6 月第 3 版，第 759 页。

**77. 只有在广泛、普遍、急剧的革命高潮发展成为武装起义的形势下，只有同在旧政权召开第一次代表会议的情况下产生的立宪幻想作斗争这一思想任务联系起来，积极的抵制才是社会民主党的正确策略**

（1）俄国革命的经验表明，只有在广泛、普遍、急剧的革命高潮发展成为武装起义的形势下，只有同在旧政权召开第一次代表会议的情况下产生的立宪幻想作斗争这一思想任务联系起来，积极的抵制才是社会民主党的正确策略；……

列宁：《俄国社会民主工党第三次代表会议〈"第二次全国代表会议"〉文献》（1907 年 7 月），摘自《列宁全集》第 16 卷，人民出版社 1988 年 10 月第 2 版，第 45 页。

**78. 抵制的策略只有在我们使工会运动的高潮变成革命冲击的努力获得成功的条件下才是恰当的**

（三）向群众说明，对杜马的抵制本身不能把工人运动和革命斗争提到更高的阶段，抵制的策略只有在我们使工会运动的高潮变成革命冲击的努力获得成功的条件下才是恰当的。

列宁：《俄国社会民主工党第三次代表会议〈"第二次全国代表会议"〉文献》（1907 年 7 月），摘自《列宁全集》第 16 卷，人民出版社 1988 年 10 月第 2 版，第 46 页。

**79. 社会民主党不仅应该竭尽全力支持并发展无产阶级的经济斗争，而且应该竭尽全力把这一目前还只是工会性质的运动变成广泛的革命高潮，变成工人群众同沙皇政府武装力量的直接斗争**

社会民主党不仅应该竭尽全力支持并发展无产阶级的经济斗争，而且应该竭尽全力把这一目前还只是工会性质的运动变成广泛的革命高潮，变成工人群众同沙皇政府武装力量的直接斗争。只有社会民主党在这方面的努力获得成功，只有在采取攻势的革命运动已经发生的基础上，与对群众的直接号召（号召他们举行武装起义，推翻沙皇政权，代之以临时革命政府，以便在普遍、直接、平等和无记名投票的基础上召开立宪会议）密切结合起来的抵制口号，才具有重大的意义。

列宁：《关于社会民主工党对第三届杜马的态度问题的报告提纲》（1907 年 7 月 8 日），摘自《列宁全集》第 16 卷，人民出版社 1988 年 10 月第 2 版，第 44 页。

**80. 无产阶级已经不能再把本阶级的利益同其他敌对阶级的利益结合在一起了**

如果说，从前同全欧洲反动势力的斗争团结了整个革命的民族，那么现在，无产阶级已经不能再把本阶级的利益同其他敌对阶级的利益结合在一起了。让资产阶级去对民族蒙受的屈辱承担责任吧，无产阶级的任务是争取社会主义的解放，使劳动挣脱资产阶级的桎梏。

果然，资产阶级"爱国主义"的本来面目很快就暴露出来了。凡尔赛政府同普鲁士人缔结了可耻的和约之后，就立即着手执行它的直接任务，去袭击使它胆战心惊的巴黎无产阶级的武装。工人们以宣布成立公社和进行国内战争作为回击。

> 列宁：《公社的教训》（1908 年 3 月 23 日），摘自《列宁全集》第 16 卷，
> 人民出版社 1988 年 10 月第 2 版，第 436 页。

**81. 无产阶级的利益要求公开进行搏斗来无情地消灭敌人**

俄国无产阶级记取了巴黎公社的教训，他们懂得无产阶级固然不可轻视和平的斗争手段，因为这些手段是为无产阶级的日常利益服务的，在革命的准备时期也是必要的，但是无产阶级一刻也不应当忘记，阶级斗争在一定的条件下就要采取武装斗争和国内战争的形式；往往出现这样的情况：无产阶级的利益要求公开进行搏斗来无情地消灭敌人。这一点已经由法国无产阶级在公社起义中首先表明，并且为俄国无产阶级的十二月起义光辉地证实了。

> 列宁：《公社的教训》（1908 年 3 月 23 日），摘自《列宁全集》第 16 卷，
> 人民出版社 1988 年 10 月第 2 版，第 438 页。

**82. 不弄清我国各政党的阶级本性，不分析各阶级在我国革命中的利益和相互关系，在确定无产阶级的最近任务和策略方面是寸步难行的**

不弄清我国各政党的阶级本性，不分析各阶级在我国革命中的利益和相互关系，在确定无产阶级的最近任务和策略方面是寸步难行的。

> 列宁：《沿着老路走去!》（1908 年 4 月 16 日），摘自《列宁全集》第 17
> 卷，人民出版社 1988 年 10 月第 2 版，第 20 页。

**83. 马克思和恩格斯教给无产阶级的是革命的策略**

马克思和恩格斯教给无产阶级的是革命的策略，是把斗争推进到最高形式的策略，是引导农民跟着无产阶级走，而不是引导无产阶级跟着自由派叛徒走的策略。

> 列宁：《沿着老路走去!》（1908 年 4 月 16 日），摘自《列宁全集》第 17 卷，人民出版社 1988 年 10 月第 2 版，第 27 页。

### 84. 只有实行无产阶级和农民的专政，这次革命才算是获得完全的胜利

布尔什维克在 1905—1907 年革命中的策略基础是这样一个原理：只有实行无产阶级和农民的专政，这次革命才算是获得完全的胜利。

> 列宁：《论目前思想混乱的某些根源》（1909 年 11 月 28 日），摘自《列宁全集》第 19 卷，人民出版社 1989 年 10 月第 2 版，第 133 页。

### 85. 在革命中无产阶级支持立宪民主党的策略是一种"空想"

在革命中无产阶级支持立宪民主党的策略是一种"空想"。由此得出的结论是，"民主派的"即民主革命的**力量**也就是无产阶级和农民的力量。由此得出的结论是，**资产阶级的**发展有**两条**道路：一条是"向资产阶级作出让步的土地占有者"指引的道路；另一条是工人和农民想要指引而且也能够指引的道路（参看马斯洛夫的书第 446 页上的一句话："即使全部地主的土地无偿地交给农民使用，那时……也会发生农民经济资本化的过程，不过那是一个痛苦比较少的过程……"）。

> 列宁：《论目前思想混乱的某些根源》（1909 年 11 月 28 日），摘自《列宁全集》第 19 卷，人民出版社 1989 年 10 月第 2 版，第 135 页。

### 86. 一个政党如果没有纲领，就不可能成为政治上比较完整的、能够在事态发生任何转折时始终坚持自己路线的有机体

一个政党如果没有纲领，就不可能成为政治上比较完整的、能够在事态发生任何转折时始终坚持自己路线的有机体。一个理论家小组可以没有以对当前政治形势的估计为基础的、能够确切回答当前的"该死的问题"的策略路线，但是一个正在行动的政治团体就不能没有这样的策略路线。如果不对那些"积极的"、轰动一时的或"时髦的"思想政治流派作出估计，纲领和策略就会变成死的"条文"，就不可能根据对问题本质的了解、对问题的"来龙去脉"的了解去贯彻和运用这些"条文"以解决成千上万细致而具体的、非常具体的实践问题。

> 列宁：《关于选举运动和选举纲领》（1911 年 10 月 18 日），摘自《列宁全集》第 20 卷，人民出版社 1989 年 10 月第 2 版，第 357 页。

### 87. 可以同谁一起战斗，谁是不可靠的同盟者，真正的敌人在什么地方

更加明确地划清自由派和民主派之间的界限（这一点当然是同那些幻想"把杜马从反动派手中夺过来"的人进行了斗争才达到的），是这场新

的运动的一大优点。革命要取得胜利，就必须尽可能确切地了解：可以同谁一起战斗，谁是不可靠的同盟者，真正的敌人在什么地方。

> 列宁：《革命罢工和街头游行示威的发展》（1913 年 1 月 12 日），摘自《列宁全集》第 22 卷，人民出版社 1990 年 2 月第 2 版，第 303 页。

### 88. 正是客观环境决定着某一党派的口号、策略或总方针的成败和意义

我们有些人在评价某一党派的口号、策略和它的总方针时，经常错误地拿这个党派自己提出的愿望或动机来作根据。这样的评价实在要不得。俗话说得好，地狱是由善良的愿望铺成的。

问题不在于愿望，不在于动机，不在于言论，而在于不依这些东西为转移的客观环境。正是客观环境决定着某一党派的口号、策略或总方针的成败和意义。

> 列宁：《言论和事实》（1913 年 7 月 16 日），摘自《列宁全集》第 23 卷，人民出版社 1990 年 4 月第 2 版，第 349 页。

### 89. 马克思主义的策略，就在于把各种不同的斗争方法结合起来

马克思主义的策略，就在于把**各种不同的**斗争方法结合起来，巧妙地从一种方法过渡到另一种方法，不断提高群众的觉悟，扩大群众的集体行动的广度，其中每一个行动单独来看，有的是进攻性的，有的是防御性的，但是总的说来，它们将导向愈来愈深刻、愈来愈坚决的冲突。

> 列宁：《论工人运动的形式》（1914 年 4 月 4 日），摘自《列宁专题文集 论马克思主义》，人民出版社 2009 年 12 月第 1 版，第 302 页。

### 90. 事实上正是这些热烈的争论帮助全体工人养成全面考虑工人自己的政策的习惯，为运动制定出坚定明确的阶级路线

在俄国所有的阶级中，没有一个阶级象工人阶级这样直率地、明确地、尽可能公开地讨论自己的策略，即自己运动的方向和方法，就是有教养的和有钱的资产阶级也办不到。只有那些愚蠢的或害怕广大群众参与政治的人，才会觉得工人报刊上经常开展有关策略问题的公开的热烈争论是不适当的或多余的。事实上正是这些热烈的争论帮助全体工人养成全面考虑工人自己的政策的习惯，为运动制定出坚定明确的阶级路线。

> 列宁：《工人的统一和知识分子的"派别"》（1914 年 5 月 13 日），摘自《列宁全集》第 25 卷，人民出版社 1988 年 10 月第 2 版，第 157 页。

### 91. 无产阶级的策略都要考虑到人类历史的这一客观必然的辩证法

马克思是严格根据他的辩证唯物主义世界观的一切前提确定无产阶级

策略的基本任务的。先进阶级只有客观地考虑到某个社会中一切阶级相互关系的全部总和，因而也考虑到该社会发展的客观阶段，考虑到该社会和其他社会之间的相互关系，才能据以制定正确的策略。这就是说，不应当把各个阶级和各个国家看做是静态的，而应当看做是动态的，即不应当看做是处于不动的状态，而应当看做是处于运动之中（运动的规律是从每个阶级的存在的经济条件中产生的）。而对运动，不仅要从过去的观点来看，而且要从将来的观点来看，并且不是像"进化论者"那样庸俗地理解，只看到缓慢的变化，而是要辩证地理解："在这种伟大的发展中，二十年等于一天，虽然以后可能又会有一天等于二十年的时期"——马克思在给恩格斯的信中这样写道（《通信集》第 3 卷第 127 页）①。在每个发展阶段，在每一时刻，无产阶级的策略都要考虑到人类历史的这一客观必然的辩证法，一方面要利用政治消沉时代或龟行发展即所谓"和平"龟行发展的时代来发展先进阶级的意识、力量和战斗力，另一方面要把这种利用工作全部引向这个阶级的运动的"最终目的"，并使这个阶级在"一天等于二十年"的伟大日子到来时有能力实际完成各项伟大的任务。

> 列宁：《卡尔·马克思》（1914 年 11 月），摘自《列宁专题文集　论马克思主义》，人民出版社 2009 年 12 月第 1 版，第 33—34 页。

### 92. 无产阶级的统一，是无产阶级在争取社会主义革命的斗争中的最伟大的武器

无产阶级的统一，是无产阶级在争取社会主义革命的斗争中的最伟大的武器。从这个不容争辩的真理中，可以得出一个同样不容争辩的结论：在那些足以**妨碍**为争取社会主义革命而斗争的小资产阶级分子大量涌入无产阶级政党的时候，同这些分子讲统一，对于无产阶级的事业是有害的和极其危险的。

> 列宁：《以后怎么办？》（1914 年 12 月 10 日），摘自《列宁全集》第 26 卷，人民出版社 1988 年 10 月第 2 版，第 115 页。

### 93. 首先考虑到各个"时代"的不同的基本特征，我们才能够正确地制定自己的策略

只有首先分析从一个时代转变到另一个时代的客观条件，才能理解我们

---

① 见《马克思恩格斯选集》第 4 卷，人民出版社 1972 年版，第 348 页。

面前发生的各种重大历史事件。这里谈的是大的历史时代。每个时代都有而且总会有个别的、局部的、有时前进、有时后退的运动，都有而且总会有各种偏离运动的一般型式和一般速度的情形。我们无法知道，一个时代的各个历史运动的发展会有多快，有多少成就。但是我们能够知道，而且确实知道，**哪一个阶级**是这个或那个时代的中心，决定着时代的主要内容、时代发展的主要方向、时代的历史背景的主要特点等等。只有在这个基础上，即首先考虑到各个"时代"的不同的基本特征（而不是个别国家的个别历史事件），我们才能够正确地制定自己的策略；只有了解了某一时代的基本特征，才能在这一基础上去考虑这个国家或那个国家的更具体的特点。

> 列宁：《打着别人的旗帜》（1915 年 1 月以后），摘自《列宁专题文集　论资本主义》，人民出版社 2009 年 12 月第 1 版，第 91—92 页。

### 94. 巴塞尔宣言并没有散布和抱有丝毫"幻想"

巴塞尔宣言并没有散布和抱有丝毫"幻想"，它所谈的也正是社会党人的这个任务，即唤起人民，"激励"人民（而不是像普列汉诺夫、阿克雪里罗得和考茨基那样用沙文主义麻痹人民），"利用"危机来"**加速**"资本主义的崩溃，效法公社和 1905 年 10 月—12 月的**榜样**①。

> 列宁：《第二国际的破产》（1915 年秋 5—6 月），摘自《列宁选集》第 2

---

① 指俄国第一次资产阶级民主革命期间的 1905 年十月全俄政治罢工和十二月武装起义。十月全俄政治罢工是这次革命的最重要阶段之一，参加罢工的人数达 200 万以上，在各大城市，工厂、交通运输部门、发电厂、邮电系统、机关、商店、学校都停止了工作。十月罢工的口号是：推翻专制制度、积极抵制布里根杜马、召集立宪会议和建立民主共和国，十月罢工扫除了布里根杜马，迫使沙皇于 10 月 17 日（30 日）颁布了允诺给予"公民自由"和召开"立法"杜马的宣言。罢工显示了无产阶级运动的力量和声势，推动了农村和军队中革命斗争的展开，在十月罢工中，彼得格勒及其他一些城市出现了工人代表苏维埃。十月罢工是十二月武装起义的序幕。关于十月罢工，参看列宁《全俄政治罢工》一文（见《列宁全集》第 2 版第 12 卷，第 1—4 页）。

十二月武装起义是俄国第一次革命的最高点。1905 年 12 月 5 日（18 日），布尔什维克莫斯科市代表会议表达工人的意志，决定宣布总罢工并随即开始武装斗争。次日，布尔什维克领导的莫斯科苏维埃全体会议，通过了同样的决议。12 月 7 日（20 日），政治总罢工开始。12 月 10 日（23 日）罢工转为武装起义。起义的中心是普列斯尼亚区、莫斯科河南岸区、罗戈日—西蒙诺沃区和喀山铁路区，武装斗争持续了 9 天，莫斯科工人奋不顾身地进行战斗，但由于起义者缺乏武装斗争的经验、武器不足、同军队的联系不够、打防御战而没有打进攻战以及起义一开始布尔什维克莫斯科委员会的领导人员就遭逮捕等原因，莫斯科起义终于在沙皇政府从其他城市调来军队进行镇压之后遭到失败，1905 年 12 月—1906 年 1 月，继莫斯科之后俄国还有许多城市和地区举行了武装起义。这些零星分散的起义也都遭到了沙皇政府的残酷镇压。关于十二月武装起义，参看列宁《莫斯科起义的教训》一文（见《列宁选集》第 3 版第 1 卷，第 680—687 页）。

卷，人民出版社 1995 年 6 月第 3 版，第 464 页。

### 95. 战争一旦爆发，社会党人就应当利用战争造成的"经济和政治危机"来"加速资本主义的崩溃"

指出各国政府都害怕"无产阶级革命"，非常明确地举了 1871 年公社和 1905 年 10 月至 12 月事件即革命和国内战争的例子。因此，巴塞尔宣言正是针对当前这场战争制定了各国工人在国际范围内进行反对自己的政府的革命斗争策略，制定了无产阶级革命的策略。巴塞尔宣言重申斯图加特决议的主张，认为战争一旦爆发，社会党人就应当利用战争造成的"经济和政治危机"来"加速资本主义的崩溃"，也就是利用战争给各国政府造成的困难和群众的愤慨来进行社会主义革命。

列宁：《机会主义与第二国际的破产》（不早于 1915 年 11 月 13 日），摘自《列宁选集》第 2 卷，人民出版社 1995 年 6 月第 3 版，第 518 页。

### 96. 无产阶级应当要求受"它的"民族压迫的殖民地和民族有政治分离的自由

压迫民族的无产阶级不能只限于发表一些泛泛的、千篇一律的、任何一个和平主义的资产者都会加以重复的反对兼并、赞成一般民族平等的言词。对于帝国主义资产阶级感到特别"不愉快的"问题，即以民族压迫为基础的国家疆界问题，无产阶级不能回避，不能默不作声。无产阶级不能不反对把被压迫民族强制地留在一个国家的**疆界**以内，这也就是说，要为自决权而斗争。无产阶级应当要求受"它的"民族压迫的殖民地和民族有政治分离的自由。否则无产阶级的国际主义就会始终是一句空话，被压迫民族的工人和压迫民族的工人之间的信任和阶级团结都将无从谈起，那些维护民族自决、却闭口不提受"他们自己的"民族压迫并被强制地留在"他们自己"国家内的民族的改良主义者和考茨基主义者的假面具就始终不会被揭穿。

另一方面，被压迫民族的社会党人必须特别维护和实行被压迫民族的工人与压迫民族的工人的充分的无条件的（包括组织上的）统一。否则在资产阶级的种种诡计、背叛和欺骗下，就不可能捍卫住无产阶级的独立政策和它同其他国家无产阶级的阶级团结。

列宁：《社会主义革命与民族自决权》（1916 年 1—2 月），摘自《列宁选集》第 2 卷，人民出版社 1995 年 6 月第 3 版，第 565—566 页。

**97. 如果在无产阶级争取社会主义的伟大解放战争中，我们不能利用反对帝国主义的任何一种灾难的一切人民运动来加剧和扩大危机，那我们就是很糟糕的革命家**

如果不利用敌人的最小弱点，不抓住一切机会，尤其是如果不能预先知道某个地方的火药库会在什么时候以怎样的力量发生"爆炸"，那就不能严肃地对待严肃的战争。如果在无产阶级争取社会主义的伟大解放战争中，我们不能利用反对帝国主义的**任何一种**灾难的**一切**人民运动来加剧和扩大危机，那我们就是很糟糕的革命家。如果我们一方面再三声明"反对"任何民族压迫，而另一方面却把被压迫民族某些阶级中最活跃和最有知识的一部分人反对压迫者的英勇起义叫作"盲动"，那我们就会把自己降低到与考茨基分子同样愚蠢的水平。

> 列宁：《关于自决问题的争论总结》（1916 年 7 月），摘自《列宁全集》第 28 卷，人民出版社 1990 年 10 月第 2 版，第 54 页。

**98. 马克思主义者只能以经过严格证明和确凿证明的事实作为自己的政策的前提**

马克思主义是以事实，而不是以可能性作为依据的。

马克思主义者只能以经过严格证明和确凿证明的**事实**作为自己的政策的前提。

> 列宁：《致尼·达·基克纳泽》（1916 年 12 月 14 日以后），摘自《列宁专题文集　论马克思主义》，人民出版社 2009 年 12 月第 1 版，第 301 页。

**99. 我们对现在采取观望态度的小资产阶级决不能作丝毫的原则性让步**

我们对现在采取观望态度的小资产阶级决不能作丝毫的原则性让步。对于无产阶级政党来说，最危险的错误莫过于在需要组织起来的时候把自己的策略建筑在主观愿望上。不能说我们已经获得多数的拥护；在这种情况下需要的是不信任、不信任、再一个不信任。把无产阶级的策略建筑在主观愿望上就等于把它毁掉。

> 列宁：《关于目前形势的报告》（1917 年 4 月 24 日），摘自《列宁全集》第 29 卷，人民出版社 1985 年 10 月第 2 版，第 350 页。

**100. 任何郑重的政策必须以经得起严格的客观检验的事实作为根据**

马克思主义要求，任何郑重的政策必须以经得起严格的客观检验的事实作为根据。

> 列宁：《政论家札记》（1917 年 9 月 1 日），摘自《列宁专题文集　论马克思主义》，人民出版社 2009 年 12 月第 1 版，第 302 页。

### 101. 这种"英勇努力"只能是贫苦农民对城市工人

每一次思考必然得出这样的结论：这种"英勇努力"只能是贫苦农民对城市工人，即对自己的最可靠的同盟者和领袖的信任。这种英勇努力只能是俄国无产阶级在国内战争中去战胜资产阶级，因为只有这种胜利才能消除折磨人的动摇，才能带来出路，带来土地，带来和平。

> 列宁：《俄国革命和国内战争》（1917 年 9 月 8 日和 9 日），摘自《列宁全集》第 32 卷，人民出版社 1985 年 10 月第 2 版，第 179—180 页。

### 102. 确定策略时，应当从整体上分析阶级关系以及议会外斗争和议会斗争的发展

压迫者总是要欺骗被压迫阶级的，但是，这种欺骗的作用在不同历史时期各不相同。决不能只根据压迫者欺骗人民这一点来制定策略；确定策略时，应当从**整体上**分析阶级关系以及议会外斗争和议会斗争的发展。

> 列宁：《政论家札记》（1917 年 9 月 22—24 日），摘自《列宁全集》第 32 卷，人民出版社 1985 年 10 月第 2 版，第 255 页。

### 103. 从社会主义政府在一个国家里获得胜利的时候起，解决各种问题只能从发展和巩固已经开始的社会主义革命的最有利的条件出发

从这方面说，在这两种情况下，我们都不能完全摆脱同帝国主义的某种联系，并且很明显，不推翻全世界的帝国主义，就不能完全摆脱这种联系。因此，正确的结论应当是：从社会主义政府在一个国家里获得胜利的时候起，解决各种问题时就不能从这个或那个帝国主义较好这点出发，而只能从发展和巩固已经开始的社会主义革命的最有利的条件出发。

换句话说，现在我们策略的基础，不应当是这样的原则，即现在帮助两个帝国主义中的哪一个较为有利，而应当是这样的原则，即如何才能更加稳妥可靠地保证社会主义革命在一个国家能够巩固起来，或者至少可以支持到其他国家也起来响应。

> 列宁：《关于立刻缔结单独的兼并性和约问题的提纲》（1918 年 1 月 7 日），摘自《列宁选集》第 3 卷，人民出版社 1995 年 6 月第 3 版，第 394 页。

### 104. 我们总是根据对群众力量和阶级对比关系的精确估计来决定这种或那种斗争形式是否恰当

我们马克思主义者始终引以自豪的是，我们总是根据对群众力量和阶级对比关系的精确估计来决定这种或那种斗争形式是否恰当。我们说过：起义并不是任何时候都是恰当的，没有一定的群众前提，起义就是冒险；我们常常指责最英勇的个人反抗的形式，认为这种形式从革命的观点看来是不恰当的，有害的。

> 列宁：《论革命空谈》（1918 年 2 月 21 日），摘自《列宁全集》第 33 卷，人民出版社 1985 年 10 月第 2 版，第 359 页。

### 105. 只有把已在俄国取得胜利的社会主义革命转变为国际工人革命，才是这个革命能够巩固的最可靠的保证

代表大会认为，只有把已在俄国取得胜利的社会主义革命转变为国际工人革命，才是这个革命能够巩固的最可靠的保证。

代表大会确信，从国际革命的利益来看，苏维埃政权在目前世界舞台力量对比的情况下所采取的步骤，是不可避免的和必要的。

代表大会确信，工人革命正在各交战国中不断地成熟，为帝国主义的必然的彻底失败作准备，代表大会声明，俄国社会主义无产阶级将竭尽全力并用自己拥有的一切手段来支持一切国家无产阶级兄弟的革命运动。

> 列宁：《关于战争与和平的决议》（不晚于 1918 年 3 月 8 日），摘自《列宁全集》第 34 卷，人民出版社 1985 年 10 月第 2 版，第 33 页。

### 106. 我们主张"保卫祖国"

因此，如果说俄国现在是在从"蒂尔西特"和约走向——它无可争辩地是在走向——民族复兴，走向伟大卫国战争的话，那么这个复兴的出路就不是走向资产阶级国家，而是走向国际社会主义革命。我们从 1917 年 10 月 25 日起已经是护国派了。我们主张"保卫祖国"，不过我们准备进行的卫国战争是保卫社会主义祖国的战争，保卫作为祖国的社会主义的战争，保卫作为世界社会主义大军的一支**队伍**的苏维埃共和国的战争。

> 列宁：《当前的主要任务》（1918 年 3 月 11 日），摘自《列宁选集》第 3 卷，人民出版社 1995 年 6 月第 3 版，第 472—473 页。

### 107. 布尔什维克的策略是正确的策略，是唯一国际主义的策略

布尔什维克的策略是正确的策略，是**唯一**国际主义的策略，因为它不是

建筑在害怕世界革命的怯懦心理上面，不是建筑在"不相信"世界革命的市侩心理上面，不是建筑在只顾保卫"自己"祖国（自己的资产阶级的祖国）而其余一切都"无所谓"的狭隘民族主义愿望上面，而是建筑在对欧洲革命形势的正确的（在战前，在社会沙文主义者和社会和平主义者变节以前，是一致公认的）估计上面。这个策略是唯一国际主义的策略，因为它尽力做到在一个国家内所能做到的一切，**以便**发展、援助和激起**世界各国**的革命。

> 列宁：《无产阶级革命和叛徒考茨基》（1918 年 10—11 月），摘自《列宁选集》第 3 卷，人民出版社 1995 年 6 月第 3 版，第 650 页。

### 108. 党向群众提出的任何口号都有凝固僵化的特性

党向群众提出的任何口号都有凝固僵化的特性，甚至在这个口号必须提出时所依据的条件已经发生了变化，它还继续对许多人发生效力。这种弊病是不可避免的，如果不学会防止和克服它，就不能保证党的政策正确。我国无产阶级革命同孟什维克和社会革命党民主派断然决裂的时期在历史上是必需的；当这些民主派倒向敌人方面并且恢复**资产阶级和帝国主义**的民主共和国的时候，不同他们进行尖锐的斗争是不行的。这场斗争中使用的一些口号现在往往变成了凝固僵化的东西，**妨碍**我们正确地估计和适当地利用当前这个新的时机，因为这些民主派已经开始新的转变，倒向我们，这个转变不是偶然的，而是根源于整个国际局势的极深刻的变化。

> 列宁：《皮季里姆"索罗金的宝贵自供"》（1918 年 11 月 20 日），摘自《列宁选集》第 3 卷，人民出版社 1995 年 6 月第 3 版，第 583 页。

### 109. 单靠一支先锋队还不能实现向共产主义的过渡

不言而喻，能够获得最终胜利的，只有全世界先进国家的无产阶级。我们俄国人开创的事业，将由英国、法国或德国的无产阶级来巩固；但是我们看到，没有各被压迫殖民地民族的劳动群众的援助，首先是东方各民族的劳动群众的援助，他们是不能取得胜利的。我们应当懂得，单靠一支先锋队还不能实现向共产主义的过渡。必须激发劳动群众从事独立活动和把自己组织起来的革命积极性（不管他们的水平如何）；把指导较先进国家的共产党人的真正的共产主义学说译成各民族的文字；实现那些必须立刻实现的实际任务，同其他国家的无产者联合起来共同斗争。

> 列宁：《在全俄东部各民族共产党组织第二次代表大会上的报告》（1919 年 11 月 22 日），摘自《列宁专题文集 论无产阶级政党》，人民出版社

2009 年 12 月第 1 版，第 233 页。

### 110. 在德国，议会制在政治上还没有过时，革命无产阶级的政党必须参加议会选举

在德国，议会制在政治上**还没有**过时，革命无产阶级的政党必须参加议会选举，参加议会讲坛上的斗争，其目的正是在于教育**本阶级**的落后阶层，正是在于唤醒和启发水平不高的、备受压抑的和愚昧无知的农村**群众**。当你们还无力解散资产阶级议会以及其他类型的任何反动机构的时候，你们就应该在这些机构内部工作，**正是**因为在那里还有受神父愚弄的、因身处穷乡僻壤而闭塞无知的工人；不然，你们就真有成为空谈家的危险。

> 列宁：《共产主义运动中的"左派"幼稚病》（1920 年 4—5 月），摘自《列宁选集》第 4 卷，人民出版社 1995 年 6 月第 3 版，第 168 页。

### 111. 那就恰恰是口头上承认国际主义，行动上背弃国际主义

由此可以得出一个丝毫不容争辩的结论：经验证明，甚至在苏维埃共和国胜利以前的几个星期里，甚至在胜利以后，参加资产阶级民主议会，不仅对革命无产阶级没有害处，反而会使它易于向落后群众**证明**为什么这种议会应该解散，**易于**把这种议会解散，**易于**促使资产阶级议会制"在政治上过时"。不重视这种经验，同时却希望留在必须**以国际的观点**来制定策略（不是狭隘的或片面的一国的策略，而正是国际的策略）的共产**国际**，那就是犯极大的错误，那就恰恰是口头上承认国际主义，行动上背弃国际主义。

> 列宁：《共产主义运动中的"左派"幼稚病》（1920 年 4—5 月），摘自《列宁选集》第 4 卷，人民出版社 1995 年 6 月第 3 版，第 169 页。

### 112. 决不能只根据革命情绪来制定革命策略

但是，如果在解决应当**怎样**去同这一公认的祸害作斗争的问题时，竟任凭这种情绪来支配，那就不仅不明智，而且简直是犯罪了。在西欧许多国家里出现革命情绪，目前可以说是件"新鲜事"，或者说是"希罕事"，人们盼望这种情绪太久、太失望、太焦急了，或许正因为这个缘故，人们才这样容易为情绪所支配。当然，没有群众的革命情绪，没有促使这种情绪高涨的条件，革命的策略是不能变为行动的，但是，俄国过于长久的惨痛的血的经验，使我们确信这样一个真理：决不能只根据革命情绪来制定革命策略。制定策略，必须清醒而极为客观地估计到本国的（和邻国的以及一切国家的，即世界范围内的）一切阶级力量，并且要估计到历次革命

运动的经验。

列宁：《共产主义运动中的"左派"幼稚病》（1920年4—5月），摘自《列宁选集》第4卷，人民出版社1995年6月第3版，第173页。

**113. 这是一个长期的过程，所以"不作任何妥协，不实行任何机动"这种操之过急的"决定"，只会有害于加强革命无产阶级影响和扩大革命无产阶级力量的事业**

由于我们运用了正确的策略，我国孟什维主义已经而且还在日益瓦解，顽固的机会主义领袖陷于孤立，优秀的工人和小资产阶级民主派中的优秀分子，都转入我们的阵营。这是一个长期的过程，所以"不作任何妥协，不实行任何机动"这种操之过急的"决定"，只会有害于加强革命无产阶级影响和扩大革命无产阶级力量的事业。

列宁：《共产主义运动中的"左派"幼稚病》（1920年4—5月），摘自《列宁选集》第4卷，人民出版社1995年6月第3版，第184页。

**114. 没有铁一般的在斗争中锻炼出来的党，没有为本阶级一切正直的人们所信赖的党，没有善于考察群众情绪和影响群众情绪的党，要顺利地进行这种斗争是不可能的**

消灭阶级不仅意味着要驱逐地主和资本家，——这个我们已经比较容易地做到了——而且意味着要**消灭小商品生产者**，可是这种人**不能驱逐**，不能镇压，**必须**同他们和睦相处；可以（而且必须）改造他们，重新教育他们，这只有通过很长期、很缓慢、很谨慎的组织工作才能做到。他们用小资产阶级的自发势力从各方面来包围无产阶级，浸染无产阶级，腐蚀无产阶级，经常使小资产阶级的懦弱性、涣散性、个人主义以及由狂热转为灰心等旧病在无产阶级内部复发起来。要抵制这一切，要使无产阶级能够正确地、有效地、胜利地发挥自己的**组织**作用（而这正是它的**主要**作用），无产阶级政党的内部就必须实行极严格的集中和极严格的纪律。无产阶级专政是对旧社会的势力和传统进行的顽强斗争，流血的和不流血的，暴力的和和平的，军事的和经济的，教育的和行政的斗争。千百万人的习惯势力是最可怕的势力。没有铁一般的在斗争中锻炼出来的党，没有为本阶级一切正直的人们所信赖的党，没有善于考察群众情绪和影响群众情绪的党，要顺利地进行这种斗争是不可能的。

列宁：《共产主义运动中的"左派"幼稚病》（1920年4—5月），摘自

《列宁专题文集　论无产阶级政党》，人民出版社 2009 年 12 月第 1 版，第 252 页。

**115. 在每个国家通过具体的途径来完成统一的国际任务，战胜工人运动内部的机会主义和左倾学理主义，推翻资产阶级，建立苏维埃共和国和无产阶级专政的时候，都必须查明、弄清、找到、揣摩出和把握住民族的特点和特征**

现在到处都可以感到对第二国际的不满，这种不满正在蔓延和增长，这既是由于它推行机会主义，又是由于它不善于或没有能力建立一个真正集中的、真正能进行指导的中心，一个能在革命无产阶级为建立世界苏维埃共和国而进行的斗争中指导无产阶级的国际策略的中心。必须清楚地认识到，这样的领导中心无论如何不能建立在斗争策略准则的千篇一律、死板划一、彼此雷同之上。只要各个民族之间、各个国家之间的民族差别和国家差别还存在（这些差别就是无产阶级专政在全世界范围内实现以后，也还要保持很久很久），各国共产主义工人运动国际策略的统一，就不是要求消除多样性，消灭民族差别（这在目前是荒唐的幻想），而是要求运用共产党人的**基本**原则（苏维埃政权和无产阶级专政）时，把这些原则**在某些细节上正确地加以改变**，使之正确地适应于民族的和民族国家的差别，针对这些差别正确地加以运用。在每个国家通过**具体的**途径来完成**统一的**国际任务，战胜工人运动内部的机会主义和左倾学理主义，推翻资产阶级，建立苏维埃共和国和无产阶级专政的时候，都必须查明、弄清、找到、揣摩出和把握住民族的特点和特征，这就是一切先进国家（而且不仅是先进国家）在目前历史时期的主要任务。

> 列宁：《共产主义运动中的"左派"幼稚病》（1920 年 4—5 月），摘自《列宁专题文集　论无产阶级政党》，人民出版社 2009 年 12 月第 1 版，第 256—257 页。

**116. 单靠先锋队是不能胜利的**

单靠先锋队是不能胜利的。当整个阶级，当广大群众还没有采取直接支持先锋队的立场，或者还没有对先锋队采取至少是善意的中立并且完全不会去支持先锋队的敌人时，叫先锋队独自去进行决战，那就不仅是愚蠢，而且是犯罪。要真正使整个阶级，真正使受资本压迫的广大劳动群众都站到这种立场上来，单靠宣传和鼓动是不够的。要做到这一点，还需要这些群众自身的政治经验。这是一切大革命的一条基本规律，现在这条规律不仅在俄国，而且在德国都得到了十分有力而鲜明的证实。

> 列宁：《共产主义运动中的"左派"幼稚病》（1920 年 4—5 月），摘自《列宁专题文集　论无产阶级政党》，人民出版社 2009 年 12 月第 1 版，第 257 页。

### 117. 一切国家的一切共产党人要普遍而彻底地认识到必须使自己的策略具有最大的灵活性

然而无论在什么情况下，在所有的国家里，共产主义运动都在经受锻炼和日益发展；它已经如此根深蒂固，种种迫害削弱不了它，损害不了它，反而加强了它。我们要更有信心、更坚定地向胜利前进，现在只缺一点，这就是一切国家的一切共产党人要普遍而彻底地认识到必须使自己的策略具有最大的**灵活性**。特别是先进国家中蓬勃发展着的共产主义运动，目前缺少的就是这种认识，就是在实践中运用这种认识的本领。

> 列宁：《共产主义运动中的"左派"幼稚病》（1920 年 4—5 月），摘自《列宁专题文集　论无产阶级政党》，人民出版社 2009 年 12 月第 1 版，第 265—266 页。

### 118. 说我们只承认一条道路，一条笔直的道路，说我们不容许机动、通融和妥协，这就犯了错误

共产党人要竭尽全力来指导工人运动以及整个社会发展沿着最直最快的道路走向苏维埃政权在全世界的胜利，走向无产阶级专政。这是无可争辩的真理。然而，只要再多走一小步，看来像是朝同一方向多走了一小步，真理就会变成错误。只要像德国和英国的左派共产主义者那样，说我们只承认一条道路，一条笔直的道路，说我们不容许机动、通融和妥协，这就犯了错误，这种错误会使共产主义运动受到最严重的危害，而且共产主义运动部分地已经受到或正在受到这种危害。

> 列宁：《共产主义运动中的"左派"幼稚病》（1920 年 4—5 月），摘自《列宁专题文集　论无产阶级政党》，人民出版社 2009 年 12 月第 1 版，第 267 页。

### 119. 共产国际在民族和殖民地问题上的全部政策，主要应该是使各民族和各国的无产者和劳动群众为共同进行革命斗争、打倒地主和资产阶级而彼此接近起来

从上述的基本原理中就得出以下的结论：共产国际在民族和殖民地问

题上的全部政策，主要应该是使各民族和各国的无产者和劳动群众为共同进行革命斗争、打倒地主和资产阶级而彼此接近起来。这是因为只有这种接近，才能保证战胜资本主义，如果没有这一胜利，便不能消灭民族压迫和不平等的现象。

列宁：《民族和殖民地问题提纲初稿》（1920 年 6 月 5 日），摘自《列宁专题文集　论资本主义》，人民出版社 2009 年 12 月第 1 版，第 253 页。

### 120. 目前不能局限于空口承认或空口提倡各民族劳动者互相接近，必须实行使一切民族解放运动和一切殖民地解放运动同苏维埃俄国结成最密切的联盟的政策

6. 因此，目前不能局限于空口承认或空口提倡各民族劳动者互相接近，必须实行使一切民族解放运动和一切殖民地解放运动同苏维埃俄国结成最密切的联盟的政策，并且根据各国无产阶级中共产主义运动发展的程度，或根据落后国家或落后民族中工人和农民的资产阶级民主解放运动发展的程度，来确定这个联盟的形式。

列宁：《民族和殖民地问题提纲初稿》（1920 年 6 月 5 日），摘自《列宁专题文集　论资本主义》，人民出版社 2009 年 12 月第 1 版，第 254 页。

### 121. 不仅在各国共产党的全部宣传鼓动工作中，应当不断地揭露各资本主义国家违背本国的"民主"宪法，经常破坏民族平等，破坏保障少数民族权利的种种事实

不仅在各国共产党的全部宣传鼓动工作（议会讲坛上和议会讲坛外的宣传鼓动）中，应当不断地揭露各资本主义国家违背本国的"民主"宪法，经常破坏民族平等，破坏保障少数民族权利的种种事实，而且还必须做到：第一，经常解释，只有在反资产阶级的斗争中首先把无产者、然后把全体劳动者联合起来的苏维埃制度，才能实际上给各民族以平等；第二，各国共产党必须直接帮助附属的或没有平等权利的民族（例如爱尔兰，美国的黑人等）和殖民地的革命运动。

列宁：《民族和殖民地问题提纲初稿》（1920 年 6 月 5 日），摘自《列宁专题文集　论资本主义》，人民出版社 2009 年 12 月第 1 版，第 255 页。

### 122. 同歪曲国际主义的概念和政策的机会主义和市侩和平主义作斗争

因此，在已经完全是资本主义的、拥有真正是无产阶级先锋队的工人政党的国家中，首要的任务就是同歪曲国际主义的概念和政策的机会主义

和市侩和平主义作斗争。

> 列宁:《民族和殖民地问题提纲初稿》(1920 年 6 月 5 日),摘自《列宁专
> 题文集 论资本主义》,人民出版社 2009 年 12 月第 1 版,第 256 页。

### 123. 必须坚决反对把落后国家内的资产阶级民主解放思潮涂上共产主义的色彩

必须坚决反对把落后国家内的资产阶级民主解放思潮涂上共产主义的色彩;共产国际援助殖民地和落后国家的资产阶级民主民族运动,只能是有条件的,这个条件是各落后国家未来的无产阶级政党(不仅名义上是共产党)的分子已在集结起来,并且通过教育认识到同本国资产阶级民主运动作斗争是自己的特殊任务;共产国际应当同殖民地和落后国家的资产阶级民主派结成临时联盟,但是不要同他们融合,要绝对保持无产阶级运动的独立性,即使这一运动还处在最初的萌芽状态也应如此;

> 列宁:《民族和殖民地问题提纲初稿》(1920 年 6 月 5 日),摘自《列宁专
> 题文集 论资本主义》,人民出版社 2009 年 12 月第 1 版,第 256—
> 257 页。

### 124. 没有世界各国和各民族的无产阶级以至全体劳动群众自愿要求结盟和统一的愿望,战胜资本主义这一事业是不能顺利完成的

因此,各国有觉悟的共产主义无产阶级对于受压迫最久的国家和民族的民族感情残余必须持特别小心谨慎的态度,同样,为了更快地消除以上所说的不信任心理和各种偏见,必须作出一定的让步。没有世界各国和各民族的无产阶级以至全体劳动群众自愿要求结盟和统一的愿望,战胜资本主义这一事业是不能顺利完成的。

> 列宁:《民族和殖民地问题提纲初稿》(1920 年 6 月 5 日),摘自《列宁专
> 题文集 论资本主义》,人民出版社 2009 年 12 月第 1 版,第 257—
> 258 页。

### 125. 在资产阶级占有殖民地并压迫其他民族的国家里,党在殖民地和被压迫民族的问题上必须采取特别明确的路线

在资产阶级占有殖民地并压迫其他民族的国家里,党在殖民地和被压迫民族的问题上必须采取特别明确的路线。凡是愿意加入第三国际的党,都必须无情地揭露"本国的"帝国主义者在殖民地所干的勾当,不是在口头上而是在行动上支持殖民地的一切解放运动,要求把本国的帝国主义者赶出这些殖民地,教育本国工人真心实意地以兄弟般的态度来对待殖民地

和被压迫民族的劳动人民，不断地鼓动本国军队反对对殖民地人民的任何压迫。

列宁：《加入共产国际的条件》（不晚于 1920 年 7 月 18 日），摘自《列宁专题文集　论无产阶级政党》，人民出版社 2009 年 12 月第 1 版，第272 页。

### 126. 我们的策略手法和战略手法仍然比资产阶级卓越的战略稍逊一筹

我们的策略手法和战略手法仍然比资产阶级卓越的战略稍逊一筹（就国际范围来说），因为资产阶级从俄国的实例中学到了东西，不会让人打得"措手不及"了。但是我们的力量比他们大，而且大得多，我们正在学习策略和战略，我们已经从 1921 年三月行动的错误中吸取了教训，在掌握这门"科学"方面有了长进。我们必将完全攻下这门"科学"。

……

我们现在远比过去更明确、更具体、更清楚地了解自己的任务；为了纠正错误，我们不怕公开指出自己的错误。我们现在要集中党的全部力量把党组织得更好，改进党的工作的质量和内容，同群众建立更密切的联系，为工人阶级制定出愈来愈正确、愈来愈切合实际的策略和战略。

列宁：《德国共产党员的一封信》（1921 年 8 月 14 日），摘自《列宁全集》第 42 卷，人民出版社 1987 年 10 月第 2 版，第 105—106 页。

### 127. 对于一个真正的革命者来说，最大的危险，甚至也许是唯一的危险，就是夸大革命作用，忘记了恰当地和有效地运用革命方法的限度和条件

对于一个真正的革命者来说，最大的危险，甚至也许是唯一的危险，就是夸大革命作用，忘记了恰当地和有效地运用革命方法的限度和条件。真正的革命者如果开始把"革命"写成大写，把"革命"几乎奉为神明，丧失理智，不能极其冷静极其清醒地考虑、权衡和验证在什么时候、什么情况下、什么活动领域要善于采取革命的行动，而在什么时候、什么情况下、什么活动领域要善于改用改良主义的行动，那他们就最容易为此而碰得头破血流。要是真正的革命者失去清醒的头脑，异想天开地以为"伟大的、胜利的、世界性的"革命在任何情况下、在任何活动领域都一定能够而且应该用革命方式来完成一切任务，那他们就会毁灭，而且一定会毁灭（是指他们的事业由于内因而不是由于外因而失败）。

列宁：《论黄金在目前和在社会主义完全胜利后的作用》（1921 年 11 月 5 日），摘自《列宁专题文集 论社会主义》，人民出版社 2009 年 12 月第 1 版，第 290 页。

### 128. 真正的社会民主党策略必须具备两个条件：第一、它不应当和社会生活发展的进程矛盾；第二、它应当不断地提高群众的革命精神

真正的社会民主党策略必须具备两个条件：第一、它不应当和社会生活发展的进程矛盾；第二、它应当不断地提高群众的革命精神。

斯大林：《国家杜马和社会民主党的策略》（1906 年 3 月 8 日发表），摘自《斯大林全集》第 1 卷，人民出版社 1953 年 9 月第 1 版，第 189 页。

### 129. 科学社会主义的策略基础是关于不可调和的阶级斗争的学说

科学社会主义的策略基础是关于不可调和的阶级斗争的学说，因为这是无产阶级手中最好的武器。无产阶级的阶级斗争是无产阶级用来夺取政权然后剥夺资产阶级以建立社会主义的武器。

马克思和恩格斯在"宣言"中所叙述的科学社会主义的策略基础就是如此。

斯大林：《无政府主义还是社会主义?》（1906 年 12 月—1907 年 4 月发表），摘自《斯大林全集》第 1 卷，人民出版社 1953 年 9 月第 1 版，第 321 页。

### 130. 策略遵循战略的指示以及本国和邻国革命运动的经验，估计到某一特定时期无产阶级及其同盟者内部力量的状况和敌人阵营中力量的状况，利用敌人阵营中的不协调和种种混乱，拟定能够最稳当地使战略取得胜利的具体办法，把广大群众争取到革命无产阶级方面来，把他们引到社会战线的战斗阵地上来

策略遵循战略的指示以及本国和邻国革命运动的经验，估计到某一特定时期无产阶级及其同盟者内部力量的状况（文化水平、组织性和觉悟性的高低、具有哪些传统、哪些主要的和辅助的运动形式和组织形式）和敌人阵营中力量的状况，利用敌人阵营中的不协调和种种混乱，拟定能够最稳当地使战略取得胜利的具体办法，把广大群众争取到革命无产阶级方面来，把他们引到社会战线的战斗阵地上来（为了执行根据战略计划所制定的力量布置计划）。策略根据这一点提出或改变党的口号和指示。

斯大林：《论俄国共产党人的政治战略和策略》（1921 年 7 月），摘自《斯

大林全集》第 5 卷，人民出版社 1957 年 11 月第 1 版，第 51 页。

### 131. 战略是在历史转变关头、历史转折关头变更的

战略遵循纲领的指示并且根据对内部的（一国的），和国际的各种斗争力量的估计，规定无产阶级革命运动应当遵循的总的道路，总的方向，以便在力量对比产生和发展的情况下获得最大的效果，战略根据这一点制定社会战线上无产阶级及其同盟者的力量布置计划（总的配置）。不能把"力量布置计划的制定"同策略和战略共同进行的布置力量即配备力量的具体而实际的工作混淆起来。这并不是说战略只限于规定道路和制定无产阶级阵营中战斗力量的布置计划，相反地，它还要指导斗争并修正整个转变时期的日常策略，巧妙地利用它的后备力量，并且机动灵活地支持策略。

　　……

战略是在历史转变关头、历史转折关头变更的，战略所包括的时期是从一个转变（转折），到另一个转变，所以它把运动引向包含整个这一时期无产阶级利益的一定的总目标；它要设法使整个这一时期阶级之间的战争赢得胜利，因此它在这个时期内是不变的。

　　　　斯大林：《论俄国共产党人的政治战略和策略》（1921 年 7 月），摘自《斯
　　　　大林全集》第 5 卷，人民出版社 1957 年 11 月第 1 版，第 51 页。

### 132. 战略时期要比策略时期长。策略服从于战略的利益。一般说来，策略的胜利是为战略的胜利作准备

策略则相反，它是由某个转变即某个战略时期的来潮和退潮、斗争力量的对比、斗争（运动）的形式、运动的速度以及某一特定时期和某一特定地区的斗争场所来确定的，又由于这些因素的改变是取决于从一个转变到另一个转变时期的地点和时间的条件，策略所包括的不是整个战争，而只是使战争胜或负的个别战役，它在战略时期内有好几次的变更（可以变更）。战略时期要比策略时期长。策略服从于战略的利益。一般说来，策略的胜利是为战略的胜利作准备。策略的任务是领导群众进行斗争，提出口号，把群众引到新的阵地上，使斗争最终取得战争的胜利，就是说，取得战略的胜利。但是，有时候策略的胜利会破坏或推迟战略的胜利，因此在这种情况下就应当放弃策略的胜利。

　　　　斯大林：《论俄国共产党人的政治战略和策略》（1921 年 7 月），摘自《斯

大林全集》第 5 卷，人民出版社 1957 年 11 月第 1 版，第 51—52 页。

### 133. 战略家和策略家的艺术在于既能巧妙而及时地把鼓动口号转变为行动口号，又能及时而巧妙地把行动口号转变为一定的具体指示

战略家和策略家的艺术在于既能巧妙而及时地把鼓动口号转变为行动口号，又能及时而巧妙地把行动口号转变为一定的具体指示。

斯大林：《论俄国共产党人的政治战略和策略》（1921 年 7 月），摘自《斯大林全集》第 5 卷，人民出版社 1957 年 11 月第 1 版，第 53 页。

### 134. 战略和策略的任务其实就在于巧妙而及时地使准备攻击的主观条件的工作与统治阶级政权衰亡的客观过程相适应

关于"果实的成熟"怎样判断革命爆发时机的到来？

什么时候可以说"果实已经成熟"，准备时期已经结束，可以开始行动？

——（甲）在群众的革命情绪洋溢和溢出边缘，而我们的行动口号和指示落后于群众运动的时候（见列宁的"拥护参加杜马"，一九〇五年十月以前的时期），在我们很难而且不总是能够阻止住群众的时候，例如在一九一七年七月普梯洛夫工厂的工人和机枪团的士兵举行发动的时候（也见列宁的"……幼稚病"）；

——（乙）在敌人阵营动摇和混乱、瓦解和崩溃达到顶点的时候，在敌人阵营的背叛分子和变节分子的数量不是与日俱增而是与时俱增的时候，在所谓中立分子即千百万广大的城乡小资产阶级群众开始坚决地抛开敌人（抛开专制制度或资产阶级），而寻求同无产阶级结成联盟的时候，在敌人的管理机关和镇压机关由于这一切而不起作用、陷于瘫痪、成为无用之物等等，为无产阶级夺取政权的权利开辟道路的时候；

——（丙）在这两种情况（即甲乙两种情况），同时发生的时候（实际上这种情形是常有的）。

有些人认为，只要确认执政阶级衰亡的客观过程已经开始就可以发动攻击。这是不对的。除此以外，还必须为攻击取得胜利准备必要的主观条件。战略和策略的任务其实就在于巧妙而及时地使准备攻击的主观条件的工作与统治阶级政权衰亡的客观过程相适应。

斯大林：《论俄国共产党人的政治战略和策略》（1921 年 7 月），摘自《斯大林全集》第 5 卷，人民出版社 1957 年 11 月第 1 版，第 59—60 页。

**135. 要使时机选择得当，就必须具备两个条件：（甲），"果实的成熟"和（乙），发生某种特别突出的事件**

时机的选择。既然打击的时机实际上是由党选择的，而不是由事变强加的，那末要使时机选择得当，就必须具备两个条件：（甲），"果实的成熟"和（乙），发生某种特别突出的事件，如政府采取某种行动或发生某种地方性的自发行动，要这种事件能够，为广大群众易于理解的可以开始打击的适当理由。不遵守这两个条件，就会使打击不仅不能成为向敌人展开日益强大的总攻击的起点，不仅不能发展成雷霆万钧的致命打击（恰当选择时机的意义和目的就在这里），相反地，可能使它变成合乎政府和一切敌人心意，"有利于提高他们威信的可笑的盲动，并且会变成使党毁灭或者至少使党涣散的原因和起点"。

> 斯大林：《论俄国共产党人的政治战略和策略》（1921 年 7 月），摘自《斯大林全集》第 5 卷，人民出版社 1957 年 11 月第 1 版，第 60—61 页。

**136. 党在进行力量试验的时候应当准备应付一切变化**

"力量的试验"。有时候，党把坚决发动的准备工作做好以后，自以为已经积聚了足够的后备力量，就认为举行尝试性的发动来试探一下敌人的力量和检查一下自己的战斗准备是适当的。这种力量的试验或者是党有意识地根据自己的选择来进行的（原定一九一七年六月十日举行的游行示威，后来取消，改在同年六月十八日举行），或者是迫于环境，迫于敌方的过早发动和某种没有预见到的现象而进行的（一九一七年八月的科尔尼洛夫的发动和共产党的反发动，这种反发动是对自己力量的一次极好的试验）。不能认为"力量的试验"就是像五月示威那样的普通游行示威，因此不能把力量的试验看做普通的力量计算，力量的试验按其重要程度和可能的后果来说，虽然比起义小，但无疑比普通的游行示威大，它是介乎游行示威和起义或总罢工之间的一种中间物，在有利的条件下，它能够发展成第一次打击（时机的选择），发展成起义（我们党在十月底的发动），而在不利的条件下，它能够使党直接受到毁灭的威胁（一九一七年七月三日至四日的游行示威）。因此进行力量试验最适当的时候，是"果实已经成熟"，敌人阵营十分涣散，党积聚了一定后备力量的时候，简单地说，就是党准备进攻，党不怕力量的试验会因情况的变化而变成第一次打击、以后变成向敌人总进攻的时候。党在进行力量试验的时候应当准备应付一切变化。

斯大林：《论俄国共产党人的政治战略和策略》（1921 年 7 月），摘自《斯大林全集》第 5 卷，人民出版社 1957 年 11 月第 1 版，第 61—62 页。

### 137. 在革命危机已经成熟的气氛中采用计算力量的方法必须非常谨慎

力量的计算是普通的游行示威，它在任何情况下（例如举行罢工或不罢工的五月游行示威），几乎都可以进行。如果力量的计算不是在直接爆发的前夜而是在比较"和平的"时期进行，那末它可能得到的结果至多是同政府的警察或一些军队发生一个对党和对敌人都不会有特别损失的小冲突。但是，如果它是在爆发日益逼近的炽热气氛中进行，那末它就会把党卷入同敌人进行为时过早的激烈冲突，如果党还很软弱并且对这种冲突没有准备，敌人就会顺利地利用这种"力量的计算"来击溃无产阶级的力量（因此党在一九一七年九月间不止一次地发出了"不要受人挑衅"的号召）。因此，在革命危机已经成熟的气氛中采用计算力量的方法必须非常谨慎，要记住，在党软弱的时候，敌人可能会把这种方法变成击溃无产阶级或者至少大大削弱无产阶级的工具。相反地，在党有战斗准备，敌人的队伍显然涣散的就不应当放过机会，从"力量的计算"转到"力量的试验"（预计到实行这种转变的有利条件——"果实的成熟"等等），然后展开总冲击。

斯大林：《论俄国共产党人的政治战略和策略》（1921 年 7 月），摘自《斯大林全集》第 5 卷，人民出版社 1957 年 11 月第 1 版，第 62 页。

### 138. 防御策略是保存骨干和积蓄力量以等待未来战斗的必要手段

防御策略是保存骨干和积蓄力量以等待未来战斗的必要手段。它要求党占领所有一切斗争场所的阵地，把各种武器即各种组织形式准备好，决不忽视其中任何一种即使表面看来是无关紧要的组织形式，因为在开始进行决战的时候，谁都不能预先知道哪个场所是最初的战斗舞台，哪种运动形式或组织形式是无产阶级的出发点和有力武器。换句话说，在防御和积蓄力量的时期，党应当做好一切准备以等待决战。……等待战斗。这并不是说，党应该袖手旁观，做一个无用的观望者，由革命的党（如果它是在野党）蜕化成消极等待党，——不，党在这样的时候，就是如果党还没有来得及积蓄应有的力量，或者情况对党不利、党就应当避开战斗，不去应战，但是，在有利的条件下当然不应当放过任何机会，在对敌人不利的时候迫使敌人进行战斗，使敌人经常处于紧张状态，使敌人的力量一步步地削弱和瓦解，使无产阶级的力量在关系到它日常利益的战斗中一步步地得到锻炼，从而增强本身的力量。

只有这样，防御才能成为真正积极的防御，党才能保持真正行动的党，而不是观望等待的党的一切特征；只有这样，党才不会错过和忽略断然发动的时机，不会遭到事变的突然袭击。考茨基及其同伙由于实行了"英明的"观望等待的策略和采取了更加"英明的"消极态度而忽略了西方无产阶级革命的进攻时机，这就是个直接的警告。孟什维克和社会革命党人由于在和平和土地问题上采取了漫无止境的等待策略而错过了夺取政权的机会，这也应当是一个警告。另一方面，不能滥用积极防御的策略、行动（举动）的策略，这也是很明显的，因为这样做的危险是可能把共产党的革命行动的策略变成"革命"操练的策略，即变成这样一种策略：它不是积蓄无产阶级的力量和加强无产阶级的战斗准备，就是说不是加速革命，而是分散无产阶级的力量，削弱无产阶级的战斗准备，因而延缓革命事业。

> 斯大林：《论俄国共产党人的政治战略和策略》（1921 年 7 月），摘自《斯大林全集》第 5 卷，人民出版社 1957 年 11 月第 1 版，第 62—63 页。

**139. 俄国和西方革命运动经验中的许多事实都说明了上述的每一个原则，特别是第二个和第三个原则**

共产党的战略和策略的一般原则。这样的原则有三个：

以马克思主义理论取得的并经革命实践证实的下面这个结论为基础：在资本主义国家里，无产阶级是唯一彻底的革命阶级，它关心人类摆脱资本主义而获得彻底解放，因此它的使命就是在推翻资本主义的斗争中担当一切被压迫和被剥削群众的领袖，因而必须把全部工作都导向保证无产阶级专政的建立。

以马克思主义理论取得的并经革命实践证实的下面这个结论为基础：任何国家的共产党的战略和策略只有在这种情况下才能是正确的，就是它们的战略和策略不限于"自己的"国家、"自己的"祖国、"自己的"无产阶级的利益范围之内，相反地，是在估计自己国家的条件和情况的同时，把国际无产阶级的利益、其他国家的革命利益放在首位，就是说它们的精神实质是国际主义的，它们"最大限度地实现一个（自己的）国家内所能实现的一切，以便发展、援助和激起世界各国的革命"（见列宁的"无产阶级革命和叛徒考茨基"）。

以下列论点为出发点：否定在改变战略和策略、在制定新的战略计划和策略路线时的一切右的和左的教条主义（考茨基、阿克雪里罗得、波格丹诺夫、布哈林），否定直观方法，否认引证、历史比拟、杜撰计划和制定死公式的方法（阿克雪里罗得、普列汉诺夫），承认不应当"躺在"而应当站在马克思主义立场上，不应当"只是解释世界"，而应当"改造"世界，不应当"观察无产阶级的臀部"和做事变的尾巴，而应当领导无产阶级并成为不自觉过程的自觉表现者（见列宁的"自发性和自觉性"和马克思的"共产党宣言"中关于共产党人是无产阶级最有远见的和先进的部分这段名言）。

俄国和西方革命运动经验中的许多事实都说明了上述的每一个原则，特别是第二个和第三个原则。

> 斯大林：《论俄国共产党人的政治战略和策略》（1921年7月），摘自《斯大林全集》第5卷，人民出版社1957年11月第1版，第64—65页。

### 140. 共产主义的当前任务——这是策略问题

共产主义的当前任务——这是策略问题。要确定党的策略，而且是执行党的策略，就必须首先考虑到党周围的应该加以重视的总的情况。

> 斯大林：《关于共产主义在格鲁吉亚和南高加索的当前任务》（1921年7月6日），摘自《斯大林全集》第5卷，人民出版社1957年11月第1版，第71页。

### 141. 为了确定每一个苏维埃国家共产党员的策略，还必须考虑到这些国家存在的特殊的具体的条件

总之，把全部人力投入到经济战线上，同时通过协议的方式利用一些资产阶级集团，利用它们的资金、知识和组织技能，以利于国家经济的恢复——这就是总的情况要求各苏维埃国家共产党员，其中包括格鲁吉亚共产党员当前应当担负的第一项任务。

但要确定苏维埃国家的策略（这里指的是确定苏维埃格鲁吉亚的策略），单考虑到总的情况是不够的。为了确定每一个苏维埃国家共产党员的策略，还必须考虑到这些国家存在的特殊的具体的条件。

> 斯大林：《关于共产主义在格鲁吉亚和南高加索的当前任务》（1921年7月6日），摘自《斯大林全集》第5卷，人民出版社1957年11月第1版，第75页。

**142. 战略，可以加速或延缓运动，也可以把运动导入捷径或引向更艰苦的道路，这是以它本身的完善或欠缺为转移的**

政治战略也和策略一样，是同工人运动有关的。但工人运动本身又由两种因素构成：一种是客观的或自发的因素，另一种是主观的或自觉的因素。客观的即自发的因素，就是不以无产阶级的自觉的和调节的意志为转移的一些过程。国家的经济发展，资本主义的发展，旧政权的瓦解，无产阶级和它周围各阶级的自发运动，阶级之间的冲突等等，——所有这些都是不以无产阶级的意志为转移而发展的现象，这是运动的客观方面。战略对于这些过程是不起什么作用的，因为战略既不能取消它们，也不能改变它们，只能估计到它们并以它们为出发点。这是马克思主义理论和马克思主义纲领应当研究的范围。

但是运动还有它的主观的即自觉的方面。运动的主观方面，就是运动的自发过程在工人头脑中的反映，就是无产阶级走向一定目标的自觉的和有计划的运动。其实，运动的这一方面所以使我们感到兴趣，就是因为它不同于运动的客观方面，它完全是受战略和策略支配的。如果说战略不能改变运动客观过程中的任何东西，那末在这里，在运动的主观的自觉的方面则相反，战略的运用地盘是广阔的、多种多样的；因为它，即战略，可以加速或延缓运动，也可以把运动导入捷径或引向更艰苦的道路，这是以它本身的完善或欠缺为转移的。

加速或延缓运动，促进或阻碍运动，这就是政治战略和策略运用的领域和范围。

斯大林：《论俄国共产党人的战略和策略问题》（1923 年 3 月 14 日），摘自《斯大林全集》第 5 卷，人民出版社 1957 年 11 月第 1 版，第 132—133 页。

**143. 战略只有把马克思主义纲领中表述的运动目标作为自己的工作指南时，才能算做真正的马克思主义的战略**

战略本身并不研究运动的客观过程。但是，如果它不愿意在领导运动时犯重大的致命的错误，就必须了解这些过程并正确地估计到这些过程。研究运动的客观过程的，首先是马克思主义的理论，其次是马克思主义的纲领。因此，战略必须完全以马克思主义的理论和纲领为依据。

马克思主义的理论在研究资本主义的客观过程的发展和消亡时得出结

论说，资产阶级必然崩溃、无产阶级必然夺取政权，资本主义必然由社会主义代替。无产阶级的战略只有把马克思主义的理论的这个基本结论作为自己的工作基础时，才能算做真正的马克思主义的战略。

马克思主义的纲领从理论原理出发，确定无产阶级运动的目标，并把这些目标科学地表述在纲领的条文中。纲领可以包括资本主义发展的整个时期，以推翻资本主义和组织社会主义生产为目的，也对以包括资本主义发展的一个特定阶段，例如推翻封建专制制度残余和为资本主义自由发展创立条件的阶段。因此，纲领可以由两个部分即最高部分和最低部分组成。不言而喻，纲领最低部分的战略和纲领最高部分的战略不能不有所区别；并且，战略只有把马克思主义纲领中表述的运动目标作为自己的工作指南时，才能算做真正的马克思主义的战略。

斯大林：《论俄国共产党人的战略和策略问题》（1923 年 3 月 14 日发表），摘自《斯大林全集》第 5 卷，人民出版社 1957 年 11 月第 1 版，第 133—134 页。

### 144. 战略最重要的任务是规定工人阶级运动所应遵循的基本方向

战略最重要的任务是规定工人阶级运动所应遵循的基本方向，沿着这一方向最有利于无产阶级对敌人进行基本打击，以求达到纲领所提出的目标。战略计划是组织能够最迅速地获得最大效果的决定性打击的计划。

……

政治战略的任务首先是从马克思主义的理论和纲领出发，估计到世界各国工人革命斗争的经验，正确地规定某个国家无产阶级运动在某一历史时期的基本方向。

斯大林：《论俄国共产党人的战略和策略问题》（1923 年 3 月 14 日发表），摘自《斯大林全集》第 5 卷，人民出版社 1957 年 11 月第 1 版，第 134—136 页。

### 145. 策略是战略的一部分，它是服从于战略，服务于战略的

策略是战略的一部分，它是服从于战略，服务于战略的。策略不是同整个战争有关，而是同战争中的个别事件，即同个别战斗和个别战役有关。如果说战略是力求取得战争的胜利，或者比方说，是力求把反沙皇制度的斗争进行到底，那末策略则相反，它是力求取得某些战役或某些战斗的胜利，力求胜利地进行某些多少适合于某一特定时期的具体斗争情况的战局

或发动。

策略最重要的任务是规定最适合于某一时期具体情况的并能最有把握地准备战略胜利的斗争方法和手段，斗争形式和方式。因此，评价策略的作用和效果不应该从它的本身，从它的直接效果着眼，而应该从战略的任务和可能性着眼。

……

换句话说，策略不能服从于目前的暂时的利益，不应该从直接的政治效果着眼，更不应该离开地面去建造空中楼阁，——策略应该和战略的任务和可能性相适应。

策略的任务首先是遵循战略的指示并估计到世界各国工人革命斗争的经验，规定最适合于某一特定时期的具体斗争情况的斗争形式和方式。

> 斯大林：《论俄国共产党人的战略和策略问题》（1923 年 3 月 14 日发表），摘自《斯大林全集》第 5 卷，人民出版社 1957 年 11 月第 1 版，第 136—138 页。

### 146. 党的任务就是掌握一切斗争形式，在战场上把它们机智地配合起来，并且善于运用最适于某一情况的斗争形式来加紧进行斗争

党的任务就是掌握一切斗争形式，在战场上把它们机智地配合起来，并且善于运用最适于某一情况的斗争形式来加紧进行斗争。

> 斯大林：《论俄国共产党人的战略和策略问题》（1923 年 3 月 14 日发表），摘自《斯大林全集》第 5 卷，人民出版社 1957 年 11 月第 1 版，第 139 页。

### 147. 党的任务就是掌握这一切组织形式，使它们日臻完善，并且善于在某一特定时期把它们的工作配合起来

政治方面的组织形式也是一样。这里也是同军事方面一样，组织形式和斗争形式是相适应的。专制制度时代的职业革命家的秘密组织；杜马时期的文化教育组织、工会组织、合作社组织和国会组织（杜马党团等）；群众发动和起义时期的工厂委员会、农民委员会、职工委员会、工兵代表苏维埃、军事革命委员会以及联系所有这些组织形式的无产阶级大会；最后，工人阶级掌握政权时期的无产阶级的国家组织形式，——一般说来，在同资产阶级斗争时，无产阶级在一定条件下可以而且应当依靠的组织形式就是这些。

党的任务就是掌握这一切组织形式，使它们日臻完善，并且善于在某

一特定时期把它们的工作配合起来。

斯大林：《论俄国共产党人的战略和策略问题》（1923 年 3 月 14 日发表），
摘自《斯大林全集》第 5 卷，人民出版社 1957 年 11 月第 1 版，第
140 页。

**148. 斗争目标是多种多样的，有的包括整个历史时期，有的包括某一历史时期的个别阶段和事件，口号则随着斗争目标的不同而不同**

对战争整个进程来说，适巧的命令、口号或告部队书具有和头等重炮或头等快速坦克同样重要的意义。

口号在政治方面的意义更大，因为它是关系到具有各种不同要求和需要的千百万居民的。

口号是某一领导集团，例如无产阶级领导集团——无产阶级政党对最近的或遥远的斗争目标所作的简要明确的表述。斗争目标是多种多样的，有的包括整个历史时期，有的包括某一历史时期的个别阶段和事件，口号则随着斗争目标的不同而不同。……把口号和指示，或者把鼓动口号和行动口号混淆起来，同举行过早或过迟的发动一样危险，有时甚至有致命的危险。一九一七年四月"全部政权归苏维埃"的口号是鼓动口号。一九一七年四月在彼得堡在"全部政权归苏维埃"的口号下举行的人所共知的包围冬宫的游行示威，是一种想把这一口号变为行动口号的尝试，是一种过早的因而有致命危险的尝试。这是把鼓动口号和行动口号混淆起来的最危险的典型。党当时斥责了这一游行示威的发起人，党这样做是对的，因为党知道，把这个口号变为行动口号所必需的条件还没有具备，而无产阶级举行过早的发动就会使它的力量瓦解。

另一方面，也有这样的情形，就是党必须"在二十四小时内"取消或改变已经采取的和成熟了的口号（或指示），以免自己队伍陷入敌人所布置的圈套，或是暂时把指示推迟到更有利的时机去执行。一九一七年六月在彼得格勒就发生过这样的情形，当时经过周密准备并预定要在六月九日举行的工人和士兵的游行示威，就因形势发生了变化，被我党中央"突然"取消了。

党的任务就是巧妙而及时地把鼓动口号变为行动口号，或者把行动口号变为一定的具体指示，或者是在情况需要时表现出必要的灵活性和坚决性，及时地停止执行某些即使是受人欢迎的和业已成熟的口号。

斯大林：《论俄国共产党人的战略和策略问题》（1923 年 3 月 14 日发表），摘

自《斯大林全集》第 5 卷，人民出版社 1957 年 11 月第 1 版，第 140—142 页。

### 149. 党的战略不是什么永恒的一成不变的东西

党的战略不是什么永恒的一成不变的东西。它随着历史的转变和历史的变动而改变。这种改变表现在：对每一个历史转变都制定出一个与其相适应的战略计划，这个计划在从一个转变到另一个转变的整个时期内都起作用。战略计划的内容就是规定革命力量的基本打击方向和制定在社会战线上相应地布置千百万群众的计划。自然，适用于一个有它本身特点的历史时期的战略计划，就不能适用于另一个有完全不同特点的历史时期。每一个历史转变都有它所必需的和适合于它的任务的战略计划。

斯大林：《论俄国共产党人的战略和策略问题》（1923 年 3 月 14 日发表），摘自《斯大林全集》第 5 卷，人民出版社 1957 年 11 月第 1 版，第 142—143 页。

### 150. "原则的政策是唯一正确的政策"

在我们党的历史上有过党内多数的意见或党的眼前利益同无产阶级的根本利益相抵触的时候。在这种情况下，列宁总是毫不犹豫地坚持原则，反对党的多数。而且，在这种情况下他不怕独自一人去反对全体，因为他认为——正如他自己常说的那样——"原则的政策是唯一正确的政策"。

"原则的政策是唯一正确的政策"，——这就是列宁的公式，列宁用这个公式攻占了许多新的"不可攻占的"阵地，把无产阶级优秀分子争取到革命的马克思主义方面来。

斯大林：《论列宁》（1924 年 1 月 28 日），摘自《斯大林选集》上卷，人民出版社 1979 年 12 月第 1 版，第 179—180 页。

### 151. 当时的任务只是要利用一切合法的发展道路来编制和训练无产阶级军队，以适应无产阶级处于在野党地位并且似乎应当处于在野党地位的条件来利用议会制度

战略和策略是指导无产阶级阶级斗争的科学。第二国际统治时期主要处在比较和平发展的环境中编制和训练无产阶级政治军队的时期。这是把议会制度当作阶级斗争的主要形式的时期。当时关于大规模的阶级冲突的问题、关于训练无产阶级去进行革命搏斗的问题、关于争取无产阶级专政的道路问题似乎都不是迫切的问题。当时的任务只是要利用一切合法的发展道路来编制和训练无产阶级军队，以适应无产阶级处于在野党地位并且似乎应当处于在野党地位的条件来利用议会制度。几乎用不着证明，在这

样的时期和这样了解无产阶级任务的情况下，既不可能有完整的战略，也不可能有周密的策略。当时只有关于策略和战略的一些片断的零碎的观念，但是没有策略和战略。

第二国际的滔天罪行并不在于它当时实行了利用议会斗争形式的策略，而在于它夸大了这种斗争形式的意义，几乎把这种斗争形式看作唯一的斗争形式。而当公开的革命搏斗时期到来的时候，当议会外斗争形式问题已经成为首要的迫切问题的时候，第二国际各党竟避开了新的任务，不去接受这些任务。

只有在下一个时期，无产阶级公开发动的时期，无产阶级革命的时期，当推翻资产阶级的问题已经成为直接的实践问题的时候，当无产阶级的后备军问题（战略），已经成为一个最迫切的问题的时候，当一切斗争形式和组织形式——议会形式和议会外形式（策略），已经十分明显地表现出来的时候，——只有在这个时期，才能制定无产阶级斗争的完整的战略和周密的策略。马克思和恩格斯的被第二国际机会主义者埋没了的那些关于策略和战略的英明思想，正是在这个时期被列宁发掘出来重见天日的；但是列宁并不限于恢复马克思和恩格斯的个别策略原理。他还向前发展了这些原理，补充了一些新的思想和原理，把这一切结合为指导无产阶级阶级斗争的规则和指导原则的体系。列宁的《怎么办？》、《两种策略》、《帝国主义》、《国家与革命》、《无产阶级革命和叛徒考茨基》以及《幼稚病》等书无疑是加进马克思主义的总宝库，马克思主义的革命武库的最宝贵的贡献。列宁主义的战略和策略是指导无产阶级革命斗争的科学

> 斯大林：《论列宁主义基础》（1924 年 4—5 月发表），摘自《斯大林选集》上卷，人民出版社 1979 年 12 月第 1 版，第 245—246 页。

**152. 战略因革命由一个阶段转入另一阶段而变更，而在某一阶段的整个时期基本上是不变的**

战略是和革命的基本力量及其后备军有关的。战略因革命由一个阶段转入另一阶段而变更，而在某一阶段的整个时期基本上是不变的。

> 斯大林：《论列宁主义基础》（1924 年 4—5 月发表），摘自《斯大林选集》上卷，人民出版社 1979 年 12 月第 1 版，第 248 页。

**153. 策略是随着来潮退潮而变更的**

策略是随着来潮退潮而变更的。在革命第一阶段的时期内（1903—1917

年2月），战略计划始终没有变更，策略却变更过几次。在1903—1905年的时期，党的策略是进攻的，因为当时革命处于来潮，运动是上升的，策略应当以这个事实为出发点。与此相适应，斗争形式也是革命的，是适合于革命来潮的要求的。地方的政治罢工、政治示威、政治总罢工、抵制杜马、起义和革命战斗口号就是这个时期内互相代替的斗争形式。当时的组织形式也因斗争形式的变更而变更了。工厂委员会、农民革命委员会、罢工委员会、工人代表苏维埃和比较公开的工人政党就是这个时期内的组织形式。

在1907—1912年的时期，党不得不转而采取退却的策略，因为当时革命运动低落，革命处于退潮，策略不能不估计到这个事实。与此相适应，斗争形式和组织形式也变更了。不是抵制杜马，而是参加杜马，不是杜马外的公开的革命发动，而是杜马内的发动和杜马内的工作；不是政治总罢工，而是局部经济罢工，或者简直无声无息。当然，党在这个时期内应该转入地下活动，而群众的革命组织也就由文化教育组织、合作社组织、保险会组织以及其他合法组织代替了。

> 斯大林：《论列宁主义基础》（1924年4—5月发表），摘自《斯大林选集》上卷，人民出版社1979年12月第1版，第248—249页。

### 154. 策略是同无产阶级的斗争形式和组织形式有关的，是同这些形式的交替和配合有关的

关于革命的第二个阶段和第三个阶段也应该这样说，在这两个阶段中，策略变更过几十次，战略计划却始终没有变更。

策略是同无产阶级的斗争形式和组织形式有关的，是同这些形式的交替和配合有关的。策略在革命的某一阶段上可以随着革命的来潮或退潮、革命的高涨或低落而变更好几次。

> 斯大林：《论列宁主义基础》（1924年4月发表），摘自《斯大林选集》上卷，人民出版社1979年12月第1版，第248—249页。

### 155. 战略指导的任务就是要正确运用这一切后备军来达到革命在某一发展阶段上的基本目的

战略指导。革命的后备军有两种：

直接的：（一）本国的农民以至所有过渡阶层，（二）邻国的无产阶级，（三）殖民地和附属国的革命运动，（四）无产阶级专政的胜利品和成果，而无产阶级为才收买强大的敌人并取得喘息时机，可以在保持自己的

实力优势的条件下暂时放弃一部分胜利品和成果；

间接的：（一）本国各个非无产者阶级之间的矛盾和冲突，这些矛盾和冲突是无产阶级可以利用来削弱敌人并加强自己的后备军的，（二）和无产阶级国家敌对的各个资产阶级国家之间的矛盾、冲突和战争（例如帝国主义战争），这些矛盾、冲突和战争是无产阶级在进攻时或者在被迫退却相机行事时可以利用的。

关于第一种后备军用不着多说，因为它们的意义是大家都知道的。至于第二种后备军，因为它们的意义并不是任何时候都很明显的，所以必须指出，它们有时候对于革命进程具有头等的意义。例如第一次革命时期和第一次革命后小资产阶级民主派（社会革命党人）和自由君主派资产阶级（立宪民主党人）之间的冲突的巨大意义是未必可以否认的，因为这种冲突在使农民摆脱资产阶级影响这件事情上无疑起了相当的作用。十月革命时期各主要帝国主义者集团之间进行决死的战争这一事实的巨大意义更是不可否认的，当时帝国主义者忙于相互之间的战争，没有可能集中力量来反对年轻的苏维埃政权，正因为如此，无产阶级就有可能来切实地组织自己的力量，巩固自己的政权，并准备扑灭高尔察克和邓尼金。现在，当帝国主义集团之间的矛盾日益加深，当它们彼此之间的新战争不可避免的时候，这种后备军对于无产阶级一定会有愈益重大的意义。

战略指导的任务就是要正确运用这一切后备军来达到革命在某一发展阶段上的基本目的。

斯大林：《论列宁主义基础》（1924 年 4—5 月发表），摘自《斯大林选集》上卷，人民出版社 1979 年 12 月第 1 版，第 249—250 页。

### 156. 当革命时机已经成熟，要把革命的主要力量集中在敌人最易致命的地方

当革命时机已经成熟，当进攻在以全力进行，当起义已经迫在眉睫，当使后备军跟上先锋队已经成为决定胜负的条件的时候，在这个决定关头，要把革命的主要力量集中在敌人最易致命的地方。党在 1917 年 4—10 月这一时期的战略可以说是这样运用后备军的实例。毫无疑问，这个时期敌人最易致命的地方是战争。毫无疑问，党正是在这个基本问题上把广大群众集合到无产阶级先锋队的周围。党在这个时期的战略就是通过游行示威来训练先锋队去进行街头的发动，同时通过后方的苏维埃和前线的士兵委员

会使后备军跟上先锋队。革命的结局表明，当时后备军是运用得正确的。

> 斯大林：《论列宁主义基础》（1924 年 4—5 月发表），摘自《斯大林选集》上卷，人民出版社 1979 年 12 月第 1 版，第 251—252 页。

### 157. 要选择危机已经达到顶点、先锋队已经有战斗到底的决心、后备军已经具有援助先锋队的决心、敌人内部已经极端慌乱的时机作为实行致命打击的时机，开始起义的时机

要选择危机已经达到顶点、先锋队已经有战斗到底的决心、后备军已经具有援助先锋队的决心、敌人内部已经极端慌乱的时机作为实行致命打击的时机，开始起义的时机。

……

举行十月起义可以说是这种战略的模范。

违背这个条件，就会造成危险的错误，即所谓"失其速度"，就是说，党就会落在运动进程的后面，或者向前跑得太远。因而造成失败的危险。

> 斯大林：《论列宁主义基础》（1924 年 4—5 月发表），摘自《斯大林选集》上卷，人民出版社 1979 年 12 月第 1 版，第 251—252 页。

### 158. 当敌人力量强大，当退却不可避免，要机动调度后备军来实行正确的退却

当敌人力量强大，当退却不可避免，当接受敌人的挑战显然对自己不利，当在一定的力量对比下退却是使先锋队免受打击并保存其后备军的唯一手段的时候，要机动调度后备军来实行正确的退却。

……

这种战略的目的就是要赢得时间，瓦解敌人，养精蓄锐，以便后来转为进攻。

> 斯大林：《论列宁主义基础》（1924 年 4—5 月发表），摘自《斯大林选集》上卷，人民出版社 1979 年 12 月第 1 版，第 252—253 页。

### 159. 策略指导是战略指导的一部分，是服从战略指导的任务和要求的

策略指导是战略指导的一部分，是服从战略指导的任务和要求的。策略指导的任务就是要掌握无产阶级的一切斗争形式和组织形式，保证这些形式的正确运用，以便在一定的力量对比下取得为准备战略胜利所必需的最大成果。

> 斯大林：《论列宁主义基础》（1924 年 4 月发表），摘自《斯大林选集》上卷，人民出版社 1979 年 12 月第 1 版，第 253 页。

**160. 如果没有群众在杜马时期的经验，就不可能揭露立宪民主党人，就不可能有无产阶级的领导权**

如果党在当时没有决定参加杜马，如果它没有决定集中力量去进行杜马内的工作，并在这一工作的基础上去展开斗争，使群众易于根据亲身的经验认清杜马的无用、立宪民主党的诺言的虚伪、和沙皇制度妥协的不可能、农民和工人阶级联盟的必不可免，那么先锋队就会脱离工人阶级，而工人阶级就会失去它和群众的联系。如果没有群众在杜马时期的经验，就不可能揭露立宪民主党人，就不可能有无产阶级的领导权。

斯大林：《论列宁主义基础》（1924 年 4—5 月发表），摘自《斯大林选集》上卷，人民出版社 1979 年 12 月第 1 版，第 254 页。

**161. 任务就是要使千百万群众有可能根据亲身的经验认识到推翻旧政权的必不可免，要提出适当的斗争方法和组织形式使群众易于根据经验来认清革命口号的正确性**

要把这样一种斗争形式和组织形式提到第一位，这种形式最适合于当时运动的来潮或退潮的条件，能够促进和保证把群众引到革命阵地上，把千百万群众引到革命战线上，把群众配置在革命战线上。

问题并不是要使先锋队觉悟到保存旧制度的不可能和推翻旧制度的必不可免。问题是要使群众，使千百万群众了解这是必不可免的，使他们表示援助先锋队的决心。可是，群众只有从亲身的经验中才能了解这一点。任务就是要使千百万群众有可能根据亲身的经验认识到推翻旧政权的必不可免，要提出适当的斗争方法和组织形式使群众易于根据经验来认清革命口号的正确性。

斯大林：《论列宁主义基础》（1924 年 4—5 月发表），摘自《斯大林选集》上卷，人民出版社 1979 年 12 月第 1 版，第 254 页。

**162. 要在每个一定的时机找出事变过程链条上的特殊环节，抓住了这个环节，就能掌握整个链条，为取得战略胜利准备条件**

要在每个一定的时机找出事变过程链条上的特殊环节，抓住了这个环节，就能掌握整个链条，为取得战略胜利准备条件。

问题是要从摆在党面前的许多任务中挑出这样一个当前任务，解决这个任务是中心，实现这个任务就能保证顺利地解决其他一切当前任务。

斯大林：《论列宁主义基础》（1924 年 4—5 月发表），摘自《斯大林选集》上卷，人民出版社 1979 年 12 月第 1 版，第 255 页。

**163. 在资产阶级政权下，改良是革命的副产品，而现在，在无产阶级专政下，改良的来源却是无产阶级的革命胜利品**

在革命者看来，主要的是革命工作，而不是改良，——在革命者看来，改良是革命的副产品。所以，革命策略下的改良，在资产阶级政权存在的条件下，自然会变为瓦解资产阶级政权的工具，变为巩固革命的工具，变为向前发展革命运动的据点。

革命者采用改良，是为了利用它作为挂钩来把合法工作和秘密工作联结起来，是为了利用它作为掩蔽物来加强秘密工作，以便用革命精神训练群众去推翻资产阶级。

在帝国主义条件下按革命精神利用改良和妥协的实质就在这里。

……

可是在帝国主义被推翻后，在无产阶级专政下，情形就有些改变了。在某种条件下，在某种环境中，无产阶级政权也许不得不暂时离开用革命手段改造现存制度的道路，而走上逐渐改造现存制度的道路，"走上"列宁在《论黄金的作用》①这篇著名论文中所说的那条"改良主义的道路"，走上迂回行进的道路，走上改良和向非无产者阶级让步的道路，以便瓦解这些阶级，给革命以喘息时机，养精蓄锐，准备举行新进攻的条件。不能否认，这条道路在某种意义上说来是"改良主义的"道路。只是应当记住，这里有一根本特点，就是在这种情况下的改良是来自无产阶级政权方面的改良，它巩固无产阶级政权，它给无产阶级政权以必要的喘息时机，它的使命不是要瓦解革命，而是要瓦解非无产者阶级。

于是，在这种情况下，改良就变成了自己的对立物。

无产阶级政权所以能够实行这种政策，是因为而且只是因为前一时期的革命规模已十分广大，因而开辟了十分广阔的场所，因而可以实行退却，用暂时退却的策略，用迂回行进的策略来代替进攻的策略。

这样看来，从前，在资产阶级政权下，改良是革命的副产品，而现在，在无产阶级专政下，改良的来源却是无产阶级的革命胜利品，即由这些胜

---

① 列宁：《论黄金在目前和社会主义完全胜利后的作用》（见《列宁选集》第 2 版第 4 卷，第 574—581 页）。——编者注

利品构成的，积累在无产阶级手中的后备力量。

斯大林：《论列宁主义基础》（1924 年 4—5 月发表），摘自《斯大林选<br>集》上卷，人民出版社 1979 年 12 月第 1 版，第 257—259 页。

**164. 布尔什维克的战略，不了解这个战略要求使妥协政党陷于孤立，是为了促进并加速对主要敌人的胜利**

列宁主义的基本战略原则是什么呢？

这个原则是承认：

（1）在革命即将总爆发的时期，妥协政党是革命敌人的最危险的社会支柱；

（2）不使这些党陷于孤立，就不能推翻敌人（沙皇制度或资产阶级）；

（3）因此，革命准备时期的主要锋芒应当指向使这些党陷于孤立，使广大劳动群众离开它们。

在反对沙皇制度的时期，在准备资产阶级民主革命的时期（1905—1916年），自由君主派即立宪民主党是沙皇制度的最危险的社会支柱。为什么呢？因为立宪民主党是妥协政党，是主张大多数人民即全体农民和沙皇制度妥协的党。自然，党在当时把主要打击指向立宪民主党人，因为不使立宪民主党人陷于孤立，就不能指望农民和沙皇制度决裂，而不保证有这种决裂，就不能指望革命胜利。许多人当时不了解布尔什维克战略的这一特点，而责备布尔什维克过分"仇恨立宪民主党人"，断言布尔什维克以反对立宪民主党人的斗争"遮掩了"反对主要敌人即沙皇制度的斗争。可是，这些毫无根据的责备暴露出他们根本不了解布尔什维克的战略，不了解这个战略要求使妥协政党陷于孤立，是为了促进并加速对主要敌人的胜利。

未必用得着证明，没有这样的战略，无产阶级在资产阶级民主革命中的领导权就会是不可能的。

在十月革命准备时期，各种斗争势力的重心移到新的方面来了。沙皇不存在了。立宪民主党由妥协势力变成当权势力，变成帝国主义的统治势力了。斗争已经不是在沙皇制度和人民之间进行，而是在资产阶级和无产阶级之间进行了。在这个时期，小资产阶级民主政党即社会革命党和孟什维克党是帝国主义的最危险的社会支柱。为什么呢？因为这些党在当时是妥协政党，是主张劳动群众和帝国主义妥协的党。自然，布尔什维克的主要打击当时指向了这些党，因为不使这些党陷于孤立，就不能指望劳动群众和帝国主义决裂，而不保证有这种决裂，就不能指望苏维埃革命胜利。
许多人当时不了解布尔什维克策略的这一特点，而责备布尔什维克"过分
憎恨"社会革命党人和孟什维克，责备布尔什维克"忘记了"主要目标。
可是，十月革命整个准备时期雄辩地说明，布尔什维克只有采用这样的策
略，才得以保证十月革命的胜利。

斯大林：《十月革命和俄国共产党人的策略》（1924 年 12 月 17 日），摘自
《斯大林选集》上卷，人民出版社 1979 年 12 月第 1 版，第 296—297 页。

### 165. 在苏维埃政权的同盟者中间，在无产阶级现有的一切基本同盟者中间，农民是立刻可以给我们革命直接援助的唯一同盟者

农民问题目前在我国具有特别重要意义的第一个原因是：在苏维埃政
权的同盟者中间，在无产阶级现有的一切基本同盟者（在我看来，这样的
同盟者有四个）中间，农民是立刻可以给我们革命直接援助的唯一同盟者。
这里指的正是现在的、目前的直接援助。其余一切同盟者虽然都有远大的
未来，虽然都是我国革命的极巨大的后备力量，但是很遗憾，他们现在还
不能给我们的政权，给我们的国家直接的援助。

这是些什么同盟者呢？

第一个同盟者，即我们的基本同盟者，是各发达国家的无产阶级。……

第二个同盟者是殖民地，是受比较发达的国家压迫的那些不大发达国
家的被压迫人民。……

我们有第三个同盟者，一个不可捉摸的无形的然而极其重要的同盟者。
这就是资本主义国家之间的冲突和矛盾，这种冲突和矛盾是无形的，但是
对我们政权和我国革命无疑是一极大的援助。……

……

剩下的第四个同盟者就是农民。

斯大林：《论无产阶级和农民问题》（1925 年 1 月 27 日），摘自《斯大林
全集》第 7 卷，人民出版社 1958 年 6 月第 1 版，第 25—28 页。

### 166. 我们敌人之间的斗争、冲突和战争是我们极大的同盟者

我们有第三个同盟者，一个不可捉摸的无形的然而极其重要的同盟者。
这就是资本主义国家之间的冲突和矛盾，这种冲突和矛盾是无形的，但是
对我们政权和我国革命无疑是一种极大的援助。同志们，这似乎很奇怪，
但这是事实。如果资本主义国家的两个主要联盟在一九一七年帝国主义大

战中不互相进行殊死的斗争，如果它们不互相扼住咽喉，如果它们不是自顾不暇，没有工夫来反对苏维埃政权，苏维埃政权当时就未必站得住脚。重复一遍，我们敌人之间的斗争、冲突和战争是我们极大的同盟者。

> 斯大林：《论无产阶级和农民问题》（1925 年 1 月 27 日），摘自《斯大林全集》第 7 卷，人民出版社 1958 年 6 月第 1 版，第 26—27 页。

### 167. 必须使党把自己看成无产阶级的阶级联合的最高形式，它负有使命领导无产阶级组织其他一切形式的无产阶级组织——从工会到议会党团

必须使党不把自己看成议会选举机构的附属品，象社会民主党在实际上把自己看成的那样；必须使党不把自己看成工会的不用付出代价的附属品，象某些无政府工团分子有时反来复去所说的那样；而必须使党把自己看成无产阶级的阶级联合的最高形式，它负有使命领导无产阶级组织其他一切形式的无产阶级组织——从工会到议会党团。

> 斯大林：《关于德国共产党的前途和布尔什维克化》（1925 年 2 月 3 日发表），摘自《斯大林选集》上卷，人民出版社 1979 年 12 月第 1 版，第 311—312 页。

### 168. 必须使党在自己的工作中善于把毫不妥协的革命性和最大限度的灵活性及随机应变的本领结合起来

必须使党在自己的工作中善于把毫不妥协的革命性（不能和革命的冒险主义混为一谈！）和最大限度的灵活性及随机应变的本领（不能和迁就行为混为一谈！）结合起来。不然，党就不可能掌握各种斗争形式和组织形式，不可能把无产阶级的日常利益和无产阶级革命的根本利益联系起来，也不可能在自己的工作中把合法斗争和不合法斗争配合起来。

> 斯大林：《关于德国共产党的前途和布尔什维克化》（1925 年 2 月 3 日发表），摘自《斯大林选集》上卷，人民出版社 1979 年 12 月第 1 版，第 312 页。

### 169. 必须使党在制定口号和指令的时候，不是根据背熟的公式和历史的比拟，而是根据对革命运动所处的国内外的具体条件的仔细分析，同时还必须考虑到各国的革命经验

必须使党在制定口号和指令的时候，不是根据背熟的公式和历史的比拟，而是根据对革命运动所处的国内外的具体条件的仔细分析，同时还必须考虑到各国的革命经验。

> 斯大林：《关于德国共产党的前途和布尔什维克化》（1925 年 2 月 3 日发表），摘自《斯大林选集》上卷，人民出版社 1979 年 12 月第 1 版，第 312 页。

**170. 这样的联盟只有具备下述两个基本条件才可以缔结：保证我们有批评改良主义首领的自由，保证有使群众脱离反动首领的必要条件**

在列宁看来，共产党人和工人阶级的反动首领的政治协定、政治联盟是完全可能并且是可以容许的。

让托洛茨基和季诺维也夫记住这一点吧。

但是，我们究竟为了什么需要这样的协定呢？

这是为了能够接近工人群众，为了启发这些群众去认识他们的政治首领和工会首领的反动性，为了使工人阶级中左倾的、革命化的部分脱离反动的首领，所以也是为了提高整个工人阶级的战斗力。

因此，这样的联盟只有具备下述两个基本条件才可以缔结：保证我们有批评改良主义首领的自由，保证有使群众脱离反动首领的必要条件。

斯大林：《关于英俄统一委员会》（1926 年 7 月 15 日），摘自《斯大林全集》第 8 卷，人民出版社 1954 年 9 月第 1 版，第 167—168 页。

**171. 在共产国际给各国工人运动作出指导性的指示时，一定要估计到每个国家的民族特殊的东西和民族独有的东西**

第一个原则。在共产国际给各国工人运动作出指导性的指示时，一定要估计到每个国家的民族特殊的东西和民族独有的东西；……

斯大林：《时事问题简评》（1927 年 7 月 28 日发表），摘自《斯大林全集》第 9 卷，人民出版社 1954 年 4 月第 1 版，第 298 页。

**172. 每个国家的共产党一定要利用最小的可能以保证无产阶级有数量众多的同盟者，即使是暂时的、动摇的、不稳定的、不可靠的也好**

第二个原则。每个国家的共产党一定要利用最小的可能以保证无产阶级有数量众多的同盟者，即使是暂时的、动摇的、不稳定的、不可靠的也好；……

斯大林：《时事问题简评》（1927 年 7 月 28 日发表），摘自《斯大林全集》第 9 卷，人民出版社 1954 年 4 月第 1 版，第 298 页。

**173. 在政治上教育千百万群众，只有宣传和鼓动是不够的，必须要有群众自身的政治经验**

第三个原则。一定要估计到这样一个真理：在政治上教育千百万群众，只有宣传和鼓动是不够的，必须要有群众自身的政治经验。

斯大林：《时事问题简评》（1927 年 7 月 28 日发表），摘自《斯大林全集》第 9 卷，人民出版社 1954 年 4 月第 1 版，第 298—299 页。

**174. 必须有无产阶级的灵活的和考虑周到的政策，必须善于利用敌人阵营里的每一裂痕，善于给自己找寻同盟者**

现在来谈第二个列宁主义策略原则。

从中国革命的性质和前途中产生了无产阶级在争取革命胜利的斗争中的同盟者的问题。

无产阶级的同盟者的问题是中国革命的基本问题之一。在中国无产阶级面前站着强大的敌人：大小封建主，新旧军阀的军事官僚机器，反革命的民族资产阶级，以及掌握中国经济生活命脉并用海陆军来巩固自己剥削中国人民的权利的东方和西方的帝国主义者。

为了击破这些强大的敌人，除其他一切而外，还必须有无产阶级的灵活的和考虑周到的政策，必须善于利用敌人阵营里的每一裂痕，善于给自己找寻同盟者，即使这些同盟者是动摇的、不稳定的同盟者，只要他们是人数众多的同盟者，只要他们不限制无产阶级政党的革命的宣传和鼓动，不限制无产阶级政党的组织工人阶级和劳动群众的工作。

这种政策是第二个列宁主义策略原则的基本要求。没有这种政策，无产阶级的胜利是不可能的。

斯大林：《时事问题简评》（1927 年 7 月 28 日发表），摘自《斯大林全集》第 9 卷，人民出版社 1954 年 4 月第 1 版，第 304—305 页。

**175. 这个要求就是党的政策要提高无产阶级的战斗力，加强无产阶级和劳动群众的联系，提高无产阶级在这些群众中间的威信，把无产阶级变为革命的领导者**

但有一个必不可少的要求是正确的政策在任何时候和任何条件下都应当予以满足的。这个要求就是党的政策要提高无产阶级的战斗力，加强无产阶级和劳动群众的联系，提高无产阶级在这些群众中间的威信，把无产阶级变为革命的领导者。

斯大林：《时事问题简评》（1927 年 7 月 28 日发表），摘自《斯大林全集》第 9 卷，人民出版社 1954 年 4 月第 1 版，第 310 页。

**176. 我们党的政治战略的最大优点之一，就是它善于在每一个时机找出运动的基本环节，抓住了这个基本环节后，它就把整个链条拖向一个总的目标去解决任务**

我们党的政治战略的最大优点之一，就是它善于在每一个时机找出运动的**基本环节**，抓住了这个基本环节后，它就把整个链条拖向一个总的目标去解决任务。是否可以说党在集体农庄建设体系中已经找出了集体农庄运动的基本环节呢？是的，可以而且应当这样说。

> 斯大林：《胜利冲昏头脑》（1930 年 3 月 2 日发表），摘自《斯大林选集》下卷，人民出版社 1979 年 12 月第 1 版，第 241 页。

### 177. 我们要找到我们工作链条中的基本环节，紧紧抓住和拖出这个环节，以便通过它拖出整个链条，向前迈进

也许有人会问，难道不能在 10 年以前，在沙赫特事件时期，一下子提出两个口号，第一个口号是掌握技术，第一个口号是进行干部政治教育吗？不，不能。在我们布尔什维克党内不这样办事，在革命运动的转折关头，总是提出一个基本口号作为环节，以便抓住这个环节，并通过它拖出整个链条。列宁曾经这样教导我们要找到我们工作链条中的基本环节，紧紧抓住和拖出这个环节，以便通过它拖出整个链条，向前迈进。革命运动的历史表明，这个策略是唯一正确的策略。

> 斯大林：《论党的工作缺点和消灭托洛茨基两面派及其他两面派的办法》（1937 年 3 月 3—5 日），摘自《斯大林文选》上卷，人民出版社 1962 年 8 月第 1 版，第 127—128 页。

### 178. 任何一个爱好和平的国家都不能拒绝同邻国缔结和平协定，即使这个国家是由像希特勒和李宾特罗普这样一些吃人魔鬼领导的

我想，任何一个爱好和平的国家都不能拒绝同邻国缔结和平协定，即使这个国家是由像希特勒和李宾特罗普这样一些吃人魔鬼领导的。当然，这是在一个必要的条件下缔结的，即和平协定既不能直接，也不能间接触犯爱好和平国家的领土完整、独立和荣誉。大家知道，德国同苏联订立的互不侵犯条约正是这样的条约。

我们同德国缔结了互不侵犯条约，赢得了些什么呢？我们保证了我国获得一年半的和平，使我国有可能准备自己的反击力量，如果法西斯德国胆敢冒险违反条约来进攻我国的话。这肯定是我们赢了，法西斯德国输了。

> 斯大林：《广播演说》（1941 年 7 月 3 日），摘自《斯大林文选》上卷，人民出版社 1962 年 8 月第 1 版，第 263—264 页。

# 七  对各种错误危机论的批判

## （一）"生产不足论"批判

**1. 那些企图用投机来解释工商业之所以发生有规则的痉挛的政治经济学家，就好像那个如今已经绝种了的把发寒热当做产生一切疾病的真正原因的自然哲学家学派一样**

但是，尽管有过去的一切教训而危机仍然在经过一定时期后有规则地重复发生这一事实，使我们不能把个别人的轻率冒失看做是造成危机的终极原因。如果在某一个贸易时期终结时，投机表现为直接预报崩溃即将来临的先兆，那末不要忘记，投机本身是在这个时期的前几个阶段上产生的，因此它本身就是结果和表现，而不是终极原因和实质。那些企图用投机来解释工商业之所以发生有规则的痉挛的政治经济学家，就好像那个如今已经绝种了的把发寒热当做产生一切疾病的真正原因的自然哲学家学派一样。

马克思：《英国的贸易危机》（1857 年 11 月 27 日），摘自《马克思恩格斯全集》第 12 卷，人民出版社 1962 年 8 月第 1 版，第 362 页。

**2. 它们把每一次新危机都解释成第一次在社会地平线上出现的孤立现象**

我们认为，不仅最近的议会报告，就连"关于 1847 年贸易危机的报告"以及所有以前发表的其他类似的报告，都有这样一个重大的缺点：它们把每一次新危机都解释成第一次在社会地平线上出现的孤立现象，因而说它仿佛是由只为一个时期即两次震荡之间的时期所特有的（或者被认为是只为这一个时期所特有的）那些事件、运动和因素造成的。如果物理学家也采用这种幼稚的方法，那末甚至彗星的出现也会每一次都使世人惊慌失措了。要想弄清那些左右世界市场危机的规律，必须不仅说明危机的周期性质，而且也要说明这种周期性的准确日期。此外，决不能容许每一次新的贸易危机所固有的特点遮掩所有各次危机共有的特征。

马克思：《英国的贸易和金融》（1858 年 9 月），摘自《马克思恩格斯全集》第 12 卷，人民出版社 1962 年 8 月第 1 版，第 607 页。

**3. 如果资本主义生产必须在一切领域同时地、均匀地发展，那就根本不可能有任何资本主义生产**

当这种［关于生产不足的］说法被应用到国际范围——就像萨伊①和继萨伊之后的其他经济学家所做的那样——的时候，就更加暴露其荒谬了。例如，说英国没有**生产过剩**，而说意大利**生产不足**。如果，第一，意大利有足够的资本来补偿以商品形式输出到意大利的英国资本；第二，意大利用自己这笔资本生产英国资本所需要的固有物品，后者需要这些物品部分地是为了自我补偿，部分地是为了补偿它所带来的收入，这样，也就不会发生任何生产过剩。因此，实际地——对意大利的**实际**生产来说——存在着的**英国的生产过剩**这个事实就不存在了，存在的只是**想象的意大利的生产不足**这个事实；其所以说是想象的，是因为它假定在意大利存在着那里**并不**存在的［XIII—724］资本以及生产力的发展，其次，是因为它还作了同样空想的假定，就是这笔在意大利并不存在的资本用得恰好符合需要，使英国的供给和意大利的需求、英国的生产和意大利的生产能互相补充。换句话说，这无非是意味着：如果需求和供给彼此相符，如果资本在一切生产领域之间进行分配的比例，恰好使得一种物品的生产就包含着另一种物品的消费，因而也就包含着它自身的消费，那就不会发生生产过剩。如果［一方］不发生生产过剩，那么生产过剩就不会［在另一方］发生。但是，因为资本主义生产只能在某些领域、在一定的条件下无限制地自由发展，所以，如果资本主义生产必须在一切领域**同时地、均匀地**发展，那就根本不可能有任何资本主义生产。因为在这些领域生产过剩绝对存在，所以在没有［绝对的］生产过剩的那些领域，也就相对地存在着生产过剩。

> 马克思：《政治经济学批判（1861—1863 年手稿)》（1861 年 8 月—1863 年 7 月），摘自《马克思恩格斯文集》第 8 卷，人民出版社 2009 年 12 月第 1 版，第 271—272 页。

———————

① 指让·萨伊在他的《给马尔萨斯先生的信》1820 年巴黎版第 15 页的下述论断：如果英国商品充斥意大利市场，那么，原因就在于能够同英国商品交换的意大利商品生产不足。萨伊的这一论断见其匿名著作《论马尔萨斯先生近来提倡的关于需求的性质和消费的必要性的原理》1821 年伦敦版第 15 页，马克思在《政治经济学批判（1861—1863 年手稿)》第 IX 笔记本第 381 页和第 X 笔记本第 400 页也分析了萨伊的如下论点："某些产品的滞销，是由另一些产品太少引起的。"（见《马克思恩格斯全集》中文第 2 版第 33 卷，第 286、326 页）

**4. 在这个时候，生产资本是过剩了，无论就正常的、但是暂时紧缩的再生产规模来说，还是就已经萎缩的消费来说，都是如此**

只要再生产过程的这种扩大受到破坏，或者哪怕是再生产过程的正常紧张状态受到破坏，信用就会减少。通过信用来获得商品就比较困难。要求现金支付，对赊售小心谨慎，是产业周期中紧接着崩溃之后的那个阶段所特有的现象。在危机中，因为每个人都要卖而卖不出去，但是为了支付，又必须卖出去，所以，正是在这个信用最缺乏（并且就银行家的信用来说，贴现率也最高）的时刻，不是闲置的寻找出路的资本，而是滞留在自身的再生产过程内的资本的数量也最大。这时，由于再生产过程的停滞，已经投入的资本实际上大量地闲置不用。工厂停工，原料堆积，制成的产品作为商品充斥市场。因此，如果把这种情况归因于生产资本的缺乏，那就大错特错了。正好在这个时候，生产资本是过剩了，无论就正常的、但是暂时紧缩的再生产规模来说，还是就已经萎缩的消费来说，都是如此。

> 马克思：《资本论（第 1 卷）》（1867 年 9 月出版），摘自《马克思恩格斯文集》第 7 卷，人民出版社 2009 年 12 月第 1 版，第 547 页。

**5. 资本主义生产却不顾这种情况而力图发展生产力，好像只有社会的绝对的消费能力才是生产力发展的界限**

而工人的消费能力一方面受工资规律的限制，另一方面受以下事实的限制，就是他们只有在他们能够为资本家阶级带来利润时才能被雇用。一切现实的危机的最终原因，总是群众的贫穷和他们的消费受到限制，而与此相对比的是，资本主义生产竭力发展生产力，好像只有社会的绝对的消费能力才是生产力发展的界限。

> 马克思：《资本论（第 1 卷）》（1867 年 9 月出版），摘自《马克思恩格斯文集》第 7 卷，人民出版社 2009 年 12 月第 1 版，第 548 页。

**6. 我们来看看洛贝尔图斯的又一个天真的想法——用他的空想来消除工商业危机**

现在，我们来看看洛贝尔图斯的又一个天真的想法——用他的空想来消除工商业危机。自从商品生产具有世界市场的规模以来，按私人打算进行生产的单个生产者同他们为之生产，却对其需求的数量和质量或多或少不了解的市场之间的平衡，是靠世界市场的风暴、靠商业危机来实现的。①
因此，如果禁止竞争通过价格的升降把世界市场的情况告诉单个生产者，
那他们就完全被蒙住了眼睛。把商品生产安排得使生产者对他们为之生产
的市场的情况一无所知——这的确是一个医治危机病症的妙方，甚至艾森
巴特医生也会因此羡慕洛贝尔图斯呢。

> 恩格斯：《马克思和洛贝尔图斯》（1884 年 10 月 23 日），摘自《马克思恩
> 格斯文集》第 4 卷，人民出版社 2009 年 12 月第 1 版，第 210 页。

## （二）"消费不足论"批判

**1. 双方都忘记了，挥霍和节约，奢侈和困苦，富有和贫穷是画等号的**

诚然，在国民经济学领域掀起了一场争论。一方（罗德戴尔、马尔萨
斯等）推崇**奢侈**而咒骂节约；另一方（萨伊、李嘉图等）则推崇节约而咒
骂奢侈。但是，一方承认，它要求奢侈是为了生产出**劳动**即绝对的节约；
而另一方承认，它推崇节约是为了生产出**财富**即奢侈。前者沉湎于**浪漫主
义**的臆想，认为不应仅仅由贪财欲决定富人的消费，并且当它把**挥霍**直接
当做发财致富的手段时，它是跟它自己的规律相矛盾的。因此，后者极其
严肃而详尽地向前者证明，我通过挥霍只会减少而不会增加**我的财产**。后
者装腔作势地不承认，正是突发的怪想和念头决定生产；它忘记了"考究
的需要"，它忘记了没有消费就不会有生产；它忘记了，通过竞争，生产只
会变得日益全面、日益奢侈；它忘记了，按照它的理论，使用决定物的价
值，而时尚决定使用；它希望看到仅仅生产"有用的东西"，但它忘记了
生产过多的有用的东西就会生产出过多的**无用的人口**。双方都忘记了，挥
霍和节约，奢侈和困苦，富有和贫穷是画等号的。

> 马克思：《1844 年经济学哲学手稿》（1844 年 4—8 月），摘自《马克思恩
> 格斯文集》第 1 卷，人民出版社 2009 年 12 月第 1 版，第 227 页。

---

① 至少直到不久以前，情况还是这样。自从英国在世界市场上的垄断由于法国、德国，特别
是美国参加世界贸易而被打破以后，似乎有一种新的平衡形式在起作用。危机前的普遍繁荣时期
一直没有到来。如果它永远再不出现，那么经营的停滞再加上轻微的波动就会成为现代工业的
常态。

**2. 由于需求和供给的波动，由于生产费用和交换价值之间的不相适应，需求和供给只是暂时地相适应，而紧接着暂时的相适应又开始波动和不相适应**

在谈到货币和金属价值的这种平衡并把生产费用作为决定价值的唯一因素来描述时，穆勒——完全和李嘉图学派一样——犯了这样的错误：在表述抽象规律的时候忽视了这种规律的变化或不断扬弃，而**抽象规律**正是通过变化和不断扬弃才得以实现的。如果说，例如生产费用最终——或更准确些说，在需求和供给不是经常地即偶然地相适应的情况下——决定价格（价值），是个**不变**的规律，那么，需求和供给的不相适应，从而价值和生产费用没有必然的相互关系，也同样是个**不变的规律**。的确，由于需求和供给的波动，由于生产费用和交换价值之间的不相适应，需求和供给只是暂时地相适应，而紧接着暂时的相适应又开始波动和不相适应。这种**现实的**运动——上面说到的规律只是它的抽象的、偶然的和片面的因素——被现代的国民经济学家①歪曲成偶性、非本质的东西。

> 马克思：《詹姆斯·穆勒〈政治经济学原理〉一书摘要》（1844 年上半年），摘自《马克思恩格斯全集》第 42 卷，人民出版社 1979 年 9 月第 1 版，第 18 页。

**3. 第一，这样一来，从根本上推翻了整个的流通理论。第二，这证明，信用制度固然是危机的条件之一，但是危机的过程所以和通货有关系，那只是因为国家政权疯狂地干预通货的调节，会使当前的危机进一步加剧，就像 1847 年那样**

你知道，这件事情是重要的。第一，这样一来，从根本上推翻了整个的流通理论。第二，这证明，**信用制度**固然是危机的条件之一，但是危机的过程所以和**通货**有关系，那只是因为国家政权疯狂地干预通货的调节，会使当前的危机进一步加剧，就像 1847 年那样。

> 马克思：《马克思致恩格斯》（1851 年 2 月 3 日），摘自《马克思恩格斯文集》第 10 卷，人民出版社 2009 年 12 月第 1 版，第 70 页。

---

① 马克思所说的现代的国民经济学是指大·李嘉图及其追随者其中包括詹·穆勒的学说，显然，还指其他经济学家即李嘉图的同时代人的学说。

**4. 事实上缺乏的是通货，而不是资本。资本会贬值，不能实现自己的价值**

在危机时期全部问题在于缺乏信用而通货是无所谓的，这样说是错的。从上述原因不难看出，在这种时候，通货的量是最大的，一方面因为流通速度减慢了，其次因为以前不需要现金的大量交易现在需要现金。正因为如此，在货币量和只用较少量的通货就能完成的那种交易的价值之间，也就出现巨大的差距。可见，事实上缺乏的是通货，而不是资本。资本会贬值，不能实现自己的价值。在这里，不能实现自己的价值意味着什么呢？这意味着不能转化为通货，而资本的价值正在于可交换性。

马克思：《反思》（1851年3月），摘自《马克思恩格斯全集》第10卷，人民出版社1998年3月第2版，第641页。

**5. 现在货币在资本的流通中起这种双重作用的情况，在一切危机中造成一种假象，似乎缺少的是作为流通手段的货币，其实是资本缺少价值，因而它不能变成货币**

现在货币在资本的流通中起这种双重作用的情况，在一切危机中造成一种假象，似乎缺少的是作为流通手段的货币，其实是资本缺少**价值**，因而它不能**变成货币**。这时，流通的货币量甚至可能增长。

马克思：《政治经济学批判（1857—1858年手稿)》（1857年7月—1858年6月），摘自《马克思恩格斯全集》第30卷，人民出版社1995年6月第2版，第585页。

**6. 马尔萨斯在剩余劳动和剩余资本以外，还要求有只消费而不生产的剩余有闲者，或者说，鼓吹挥霍、奢侈、浪费等等的必要性，他这样做倒也是前后完全一贯的**

因此，马尔萨斯在剩余劳动和剩余资本以外，还要求有只消费而不生产的剩余有闲者，或者说，鼓吹挥霍、奢侈、浪费等等的必要性，他这样做倒也是前后完全一贯的。

马克思：《政治经济学批判（1857—1858年手稿)》（1857年7月—1858年6月），摘自《马克思恩格斯文集》第8卷，人民出版社2009年12月第1版，第86页。

**7. 从正统的经济学观点来否认一定时期内会发生普遍的生产过剩，这种企图实际上是很幼稚的**

从正统的经济学观点来否认一定时期内会发生**普遍的生产过剩**，这种企图实际上是很幼稚的。或者，例如请看麦克库洛赫的著作①，为了挽救以**资本为基础**的生产，而把这种生产的一切特有属性、它的概念规定全都抛开，相反地把它看成是提供**直接使用价值**的简单生产。本质的关系完全被抽象掉了。事实上，为了清除这种生产所具有的矛盾，干脆把这种生产抛弃和否定了。或者，例如像**穆勒**那样②（庸俗的萨伊就是模仿他的），做得更机灵了：说什么供给和需求是同一的，因而必然是一致的；也就是说，供给就是由供给本身的量来计量的需求。

> 马克思：《政治经济学批判（1857—1858 年手稿）》（1857 年 7 月—1858 年 6 月），摘自《马克思恩格斯文集》第 8 卷，人民出版社 2009 年 12 月第 1 版，第 92 页。

### 8. 剩余价值表现在剩余产品中，资本主义生产的目的是剩余，而不是产品

剩余价值表现在（实际存在于）剩余产品中，即超过仅仅补偿产品原有要素、因而加入产品生产费用的那部分产品（如果把不变资本和可变资本合起来计算，这部分产品就等于预付在生产中的资本）之上的剩余产品中。资本主义生产的目的是剩余，而不是产品。工人的必要劳动时间——以及产品中用来支付这个时间的等价物——只有在提供剩余劳动的情况下，才是必要的。否则，这个时间对于资本家就是**非生产的**。

> 马克思：《政治经济学批判（1861—1863 年手稿）》（1861 年 8 月—1863 年 7 月），摘自《马克思恩格斯全集》第 33 卷，人民出版社 2004 年 6 月第 2 版，第 252—253 页。

---

① 约·拉·麦克库洛赫在《政治经济学原理》1825 年爱丁堡版第 190 页上说："如果想要丝绸的人得不到丝绸，不能用他们来交换布匹或其他不同于他们拥有的或能够生产的物品，那么他们手中就有大量的物品。他们可以放弃他们不需要的物品的生产，去从事他们所需要的物品的生产。"关于包括麦克库洛赫在内的庸俗经济学家力图抹杀资本主义生产的矛盾的倾向，马克思在《政治经济学批判（1861—1863 年手稿）》中作了详细的论述。见《政治经济学批判（1861—1863 年手稿）》第 XIII 笔记本，第 704—706、716—719、721—726，第 XIV 笔记本，第 791—799、800—802、810—814 页。

② 詹·穆勒关于生产和消费之间，购买量和销售量之间的经常和必要的平衡的论述，见他的《政治经济学原理》1821 年伦敦版，第 186—195 页。马克思在《政治经济学批判。第一分册》和《政治经济学批判（1861—1863 年手稿）》中，对穆勒最早在 1808 年伦敦出版的《为商业辩护》这本小册子里提出的这个观点作了更详细的分析。见《政治经济学批判。第一分册》第 2 章（a）末尾；《政治经济学批判（1861—1863 年手稿）》第 XIII 笔记本，第 704—706、708—712、721—726 页；第 XIV 笔记本，第 791—799、800—802、810—814 页。

**9. 李嘉图一贯否定市场随着生产的扩大和资本的增长而扩大的必要性**

因此，李嘉图一贯否定**市场**随着生产的扩大和资本的增长而**扩大**的必要性。照李嘉图看来，一个国家现有的全部资本，也可以在这个国家里有利地加以使用。因此李嘉图反驳亚·斯密，因为亚·斯密一方面提出过同**他**（李嘉图）一样的观点，另一方面以自己惯有的理性本能也反对过这个观点。斯密还不知道生产过剩的现象以及从生产过剩产生的危机。他所知道的仅仅是同信用制度和银行制度一起自然发生的信用危机和货币危机。实际上，他把资本积累看做普遍的国民财富和福利的绝对增加。另一方面，他认为，单单从国内市场发展为国外市场、殖民地市场和世界市场，就证明国内市场上存在着所谓相对的（潜在的）生产过剩。

> 马克思：《政治经济学批判（1861—1863 年手稿)》（1861 年 8 月—1863 年 7 月），摘自《马克思恩格斯文集》第 8 卷，人民出版社 2009 年 12 月第 1 版，第 264—265 页。

**10. 产品的生产过剩和商品的生产过剩是完全不同的两回事**

产品的生产过剩和**商品**的生产过剩是完全不同的两回事。李嘉图认为，**商品**形式对于产品是无关紧要的，其次，**商品流通**只是在形式上不同于物物交换，交换价值在这里只是物质变换的转瞬即逝的形式，因而货币只是形式上的流通手段；这一切实际上都是来源于他的这样一个前提：资产阶级生产方式是绝对的生产方式，也就是没有更确切的特殊规定的生产方式，因此，这种生产方式的规定的东西只是形式上的东西。因此，李嘉图也就不能承认资产阶级生产方式包含着生产力自由发展的界限，即在危机中，特别是在**生产过剩**——危机的基本现象——中暴露出来的界限。

> 马克思：《政治经济学批判（1861—1863 年手稿)》（1861 年 8 月—1863 年 7 月），摘自《马克思恩格斯文集》第 8 卷，人民出版社 2009 年 12 月第 1 版，第 267 页。

**11. 绝对意义上的普遍生产过剩并不是生产过剩，而只是一切生产领域的生产力的发展都超过了通常的水平**

辩护论恰好把这一点颠倒过来了。按照这些辩护论者的说法，只有主导的交易品（一般说这是只能大规模地和用工厂方式进行生产的物品，在农业上也一样）才表现出主动的生产过剩，而主导的交易品所以成为生产过剩，是因为那些表现出相对的，或者说，被动的生产过剩的物品存在着生产过剩。按照这种看法，生产过剩之所以存在，仅仅因为生产过剩不是普遍的。生产过剩的**相对性**，即一些领域中现实的生产过剩引起另一些领域的生产过剩这个事实，被表述如下：普遍的生产过剩并不存在，因为，如果生产过剩是普遍的，一切生产领域相互之间的比例就会保持不变；就是说，**普遍的生产过剩＝按比例生产**，而按比例生产是排除生产过剩的。据说，这就驳倒了普遍的生产过剩。［XIII—723］就是说，因为绝对意义上的**普遍生产过剩**并不是生产过剩，而只是一切生产领域的生产力的发展都超过了通常的水平，所以，据说，**现实的生产过剩**（它恰恰不是这种不存在的、自我扬弃的生产过剩）**并不存在**。

> 马克思：《政治经济学批判（1861—1863 年手稿)》（1861 年 8 月—1863
> 年 7 月)，摘自《马克思恩格斯文集》第 8 卷，人民出版社 2009 年 12 月
> 第 1 版，第 269 页。

**12. 令人奇怪的是，同一些经济学家承认周期性的资本生产过剩而否认周期性的商品生产过剩**

马尔萨斯说得对：**工人的需求从来不会使资本家满足**。[①] 资本家的利润恰好在于工人的贡献超过工人的需求而形成的余额。每一个资本家在对自己工人的关系上感受到了这一点，只是在对购买他的商品的另外的工人的关系上感受不到这一点。对外贸易，奢侈品生产，国家的挥霍（国家支出的增加等等），固定资本的大量花费等等，阻碍着这个［生产过剩的］过程。（所以，马尔萨斯、查默斯等人把高薪闲差，国家的和非生产阶级的挥霍宣布为灵丹妙药。[②]）令人奇怪的是，同一些经济学家承认周期性的资本生产过剩（周期性的资本过剩是一切现代经济学家所承认的）而否认周期性的商品生产过剩。似乎极简单的分析并没有表明：这两种现象不过是在不同的形式上表现出来的**同一二律背反**。

> 马克思：《政治经济学批判（1861—1863 年手稿)》（1861 年 8 月—1863
> 年 7 月)，摘自《马克思恩格斯全集》第 32 卷，人民出版社 1998 年 1 月
> 第 2 版，第 461 页。

---

　① 见托·罗·马尔萨斯《政治经济学原理的实际应用》1836 年伦敦版第 326、361 和 405 页及以下几页，马克思在 1861—1863 年经济学手稿第 XIII 笔记本第 775—776 页中详细地分析了马尔萨斯的观点（见《剩余价值理论》第 3 册第 19 章第（12）节）。

　② 参看 1861—1863 年经济学手稿第 IX 笔记本第 416 页中对查默斯观点的批判和第 XIII 笔记本第 767—773 页中对马尔萨斯观点的批判（见《剩余价值理论》第 3 册第 19 章（10）、（11）节；第 1 册第 4 章第（19）节）。

**13. 这种追加生产的尺度，是资本本身，是生产条件的现有规模和资本家追求发财致富和追求资本化的无限欲望，而决不是消费**

整个积累过程首先归结为这样的**追加生产**，它一方面适应人口的自然增长，另一方面形成在**危机**中显露出来的那些现象的内在基础。这种追加生产的尺度，是**资本**本身，是生产条件的现有规模和资本家追求发财致富和追求资本化的无限欲望，而决不是**消费**。

> 马克思：《政治经济学批判（1861—1863 年手稿）》（1861 年 8 月至 1863
> 年 7 月），摘自《马克思恩格斯全集》第 34 卷，人民出版社 2008 年 7 月
> 第 2 版，第 559 页。

**14. 说明危机可能性的这些规定，还远不能说明危机的现实性，还远不能说明为什么过程的各个阶段竟会发生这样的冲突**

有些经济学家（例如约·斯·穆勒）想用这种简单的、商品形态变化中所包含的危机**可能性**——如买和卖的分离——来说明危机，他们的情况并不更妙些。说明危机可能性的这些规定，还远不能说明危机的现实性，还远不能说明**为什么**过程的各个阶段竟会发生这样的冲突，以致只有通过危机、通过强制的过程，它们内在的统一才能发生作用。这种**分离**在危机中表现出来；这是危机的元素形式。用危机的这个元素形式说明危机，就是通过以危机的最抽象的形式叙述危机存在的办法来**说明**危机的存在，也就是用危机来说明危机。

> 马克思：《政治经济学批判（1861—1863 年手稿）》（1861 年 8 月—1863
> 年 7 月），摘自《马克思恩格斯全集》第 34 卷，人民出版社 2008 年 7 月
> 第 2 版，第 569—570 页。

**15. 如果说生产过剩是在一个国家的全体成员的即使只是最迫切的需要得到满足之后才会发生，那么，在迄今资产阶级社会的历史上，不仅一次也不会出现普遍的生产过剩，甚至也不会出现局部的生产过剩**

这一切能说明什么呢？在生产过剩的时候，很大一部分国民（特别是工人阶级）得到的谷物、鞋子等比任何时候都少，更不用说葡萄酒和家具了。如果说生产过剩是在一个国家的全体成员的即使只是最迫切的需要得到满足之后才会发生，那么，在迄今资产阶级社会的历史上，不仅一次也不会出现普遍的生产过剩，甚至也不会出现局部的生产过剩。如果，比如说鞋子、棉布、葡萄酒或者殖民地产品充斥市场，难道这就是说大概有六

分之四的国民对于鞋子、棉布等的需要已经得到满足而有余了吗？生产过剩同绝对需要有什么关系。生产过剩只同有支付能力的需要有关。这里涉及的不是绝对的生产过剩，不是同绝对的必需或同占有商品的愿望相关联的生产过剩本身。在这种意义上，既不存在局部的也不存在普遍的生产过剩，它们彼此根本不对立。

> 马克思：《政治经济学批判（1861—1863 年手稿）》（1861 年 8 月—1863
> 年 7 月），摘自《马克思恩格斯全集》第 34 卷，人民出版社 2008 年 7 月
> 第 2 版，第 574 页。

### 16. 单纯的货币储藏是同资本主义生产的本质相矛盾的

在这里必然会出现生活必需品的相当多的**生产过剩**，因而会出现再生产的中断。剩余产品的任何部分都没有以奢侈品的形式生产出来（或者说，即使生产出来了，那也是同外国的生活必需品进行了交换，尽管下述说法是荒唐的：在没有奢侈品消费的国家，也会发展起生产奢侈品的必要兴趣等等）。当然，相当大一部分年剩余产品可能转化为——这在资本主义生产的高级阶段是常有的事——固定资本，这种固定资本的生产要持续一年以上，而且很可能，它只有经过若干年才会发挥生产作用。但是它最终必然要如此发挥作用。而如果这种转化年年发生，那么最终必然会加大①生活必需品的**剩余生产**的损失。另一部分可能同别的国家的货币等等相交换。但是，单纯的货币储藏是同资本主义生产的本质相矛盾的。

> 马克思：《资本论（1863—1865 年手稿）》（1863 年 8 月—1865 年底），摘
> 自《马克思恩格斯文集》第 8 卷，人民出版社 2009 年 12 月第 1 版，第
> 587 页。

### 17. 他把商业危机的原因解释为工人阶级的消费不足，这种说法在西斯蒙第的《政治经济学新原理》第四卷第四章中已经可以看到

他把商业危机的原因解释为工人阶级的消费不足，这种说法在西斯蒙

---

① "辅助部分"这个术语马克思引自理·琼斯的著作《国民政治经济学教程》1852 年赫特福德版（见《政治经济学批判《1861—1863 年手稿》》第 XIII 笔记本第 1148 页，并参看第 XIII 笔记本第 1130—1133 页）。在这里，马克思用琼斯的术语"辅助资本"（auxiliary Capital）来表示不变资本。

第的《政治经济学新原理》第四卷第四章中已经可以看到。① 只是西斯蒙第在这个问题上始终注意到世界市场，而洛贝尔图斯的眼界却没有超出普鲁士的国界。

> 马克思：《资本论（第 1 卷）》（1867 年 9 月出版），摘自《马克思恩格斯文集》第 6 卷，人民出版社 2009 年 12 月第 1 版，第 23 页。

### 18. 认为危机是由于缺少有支付能力的消费或缺少有支付能力的消费者引起的，这纯粹是同义反复

认为危机是由于缺少有支付能力的消费或缺少有支付能力的消费者引起的，这纯粹是同义反复。除了需要救济的贫民的消费或"盗贼"的消费以外，资本主义制度只知道进行支付的消费。商品卖不出去，无非是找不到有支付能力的买者，也就是找不到消费者（因为购买商品归根结底是为了生产消费或个人消费）。但是，如果有人想使这个同义反复具有更深刻的论据的假象，说什么工人阶级从他们自己的产品中得到的那一部分太小了，只要他们从中得到较大的部分，即提高他们的工资，弊端就可以消除，那么，我们只须指出，危机每一次都恰好有这样一个时期做准备，在这个时期，工资会普遍提高，工人阶级实际上也会从供消费用的那部分年产品中得到较大的一份。按照这些具有健全而"简单"（!）的人类常识的骑士们的观点，这个时期反而把危机消除了。因此，看起来，资本主义生产包含着各种和善意或恶意无关的条件，这些条件只不过让工人阶级暂时享受一下相对的繁荣，而这种繁荣往往只是危机风暴的预兆。②

> 马克思：《资本论（第 1 卷）》（1867 年 9 月出版），摘自《马克思恩格斯文集》第 6 卷，人民出版社 2009 年 12 月第 1 版，第 456—457 页。

### 19. 实际情况是，投在生产上的资本的补偿，在很大程度上依赖于非生产阶级的消费能力

我们假定整个社会只是由产业资本家和雇佣工人构成。此外，我们撇开价格的变动不说。这种价格变动使总资本的大部分不能在平均状况下实行补偿，并且，由于整个再生产过程的普遍联系（特别是由信用发展起来

---

① "可见，由于财富集中在少数所有者手中，国内市场就越来越缩小，工业就越来越需要到国外市场去寻找销路，但是在那里，它会受到更大的变革的威胁"（即下面接着说到的 1817 年危机）。《新原理》1819 年版第 1 卷，第 336 页。

② 供可能出现的洛贝尔图斯危机学说的信徒们参考。——弗·恩·

的这种联系），这种价格变动必然总是引起暂时的普遍停滞。同样，我们撇开信用制度所助长的买空卖空和投机交易不说。这样，危机好像只能由各个不同部门生产的不平衡，由资本家自己的消费和他们的积累之间的不平衡来说明。然而实际情况是，投在生产上的资本的补偿，在很大程度上依赖于非生产阶级的消费能力；而工人的消费能力一方面受工资规律的限制，另一方面受以下事实的限制，就是他们只有在他们能够为资本家阶级带来利润时才能被雇用。一切现实的危机的最终原因，总是群众的贫穷和他们的消费受到限制，而与此相对比的是，资本主义生产竭力发展生产力，好像只有社会的绝对的消费能力才是生产力发展的界限。

> 马克思：《资本论（第 1 卷）》（1867 年 9 月出版），摘自《马克思恩格斯
> 文集》第 7 卷，人民出版社 2009 年 12 月第 1 版，第 547—548 页。

**20. 处于生产之外的那些阶级的消费过度，被说成是医治这两种过剩的灵丹妙药**

马尔萨斯愿意有资产阶级生产，只要这一生产不是革命的，只要这一生产不形成历史发展的因素，而只是为"旧"社会造成更广阔、更方便的物质基础。

因此，一方面，存在着工人阶级，由于人口规律的作用，他们同供他们使用的生活资料相比始终是过剩的，即由于生产不足而造成人口过剩；其次，存在着资本家阶级，由于这种人口规律的作用，他们始终能够把工人自己的产品按照这样的价格卖回给工人，使工人从中取回的仅仅能勉强维持他们的生存；最后，社会上还有很大一批寄生虫，一群专事享乐的雄蜂，他们一部分是老爷，一部分是仆役，他们部分地以地租的名义，部分地以政治的名义，无偿地从资本家阶级那里攫取一大批财富，但是，他们要用从资本家手里夺得的货币，按高于价值的价格支付向这些资本家购买的商品；资本家阶级受积累欲望的驱使从事生产，非生产者在经济上则只代表消费欲望，代表挥霍。而且这被描绘为避免生产过剩的唯一办法，而这种生产过剩又是和与生产相比的人口过剩同时存在的。处于生产之外的那些阶级的消费过度，被说成是医治这两种过剩的灵丹妙药。工人人口同生产之间的失调现象，通过根本不参加生产的游手好闲者吃掉一部分产品的办法得到消除。资本家引起的生产过剩的失调现象，则通过财富享受者的消费过度得到消除。

马克思：《剩余价值理论（第 3 册）》（1910 年出版），摘自《马克思恩格斯全集》第 26 卷第 3 册，人民出版社 1974 年 12 月第 1 版，第 50—51 页。

**21. 格律恩先生忘记了，他的需求应当是有效的需求，他应当为他所需要的产品提供等价物，以便由此引起新的生产**

在任何一本政治经济学著作中关于再生产的消费那一章中，他都可以看到，在这种关系中产生出多么复杂的相互联系，只要不像格律恩先生那样满足于没有皮革就制不出皮鞋这样一个庸俗的真理。

因此，格律恩先生方才已认识到：为了消费，就应当生产，在生产的时候要消费原料。当他想证明他消费时就在生产的时候，他就要遇到真正的困难了。在这里格律恩先生毫无成效地企图多少弄懂一点需求和供给之间的最平凡最普通的关系。他理解到：他的消费，即他的需求，产生新的供给。但是他忘记了，他的需求应当是**有效**的需求，他应当为他所需要的产品提供等价物，以便由此引起新的生产。经济学家们也援引消费和生产的密切联系，援引需求和供给的绝对同一性，而他们正是想证明，永远不会有生产过剩；但是他们并没有像格律恩先生那样，讲出这样一些不通的和庸俗的话来。

恩格斯：《真正的社会主义者》（1847 年 1—4 月），摘自《马克思恩格斯全集》第 3 卷，人民出版社 1960 年 12 月第 1 版，第 611—612 页。

**22. 群众的消费不足既没有向我们说明过去不存在危机的原因，也没有向我们说明现在存在危机的原因**

群众的消费不足，他们的消费仅仅限于维持生活和延续后代所必需的东西，这并不是什么新的现象。自从有了剥削阶级和被剥削阶级以来，这种现象就存在着。即使在群众的状况特别好的历史时期，例如在 15 世纪的英国，群众的消费仍然是不足的。他们远没有能支配自己的全部年产品来用于消费。因此，如果说消费不足是数千年来的经常的历史现象，而由生产过剩所引起的、爆发于危机中的普遍的商品滞销，只是最近 50 年来才变得明显，那么，只有具备杜林先生的庸俗经济学的全部浅薄见解，才能够不是去用生产过剩这种**新的**现象，而是用存在了几千年的消费不足这一老现象来解释新的冲突。这就像在数学上不从变数发生了变化这一事实，而从常数没有发生变化这一事实去解释一个常数和一个变量之间的关系的变化一样。群众的消费不足，是一切建立在剥削基础上的社会形式的一个必然条件，因而也是资本主义社会形式的一个必然条件；但是，只有资本主义的生产形式才造成危机。因此，群众的消费不足，也是危机的一个先决条件，而且在危机中起着一种早已被承认的作用；但是，群众的消费不足既没有向我们说明过去不存在危机的原因，也没有向我们说明现时存在危机的原因。

> 恩格斯：《反杜林论》（1876 年 9 月—1878 年 6 月），摘自《马克思恩格斯文集》第 9 卷，人民出版社 2009 年 12 月第 1 版，第 302 页。

**23. 只有蛮不讲理的人才会用英国群众的消费不足，而不用英国棉纺织厂主的生产过剩，来解释目前棉纱和棉布的普遍滞销**

如果注意到，在英格兰和苏格兰棉纺织工业的其他部门和地区也获得了差不多同样规模的发展，那么只有蛮不讲理的人才会用英国群众的消费不足，而不用英国棉纺织厂主的生产过剩，来解释目前棉纱和棉布的普遍滞销。①

> 恩格斯：《反杜林论》（1876 年 9 月—1878 年 6 月），摘自《马克思恩格斯文集》第 9 卷，人民出版社 2009 年 12 月第 1 版，第 303 页。

**24. 货币市场也会有自己的危机，工业中的直接的紊乱对这种危机只起次要的作用，甚至根本不起作用**

货币市场的人所看到的工业和世界市场的运动，恰好只是货币和证券市场的倒置的反映，所以在他们看来结果就变成了原因。这种情况我早在 40 年代就在曼彻斯特看到过②：伦敦的交易所行情报告对于认识工业的发展进程及其周期性的起落是绝对无用的，因为这些先生们想用货币市场的危机来解释一切，而这种危机本身多半只是一些征兆。当时的问题是有人要否认工业危机来源于暂时的生产过剩，所以问题还有让人们趋向于进行曲解这一方面。现在，至少对我们来说这一点已经永远消失，而且事实的确是这样：货币市场也会有自己的危机，工业中的直接的紊乱对这种危机只起次要的作用，甚至根本不起作用。

---

① 用消费不足来解释危机，起源于西斯蒙第，在他那里，这种解释还有一定的意义。洛贝尔图斯从西斯蒙第那里借用了这种解释，而杜林先生又以他惯有的肤浅方式从洛贝尔图斯那里把它抄袭过来。

② 恩格斯指自己 1842—1844 年在曼彻斯特的欧门——恩格斯公司所属的纺纱厂实习经商。这几年的经历对恩格斯世界观的形成以及他从唯心主义向唯物主义、从革命民主主义向共产主义的转变过程中起了重要的作用。

恩格斯：《致康拉德·施米特》（1890 年 10 月 27 日），摘自《马克思恩格斯文集》第 10 卷，人民出版社 2009 年 12 月第 1 版，第 594—595 页。

### 25. 无限制扩大生产的趋向和有限的消费之间的矛盾并不是资本主义唯一的矛盾，而资本主义没有矛盾就根本不能存在和发展

在所有这些原理中，只不过是确认了上面讲的无限制扩大生产的趋向和有限的消费之间的矛盾而已。① 如果从《资本论》的这些地方得出结论，说什么马克思不认为资本主义社会有实现额外价值的可能，说什么他用消费不足来解释危机等等，那就是再荒谬不过的了。马克思在分析实现时指出：“不变资本和不变资本之间……的流通最终要受个人消费的限制”②；但是这个分析也指出了这种“限制”的真正性质，指出了消费品在国内市场形成过程中的作用要比生产资料小些。其次，如果从资本主义的种种矛盾中得出结论说，资本主义是不可能的和不进步的等等，那就是再荒谬不过的了，——这是想逃避不愉快的但却是明显的现实，而躲到虚无缥缈的浪漫主义幻想中去。无限制扩大生产的趋向和有限的消费之间的矛盾并不是资本主义唯一的矛盾，而资本主义没有矛盾就根本不能存在和发展。

列宁：《俄国资本主义的发展》（1895 年底—1899 年 1 月），摘自《列宁专题文集　论资本主义》，人民出版社 2009 年 12 月第 1 版，第 26—27 页。

### 26. 这一理论的作者刚要正视问题，就避而不去分析那些适合于资本主义的条件，却以自己的小资产阶级观点和小资产阶级空想代替了这种分析

请问，西斯蒙第关于国内市场随着资本主义的发展而缩小的理论，究竟会造成什么结果呢？结果是：这一理论的作者刚要正视问题，就避而不去分析那些适合于资本主义（即“商业财富”加上工农业中的大企业经济，因为西斯蒙第不知道“资本主义”这个词。这两个概念是同一的，因此使用这个词完全正确，我们在下面就只说“资本主义”）的条件，却以

---

① 杜冈—巴拉诺夫斯基先生的看法是错误的，他认为马克思提出的这些原理同马克思自己对实现的分析相矛盾（1898 年《世间》第 6 期第 123 页《资本主义与市场》一文）。在马克思那里并没有什么矛盾，因为他在分析实现时就已指出了生产消费和个人消费的联系。

② 见《马克思恩格斯全集》第 1 版第 25 卷，第 341 页。

自己的小资产阶级观点和小资产阶级空想代替了这种分析。商业财富的发展因而也是竞争的发展应当使"维持温饱"的、与雇农保持宗法关系的不相上下的中等农民不受侵犯。

列宁：《评经济浪漫主义》（1897 年春），摘自《列宁全集》第 2 卷，人<br>民出版社 1984 年 10 月第 2 版，第 109—110 页。

### 27. 由于把收入同"生产"（即所生产的一切东西）混为一谈，也就把实现同个人消费混为一谈

由于不懂得生产为自己造成市场，于是产生了额外价值不能实现的学说。"收入是从再生产中来的，但**生产本身还不是收入**，因为生产只有在它实现之后，只有在每一件产品找到需要它或享用它的（qui en avait le besoin ou le désir）消费者之后，才能获得这一名称〈ce nom！如此说来，生产即产品同收入之间仅仅有字面上的差别！〉，才能具有这种性质（elle n' opère commetel）。"（第 1 卷，第 121 页）因此，由于把收入同"生产"（即所生产的一切东西）混为一谈，也就把实现同个人消费混为一谈。西斯蒙第已经忘记象铁、煤、机器之类的产品即生产资料是以另一种方式实现的，虽然他以前接触到了这一点。把实现同个人消费混为一谈，自然就会产生出资本家不能实现**额外价值**的学说，因为工人是用他的消费实现社会产品两部分中工资那一部分的。西斯蒙第也确实得出了这种结论（后来为蒲鲁东更详细地发挥，并为我国民粹派不断重复）。

列宁：《评经济浪漫主义》（1897 年春），摘自《列宁全集》第 2 卷，人<br>民出版社 1984 年 10 月第 2 版，第 118—119 页。

### 28. 西斯蒙第的危机理论（也是洛贝尔图斯所抄袭的）在经济学上是很有名的，它是把危机的产生归因于消费不足（Unterkonsumption）这种理论的典型

从上述引文中可以清楚地看出，西斯蒙第认为生产不适合消费才是产生危机的基本原因，同时他把人民群众和工人的消费不足提到首位。因此，西斯蒙第的危机理论（也是洛贝尔图斯所抄袭的）在经济学上是很有名的，它是把危机的产生归因于消费不足（Unterkonsumption）这种理论的典型。

列宁：《评经济浪漫主义》（1897 年春），摘自《列宁全集》第 2 卷，人<br>民出版社 1984 年 10 月第 2 版，第 120 页。

**29．民粹派硬说，国外市场是"摆脱"资本主义在产品实现方面给自己造成的"困难的出路"**

民粹派硬说，国外市场是"摆脱"资本主义在产品实现方面给自己造成的"困难的出路"①，其实他们只是用这句话来掩饰这样一种可悲的情况：他们由于不懂理论而陷入困难境地，因此把"国外市场"看作"摆脱困难的出路"……不仅如此，把国外市场和整个社会产品的实现问题纠缠在一起的理论，不仅表明它对这种实现毫不了解，而且也说明它**对这种实现所特有的矛盾的理解极其肤浅。**

> 列宁：《评经济浪漫主义》（1897 年春），摘自《列宁全集》第 2 卷，人
> 民出版社 1984 年 10 月第 2 版，第 133 页。

**30．消费不足（似乎这能解释危机）在各种不同的经济制度中都存在，而危机只是资本主义制度的特征**

西斯蒙第从他所承袭的亚当·斯密的错误理论中得出的第三个错误结论是关于危机的学说。从西斯蒙第消费决定积累（生产的增长）的见解中，从他对社会总产品（就是工人和资本家在收入中所占的份额）的实现所作的错误解释中，自然地和不可避免地产生出一种用生产和消费的不适合来解释危机的学说。西斯蒙第完全坚持这种理论。洛贝尔图斯也承袭了这种理论，不过说法稍微不同，他认为危机所以产生，是因为生产增长而工人所获得的产品份额却日益减少，并且他也象亚·斯密那样不正确地把社会总产品分为工资和"租金"（按照他的术语，"租金"就是额外价值，即利润加地租）。对资本主义社会的积累②和产品实现所作的科学分析，粉碎了上述理论的全部根据，并且指明工人的消费正是在危机发生以前的时期有所增加，消费不足（似乎这能解释危机）在各种不同的经济制度中都存在，而危机只是资本主义制度的特征。这种理论认为危机所以发生，是由于另外的矛盾，即生产的社会性（资本主义使生产社会化）和私人的即个人的占有方式之间的矛盾。看来，这两种理论之间的极大区别是不言而喻的，但是我们仍然要对它作更详细的论述，因为正是俄国的西斯蒙第的信徒们力图抹杀这种区别，搅乱问

---

① 尼·—逊的书第 205 页。

② 从资本主义经济的全部产品由两部分构成的学说中，产生了亚·斯密和后来的经济学家对"单个资本的积累"的错误理解。他们认为利润的积累部分完全用于工资，其实它是用于（1）不变资本（2）工资。西斯蒙第重复了古典学派的这个错误。

题。我们所谈到的两种危机理论，对危机的解释完全不同。第一种理论用生产和工人阶级的消费之间的矛盾来解释危机，第二种理论用生产的社会性和占有私人性之间的矛盾来解释危机。由此可见，第一种理论认为现象的根源在生产之外（因而西斯蒙第总是攻击古典学派，说他们忽略消费，只研究生产）；第二种理论则认为生产条件正是现象的根源。简言之，第一种理论用消费不足（Unterkonsumption）来解释危机，第二种理论则用生产的混乱状态来解释危机。总之，这两种理论都用经济制度本身的矛盾来解释危机，然而在指明这一矛盾时却分道扬镳了。

> 列宁：《评经济浪漫主义》（1897 年春），摘自《列宁全集》第 2 卷，人民出版社 1984 年 10 月第 2 版，第 136—137 页。

### 31. 危机所以必然产生，是因为生产的集体性和占有的个人性之间发生了矛盾

西斯蒙第说：危机可能产生，因为厂主不知道需求；危机必然产生，因为在资本主义生产中不可能有生产和消费的平衡（即产品不可能实现）。恩格斯说：危机可能产生，因为厂主不知道需求；危机必然产生，这完全不是因为产品根本不可能实现。这样说是不正确的，因为产品是能够实现的。危机所以必然产生，是因为生产的集体性和占有的个人性之间发生了矛盾。

> 列宁：《评经济浪漫主义》（1897 年春），摘自《列宁全集》第 2 卷人民出版社 1984 年 10 月第 2 版，第 139—140 页。

### 32. 伯恩施坦认为，马克思的"矛盾"在于，一面反对洛贝尔图斯的危机论，一面又宣称"一切真正的危机的最根本的原因，是群众的贫困和他们的有限的消费"

伯恩施坦认为，马克思的"矛盾"在于，一面反对洛贝尔图斯的危机论，一面又宣称"一切真正的危机的最根本的原因，是群众的贫困和他们的有限的消费"[①]。实际上，正如我在别处曾经指出的（《评论集》第 30 页[②]，《俄国资本主义的发展》第 19 页[③]），这里没有任何矛盾。第二，伯恩施坦的论断和我们的瓦·沃·先生完全一样，说什么剩余产品的大量增多，必定意味着有产者的增多（或工人福利的提高），因为资本家本人及其奴仆

---

[①] 《马克思恩格斯全集》第 1 版第 25 卷，第 548 页。

[②] 参看《列宁全集》第 2 版第 2 卷，第 136—138 页。

[③] 同上书，第 40—42 页。

不可能（原文如此！）把全部剩余产品"消费掉"（《前提》第 51—52 页）。

> 列宁：《书评。谢·尼·普罗科波维奇〈西方工人运动〉》（1899 年底），
> 摘自《列宁全集》第 4 卷，人民出版社 1984 年 10 月第 2 版，第 265 页。

**33. 洛贝尔图斯主义决不在于使用了"生产过剩"一词，而在于光用工人阶级消费的不足来解释危机**

洛贝尔图斯主义决不在于使用了"生产过剩"一词（只有这个词才能**真实地描绘出**资本主义最深刻的**矛盾之一**），而在于**光用**工人阶级消费的不足来解释危机。

> 列宁：《论修改党纲》（1917 年 10 月 6—8 日），摘自《列宁全集》第 32
> 卷，人民出版社 1985 年 10 月第 2 版，第 352 页。

## （三）"投机论"批判

**1. 危机本身首先爆发在投机领域中，后来才波及生产**

投机一般地是发生在生产过剩已经非常严重的时期。它给生产过剩提供暂时出路，但是，这样它又加速了危机的来临和加强危机的力度。危机本身首先爆发在投机领域中，后来才波及生产。因此，从表面上看，似乎爆发危机的原因不是生产过剩，而只不过是作为生产过剩征兆的过份投机，似乎跟着而来的生产解体不是解体前急剧发展的必然结果，而不过是投机领域内发生破产的简单反映。由于我们眼下无法全面叙述 1843—1845 年时期的历史，所以只指出生产过剩的一些最为显著的**征兆**。

> 马克思和恩格斯：《时评。1850 年 5—10 月》（1850 年 10 月—11 月 1
> 日），摘自《马克思恩格斯全集》第 10 卷，人民出版社 1998 年 3 月第 2
> 版，第 575 页。

**2. 汉堡发生倒闭的事对于那些以为目前的危机是用纸币人为地哄抬价格造成的富于想像力的人，是一个有力的回答**

汉堡发生倒闭的事对于那些以为目前的危机是用纸币人为地哄抬价格造成的富于想像力的人，是一个有力的回答。至于货币的流通，汉堡同这个国家完全相反。汉堡除了白银以外，没有别的货币。那里根本没有纸币流通，值得这个城市骄傲的是，在那里执行交换手段职能的完全是金属。然而目前，那里是一片极端的恐慌；自从普遍商业危机（它的发现和彗星一样，还不太久）出现以来，汉堡总是这种危机喜爱的场所。

> 马克思：《欧洲的金融危机》（1857 年 12 月 4 日），摘自《马克思恩格斯

全集》第 12 卷，人民出版社 1962 年 8 月第 1 版，第 368 页。

**3. 认为银行滥发通货就会造成物价飞涨，只有在经过危机之后才能予以强行调整，这种看法是对任何一次危机的过分简化的、因而也是极受欢迎的解释**

在政治经济学上，也许没有比所谓发行银行能够通过扩大或缩减货币流通来影响一般价格水平这种看法更流行的误会了。认为银行滥发通货就会造成物价飞涨，只有在经过危机之后才能予以强行调整，这种看法是对任何一次危机的过分简化的、因而也是极受欢迎的解释。

马克思：《英国的贸易危机和货币流通》（1858 年 8 月 10 日），摘自《马克思恩格斯全集》第 12 卷，人民出版社 1962 年 8 月第 1 版，第 579 页。

**4. 把最近这次危机以及一般危机同滥发银行券联系起来的庸俗看法，完全是无稽之谈，必须予以抛弃**

根据对纽约各银行最近六年来的发行量的分析，我们必须得出同样的结论，即流通银行券的数量不是银行本身所能控制的，它们在贸易扩大和发生最终会引起崩溃的物价飞涨的同时，实际上有所减少。因此，把最近这次危机以及一般危机同滥发银行券联系起来的庸俗看法，完全是无稽之谈，必须予以抛弃。

马克思：《英国的贸易危机和货币流通》（1858 年 8 月 10 日），摘自《马克思恩格斯全集》第 12 卷，人民出版社 1962 年 8 月第 1 版，第 583 页。

**5. 后来的历史现象，特别是世界市场危机的几乎有规律的周期性，不容许李嘉图的门徒们再否认事实或者把事实解释成偶然现象**

后来的历史现象，特别是世界市场危机的几乎有规律的周期性，不容许李嘉图的门徒们再否认事实或者把事实解释成偶然现象。他们——更不必说那些拿信用来说明一切，而后来宣称他们自己也将不得不把资本过剩当作前提的人了，——不再这样做了，却臆造出了一个**资本过多**和**生产过剩**之间的美妙的差别。他们搬出李嘉图和斯密的词句与美妙论据来反对生产过剩，同时他们企图用资本过多解释他们否则就无法解释的现象。例如，威尔逊用固定资本过多来解释某几次危机[①]，用流动资本过多来解释另外

---

① 见詹·威尔逊《资本、通货和银行》1847 年伦敦版。

几次危机。资本过多本身，为优秀的经济学家们（例如富拉顿①）所确认，而且已经成为大家所接受的偏见，以致这个说法在博学的罗雪尔先生的概论②中竟作为一种不言而喻的东西再度出现了。

> 马克思：《政治经济学批判（1861—1863 年手稿）》（1861 年 8 月—1863
> 年 7 月），摘自《马克思恩格斯全集》第 34 卷，人民出版社 2008 年 7 月
> 第 2 版，第 565 页。

**6. 这些经济学家甚至不可能谈到货币的生产过剩，因为货币在他们看来就是商品，所以整个现象都归结为商品生产过剩，对于这种过剩他们在一个名称下加以承认，而在另一个名称下又加以否认**

资本的生产过剩就 = 货币或商品的生产过剩。可是，据说这两种现象彼此毫无共同之点。这些经济学家甚至不可能谈到货币的生产过剩，因为货币在他们看来就是商品，所以整个现象都归结为商品生产过剩，对于这种过剩他们在一个名称下加以承认，而在另一个名称下又加以否认。此外，如果说到有固定资本或流动资本的生产过剩，那么，这种说法的基础就是：商品在这里已经不是在这个简单的规定上被考察，而是在它作为资本的规定上被考察。但是另一方面，这种说法也承认，在资本主义 ［XIII—708］ 生产及其种种现象中——例如在生产过剩中，问题不仅在于使产品表现为**商品**、规定为**商品**的那种简单关系；而且在于产品的这样一些社会规定，由于这些规定，产品**不止**是商品，并且不同于简单的商品。

> 马克思：《政治经济学批判（1861—1863 年手稿）》（1861 年 8 月—1863
> 年 7 月），摘自《马克思恩格斯全集》第 34 卷，人民出版社 2008 年 7 月
> 第 2 版，第 566 页。

**7. 大概政府以为，通过这种极为简单的方法——在一切需要银行券的地方把银行券散发出去，——就可以彻底防止灾祸**

法兰西银行在政府的压力下，曾两次不得不把应付的期票和贷款延期，

---

① 见约·富拉顿《论通货的调整。原理的分析，根据这些原理提出在某些固定的范围内限制英格兰银行和全国其他银行机构将来的贷款发行活动》1844 年伦敦版，第 161—166 页。马克思在《政治经济学批判（1857—1858 年手稿）》第 VII 笔记本第 50 页（《马克思恩格斯全集》中文第 2 版第 31 卷，第 263 页）曾引用了该书第 165 页上的一段文字。

② 见威·罗雪尔《国民经济体系》第 1 卷《国民经济原理》1858 年斯图加特—奥格斯堡增订第 3 版，第 368—370 页。

于是，法兰西银行地下室里积存的法国人民的钱财就直接或间接地被用来维持哄抬起来的价格，而使法国人民自己蒙受损失。大概政府以为，通过这种极为简单的方法——在一切需要银行券的地方把银行券散发出去，——就可以彻底防止灾祸。而实际上，使用这种伎俩的结果，一方面是消费者更加贫困，他们的生活资料的减少并没有使价格降低，另一方面是大量商品积存在海关仓库里，而这些商品终归要抛向市场，结果由于它自身的数量而跌价。

马克思：《法国的经济危机》（1865 年 2 月 12 日），摘自《马克思恩格斯全集》第 12 卷，人民出版社 1962 年 8 月第 1 版，第 425—426 页。

**8. 在货币紧迫时期，对借贷资本的需求，就是对支付手段的需求，再不是别的什么东西，决不是对作为购买手段的货币的需求。同时，利息率能够提得很高，而不论现实资本——生产资本和商品资本——是过剩还是不足**

在货币紧迫时期，对借贷资本的需求，就是对支付手段的需求，再不是别的什么东西，决不是对作为购买手段的货币的需求。同时，利息率能够提得很高，而不论现实资本——生产资本和商品资本——是过剩还是不足。只要商人和生产者能够提供可靠的担保，对支付手段的需求，就只是对转化为**货币**的可能性的需求；如果不是这样，就是说，如果支付手段的贷放不仅给他们提供**货币形式**，而且也给他们提供他们所缺少的任何一种形式的用于支付的**等价物**，那么，对支付手段的需求就是对**货币资本**的需求。正是在这一点上，流行的危机理论争论的双方各有正确和错误的地方。断言只缺少支付手段的人，要么他们眼中只看到那些拥有可靠担保的人，要么他们自己是一些蠢人，认为银行有义务也有权力用纸票把所有破产的投机家转化为有支付能力的稳健的资本家。断言只缺少资本的人，要么只是玩弄字眼，因为正是这时，由于输入过剩、生产过剩，有大量**不能转化成**货币的资本存在，要么他们说的就只是那些信用冒险家，这些人现在实际上已经处于再也得不到他人的资本来经营业务的境地，因此要求银行不仅帮助他们补偿丧失的资本，而且使他们能够继续进行投机活动。

马克思：《资本论（第 3 卷）》（1894 年 11 月出版），摘自《马克思恩格斯文集》第 7 卷，人民出版社 2009 年 12 月第 1 版，第 583—584 页。

**9. 这个银行法并没有消除危机，反而使危机加剧了，以致达到了不是整个产业界必然破产，就是银行法必然破产的程度**

1837 年的危机带来了长期的痛苦后果，紧接着在 1842 年又发生了一次正规的后续的危机，加上产业家和商人利令智昏，坚决不肯承认生产过剩，——因为庸俗经济学认为，这是荒谬的而且是不可能的！——终于引起了思想上的混乱，致使通货学派得以在全国范围内实施他们的教条。1844—1845 年的银行法被通过了。

……1844 年的银行法就直接促使整个商业界在危机爆发时立即大量贮藏银行券，从而加速并加剧了危机；这个银行法由于在决定性时刻人为地增加了对贷款的需求，即增加了对支付手段的需求，同时又限制它的供给，就促使利息率在危机时期上升到空前的高度；所以，这个银行法并没有消除危机，反而使危机加剧了，以致达到了不是整个产业界必然破产，就是银行法必然破产的程度。

马克思：《资本论（第 3 卷）》（1894 年 11 月出版），摘自《马克思恩格斯文集》第 7 卷，人民出版社 2009 年 12 月第 1 版，第 627—629 页。

**10. 当启蒙经济学专门考察"资本"时，它是极为轻视金和银的，把它们看作是资本的事实上最无关紧要和最无用处的形式。一旦它讨论到银行制度，一切就倒转过来了，金和银成了真正的资本；为了维持这个资本，必须牺牲所有其他形式的资本和劳动**

我们也把金属贮藏作为银行券兑现保证和作为整个信用制度枢纽的职能撇开不说。中央银行是信用制度的枢纽。而金属准备又是银行的枢纽。①我在第一册第三章论述支付手段时已经指出，信用主义转变为货币主义②是必然的现象③。图克和劳埃德—奥弗斯顿都承认，必须让现实财富作出

---

① 纽马奇（《银行法》，1857 年）：（第 1364 号）"英格兰银行的金融准备，实际上……是中央准备金或中央金融贮藏，国家的全部营业都是在这个基础上进行的。可以说，它是国家全部营业的枢纽；国内所有其他银行，都把英格兰银行看做中央的贮藏库或它们取得硬币准备的蓄水池；外汇率总是恰好对这个贮水池和蓄水池发生影响。"

② 关于认为贵金属是唯一的真正财富的货币主义，见《马克思恩格斯全集》中文第 2 版第 31 卷，第 552—554 页。

③ 见《马克思恩格斯全集》中文版第 2 版第 31 卷，第 541 页，《马克思恩格斯文集》第 5 卷，第 162 页。

最大的牺牲，以便在危机时期维持住这个金属的基础。争论的中心，只是数量多一些或少一些的问题，以及怎样更合理地对付不可避免的事情的问题。① 一定的、和总生产相比为数很小的金属量，竟被认为是制度的枢纽。因此，即使把金属在危机时期作为枢纽的这种特性的惊人例证撇开不说，这里也产生了美妙的理论上的二元论。当启蒙经济学专门考察"资本"时，它是极为轻视金和银的，把它们看做资本的事实上最无关紧要和最无用处的形式。一旦它讨论到银行制度，一切就倒转过来了，金和银成了真正的资本；为了维持这个资本，必须牺牲所有其他形式的资本和劳动。

> 马克思：《资本论（第 3 卷）》（1894 年 11 月出版），摘自《马克思恩格斯文集》第 7 卷，人民出版社 2009 年 12 月第 1 版，第 648—649 页。

**11. 因为这些先生们想用金融市场的危机来解释一切，而这些危机本身多半只是一种征候而已**

因为这些先生们想用金融市场的危机来解释一切，而这些危机本身多半只是一种征候而已。当时问题是在于要否认工业危机来源于暂时的生产过剩，所以问题同时还有促使进行歪曲的倾向性的方面。

> 恩格斯：《致康·施密特》（1890 年 10 月 27 日），摘自《马克思恩格斯全集》第 37 卷，人民出版社 1971 年 6 月第 1 版，第 485 页。

**12. 伯恩施坦以为，只要世界市场的条件能够从不确定变为确定而为人所知，那么产生危机的投机活动就会减少，但是他忘记了正是新兴国家的"不确定的"条件大大促进了旧有国家的投机活动**

伯恩施坦以为，只要世界市场的条件能够从不确定变为确定而为人所知，那么产生危机的投机活动就会减少，但是他忘记了正是新兴国家的"不确定的"条件大大促进了旧有国家的投机活动。

> 列宁：《书评。卡尔·考茨基〈伯恩斯坦与社会民主党的纲领反批判〉》（1899 年 11 月下半月），摘自《列宁全集》第 4 卷，人民出版社 1984 年 10 月第 2 版，第 184 页。

---

① "因此，实际上，图克和劳埃德两人都主张用提高利息率，减少资本贷放，及早限制信用的办法，来对付对金的过度需求。不过劳埃德凭他的幻想，作出了烦琐的甚至危险的【法律的】限制和规定。"（《经济学家》1847 年【12 月 11 日】第 1418 页）

## （四）"资本主义能够克服危机论" 批判

**1. 这种情况是无法靠所谓自由贸易能一举消除商业紊乱、工业生产过剩和歉收这种幻想来改善的，实际情况恰恰相反**

这种情况是无法靠所谓**自由贸易**能一举消除商业紊乱、工业生产过剩和歉收这种幻想来改善的，实际情况恰恰相反。

> 马克思：《政治动态。——欧洲缺粮》（1853 年 9 月 13 日），摘自《马克思恩格斯全集》第 12 卷，人民出版社 1998 年 3 月第 2 版，第 354 页。

**2. 生产过剩过去存在，现在存在，将来还会存在，因为"商品积压"继续存在，而且有增无减**

事实上，自由贸易的幻想的魅力正在消失，勇敢的工业冒险家开始模模糊糊地意识到，经济震荡、商业危机和新的生产过剩，并不像他们所梦想的那样完全不可能在一个实行自由贸易的国家里发生。生产过剩过去存在，现在存在，将来还会存在，因为"**商品积压**"这种《曼彻斯特卫报》心目中的可怕怪物继续存在，而且有增无减。商品的需求正在明显地下降，而供给却一天天增加。在新建的工业企业中，规模最大和工人最多的企业只是**现在才逐渐开工**。劳动力的不足、建筑行业的罢工以及大量定购的机器设备没有可能得到供应，给很多企业的开工造成先前未能料到的耽搁，本来应该更早表现出来的工业产品过剩的征兆因此而推迟了一个时期。例如，世界上最大的工厂，布拉德福德附近的泰·索尔特先生的工厂一直到这个星期才能开工，还要过一些时候该厂的全部生产力才能在市场上充分显露出来。在兰开夏郡的新的大企业中，有许多到冬季才能开工，**而生产力的这种新的巨大增长的后果，只能在春天，也许更迟一些才能在市场上充分感觉出来**。据来自墨尔本和悉尼的最新消息，进口贸易正在显著减少，许多货物的装运将无限期推迟，至于**无限制的投机**，不久以后，到发表决算报告的时候我们还会听到。投机行为已经扩大到那么多项目的商品，因此现在表现得不如过去那样引人注意，虽然事实上还是十分猖獗。

> 马克思和恩格斯：《西方列强和土耳其。——经济危机的征兆》（1853 年 9 月 19—23 日），摘自《马克思恩格斯全集》第 12 卷，人民出版社 1998 年 3 月第 2 版，第 379—380 页。

**3. 然而现在摆在自由贸易派面前的，不但有丰收情况下的粮价高涨，而且有工商业的危机**

根据自由贸易学派的信条，既然谷物法废除了，英国的立法机构也承认了自由贸易的原则，就根本谈不上什么工商业危机了。然而现在摆在自由贸易派面前的，不但有丰收情况下的粮价高涨，而且有工商业的危机。而且这还是发生在这样一个时候：除了原有的世界市场以外，又增加了像河流一样地倾泻出黄金的加利福尼亚和澳大利亚；电报已经把整个欧洲变成了一个证券交易所；铁路和轮船已经把交通和交换扩大了一百倍。如果说自由贸易派的灵丹妙药应当经受一次考验，那末，恐怕再找不到比工商业史上从 1849 年到 1854 年这段时期的条件更为有利的考验条件了。

马克思：《英国工商业的危机》（1855 年 1 月 11 日），摘自《马克思恩格斯全集》第 10 卷，人民出版社 1962 年 4 月第 1 版，第 652—653 页。

**4. 危机的铁手一下子就把那些鄙俗的自由贸易的信徒的嘴给堵住了**

危机的铁手一下子就把那些鄙俗的自由贸易的信徒的嘴给堵住了，这些信徒许多年来一直鼓吹说，在谷物法废除以后，市场上商品过剩和社会危机就永远成为历史掌故了。但是现在，市场上商品过剩已成为事实，正是那些仅仅在五个月前还以武断的、绝对正确的口吻说生产过剩永久不再发生的经济学家，现在比谁都更响亮地叫喊没有缩减生产的工厂主缺乏先见之明。

马克思：《不列颠宪法》（1855 年 3 月 2 日），摘自《马克思恩格斯全集》第 11 卷，人民出版社 1962 年 6 月第 1 版，第 109 页。

**5. 资本的这种矛盾暴风雨般地突然爆发出来，越来越威胁到作为社会基础和生产本身基础的资本本身**

李嘉图及其整个学派始终不了解现实的**现代危机**，在这种危机中，资本的这种矛盾暴风雨般地突然爆发出来，越来越威胁到作为社会基础和生产本身基础的资本本身。

马克思：《政治经济学批判（1857—1858 年手稿）》（1857 年 7 月—1858 年 6 月），摘自《马克思恩格斯文集》第 8 卷，人民出版社 2009 年 12 月第 1 版，第 92 页。

**6. 实行英国贸易自由就可以改变这一切，但是如果别的什么还没有得到证明，那末至少有一点是很清楚的，那就是自由贸易派的医师只不过是些骗人的庸医而已**

的确，我们听说，实行英国贸易自由就可以改变这一切，但是如果别的什么还没有得到证明，那末至少有一点是很清楚的，那就是自由贸易派的医师只不过是些骗人的庸医而已。正像在以往的各个时期一样，在一系列丰收之后接着是一系列歉收。尽管有自由贸易派的万应灵丹，英国小麦及其他一切农业原料的平均价格在 1853—1857 年甚至比在 1820—1853 年还要高；但是更值得注意的是，那时的工业不管谷价高昂，仍然达到了空前的规模，而现在，仿佛是为了使人根本无法诡辩，它在高度丰收的情况下遭到了前所未闻的崩溃。

马克思：《英国贸易的震荡》（1857 年 11 月 13 日），摘自《马克思恩格斯

全集》第 12 卷，人民出版社 1962 年 8 月第 1 版，第 348 页。

**7. 如果它们在想象中排除的矛盾实际上不存在，那就不会存在任何危机。但是，因为这些矛盾存在着，所以实际上存在着危机**

它们为了否认危机，在有对立和矛盾的地方大谈统一。因此，说它们是重要的，只是因为可以说：它们证明，如果它们在想象中排除的矛盾实际上不存在，那就不会存在任何危机。但是，因为这些矛盾存在着，所以实际上存在着危机。辩护论者为否定危机存在而提出来的每个根据，都是他们在想象中排除的矛盾，所以是现实的矛盾，所以是危机的根据。

马克思：《政治经济学批判（1861—1863 年手稿)》（1861 年 8 月至 1863

年 7 月），摘自《马克思恩格斯文集》第 8 卷，人民出版社 2009 年 12 月

第 1 版，第 258 页。

**8. 如果资本主义生产必须在一切领域同时地、均匀地发展，那就根本不可能有任何资本主义生产**

……这无非是意味着：如果需求和供给彼此相符，如果资本在一切生产领域之间进行分配的比例，恰好使得一种物品的生产就包含着另一种物品的消费，因而也就包含着它自己的消费，那就不会发生生产过剩。如果［一方］不发生生产过剩，那么生产过剩就不会［在另一方］发生。但是，因为资本主义生产只能在某些领域、在一定的条件下无限制地自由发展，所以，如果资本主义生产必须在一切领域**同时地**、**均匀地**发展，那就根本

不可能有任何资本主义生产。因为在这些领域生产过剩绝对存在，所以在没有［绝对的］生产过剩的那些领域，也就相对地存在着生产过剩。

因此，一方面，这种用一方面的生产不足来说明另一方面的生产过剩的观点无非是说：如果生产按比例进行，那就不会发生生产过剩。也就是说，如果需求和供给彼此相符，也就不会发生生产过剩。也就是说，如果一切领域具有进行并扩大资本主义生产的同样的可能性，如分工、机器、向遥远的市场输出等等、大规模生产，如果互相贸易的一切国家具有进行生产（而且是彼此各不相同又互为补充的生产）的同样的能力，也就不会有生产过剩。因此，如果发生生产过剩，那是因为所有这些虔诚的愿望没有实现。或者更抽象地说：如果到处都均匀地发生生产过剩，那就不会在一处发生生产过剩。但是，现在资本没有大到足以使生产过剩成为普遍的，因此就［不会］发生普遍的生产过剩。

> 马克思：《政治经济学批判（1861—1863 年手稿）》（1861 年 8 月—1863 年 7 月），摘自《马克思恩格斯文集》第 8 卷，人民出版社 2009 年 12 月第 1 版，第 271—272 页。

**9. 他们不顾灾难有规律的周期性，顽固地坚持说，如果生产按照教科书上说的那样发展，事情就决不会弄到危机的地步。所以，辩护论就在于伪造最简单的经济关系，特别是在于不顾对立而坚持统一**

［ⅩⅢ—709］在世界市场危机中，资产阶级生产的矛盾和对立暴露得很明显。但是，辩护论者不去研究在灾难中爆发出来的对抗因素究竟何在，却满足于否认灾难本身，他们不顾灾难的有规律的周期性，顽固地坚持说，如果生产按照教科书上说的那样发展，事情就决不会弄到危机的地步。所以，辩护论就在于伪造最简单的经济关系，特别是在于不顾对立而坚持统一。

……为了证明资本主义生产不可能导致普遍的危机，就否定一切条件和形式规定，否定一切原则和特殊差别，总之，否定**资本主义生产**本身；实际上是证明：如果资本主义生产方式不是社会生产的一个特殊发展的独特形式，而是资本主义最初萌芽产生以前就出现的一种生产方式，那么，资本主义生产方式所固有的对立、矛盾，因而它们在危机中的爆发，也就不存在了。

> 马克思：《剩余价值理论（第 2 册）》（1905 年出版），摘自《马克思恩格

斯全集》第 34 卷，人民出版社 2008 年 7 月第 2 版，第 567—568 页。

**10. 在生产过剩、信用制度等上，资本主义生产力图突破它本身的界限，超过自己的限度进行生产**

这位李嘉图主义者，效法李嘉图，正确地承认了由商业途径的突然变化引起的危机[①]。1815 年战争以后英国的情况就是这样。因此，所有以后的经济学家每次都认为，每次危机的**最明显的导火线**就是引起每次危机的唯一可能的原因。

他也认为信用制度是危机的原因。（第 81 页及以下各页）（好象信用制度本身不是由"生产地"即"有利润地"使用资本的困难产生的。）例如，英国人为了开辟市场，不得不把他们自己的资本贷到国外去。在生产过剩、信用制度等上，资本主义生产力图突破它本身的界限，超过自己的**限度**进行生产。一方面，它有这种冲动。另一方面，它只能忍受与有利润地使用现有资本相适应的生产。由此就产生了危机，它同时不断驱使资本主义生产突破自己的界限，迫使资本主义生产飞速地达到——就生产力的发展来说——它在自己的界限内只能非常缓慢地达到的水平。

> 马克思：《剩余价值理论（第 3 册）》（1910 年出版），摘自《马克思恩格斯全集》第 26 卷第 3 册，人民出版社 1974 年 12 月第 1 版，第 130 页。

**11. 经济学家用他那绝妙的供求理论向你们证明"生产永远不会过多"而实践却用商业危机来回答**

经济学家用他那绝妙的供求理论向你们证明"生产永远不会过多"[②]，而实践却用商业危机来回答，这种危机就像彗星一样定期再现，在我们这里现在是平均每五年到七年发生一次。

> 恩格斯：《国民经济学批判大纲》（1843 年 9 月底—1844 年 1 月中），摘自《马克思恩格斯文集》第 1 卷，人民出版社 2009 年 12 月第 1 版，第 74 页。

**12. 自由贸易派硬说实行了自由贸易制度这些可怕的动荡就会停止。可是事实却恰恰相反**

这种自由竞争将从一切方面刺激生产的发展，可是恰恰由于这个缘故，

---

① 李嘉图的《原理》第十九章的标题是《论商业途径的突然变化》，在这里，"商业"不仅指某个国家的商业，而且指某个国家的生产活动。

② 亚当·斯密：《国民财富的性质和原因的研究》1828 年爱丁堡版第 1 卷，第 97 页。

它也将在同样程度上促成生产过剩、商品充斥和商业动荡。自由贸易派硬说实行了自由贸易制度这些可怕的动荡就会停止。可是事实却恰恰相反，动荡来得比任何时候都要更加频繁、更加剧烈。

> 恩格斯：《讨论自由贸易问题的布鲁塞尔会议》（1847 年 9 月底），摘自《马克思恩格斯全集》第 4 卷，人民出版社 1958 年 8 月第 1 版，第 288 页。

**13. 乐观主义的经济学家认为欧洲农业的这些变化能够使它免于危机，那是估计错了，因为危机在日益扩大，只能以整个资本主义总危机而告终**

考茨基说，乐观主义的经济学家认为欧洲农业的这些变化能够使它免于危机，那是估计错了，因为危机在日益扩大，只能以整个资本主义总危机而告终。

> 列宁：《书评。卡尔·考茨基〈土地问题。现代农业倾向概述和土地政策等〉》（1899 年 3 月），摘自《列宁全集》第 4 卷，人民出版社 1984 年 10 月第 2 版，第 82 页。

# 后 记

本书为中国社会科学院"马克思主义理论研究和建设工程"子项目——"马克思主义经典作家论资本主义危机专题摘编"的成果,汇集了马克思、恩格斯、列宁、斯大林对资本主义危机的主要论述。这本书的编选,在今天有着更为重要的现实意义。21世纪初期发生的资本主义金融危机、经济危机、社会危机和制度危机,还在以不同的内容和形式在资本主义世界以及全球范围内发展蔓延,对整个世界的经济、政治、文化和社会发展都产生了巨大的冲击和影响。今天我们重温马克思主义经典作家关于资本主义危机的主要论述,对于正确认识资本主义危机的本质、过程和后果,无疑具有方法论上的根本性指导意义。

本书的编选密切结合时代和现实发展的新情况新形势,框架设计和内容编排力求体现针对性和现实性,同时力求体现思想性和科学性。我们参考借鉴了国内已出版的马克思主义经典作家论述资本主义危机的一些相关摘编本,这些书籍为我们的编辑工作提供了有益帮助。

在本书编选过程中,我和学生组成的课题组经过两年多的辛苦努力,在各自科研、教学、管理或求学的忙碌中,还是挤出时间和精力,认真阅读文献、收集资料、整理分类,精心设计编选大纲,深入集中交流讨论,一丝不苟地甄别选撷条目,数易稿本,终于成书。我作为本册主编,负责课题申请论证、编选大纲设计以及整个编选过程中的组织协调。三位学生出色地完成了大量而繁重的各环节的工作:童晋博士(现在对外经贸大学工作)协助进行了总体框架设计和编选提纲撰写,承担了全书资料的收集、甄选和整理工作,以及第三、四章的编选,并对全书稿进行过校对;赵博艺(在读博士生)付出了巨大辛劳,承担第五、六、七章内容的编辑工作,并协助进行全书的多次增补与版本校对工作,以及协助数次统稿。李彩艳(现在中国社会科学杂志社工作)承担了第一、二章内容的编选,并协助进行部分内容的校对工作。马克思主义研究院副研究员宋丽丹、吴金平博士在初期参加编选设计讨论,并提出一些建设性意见。总之,这本书的出版,是大家认真负责、精心编选、齐心协力的成果。

本书付梓之际，课题组衷心感谢中国社会科学院"马克思主义经典作家专题摘编"编委会的指导，同时特别感谢两位专家评审以及中国社会科学出版社编辑的辛劳，感谢中国社会科学院马克思主义理论学科建设与理论研究工作领导小组办公室秦益成、许延广同志的沟通协调和支持。

书中不足之处，恳请读者批评指正。

姜 辉

2013 年 12 月